AUTONOMIA PRIVADA E PROCESSO

Liberdade, Negócios Jurídicos Processuais e Flexibilização Procedimental

Igor Raatz

AUTONOMIA PRIVADA E PROCESSO

Liberdade, Negócios Jurídicos Processuais e Flexibilização Procedimental

2ª edição
Revista, atualizada
e ampliada

2019

EDITORA
JusPODIVM
www.editorajuspodivm.com.br

EDITORA *Jus*PODIVM
www.editorajuspodivm.com.br

Rua Território Rio Branco, 87 – Pituba – CEP: 41830-530 – Salvador – Bahia Tel: (71) 3045.9051 •
Contato: https://www.editorajuspodivm.com.br/sac

Capa: Ana Caquetti

A939 Autonomia privada e processo civil: negócios jurídicos processuais, flexibilização procedimental / Igor Raatz. – 2. ed. rev., atual. e ampl. – Salvador: Editora JusPodivm, 2019.
336 p. (Eduardo Espínola / Coordenação Fredie Didier Jr.)

Bibliografia.
ISBN 978-85-442-3060-2.

1. Autonomia privada. 2. Direito processual. I. Didier Jr., Fredie. II. Raatz, Igor. III. Título.

CDD 341.4

AGRADECIMENTOS

A construção da primeira edição deste livro foi acompanhada por todas aquelas pessoas – de familiares a amigos e professores –, que, de alguma forma, contribuíram para a minha caminhada durante a realização do doutorado em Direito na Universidade do Vale do Rio dos Sinos – UNISINOS. Tratava-se, de certo modo, do coroamento de um trabalho de pesquisa realizado por quase quatro anos.

Para a elaboração desta segunda-edição, contudo, nomina-se um número bem mais restrito de pessoas, isso porque a história deste livro é um tanto diferente daquela em que gestada a sua primeira edição, publicada em 2017. De lá para cá, o contato cada vez mais frequente com alguns colegas, que hoje tenho a honra de chamar de amigos, cuja aproximação se deu por força da Associação Brasileira de Direito Processual –ABDPro e do interesse comum pela temática do "garantismo processual", acabou moldando a substancial revisão teórica empregada nesta segunda edição. Por isso, vão merecidamente nomeados nestes agradecimentos os colegas Antônio Carvalho Filho, André Luiz Maluf de Araújo, Diego Crevelin (constante interlocutor e parceiro), Eduardo José da Fonseca Costa (grande responsável pela virada garantista em meu pensamento), Glauco Gumerato Ramos, Júlio Rossi, Lúcio Delfino e Mateus Costa Pereira, com os quais o debate e aprendizado foi decisivo para este livro.

Agradeço também ao amigo William Galle Dietrich, pela amizade, parceria acadêmica e profissional, assim como pelo incomensurável auxílio na revisão do texto.

Agradeço ao professor e amigo Lenio Streck, pela oportunidade de aprendizagem durante o estágio pós-doutoral, e pela parceria acadêmica.

Agradeço ao professor Araken de Assis, pelo generoso e substancial prefácio, bem como pela sua imediata disponibilidade.

Por fim, inegavelmente mais importante que todos os demais, agradeço, com todo meu amor, à Natascha, minha esposa, colega, amiga e parceira para tudo – inclusive para passar os finais de semana no escritório estudando – cuja integridade e doçura me servem de constante incentivo para seguir em frente.

Canoas, no frio de julho do Rio Grande do Sul.

Igor Raatz.

NOTA À 2ª EDIÇÃO

O presente estudo constitui a versão comercial da tese de doutorado defendida na Universidade do Vale do Rio dos Sinos – UNISINOS, no ano de 2016, aprovada com a nota máxima. O trabalho original, que contava com cerca de 700 páginas, foi substancialmente reduzido sem, contudo, deixar de fora o seu objetivo central: repensar o problema da divisão de trabalho entre o juiz e as partes no direito processual contemporâneo, tendo como norte as insuficiências normativas do "princípio dispositivo" e o reconhecimento do princípio da autonomia privada como um dos pilares do modelo democrático-constitucional de processo. Em síntese, procurei, a partir da temática dos negócios jurídicos processuais, compreender que a liberdade das partes e, consequentemente, seus poderes de disposição no âmbito procedimental, vão muito além da delimitação do objeto litigioso.

Nessa linha, defendi que as partes têm o direito de participar da construção do procedimento adequado às necessidades do direito material e do caso concreto, direito que, sem dúvida, é instrumentalizado pelos negócios jurídicos processuais. Isso, porém, não significa repristinar o modelo liberal de processo. A autonomia das partes encontra barreira nas garantias contrajurisdicionais processuais, assim como os poderes do juiz também esbarram nessa mesma limitação. A adequada compreensão de todo esse panorama somente pode se dar com um recuo aos diferentes modelos de processo que foram sendo gestados em diferentes modelos de Estado. Daí a opção por dividir o presente livro em duas partes: na primeira, buscou-se construir as bases do modelo de processo do Estado Democrático de Direito; na segunda, realizou-se uma abordagem panorâmica dos negócios jurídicos processuais e dos, assim chamados, poderes de gestão da causa conferidos ao juiz, de modo a problematizá-los em comparação com algumas experiências do direito comparado.

Da primeira para a segunda edição deste livro mantive boa parte das ideias desenvolvidas acerca dos negócios jurídicos processuais. No entanto, influenciado por uma nova epistemologia do direito processual, chamada, entre nós, de "garantismo processual", passei a repensar algumas das ideias desenvolvidas na primeira edição, notadamente aquelas relativas à temática do chamado *case management*. Com efeito, algumas concessões que, na primeira edição deste livro, foram feitas à flexibilização procedimental pelo juiz – embora sempre alicerçadas na atuação conjunta com as partes – foram repensadas nesta edição. A partir de novas pesquisas verificou-se, inclusive, que o *case management* não é unanimidade naqueles países em que expressamente foi adotado. Não fosse isso, os poucos anos de vigência do atual Código de Processo Civil brasileiro vêm revelando uma série de problemas advindos das doutrinas responsáveis por endossar a concessão de poderes de flexibilização procedimental exclusivamente ao juiz.

Apesar das modificações substanciais em alguns pontos deste livro, a proposta original não somente foi mantida, mas reforçada. A defesa da liberdade individual no âmbito do direito processual está, agora, muito mais acentuada, mormente pela adoção de uma concepção de processo como *garantia da liberdade individual* nos dois sentidos de liberdade trabalhados já na primeira edição, e pela adoção da proposta segundo a qual o processo ao invés de ser *coisa das partes* ou *coisa do juiz* deve ser encarado como *coisa para as partes*.

PREFÁCIO À 2ª EDIÇÃO

É problema conhecido, mas convém repetir exaustivamente: o debate crucial do direito processual é ideológico, confrontando os que, seguindo a marcante influência do autor austríaco – Franz Klein, muito citado, mas pouco lido –, postulam dotar o órgão judicial de ilimitados poderes de direção formal e material do processo, e os que, de outro lado, almejam assegurar o protagonismo das partes, porque o litígio que lhes conduz a acudir à via judicial afeta precipuamente seus interesses substanciais. À falta de outro rótulo mais apropriado, a esses últimos costuma-se chamar de "garantistas", enquanto os primeiros recebem a designação de "autoritários", sem dúvida bem apropriada, posto que seja tratamento algo desdenhoso. Ninguém quer, no regime democrático, ser chamado de autoritário.

É largamente dominante, no pensamento dos processualistas brasileiros, a tendência autoritária. Os poderes do órgão judiciário são louvados como solução prestadia para a demora no andamento do processo e, principalmente, para realizar a "efetividade" do mecanismo – em geral dar razão ao autor e não ao litigante que tem razão. Exemplo disso é a repercussão midiática dos poderes executórios "atípicos" previstos no art. 139, IV, do CPC de 2015. Embora a responsabilidade patrimonial constitua inequívoco princípio político do ordenamento nacional (a dívida é da pessoa, mas a responsabilidade recairá sobre seu patrimônio, se existir), e estabeleça limites à atividade jurisdicional executiva, merece ampla divulgação e rasgados elogios o ato do juiz que priva o devedor (por vezes recalcitrante e acintoso, deixando de pagar a dívida, mas noticiando nas redes sociais sua movimentação social glamourosa) de seus direitos de cidadão, a exemplo do recolhimento da habilitação para conduzir veículos automotores, legalmente atribuída pelo Estado após prova de proficiência. Chegou-se a defender a existência da vedação ao *non factibile*, ignorando a experiência humana que há coisas simplesmente impossíveis e (ainda) irrealizáveis. E, ademais, ignora-se que esses poderes são exercidos, na prática, por assessores do magistrado e ninguém sabe quem são essas pessoas, cuja identidade é preservada como alto segredo de Estado. Seja como for, não se tem dados objetivos que confirmem o êxito das medidas punitivas do executado. Ao menos no caso do célebre ex-jogador de futebol, cujo passaporte brasileiro foi apreendido, a dívida ainda não foi solvida, nem sequer suas viagens ao exterior inibidas.

Essa é a situação sobre a qual se debruça a obra de Igor Raatz, que alcança sua segunda edição por força de seus méritos. Impressiona, em primeiro lugar, a lúcida análise da deturpação do princípio dispositivo, segundo o qual a iniciativa da formação do processo e do seu desenvolvimento ulterior, inclusive no caso à instrução da causa, cabe exclusivamente às partes, que o tornou compatível com o processo autoritário e a falácia do "modelo" cooperativo. Ao nosso ver, a cooperação dos sujeitos do processo (partes e juiz) é construção artificial por duas razões fundamentais: primeiro, as partes são litigantes, ou seja, geralmente adversários inconciliáveis, exceto por meio de decisão autoritária, e nessa condição pouco propensos a colaborar entre si, o que não passa de ilusão contrária à natureza das coisas; ademais, o debate com o órgão judiciário é, a mais das vezes, simples formalidade, porque os juízes examinam o processo, realmente, quando surge a oportunidade de julgá-lo. Em seguida, os receios quanto à flexibilização procedimental. E, por fim, a colocação do direito à liberdade e da preservação da autonomia privada como os fundamentos do processo de viés garantista.

No tocante à flexibilização procedimental, cumpre rememorar caso célebre e infeliz. Multiplicadas as ações individuais dos poupadores para obter a correta remuneração do seu investimento, reuniram-se os juízes para solucionar o volume de processos congêneres, concebendo a seguinte solução: suspender-se-iam as ações individuais, embora a lei ressalve expressamente essa iniciativa, aguardando o julgamento das ações coletivas; no caso procedência, passar-se-ia à liquidação e à execução das pretensões individuais, de acordo com a regra jurídica concreta coletiva. Ocioso frisar que esse *judicial case management* não se inspirou no interesse público e, muito menos, no dos litigantes, que até recorreram sem sucesso para dar prosseguimento às suas ações individuais. O objetivo era, simplesmente, minorar a carga de trabalho dos juízos competentes para julgar essas causas. Pois bem. O Superior Tribunal de Justiça entendeu que, vencido o prazo de 5 (cinco) anos na data da propositura das ações coletivas, já não mais cabia esse remédio. Em consequência, retomaram-se as ações individuais, perdendo-se tempo precioso.

Certo é que o processo autoritário jamais produziu frutos apreciáveis. Os exemplos colecionados, a par de outras experiências, oferecem base para o alvitre. E a obra de Igor Raatz permite reflexão sobre todos os aspectos envolvidos nessa questão, assoalhando rumos para futura modificação na lei processual, e habilita o leitor a empregar corretamente a lei vigente.

Araken de Assis

Professor Emérito da PUC/RS e Titular (aposentado) dos Cursos de Graduação e Pós-Graduação (Mestrado e Doutorado)

Doutor em Direito pela PUC/SP

Desembargador (aposentado) do Tribunal de Justiça do Rio Grande do Sul

Titular da Comenda "Jurista Eminente" do Instituto dos Advogados do Rio Grande do Sul

Advogado em Porto Alegre e em São Paulo

PREFÁCIO À 1ª EDIÇÃO

O novo Código de Processo Civil brasileiro é uma grande oportunidade para que jovens processualistas revelem seu talento.

A escolha do tema a ser investigado é, certamente, o primeiro critério na avaliação do nível desse talento.

Identificar o que precisa ser investigado, apontar caminhos, abrir picadas e descortinar horizontes são algumas das tarefas da atual processualística civil brasileira.

Não tenho dúvida que o estudo da "autonomia da vontade" no processo civil é um dos principais temas do novo CPC.

Eu mesmo, na edição de 2015 do v. 1 do meu Curso, passei a defender, talvez pioneiramente, que o novo sistema processual brasileiro consagra o princípio do respeito ao autorregramento da vontade no processo.

Ainda em 2015, foram publicadas duas teses de doutorado em derredor do tema (negócios processuais): Diogo Rezende, LTr, e Robson Godinho, RT; no início de 2016, foram publicadas as teses de doutorado e livre-docência, respectivamente, de Pedro Henrique Pedrosa Nogueira e Antonio do Passo Cabral, ambas pela Editora Juspodivm.

Igor Raatz, homem de seu tempo, apresenta-nos agora a sua imensa contribuição.

Este livro que tenho a satisfação de prefaciar é a versão comercial (reduzida) da tese de doutoramento, avaliada com a nota máxima, defendida perante exigente banca examinadora na Unisinos.

Acrescenta ao debate as marcas do pensamento gaúcho: a preocupação com a visão histórica do tema e o aporte da hermenêutica jurídica, marca da Unisinos.

Não tenho dúvida de que este livro entrará no rol dos indispensáveis, juntamente com os outros já referidos.

Parabéns ao autor e à Editora.

Salvador, em setembro de 2016.

Fredie Didier Jr.

SUMÁRIO

INTRODUÇÃO

O "problema da divisão de trabalho entre o juiz e as partes"[1] tem sido considerado "o problema capital do processo civil contemporâneo", uma vez que, conforme Araken de Assis, "é na ênfase maior ou menor na atividade das partes e na atividade do juiz que se expressa as linhas ideológicas do ordenamento processual"[2]. A investigação do tema, mormente diante de um novo Código de Processo Civil, mostra-se crucial, pois permite que se possa descortinar não apenas as bases ideológicas da legislação infraconstitucional, mas sua sintonia ou dissonância com a Constituição Federal e, consequentemente, com o modelo do Estado Democrático de Direito.

Com efeito, o presente estudo tem por objetivo geral estudar o espaço de autodeterminação conferido às partes no direito processual contemporâneo, com destaque para o tema dos "negócios jurídicos processuais", aqui pensados como instrumento de flexibilização procedimental e de operacionalização da liberdade individual e da autonomia privada no processo. Para percorrer esse caminho e, ainda, pesquisar os fundamentos normativos dos negócios jurídicos processuais, esta obra tem como objetivos específicos (i) desconstruir o caráter principiológico do "princípio" dispositivo, bem como questionar as questões relativas ao modelo processual vigente; (ii) analisar as possibilidades de buscar, no direito à liberdade e na autonomia privada fundamentos para um modelo de processo em que as partes tenham um papel ativo na sua estruturação procedimental, pensando-se, pois, o processo como *coisa para as partes*; (iii) identificar, à luz do paradigma do Estado Democrático de Direito, a posição ocupada pelas partes no direito processual contemporâneo, dando-se ênfase ao

---

1. A expressão disseminou-se no direito brasileiro com Barbosa Moreira. A respeito, ver BARBOSA MOREIRA, José Carlos. O problema da divisão de trabalho entre juiz e partes: aspectos terminológicos. In: *Temas de direito processual*. 4ª série. São Paulo: Saraiva, 1989.
2. ASSIS, Araken de. *Processo civil brasileiro*. Volume II: parte geral: institutos fundamentais: Tomo 1. São Paulo: Revista dos Tribunais, 2015. p. 894.

procedimento civil[3]; (iv) determinar, a partir dos chamados "negócios jurídicos processuais" a amplitude da autodeterminação das partes para a construção do procedimento adequado à tutela jurisdicional do direito material, bem como os seus limites e, (v) a partir da noção de que o processo é "coisa para as partes", verificar as possibilidades de superação da noção de rigidez-procedimental sem, com isso, descambar para um modelo processual centrado na figura do Estado-juiz, como se o procedimento estivesse à disposição deste. Justamente por isso, já na primeira edição deste livro, defendeu-se que, no máximo, seria admissível uma espécie de "construção compartilhada do caso concreto".

Agora, nesta segunda edição, teve-se um maior cuidado no tratamento do tema da flexibilização procedimental, apresentando-se objeções mais firmes à figura do *judicial case management*, importada do direito americano e inglês por setores da doutrina brasileira, bem como à proposta de flexibilização procedimental a partir do *slogan* do "processo justo". Em linhas gerais, pretende-se demonstrar que a legislação brasileira, ao contrário do que ocorre no ordenamento inglês e francês, deixou de pré-estabelecer caminhos procedimentais aos quais, mediante critérios específicos, possa ser alocado o caso concreto. Por isso, no Brasil, o discurso a favor da flexibilização procedimental transformou-se numa via de agigantamento dos poderes do juiz, confundindo-se, ainda, flexibilização do procedimento com concessão de poderes ao órgão jurisdicional mediante a utilização de conceitos indeterminados – problema que ainda carece de um aprofundamento dogmático pela doutrina pátria.

A primeira parte desta obra tem como elemento central uma reconstrução da posição jurídica das partes e do juiz no processo desde uma perspectiva histórica, a qual tem como fio condutor o desenvolvimento da noção de Estado. Verificam-se, aí, três modelos básicos de Estado e de processo: o processo civil liberal, o processo civil social e o processo civil democrático. Cada um deles imprime ao problema da divisão de trabalho entre o juiz e as partes características que são próprias da organização estabelecida entre Estado, sociedade civil e indivíduo. No

3. Em muitos momentos desta obra optamos por utilizar a expressão "procedimento civil" ao invés de "processo civil" para deixar mais clara a distinção que, sob a ótica do garantismo processual, se costuma fazer a respeito dos dois termos. Com efeito, numa perspectiva dogmático-constitucional, o processo (garantia contrajurisdicional de liberdade individual) é *uno* não sendo passível de adjetivações (civil, penal, trabalhista etc.), de modo que adjetivável seria o procedimento, este, sim, voltado a corporificar as garantias constitucionais que compõem o "devido processo legal", e que deve ser estruturado de acordo com as características do direito material. O tema será abordado com mais profundidade no item 1.5.2.

caso específico do Estado Democrático de Direito alguns temas específicos assumem especial relevância, como é o caso da tríade "liberdade, autonomia e democracia", que pauta o caráter de co-originariedade estabelecido entre a autonomia privada e a autonomia pública, na medida em que a autonomia pública é garantida por direitos de participação de cunho democrático que se assentam no respeito à autonomia privada. Com isso, é possível repensar o papel que a autonomia privada ocupa no processo, operando-se o seu resgate para que venha a assumir um papel de destaque, mais consentâneo com o modelo constitucional de processo.

Para tanto, será necessário identificar, ainda que brevemente, a formação da ciência processual e, com isso, identificar em que medida o reforço do papel do juiz com o desprezo do papel das partes liga-se a certos pressupostos históricos e teóricos que, até hoje, encontram-se arraigados nas posturas hiperpublicistas ou antigarantistas existentes no direito processual brasileiro. Isso fica muito claro, por exemplo, quando se identifica em Bülow, que usualmente é denominado o "pai da ciência processual", uma clara ligação com o movimento do direito livre, o que permite explicitar as razões que levaram o jurista alemão a apostar no protagonismo judicial. Do mesmo modo, a relação entre o processualismo científico alemão e italiano com o direito processual brasileiro deixa muito claro o ranço instrumentalista que nos acompanha desde o Código de Processo Civil de 1939[4].

Partindo-se do desenvolvimento teórico da autonomia privada, torna-se possível questionar as insuficiências normativas do chamado "princípio dispositivo", seus fundamentos e contrastá-los com a dignidade normativa aqui reivindicada ao direito à liberdade e à autonomia privada no bojo do procedimento civil, tendo em vista, igualmente, os contornos da noção de Estado Democrático de Direito. A pergunta, agora, irá se deslocar para a função normativa do "princípio dispositivo" nas suas duas acepções que gradualmente foram incorporadas pela doutri-

4. No ponto, é importante deixar claro que o "instrumentalismo processual" é um fenômeno muito mais abrangente que a doutrina da "instrumentalidade do processo", desenvolvida no Brasil no final da década de 80 a partir da obra de Cândido Rangel Dinamarco. Em linhas gerais, o instrumentalismo processual é um termo utilizado para designar qualquer proposta teórica que vê o processo como instrumento da jurisdição, e não como garantia do indivíduo. Sobre o tema, consultar RAATZ, Igor. ANCHIETA, Natascha. Uma "teoria do processo" sem processo? A breve história de uma ciência processual servil à jurisdição. RBDPro – Revista brasileira de direito processual. Ano 26. n. 103, jul./set. 2018. Belo Horizonte: Fórum, 2018. Também RAATZ, Igor. O juiz defensor da moral, o juiz defensor da verdade e o juiz defensor da lei: instrumentalismo, cooperativismo e garantismo processual. *Empório do direito*. Disponível em https://emporiododireito.com.br/leitura/6-o-juiz-defensor-da-moral-o-juiz-defensor-da-verdade-e-o-juiz-defensor-da-lei-instrumentalismo-cooperativismo-e-garantismo-processual-1. Acesso em 14.07.2019.

na processual, muito por força do pensamento de Mauro Cappelletti, que veio a dividi-lo em princípio dispositivo em sentido material e em sentido processual, para, desse modo, legitimar, na esfera procedimental civil, a concessão de poderes ao juiz naquilo se que chamou de "técnica processual". Isso, conforme será demonstrado, fez com que, no ambiente procedimental civil, muito pouco se teorizasse acerca dos limites da atuação jurisdicional em questões centrais para caracterizar um modelo processual inquisitório, sendo um dos mais emblemáticos exemplos a defesa, pela processualística civil, de poderes instrutórios para o juiz.

Desse modo, constatada a insuficiência normativa do então denominado princípio dispositivo, deve-se partir para um novo ângulo visual, em que o direito à liberdade e a preservação da autonomia privada passem a ocupar um lugar fundamental, – ao lado da garantia da imparcialidade – no escopo de barrar o arbítrio judicial ou, em outros termos, delimitar a atuação de ofício do juiz no direito processual. Dito de outro modo, torna-se impositivo repensar o modelo de divisão de trabalho entre o juiz e as partes a partir do redimensionamento que o direito à liberdade e a autonomia privada recebem no processo no Estado Democrático de Direito.

Consequentemente, a (de)limitação da atuação do juiz e das partes ganhará, no segundo capítulo desta obra, uma especial relevância, na medida em que às partes é dado não somente atuar com base na tríade liberdade-autonomia-democracia quanto ao direito material afirmado na causa, mas, também, quanto ao procedimento estabelecido para a solução do caso concreto. O modelo atual de processo não pode ser desenhado numa perspectiva meramente abstrata, sendo, pois, necessário repensar o procedimento ordinário – e com isso todas as consequências que dele decorrem – de modo a superá-lo por um modelo de elasticidade procedimental, em que o caso concreto seja construído com a ativa participação das partes. Isso, no entanto, traz uma série de problemas, na medida em que o avesso da indiferença procedimental em relação ao direito material tem sido, no Brasil, a ampla flexibilização procedimental nas mãos do juiz, o que, muitas vezes, é incentivado pelo slogan do "processo justo" e por uma noção de processo em que as garantias contrajurisdicionais das partes são habitualmente relativizadas.

Partido desse panorama, serão analisadas três possíveis formas de flexibilização procedimental em contraste com a necessidade de que a atuação das partes seja efetiva na construção do caso concreto e no estabelecimento dos respectivos aspectos procedimentais. *Na primeira*, destacam-se os chamados *negócios jurídicos processuais*, os quais permitem às partes, em linhas gerais, construírem o melhor procedimento para lidar com as vicissitudes do caso concreto, impondo, com fundamento direto no direito à liberdade e na autonomia privada, os marcos divisórios da atuação das partes e do juiz no processo, inclusive com a possibilidade de sumarizar a demanda com a delimitação do objeto litigioso. *Na segunda*, em que o direito à liberdade e à autonomia privada se mostra menos intenso, será trabalhada a possibilidade de que as partes, juntamente com o juiz, construam ativamente os lindes do caso concreto, limitando e delimitando os seus respectivos campos de atuação. Aqui, o que tem sido chamado de "construção compartilhada do caso concreto" será analisado com muitas ressalvas, a fim de que se evite uma possível quebra da imparcialidade judicial e o desrespeito à liberdade individual e à autonomia privada, considerados balizadores da atuação das partes e do juiz. Por fim, *a terceira forma de flexibilização procedimental* trabalhada é aquela que parte e desenvolve-se pela atuação do próprio órgão jurisdicional. Suscintamente, apresentaremos objeções a essa modalidade, uma vez transforma o devido processo legal em indevido processo jurisdicional.

Pretende-se, após o desenvolvimento de todos os pontos em questão, confirmar as hipóteses de trabalho no sentido de que (i) o princípio dispositivo é insuficiente, do ponto de vista normativo, para lidar com o problema da divisão de trabalho entre o juiz e as partes; (ii) que, no paradigma do Estado Democrático de Direito, as garantias da liberdade e da autonomia privada são estruturantes do poder de atuação das partes no processo e, igualmente, delimitadores da atuação do juiz no processo, juntamente com a garantia da imparcialidade; (iii) que, nesse novo paradigma, é conferido às partes um poder muito mais amplo que atravessa tanto as questões pertinentes ao plano do direito material quanto do direito processual, perspectivando-se o direito à liberdade tanto em sentido passivo quanto ativo, o que (iv) fica evidenciado pelo incremento dos negócios jurídicos processuais no atual Código de Processo Civil, os quais permitem que as partes construam o procedimento mais adequado para suas necessidades concretas, (v) permitindo-se, ainda, superar o velho esquema de adequação do procedimento ao direito material, abstratamente pensado à luz dos procedimentos especiais, para falar-se de uma adequação em concreto, apontando-se, a partir desse último ponto, a (vi) inconstitucionalidade das formas de flexibilização procedimental centradas na figura do juiz, que nos moldes defendidos na doutrina brasileira, apresentam-se como violadoras da garantia do *devido processo legal*.

Capítulo 1

O DIREITO PROCESSUAL NO ESTADO DEMOCRÁTICO DE DIREITO: DO DESENVOLVIMENTO DA CIÊNCIA PROCESSUAL NA PERSPECTIVA DOS MODELOS DE ESTADO E O RECONHECIMENTO DO DIREITO À LIBERDADE E DA AUTONOMIA PRIVADA COMO PILARES DO MODELO CONSTITUCIONAL DE PROCESSO

A investigação acerca das bases do modelo democrático-constitucional de processo – perspectiva na qual será desenvolvida a temática dos negócios jurídicos processuais, da garantia da liberdade e da autonomia privada – pressupõe um desvelamento dos prejuízos autênticos e inautênticos presentes na tradição em que forjados diferentes os diferentes modelos de processo construídos pela ciência processual[1]. Somente

1. A base metodológica do presente estudo (que não se caracteriza, pois, como um método no sentido das ciências da natureza) é, com efeito, a hermenêutica filosófica gadameriana, cuja missão reside em explicitar a compreensão, diferenciando os verdadeiros pré-conceitos dos pré-conceitos inautênticos. Para tanto, deve-se levar em conta a advertência do próprio Gadamer no sentido de que "enquanto tais, os preconceitos e opiniões prévias que ocupam a consciência do intérprete não se encontram à sua livre disposição. O intérprete não está em condições de distinguir por si mesmo e de antemão os preconceitos produtivos, que tornam possível a compreensão, daqueles outros que a obstaculizam e que levam a mal-entendidos" (GADAMER, Hans-Georg. *Verdade e método*. Tradução de Flávio Paulo Meurer; revisão da tradução de Enio Paulo Giachini. 7ª ed. Petrópolis, RJ: Vozes, Bragança Paulista, SP: Editora Universitária São Francisco, 2005, p 391). Isso se faz, de modo mais seguro, graças à fecundidade da distância temporal, que permite distinguir criticamente juízos verdadeiros e juízos falsos, prejuízos verdadeiros à luz dos quais compreendemos, e pré-juízos falsos, que

a partir daí é que será possível aprofundar o questionamento acerca do sentido da Constituição, do Estado Democrático de Direito e das bases ideológicas e normativas que sustentam o Código de Processo Civil brasileiros e os temas desenvolvidos nesta obra.

Tudo isso vem colocado diante de uma perspectiva que privilegia, na pergunta pelo sentido do direito processual, um questionamento prévio a respeito do sentido atribuído ao próprio Estado, o que, num segundo momento assumirá vital importância, tendo em vista o reconhecimento de uma copertença entre Estado e Constituição. Falar em direito processual à luz do modelo democrático-constitucional inaugurado com a Constituição de 1988 importa, antes de nada, em falar de processo *no* (e *do*) Estado em que ele é questionado. Isso quer dizer que toda pergunta sobre o direito processual pressupõe uma pré-compreensão acerca do Estado e da Constituição, o que nem sempre vem explicitado pela doutrina. Com efeito, o que não se pode admitir é uma cisão entre direito processual, direito constitucional e teoria do Estado, mormente na perspectiva aqui trabalhada, na qual, o direito processual é encarado com sub-ramo do direito constitucional, que cuida mais especificamente das garantias contrajurisdicionais do indivíduo contra o Estado. Nessa perspectiva, mostra-se crucial enxergar como, no curso da história, essa imbricação entre direito processual e Estado repercutiu no papel das partes e do juiz no âmbito do procedimento civil. Somente a partir desse pano de fundo é que, repita-se, será possível uma compreensão adequada dos institutos que serão estudados no segundo capítulo deste livro.

Para se atingir esse intento, o Estado não deve ser compreendido como uma mera decorrência do direito ou da Constituição, mas como fenômeno ligado à realidade social[2], na qual também a Constituição aparece como um existencial. Em que pese não seja possível compreender o Estado sem levar em consideração a sua dimensão normativa, não é possível limitá-lo ao âmbito estrito da sua esfera jurídica[3]. Daí o acerto de Hermann

---

conduzem, ao contrário, ao desentendimento (ZACCARIA, Giuseppe. *Ermeneutica e giurisprudenza: i fondamenti filosofici nella teoria di Hans Georg Gadamer.* Milano: Dott. A. Giuffrè Editore, 1984, p. 55). Afinal, como bom heideggeriano, Gadamer sabia muito que "a história atua muito seguidamente de modo encobridor, e por isso, com demasiada frequência se afirmam princípios de interpretação que obstruem o acesso às coisas ou às fontes" (GRONDIN, Jean. *Introdução à hermenêutica filosófica.* Tradução e apresentação de Benno Dischinger. São Leopoldo: Editora Unisinos, 1999, p. 189).

2. BERCOVICI, Gilberto. As possibilidades de uma teoria do estado. *Revista da Faculdade de Direito da UFMG* - Belo Horizonte - nº.49 / Jul. – Dez, 2006, p. 98.

3. BERCOVICI, Gilberto. *Desigualdades regionais, estado e constituição.* São Paulo: Max Limonad, 2003, p. 48-49. Esse foi, de certo modo, o projeto de Hans Kelsen, que tentou unificar o direito e o Estado. Para ele, a conceituação de Estado e direito como figuras distintas geraria, como consequência, a distinção entre uma teoria sociológica e uma teoria jurídica do Estado, o que faria dele objeto de duas ciências totalmente distintas, com dualidade de métodos e diversidade de finalidades e

Heller, para quem todo conhecimento sobre o Estado deve partir do pressuposto de que a vida estatal inclui sempre aquele que a investiga, que pertence a ela de um modo existencial[4], o que, de certo modo, significa que o Estado não é um objeto que está à disposição daquele que se propõe a estudá-lo. Indivíduo, sociedade e Estado não estão cindidos nem separados na dinâmica da vida social e muito menos para o fenômeno jurídico. Do mesmo modo, o tratamento da questão constitucional encontra-se vinculado à reflexão acerca das circunstâncias do Estado na modernidade[5], assim como teoria do Estado e da Constituição afiguram-se indissociáveis, uma vez que "não pode existir Teoria do Estado à margem da Constituição"[6].

Esse modo de encarar o fenômeno processual, à luz da teoria do Estado, tem como base a matriz de pensamento desenvolvida por *Mirjan Damaška*, que, embora tenha sido construída no seio do sistema da *common law*, permite evidenciar os influxos entre processo civil e teoria do Estado. Com efeito, para Damaška é possível estabelecer conexões entre a fisionomia do processo e as concepções dominantes sobre o papel do Estado na sociedade, de modo que as ideias prevalecentes sobre o papel do Estado influenciam as concepções acerca dos escopos da justiça, o que, por sua vez, repercute diretamente nas escolhas das diversas soluções processuais[7].

---

questionamentos. Com efeito, no pensamento de Kelsen, seria impossível uma definição de Estado que o apresentasse como algo distinto do direito, razão pela qual seria "impossível dar uma definição não jurídica do Estado, em termos sociológicos ou psicológicos, por exemplo" (TROPER, Michel. *Por una teoría jurídica del estado*. Prólogo de Gregorio Peces-Barba Martínes. Traducción de María Venegas Grau. Dykinson: Instituto de Derechos Humanos "Bartolomé de Las Casas", 2001, p. 122). Para solucionar esta problemática, Kelsen destaca como específico do Estado, do ponto de vista jurídico, o fato de este ser um sistema de normas. Assim, a existência objetiva do Estado seria a própria validade objetiva das normas que constituem a ordem estatal. Para Kelsen, o Estado é um sistema de normas, assim, não pode ser mais do que o ordenamento jurídico. As relações entre o Estado e o direito significam, para Kelsen, identidade entre ambos, ao identificar o Estado como o ordenamento jurídico positivo. Sendo o Estado o próprio ordenamento jurídico, a Teoria do Estado passa a ser possível enquanto disciplina jurídica, coincidindo com a Teoria do Direito. Dentro da sua teoria, Kelsen isola o Estado, concebido como equivalência ao ordenamento, da política, pois a política é a doutrina do Estado justo, ideal, distinguindo-se da Teoria do Estado, que é a doutrina do Estado possível, concreto e real, que é o direito positivo. E este ém talvez, o grande problema da teoria kelseniana: a sua dedicação em despolitizar a Teoria do Estado, tendo em vista a impossibilidade da emancipação do conhecimento científico da realidade histórico-social (BERCOVICI, Gilberto. *Desigualdades Regionais, estado e constituição*. São Paulo: Max Limonad, 2003, pp. 46-47).

4. BERCOVICI, Gilberto. *Desigualdades regionais, e estado e constituição*. São Paulo: Max Limonad, 2003, p. 49.
5. MORAIS, José Luis Bolzan de. Crise do estado, constituição e democracia política: a "realização" da ordem constitucional em países "periféricos". In: *20 Anos de Constituição*: os direitos humanos entre a norma e a política / Organizadores Lenio Luiz Streck, Vicente de Paulo Barretto e Alfredo Santiago Culleton. São Leopoldo: Oikos, 2009, p. 66.
6. BERCOVICI, Gilberto. *Desigualdades Regionais, Estado e Constituição*. São Paulo: Max Limonad, 2003, p. 271.
7. DAMAŠKA, Mirjan. *I volti della gistizia e del potere*: analisi comparatistica del processo. Traduzione di Andrea Giussani (capitoli III, IV e V) e Fabio Rota (capitoli I, II e VI). Bologna: Società editrice il Mulino, 1991, p. 41.

Damaška identifica, nessa linha, duas tendências opostas sobre a função do Estado: a primeira é no sentido de haver um Estado que organiza a vida dos cidadãos e guia a vida da sociedade (Estado ativo), caso em que a administração da justiça aparece voltada à realização de programas de governo e à atuação de escolhas políticas do Estado; a segunda é no sentido de ter um Estado que mantém o equilíbrio social e fornece apenas um quadro para a auto-organização da sociedade e para a autodeterminação dos indivíduos (Estado reativo), hipótese na qual a administração da justiça tende a ser assimilada à resolução dos conflitos[8]. Tal distinção, segundo Taruffo, consegue inclusive superar, como forma de análise, a dicotomia *common law* e *civil law*[9], tão cara ao desenvolvimento da cultura jurídica.

Com efeito, o Estado reativo teria como única tarefa fornecer uma estrutura na qual os cidadãos perseguem os escopos que eles mesmos escolhem. Os seus instrumentos devem libertar as forças espontâneas da autogestão social. O Estado não conhece noções de interesse distinto dos interesses sociais e individuais (privados): não se trata de problemas tipicamente estatais, mas somente problemas sociais e individuais. Deste Estado "minimalista" se diz que o papel do Estado se restringe a somente duas coisas: proteger a ordem e construir um fórum para a resolução dos conflitos que não podem ser suavizados pelos próprios cidadãos[10].

O Estado ativo, por sua vez, assume ou persegue uma teoria global das condições ideais de vida, e tenta utilizá-la como base de programas para o melhoramento moral e material dos cidadãos. Ao contrário da atitude reativa, em que o Estado está inundado de ceticismo, o Estado ativo é repleto de otimismo. A sua missão postula a capacidade intelectual de distinguir finalidade digna de ser perseguida e de formular corretamente diretivas idôneas para atingi-la[11].

Com tal distinção, Damaška oferece uma profícua possibilidade de estudo do processo na sua relação com a teoria do Estado. No entanto, por trabalhar com modelos ideais, Damaška deixa de analisar os porme-

---

8. DAMAŠKA, Mirjan. *I volti della giustizia e del potere*: analisi comparatistica del processo. Edizione originale: *The faces of justice and State Authority*. Trad. Andrea Giussani (capitoli III, IV e V) e Fabio Rota (capitoli I, II e VI). Bologna: Società editrice il Mulino, 2002, pp. 41-42.

9. TARUFFO, Michele. Introduzione all´edizione italiana. DAMAŠKA, Mirjan. *I volti della gistizia e del potere*: analisi comparatistica del processo. Traduzione di Andrea Giussani (capitoli III, IV e V) e Fabio Rota (capitoli I, II e VI). Bologna: Società editrice il Mulino, 1991, p. 11.

10. DAMAŠKA, Mirjan. *I volti della gistizia e del potere*: analisi comparatistica del processo. Traduzione di Andrea Giussani (capitoli III, IV e V) e Fabio Rota (capitoli I, II e VI). Bologna: Società editrice il Mulino, 1991, p. 136.

11. DAMAŠKA, Mirjan. *I volti della gistizia e del potere*: analisi comparatistica del processo. Traduzione di Andrea Giussani (capitoli III, IV e V) e Fabio Rota (capitoli I, II e VI). Bologna: Società editrice il Mulino, 1991, p. 147.

nores das diferentes feições assumidas pelo Estado moderno desde o seu advento. Isso não significa uma crítica absoluta à teoria do professor de Yale. Trata-se, apenas, de realçar a possibilidade de perquirir, a partir da perspectiva em que é realizada a sua pesquisa, a evolução histórica do direito processual, recorrendo não apenas a modelos ideais de Estado, mas a tipos de Estado, por assim dizer, concretos. É claro que, ao modelo reativo traçado por Damaška, pode ser associado o Estado Liberal, assim como o Estado Social e o Estado Democrático encaixam-se, em diversos aspectos, no modelo ativo idealizado pelo professor croata. A grande questão é que modelos ideais são insuficientes para abarcar toda a complexidade do Estado Democrático de Direito e de outros modelos de Estado, ainda mais se, para tanto, forem consideradas as peculiaridades do modelo Constitucional brasileiro.

Nessa mesma linha, deve-se registrar que o Estado é um conceito histórico, e que pode ser parcialmente identificado em experiências que lhe são precedentes, as quais vêm sofrendo, desde o seu nascimento, diversas transformações[12]. Tendo em vista que essas transformações do Estado repercutem sobremaneira no direito processual e na sua formação teórica, afigura-se muito importante traçar, ainda que de modo sintético, o perfil evolutivo do Estado e contrastá-lo com a evolução do fenômeno processual e procedimental.

Com efeito, o estudo do direito processual tendo o Estado como fio condutor da sua evolução suscita uma imprescindível abordagem desveladora dos marcos históricos e dos elementos que conduziram à noção do poder estatal, demarcado pela ideia de um poder político soberano sobreposto às demais instâncias de poder dentro de um determinado território. Essa concepção de Estado nada mais é que um projeto próprio da modernidade, cuja primeira configuração é o chamado Estado Absolutista[13]. Os antecedentes e as bases desse tipo de Estado são cruciais para entender como, em seu bojo, se desenvolveu o direito, a jurisdição e o processo.

1.1 DOS ANTECEDENTES HISTÓRICOS À FORMAÇÃO DO ESTADO MODERNO: O MODELO DE PROCESSO DESENVOLVIDO NO MEDIEVO

Na antiguidade já era possível esboçar os alicerces da formação do Estado, embora com características bastante distintas daquelas que ca-

12. PALLIERI, Giorgio Balladore. *A doutrina do estado*. v. 1. Tradução de Fernando Miranda. Coimbra: Coimbra Editora, 1969, p. 15.
13. MIRANDA, Jorge. *Manual de direito constitucional*. v.1, 6. ed. Coimbra: Coimbra Ed., 1997, p. 44.

racterizam o modelo atual. É naquela época que se pode encontrar o germe das reflexões sobre o fundamento da ordem política e sobre os limites do poder[14]. Principalmente com Aristóteles[15], supera-se o pensamento de que a organização da comunidade política estivesse governada pela vontade dos deuses e, portanto, subtraída dos homens[16]. Em Roma[17], desde a implantação da República em 529 a.C., também era possível falar de uma organização política, inicialmente alicerçada em elementos de contenção do poder sob certo aspecto semelhantes aos da experiência ateniense, e, depois, constituída a partir de um poder cada vez mais centralizado nas mãos do Imperador.

Quando o Império Romano entra em decadência, já era possível sentir, no campo jurídico, uma desfragmentação do poder[18]. Sintomática, pois, a preocupação de Justiniano com o grande número, extensão e variedade de comentários e tratados escritos por *jurisconsultos*, cuja autoridade procurou abolir com o seu *Corpus Juris Civilis*[19]. Desse modo, proibiu-se que fossem realizados comentários a sua compilação, considerada adequada para resolver qualquer problema legal, sendo, portan-

14. RIDOLA, Paolo. O constitucionalismo: itinerários históricos e percursos conceituais. *Revista da AJURIS*: Associação dos Juízes do Rio Grande do Sul, Porto Alegre, v. 38, n. 121, p. 277-313, mar. 2011, p. 280. MIRANDA, Jorge. *Manual de direito constitucional* v. 1. 6. ed. Coimbra: Coimbra Ed., 1997, p. 55.

15. Aristóteles. *Constituição dos atenienses*. Lisboa: Fundação Calouste Gulbenkian, 2003. Aristóteles. *Politica*. Oxonii: Clarendoniano, 1967.

16. RIDOLA, Paolo. O constitucionalismo: itinerários históricos e percursos conceituais. *Revista da AJURIS*: Associação dos Juízes do Rio Grande do Sul, Porto Alegre, v. 38, n. 121, p. 277-313, mar. 2011, p. 281.

17. Sobre os aspectos históricos da sociedade romana, ver FUSTEL DE COULANGES; DENIS, Numa. *A cidade antiga*: estudos sobre o culto, o direito e as instituições da Grécia e de Roma. São Paulo: Hemus, 1975. GIORDANI, Mário Curtis. *História de Roma*. Petrópolis, RJ: Vozes, 1965. GUARINELLO, Norberto Luiz. *Imperialismo greco-romano*. 2. ed. São Paulo: Ática, 1991. CARCOPINO, Jerome. *La vida cotidiana en Roma*: en el apogeo del Imperio. Buenos Aires: Hachette, 1942.

18. Conforme Biondo Biondi, "o direito pós-clássico termina com a compilação de Justiniano. É uma época de grande decadência seja no aspecto político, seja no aspecto jurídico. A atividade doutrinária dos juristas cai completamente, os quais cuidam de salvar e recolher o máximo possível da imensa produção legislativa e jurisprudencial da época precedente" (BIONDI, Biondo. *Istituzioni di diritto romano*. 2. ed. Milano: Giuffrè, 1952, p. 5).

19. MERRYMAN, John Henry. *La tradicion juridica romano-canonica*. Mexico: Fondo de Cultura Económica, 1971, p. 24. Conforme Merryman, "Justiniano, um imperador romano que residia em Constantinopla, ordenou a preparação do que agora se chama *Corpus Juris Civilis*, sob a direção do jurista Triboniano. Primeiro, era um reacionário: considerava decadente a legislação romana de sua época; deseja resgatar o sistema legal romano de vários séculos de deterioração e restaurá-lo em sua prístina natureza e renome. Segundo, era um codificador: o acúmulo de material de autoridade ou quase de autoridade havia chegado a ser tão amplo e incluía tantas matizes e diferentes pontos de vistas, que pareceu desejável a Justiniano eliminar o que estava equivocado, obscuro ou repetitivo, para poder resolver conflitos e dúvidas e para organizar o que valia a pena conservar em uma codificação sistemática. Particularmente, Justiniano estava preocupado com o grande número, extensão e variedade de comentários e tratados escritos por eruditos legais (jurisconsultos)" (MERRYMAN, John Henry. *La tradicion juridica romano-canonica*. Mexico: Fondo de Cultura Económica, 1971, pp. 23-24).

to, desnecessário o recurso à interpretação ou aos comentários dos eruditos legais[20]. Ainda em vida, Justiniano não obteve êxito em proibir a realização de comentários ao *Corpus Juris Civilis*, o qual veio a cair em desuso a partir da Queda do Império Romano do Ocidente com as invasões bárbaras e a deposição do Imperador Rômulo Augusto.

Com o advento da Idade Média, não só o poder se fragmenta e, com isso, a própria ideia antiga de Estado, mas, também, o próprio Direito. Os povos bárbaros levaram consigo seus próprios costumes legais germânicos, que eram aplicados a eles mesmos e estavam baseados em sua norma jurídica de que a nacionalidade de uma pessoa a acompanha a toda a parte onde vai, de modo que as suas leis não se aplicavam aos povos conquistados[21]. Para os germânicos, acima de toda experiência jurídica se coloca o conceito de nação, uma unidade étnica e mística, fundada sobre sangue e tradição de luta contra inimigos comuns. É deste ente coletivo que emana impessoalmente a lei, que representa o espírito de toda a organização social[22]. Desse modo, durante o alto medievo (séc. V-XI d.c), também chamado de *idade das origens*[23], a tarefa do príncipe era meramente formal e externa, consubstanciada no reconhecimento, tutela e garantia de uma norma já existente no costume popular: "o rei é ministro do povo e deve governar no interesse do povo"[24]. Essa realidade vai perdurar, porém com o crescimento da Igreja, já que os autores do século nono, apesar de escrever que a justiça teria o condão de impor ao rei a observância das leis, não tinham coragem para afirmar um poder

20. MERRYMAN, John Henry. *La tradicion juridica romano-canonica*. Mexico: Fondo de Cultura Económica, 1971, p. 24. Atribui-se a Savigny um certo exagero no que tange à proibição de interpretar imposta por Justiniano, o qual longe estava de estabelecer uma concepção exegética do *Corpus*. Nesse sentido, Mário Reis Marques afirma que, "durante muito tempo, o prestígio de Savigny levou os restantes historiadores a perfilharem a sua tese do caráter absoluto destas proibições. O ilustre historiador alemão atribui a Justiniano a pretensão de proibir a interpretação. Os juízes deveriam ser meros aplicadores da lei. Não foi este o entendimento das Escolas jurídicas da Idade Média, nem é o actual entendimento dos historiadores. Sustenta-se hoje que a tese de Savigny levaria ao absurdo, pois as proibições de Justiniano seriam irrealizáveis devido à incompatibilidade a estrutura casuística do *Corpus* e as referidas limitações. Dada a insuficiência do elemento literal sempre teria que existir interpretação judicial. Qual então o sentido das proibições de Justiniano? Atribui-se hoje um sentido diverso àquelas disposições. O que está na mente de Justiniano é o combate aos nefastos efeitos de uma interpretação excessivamente ampla que pudesse perverter o dado normativo. Proíbe-se a *perversio* das *leges* para que não haja perturbação da vida jurídica" (MARQUES, Mario Reis. *História do direito português medieval e moderno*. Coimbra: Almedina, 2002, p. 33).

21. MERRYMAN, John Henry. *La tradicion juridica romano-canonica*. Mexico: Fondo de Cultura Económica, 1971, p. 24.

22. GALIZIA, Mario. *La teoria della sovranità*: dal medio evo alla rivoluzione francese. Milano: Dott. A. Giuffrè, 1951, pp. 30-31.

23. CALASSO, Francesco. *Gli ordinamenti giuridic del rinascimento medievale*. Milano: Dott. Antonino Giuffrè, 1965, p. 21.

24. GALIZIA, Mario. *La teoria della sovranità*: dal medio evo alla rivoluzione francese. Milano: Dott. A. Giuffrè, 1951, p. 31.

direto do povo sobre o príncipe, motivo pelo qual cuidaram de reforçar o controle da Igreja[25].

O renascimento medieval é marcado pela ascensão do feudalismo. Um dos fatores essenciais para essa mudança era a ineficácia do poder central[26], o que constrangia os particulares a apoiarem-se ao senhor para encontrar garantia, frente às transformações sociais e econômicas que acompanhavam profundos movimentos de transformações como a insegurança das guerras de expansão territorial da época. Era necessário que o Estado viesse a se tornar feudal para sobreviver[27].

Desse modo, o senhor concedia uma terra em benefício do vassalo e este se obrigava a determinadas prestações como assistência, ajuda militar e fidelidade. O senhor, padre e soberano dos seus dependentes, exercia nos seus confrontos todas as funções públicas: era juiz, legislador e administrador ao mesmo tempo[28]. Era a privatização do poder e, por conseguinte, a substituição do conceito de *imperium* por *dominium*, em conexão com os princípios da família e da propriedade: investidura hereditária, direito de primogenitura, inalienabilidade do domínio territorial, sendo possível falar de um ordenamento jurídico sob regime patrimonial[29] no qual direito privado e público se confundem, no qual jurisdição coincide com direito de propriedade[30].

Esse era somente o primeiro passo de uma grande transformação. A característica mais viva com a qual o renascimento medieval era pré-anunciado de modo decisivo no curso do século XI, é a extraordinária variedade de novas estruturas políticas decorrentes do princípio associativo[31]. Surgem as comunidades de habitantes, comunidades rurais e cor-

---

25. GALIZIA, Mario. *La teoria della sovranità*: dal medio evo alla rivoluzione francese. Milano: Dott. A. Giuffrè, 1951, p. 37. Realidade que vai gradativamente reforçar-se durante a Idade Média, como aponta Jorge Miranda: "O Cristianismo ou, talvez melhor, a Cristandade envolve toda a vida medieval e projecta-se no plano político sobretudo como exigência de limitação do poder – do poder que vem de Deus (*"Non est potestas nisi a Deo"*), que deve ser aferido por critérios de legitimidade e que deve ser usado para o bem comum (*Regnum non est propter regem, sed rex propter regnum*). É nesse elemento de ordem objectiva que reside a principal garantia das pessoas" (MIRANDA, Jorge. *Manual de direito constitucional*. 6. ed. Coimbra: Coimbra Ed., 1997. v.1, p. 60).
26. GALIZIA, Mario. *La teoria della sovranità*: dal medio evo alla rivoluzione francese. Milano: Dott. A. Giuffrè, 1951, p. 44.
27. CALASSO, Francesco. *Gli ordinamenti giuridic del rinascimento medievale*. Milano: Dott. Antonino Giuffrè, 1965, p. 72.
28. GALIZIA, Mario. *La teoria della sovranità*: dal medio evo alla rivoluzione francese. Milano: Dott. A. Giuffrè, 1951, p. 41.
29. MIRANDA, Jorge. *Manual de direito constitucional*. 6. ed. Coimbra: Coimbra Ed., 1997. v.1, p.61.
30. GALIZIA, Mario. *La teoria della sovranità*: dal medio evo alla rivoluzione francese. Milano: Dott. A. Giuffrè, 1951, p. 41.
31. CALASSO, Francesco. *Gli ordinamenti giuridic del rinascimento medievale*. Milano: Dott. Antonino Giuffrè, 1965, p. 93. O princípio associativo surge em direta contraposição ao arbítrio do senhor

porações mercantis. É o período da organização e consolidação jurídica desse desenvolvimento. A nova sociedade, cujas existências e responsabilidades são reconhecidas, conquista também os meios financeiros de seu funcionamento[32]. O século XI e a primeira metade do século XII ficam conhecidos como a fase do desenvolvimento selvagem das cidades[33].

A estrutura simples da velha sociedade proto-medieval torna-se complexa e vai demandar esquemas gerais capazes de ordená-la[34]. No entanto, o quadro político mostrava um príncipe inerte, incapaz de assumir a frente das questões jurídicas[35], até porque dissolvida a própria ideia de Estado[36]. Este passava a ser um "Estado-Feudal", no qual se ma-

---

feudal, que havia se transformado em inimigo e opressor: "daí surgem as associações: uniões de grupos de cidadãos, mercadores, militares, artesãos, para a defesa dos próprios interesses. Associações, que assumem as formas mais variadas: confrarias, corporações, sociedades mercantis, comunidades" (GALIZIA, Mario. *La teoria della sovranità*: dal medio evo alla rivoluzione francese. Milano: Dott. A. Giuffrè, 1951, p. 44).

32. Esse processo, no entanto, é gradual, pois, inicialmente, "as cidades permanecem no *dominium* de um ou vários senhores, conde, duques ou visconde, bispo, arcebispo ou abada, e o rei, imediatamente no domínio monárquico que aumenta consideravelmente durante o período, e em toda parte, em virtude de seu direito eminente. Esses senhores abandonam parte de seus direitos às comunidades urbanas ascendentes, realizam partilhas, acordos, mas conservam seus direitos de alta justiça, a cobrança de certas obrigações e, na teoria e na prática, a comunidade urbana não pode em muitos casos decidir e agir sem o consentimento deles (...) Em princípio todos os direitos e poderes reconhecidos pelos senhores às comunidades urbanas o são por 'boa vontade' de sua parte. Eles 'outorgam', 'concedem' (LE GOFF, Jacques. *O apogeu da cidade medieval*. São Paulo: Martins Fontes, 1992, pp. 79-80).

33. LE GOFF, Jacques. *O apogeu da cidade medieval*. São Paulo: Martins Fontes, 1992, p. 79. Em passagem bastante esclarecedora, Padoa-Schioppa afirma que o crescimento demográfico apontado a partir do século XI destinou-se a prosseguir por cerca de três séculos, ao que se acompanhou um aumento da produção agrária, sobretudo, com a extensão das terras cultivadas e com a adoção de novas técnicas, tudo isso aliado ao desenvolvimento de um intenso comércio de longa distância entre as diversas regiões da Europa e do Oriente Mediterrâneo. Tudo isso demandou um novo direito (PADOA-SCHIOPPA, Antonio. *Il diritto nella storia d´Europa*: Il medioevo. Parte prima. Padova: CEDAM, 1995, p. 195). Não é por menos que historiadores, como é o caso de Marc Bloch, vão dizer que é um erro tratar a civilização feudal "como se constituísse, no tempo, um bloco de uma só peça", em razão de "uma série de transformações muito profundas e muito gerais pelos meados do século XI", ao ponto de se afirmar que "houve duas idades 'feudais' sucessivas, de características muito diferentes" (BLOCH, Marc. *A sociedade feudal*. 2ª ed. Tradução de Liz Silva. Lisboa: Edições 70, 1987, p. 77). Sobre o desenvolvimento econômico e social da idade média, ver PIRENNE, Henri. *História econômica e social da idade média*. Tradução Lycurgo Gomes da Motta. 4ª Ed. São Paulo: Editora Mestre Jou, 1968.

34. GROSSI, Paolo. *L´ordine giuridico medievale*. Roma-Bari: Editori Latereza, 2002, p. 152.

35. GROSSI, Paolo. *L´ordine giuridico medievale*. Roma-Bari: Editori Latereza, 2002, p. 153. A diferença da força da monarquia francesa em relação à monarquia inglesa é notável: "La monarquía francesa fue débil hasta El reinado de Felipe Augusto (1180-1223) y solo podía ejercer La soberanía plena en sus antiguos señoríos de la Isla de Francia. La monarquía anglonormanda, en cambio, era fuerte, sobre todo en tiempos de Enrique II (1154-1189), con quien se inició El Imperio angevino, y posiblemente contaba con La administración más desarrolada de Occidente en aquella época, si prescindimos de La cúria pontifícia (GÓMEZ, Francisco Ruiz. *Introducción a la historia medieval*: epistemologia, metodología y síntesis. Madrid: Editorial Sintesis, 1998, p. 227).

36. MIRANDA, Jorge. *Manual de direito constitucional*. 6. ed. Coimbra: Coimbra Ed., 1997. v.1, p.61. O príncipe, pois, encontrava-se num plano de igualdade com os senhores feudais e o seu poder era limitado por elementos de natureza ético-religiosas e sociais, verificados nos estamentos eclesiás-

nifestava uma pluralidade de poderes, que deu origem a várias figuras e a complexas relações hierárquicas, sem unidade solidamente constituída[37].

A tarefa de lidar com as questões jurídicas coube, então, à ciência[38]. Nessa senda, a "redescoberta" do direito romano e o estudo do *Digesto* apareciam como solução à exigência de edificação de um direito que, sem traduzir os fatos, fosse ordenado aos fatos e os ordenassem em esquemas universais[39].

Esse movimento de renovação do direito romano iniciou em Bolonha[40], escola fincada em um movimento cultural geral que, no decurso do século XI, "avança em busca das camadas mais profundas da cultura antiga"[41]. Recensão crítica do *Digesto* justinianeu, nas últimas décadas do século XI, texto que veio a ser conhecido como a "Vulgata do Digesto" e que se tornaria o texto escolar básico do *ius civile* europeu[42]. Em contrapartida à falta de um poder político central e com autoridade

---

tico e nobiliárquico. Estava, portanto, vinculado ao complexo entrelaçado de direitos e deveres que caracterizava a sociedade medieval (NOVAIS, Jorge Reis. *Contributo para uma teoria do estado de direito*. Reedição. Coimbra: Almedina, 2006, p. 34. HELLER, Hermann. *Teoria do estado*. São Paulo: Mestre Jou, 1968, p. 231).

37. DEL VECCHIO, Giorgio. *Teoria do estado*. Tradução portuguesa de Antònio Pinto de Carvalho. São Paulo: Saraiva, 1957. Conforme Jorge Miranda, "ordem hierárquica da sociedade traduz-se numa hierarquia de titularidade e exercício do poder político, numa cadeia de soberanos e vassalos, ligados por vínculos contratuais. A realeza, muito longínqua, fica reduzida a uma dignidade ou prerrogativa no cimo da ordem feudal, tendo a seu favor apenas o título ou a extensão do domínio" (MIRANDA, Jorge. *Manual de direito constitucional*. 6. ed. Coimbra: Coimbra Ed., 1997. v.1, p.61).

38. Essa perspectiva é bem traçada por Paolo Grossi: "se o príncipe renunciou a fazer-se intérprete, ou o fez raramente, fragmentariamente, a ciência colmatou o espaço e fez, por excelência a *interpretativo*: não se tratou de expropriação de poderes, se tratou acima de tudo de uma suplência. Foi uma suplência custosa, cheia de problemas, fonte de ambigüidades e ainda de antinomias. (...) ao lado do principado de quem detinha o poder político, a ciência jurídica adquiriu por todo o segundo medievo o seu *principatus*; certamente sem território e sem milícia, universal, *por orbem terrarum*, fato de prestígio e de poder, de presença ativa na sociedade e de consciência do próprio papel propulsivo. Ao início dos Duzentos o exprimia bem um dos mais grandes juristas do momento, o bolonhês Azzone, que, ao início de uma *Summa*, exposição sistemática do patrimônio jurídico sobre as *Istituzioni* de Giustiniano, contemplava com aberta satisfação o princípio espiritual e intelectual da classe dos juristas sobre o mundo: "iuris professores per orbem terrarum facit solemnieter principari". (GROSSI, Paolo. *L´ordine giuridico medievale*. Roma-Bari: Editori Latereza, 2002, p. 153).

39. GROSSI, Paolo. *L´ordine giuridico medievale*. Roma-Bari: Editori Latereza, 2002, p. 155.

40. MERRYMAN, John Henry. *La tradicion juridica romano-canonica*. Mexico: Fondo de Cultura Económica, 1971, p. 26.

41. WIEACKER, Franz. *História do direito privado moderno*. 3a ed. Lisboa: Fundação Calouste Gulbenkian, 1980, p. 38.

42. WIEACKER, Franz. *História do direito privado moderno*. 3a ed. Lisboa: Fundação Calouste Gulbenkian, 1980, p. 39. Segundo Gilissen "o elemento comum aos direitos romanistas é a influência exercida sobre o seu desenvolvimento pela ciência do direito que foi elaborada nas universidades a partir do século XII. Aí, o ensino do direito é quase exclusivamente baseado no estudo do direito romano, mais especialmente da codificação da época de Justiniano, que então foi baptizado de *Corpus iuris civilis*" (GILISSEN, John. *Introdução histórica ao direito*. 4ª ed. Lisoba: Fundação Calouste Gulbenkian, 2003, p. 203).

para estabelecer um novo direito capaz de dar conta das necessidades da época, "o direito Justiniano poderia ser o momento de validade, que ao discurso da ciência jurídica faltava; um momento forte de validade"[43], que levava consigo "não somente a autoridade do Papa e do Imperador, mas também a autoridade de uma civilização e inteligência obviamente superiores"[44]. O direito romano, com efeito, passava a ser visto como "um fundamento mais seguro para uma ética político-social da época", constituindo-se no "direito da comunidade jurídica humana"[45].

Logo, Bolonha e as demais universidades do norte da Itália tornaram-se o centro legal do mundo ocidental, recebendo pessoas de todos os cantos da Europa, que vinham estudar o direito ensinado, ou seja, o *Corpus Juris Civilis*, o que fez com que o direito civil romano e a obra dos glosadores e dos comentadores[46] se tornassem a base de um direito comum Europeu[47]. A ideia de um *direito comum*, no entanto, "pressupõe

43. GROSSI, Paolo. *L´ordine giuridico medievale*. Roma-Bari: Editori Latereza, 2002, p. 157. O direito Justiniano poderia ser reconhecido não somente como a projeção jurídica de uma unidade imperial ainda presente e operante nos séculos XI-XII, "mas, acima de tudo, se tratava de um complexo normativo imantado de sacralidade e venerabilidade: sacralidade, porque seu promovedor e promulgador era um príncipe católico, Justiniano I, o qual tinha impregnado a compilação com seu papel de defensor da fé e tinha deixado traços vistosos da adesão plena à dogmática cristã (se pensados os títulos do *Codex* subre Trinidade e sobre *sacrosanctae ecclesiae*); venerabilidade, porque se trata de um complexo normativo relativo a uma antiguidade considerada como remota e fabulosa e por isso imantado daquela indiscutível respeitabilidade que o sedimentar do séculos conferiu-lhe aos olhos dos observadores medievais" (GROSSI, Paolo. *L´ordine giuridico medievale*. Roma-Bari: Editori Latereza, 2002, p. 157).

44. MERRYMAN, John Henry. *La tradicion juridica romano-canonica*. Mexico: Fondo de Cultura Económica, 1971, p. 27. Conforme Merryman, "existiam várias razões para dar atenção preferente ao *Corpus Juris Civilis* e desatender a outros corpos jurídicos disponíveis: primeiro, a concepção do Sacro Império Romano era muito forte e vívida na Itália do século XII; Justiniano era considerado como um Sacro Imperador Romano e ao seu *Corpus Juris Civilis* se dava o tratamento da legislação imperial. Como tal, tinha a autoridade do Papa e do Imperador temporal detrás dela. Isto a convertia em uma legislação muito mais poderosa e de muito maior alcance que a de qualquer príncipe regional, os regramentos de qualquer corporação ou os costumes do lugar. Segundo, os juristas reconheciam a alta qualidade intelectual do *Corpus Juris Civilis*. Consideravam que esta obra, a qual chamava de 'razão escrita', era superior às compilações barbarizadas que se puseram em uso durante a dominação germânica (MERRYMAN, John Henry. *La tradicion juridica romano-canonica*. Mexico: Fondo de Cultura Económica, 1971, pp. 26-27).

45. WIEACKER, Franz. *História do direito privado moderno*. 3a ed. Lisboa: Fundação Calouste Gulbenkian, 1980, p. 45.

46. Especificamente no que concerne aos comentadores, tratava-se de uma geração de letrados que se seguiu aos glosadores: os denominados comentadores, práticos ou conciliadores. Eles tiveram papel decisivo em converter o direito justinianeu em direito comum para a Europa continental, ao mesmo tempo em que reduziram a multidão dos direitos não romanos da Europa à forma mental da sua ciência. Vale dizer, os comentadores não se imiscuíram de levar a cabo uma clarificação precisa das relações do *jus commune* romano com o *jus speciale* local e feudal longobardo, explorando disciplinas e instituições faltantes no direito romano (WIEACKER, Franz. *História do direito privado moderno*. 3a ed. Lisboa: Fundação Calouste Gulbenkian, 1980, p. 80-83.)

47. MERRYMAN, John Henry; PÉRZ-PERDOMO, Rogelio. *The civil law tradition*: an introduction to the legal system of Europe and Latin America. Standford, California: Standford University Press, 2007, p. 27.

a existência de um outro ou de vários outros direitos com o qual ou com as quais estabeleça determinadas relações"[48].

Isso se dava com a concorrência entre o direito comum aplicado independente do lugar que o autor da violação ocupasse na hierarquia feudal, e o direito particular ou, melhor, os vários direitos particulares, consistentes em leis locais, leis aplicadas a tipos particulares de pessoas (nobres, mercadores, servos, clero, católicos, etc.) ou ainda a particulares tipos de bens e relações[49]. Um exemplo notável é o direito dos mercadores, cuja construção teórica e legal passava ao largo do direito comum romano e do direito canônico, incapazes de compreender a nova realidade econômica, que exigia um espaço jurídico protegido onde os seus costumes pudessem se impor ao *ius comune*[50].

O problema do *particularismo jurídico*[51] era um reflexo da questão do poder, que permanecia "encapsulado em arranjos políticos caracterizados pela coexistência de centros de poder com pretensão de uni-

48. MARQUES, Mario Reis. *História do direito português medieval e moderno*. Coimbra: Almedina, 2002, p. 15. Afirma o autor que "na Europa Cristã, a par do direito romano existem ainda o canónico e o direito das diversas entidades superiores (territórios, cidades, etc.). Se os primeiros glosadores ignoraram os *iura propria*, os civilistas posteriores tiveram que enfrentar a realidade, reconhecendo progressivamente o costume, depois os estatutos e, finalmente, as leis. É nesta fase, quando os direitos particulares são reconhecidos como verdadeiros direitos (*iura propria*), que a identificação do direito romano com o *ius commune* ganha todo o sentido. De facto, a ideia de um direito comum reclama uma complexa tensão entre uma unidade superior e a multiplicidade das partes constituintes do sistema jurídico" (MARQUES, Mario Reis. *História do direito português medieval e moderno*. Coimbra: Almedina, 2002, p. 15).

49. TARELLO, Giovani. *Storia della cultura giuridica moderna*: assolutismo e codificazione del diritto. Bologna: Società editrice il Mulino, 1976, pp. 28-34. GROSSI, Paolo. *L´ordine giuridico medievale*. Roma-Bari: Editori Laterza, 2002, pp. 223-226. PADOA-SCHIOPPA, Antonio. *Il diritto nella storia d´Europa*: Il medioevo. Parte prima. Padova: CEDAM, 1995, pp. 158-159.

50. MARQUES, Mario Reis. *História do direito português medieval e moderno*. Coimbra: Almedina, 2002, p. 57. Tratava-se de um direito, pois, "criado pela classe mercantil, sem medição da sociedade política" (MARQUES, Mario Reis. *História do direito português medieval e moderno*. Coimbra: Almedina, 2002, p. 56), que surgia em face das necessidades da mercância e da inexistência de instrumentos jurídicos hauridos do direito romano capazes de administrá-las. Emblemático, nesse sentido, é o exemplo dos títulos de crédito, surgidos da imperiosa necessidade de conferir segurança na circulação de riquezas. Nesse sentido, Alfredo Zevi assevera que "à exigência comercial de objetivar e materializar o crédito, especialmente em relação à rápida circulação fiduciária desse, surge exatamente o instituto dos títulos de crédito" (ZENI, Alfredo. *L´influenza della causa nei titolo circolanti*. 2ª edizione. Torino: Fratelli Bocca, 1921, p. 8) Estes, com efeito, evitam o transporte de dinheiro ou moeda, servindo de conversão, logo ato de câmbio, e mais precisamente, como instrumento de crédito (NETO, Mello Andreotti. *Direito comercial*. São Paulo: Rideel Ltda, s/d, p. 520).

51. Segundo Tarello, "a expressão 'particularismo jurídico' foi inventada e começou a circular pelos juristas positivistas do oitocentos, propriamente a fim de contrapor a feliz situação do direito codificado àquela, infeliz, que o precedia; e , de fato, circulou com maior frequência na literatura histórico-jurídica francesa e italiana que na alemã (...) Por 'particularismo jurídico' se entende a falta de unitariedade e de coerência do conjunto das leis vigentes e uma dada esfera espaço temporal, identificada depois a um juízo de valor segundo o qual naquela mesma esfera deveria ser ou se esperaria que fosse, unidade e coerência de leis (TARELLO, Giovani. *Storia della cultura giuridica moderna*: assolutismo e codificazione del diritto. Bologna: Società editrice il Mulino, 1976, pp. 28-29).

versalidade, como o Império e o Papado, com a estrutura fragmentada da sociedade e da organização feudal"[52]. A ideia de soberania ainda era incipiente[53] e o direito não era um atributo do Estado. Pelo contrário, o Estado era uma criação do Direito, o qual, por isso mesmo, estaria acima do Estado[54].

O papel desempenhado pela legislação naquele período e durante toda a baixa Idade Média era secundário inclusive na *civil law*, como bem lembra René David, segundo o qual predominava a ideia de que o direito existia independente dos comandos da autoridade[55]. A ordem legal do medievo era uma ordem de matriz consuetudinária em que, por primeiro, notariado e jurisprudência prática, e, posteriormente, doutrina de mestres, organizavam, categorizavam, sistematizavam. Não se tratava, conforme Paolo Grossi, de uma "ordem legal, que cai do alto e que a sociedade sente como estranha ou mesmo hostil, não uma ordem geral e abstrata separada da experiência e submetida ao risco constante de se tornar como uma casca seca"[56].

No que tange ao estudo do direito processual, a Idade Média revela uma experiência bastante frutífera, mormente a partir da obra dos glosadores, responsáveis, segundo Calasso, por ter impostado com clareza de pressupostos bases publicísticas que iriam maturar com o tempo uma fecunda autonomia científica à matéria[57]. É de Búlgaro[58] a conhecida frase *"Iudicium accipitur actus ad minus trium personarum, scilicet actoris intendentis, rei intentionem evitantis, Iudicis in medio cognosentis"* de-

52. RIDOLA, Paolo. O constitucionalismo: itinerários históricos e percursos conceituais. *Revista da AJURIS*: Associação dos Juízes do Rio Grande do Sul, Porto Alegre , v. 38, n. 121, p. 277-313, mar. 2011, p. 283.

53. Sobre a evolução histórica do conceito de soberania, ver GALIZIA, Mario. *La teoria della sovranità*: dal medio evo alla rivoluzione francese. Milano: Dott. A. Giuffrè, 1951.

54. CALASSO, Francesco. *Gli ordinamenti giuridic del rinascimento medievale*. Milano: Dott. Antonino Giuffrè, 1965, p. 260. Segundo Calasso, "enquanto nós hoje, acostumamos-nos a ver no Estado apenas a única fonte do direito, somos obrigados a considerar o direito como uma criação do Estado (estatalidade do direito), e, por conseguinte, colocamos o Estado acima do direito, esta concepção foi estranha a tudo na ciência jurídica medieval: a qual ao contrário, inverte aquela relação, considerando o Estado como uma criação do direito, e colocando por isso mesmo o direito acima do Estado" (CALASSO, Francesco. *Gli ordinamenti giuridic del rinascimento medievale*. Milano: Dott. Antonino Giuffrè, 1965, pp. 259-260).

55. DAVID, René. *Os grandes sistemas do direito contemporâneo*. São Paulo: Martins Fontes, 1993, p. 48.

56. GROSSI, Paolo. *Dalla società di sicietà alla insularità dello Stato fra medioevo ed età moderna. Revista sequência*, n. 55, p. 9-28, dez. 2007, p. 16.

57. CALASSO, Francesco. *Gli ordinamenti giuridic del rinascimento medievale*. Milano: Dott. Antonino Giuffrè, 1965, p. 206.

58. Cabe à Búlgaro, também, uma série de elementos atinentes à teoria do Estado e da soberania durante a Idade Média, superando, inclusive, a ideia de que a relação entre Estado e sociedade é uma relação de propriedade, pois, segundo o conhecido glosador, trata-se de uma questão de *iurisdictio*. Sobre o tema, ver, GALIZIA, Mario. *La teoria della sovranità*: dal medio evo alla rivoluzione francese. Milano: Dott. A. Giuffrè, 1951, pp. 56 e seguintes.

finidora daquilo que, posteriormente, veio a ser conhecido como por processo[59]. É também na expressão *iudicium* ou *ordo iudiciarius* que se traduzia o cerne do processo medieval[60].

O *ordo iudiciarius* era considerado manifestação de uma razão prática e social realizada no tempo através da colaboração das praxes criadas pelos tribunais e pela doutrina. Com o seu caráter público, argumentativo e justificativo representava um capítulo da retórica e da ética, reconhecendo-se ao processo natureza originária e, de certo modo, extra-estatal[61], sendo, pois, incompatível com a ideia de que o legislador pudesse regular um setor que é manifestação de uma razão prática, pública e social[62].

Para tudo isso confluía não somente a ausência da figura do Estado, mas a consequência dessa falta no plano do Direito, que não era visto como "fruto da vontade desse ou daquele poder político contingente, desse ou daquele Príncipe, mas como uma realidade historicamente e logicamente antecedente, que nasce nas vastas espirais do social, com esse se mistura, desse se incorpora"[63]. Soma-se a isso a redescoberta dos textos Aristotélicos[64] e o equilíbrio que os juristas medievais, notadamente

59. PICARDI, Nicola. Do juízo ao processo. *Jurisdição e processo*. Organizador e revisor técnico da tradução Carlos Alberto Alvaro de Oliveira. Rio de Janeiro: Forense, 2008, p. 35.

60. Sobre a dicotomia *iudicium* e *processus*, ver PICARDI, Nicola. Do juízo ao processo. *Jurisdição e processo*. Organizador e revisor técnico da tradução Carlos Alberto Alvaro de Oliveira. Rio de Janeiro: Forense, 2008, p. 33 e seguintes. Ainda sobre o tema, Alessandro Giuliani traça a seguinte contraposição entre *iudicium (ordem isonômica)* e *processus* (*ordem assimétrica*): "a história do processo é percorrida pelo perene conflito entre retórica e lógica, que reflete duas concepções opostas de ordem, que definimos como 'ordem isonômica' e 'ordem assimétrica'. Estas são as bases representativas do *ordo iudiciarius medioevale* e do *processus* no sentido moderno: se os princípios do *ordo* medioevale dependem da retórica, os princípios do *processus iudiciarii* – conexos ao processo prussiano do século XVIII - dependem da lógica. Nos dois modelos a mesma terminologia (ônus da prova, presunção, fato) tem um significado diverso, que reflete a distância nas soluções de questões fundamentais, como aquela relativa aos poderes supletivos do juiz. No *ordo* medieval (*iudex non potest in facto supplere*) a *supplenza* constitui uma violação da neutralidade e imparcialidade do juiz; na ordem isonômica – baseada no princípio do contraditório - as partes têm um igual ônus da prova, entendido como ônus da persuasão. No *processus* ao contrário cabe ao juiz pilotar o processo segundo o ideal *leibniziano* do juiz *advocatus partium generalis*: a ordem assimétrica legitima a suplência do juiz" (GIULIANI, Alessandro. L´ordo judiciarius medioevale (riflessioni su um modello puro di ordine isonomico). *Rivista di diritto processuale*. v. 43. Parte II, 1988, pp. 600-601).

61. PICARDI, Nicola. *Audiatur et Altera Pars*: as matrizes histórico-culturais do contraditório. In: *Jurisdição e processo*. Organizador e revisor técnico da tradução Carlos Alberto Alvaro de Oliveira. Rio de Janeiro: Forense, 2008, p. 129.

62. GIULIANI, Alessandro. L´ordo judiciarius medioevale (riflessioni su um modello puro di ordine isonomico). *Rivista di diritto processuale*. v. 43. Parte II, 1988, p. 603.

63. GROSSI, Paolo. *Mitologias jurídicas da modernidade*. Florianópolis: Fundação Boiteux, 2004, p. 30.

64. Sobre a relação entre iudicium e a lógica aristotélica, Picardi afirma que "para o iudicium não pode ser aplicado o silogismo científico, a lógica do verdadeiro-falso; o raciocínio *more* iuridico apresenta-se, por eleição, como lógica do 'provável'. Partindo de uma angulação tópica, compreende-se bem como o interesse dos processualistas da época era dirigido, sobretudo, ao procedimento probatório – considerado como um procedimento de pesquisa conduzido em termos negativos – e ao

os comentadores, procuravam estabelecer entre o direito e a realidade, de modo que tencionavam, simultaneamente, uma natureza teórica e uma intencionalidade de caráter prático[65]. Para os juristas medievais o termo *prudentia* mantinha o seu significado romano, de um saber que tende para a ação, ou seja, saber agir a partir da verdade das coisas, o que refletiu na problemática da *interpretatio*, concebida como uma atividade substancialmente criativa estimulada pela necessidade de fazer evoluir o direito[66].

Com isso, o fundamento do procedimento medieval era representado pelo "*princípio do contraditório*", em uma espécie de metodologia de busca da verdade, resolvia na *ars opponendi et respondendi*, em uma regulamentação do diálogo que assegurava reciprocidade e igualdade às partes, a partir do método tópico de investigação[67]. A valorização do contraditório como momento fundamental do juízo[68], bem como a concepção do *ordo iudiciarius* medieval como ordem isonômica, em que juiz e as partes criavam o direito, é, sem dúvida, um reflexo dos aspectos políticos do medievo e marcam, pois, a relação entre o poder, o direito e processo.

---

estudo da patologia da argumentação, para descobrir o erro e o abuso" (PICARDI, Nicola. Do Juízo ao processo. *Jurisdição e processo*. Organizador e revisor técnico da tradução Carlos Alberto Alvaro de Oliveira. Rio de Janeiro: Forense, 2008, pp. 46-47). A ruptura trazida com o redescobrimento dos textos aristotélicos a partir do século XII é retratada por Mário Reis Marques nos seguintes termos: "No início do século conhecem-se algumas obras de lógica: as *Categorias* e o tratado *Sobre a interpretação*. Os restantes tratados aristotélicos relativos à lógica, à filosofia natural e à metafísica vão sendo traduzidos progressivamente. Assim, a *Ética a nicómaco* circula em latim no século XII. Embora o aristotelismo nunca tenha conseguido alcançar o monopólio do pensamento ocidental, o certo é que através da mensagem que comporta a ordem do mundo se apresenta como um primeiro dado, a única ordem que pode ser pensada. Saindo do campo da pura interioridade da alma. Aristóteles aproxima-se do mundo sensível. As ideias platónicas, deixando de viver hipostasiadas, quase como seres mitológicos, baixam às coisas. As formas aristotélicas (ideias), como elementos activos que fundam a matéria, vivem unidas a esta. Forma e matéria são inseparáveis: a essência de uma coisa não é separável da própria coisa. Cada ser tem o seu próprio valor. Esta concepção, que torna inaceitável a ruptura entre o mundo imperfeito e o mundo supra-sensível, sustenta uma nova atitude perante as realidades sensíveis e os factos" (MARQUES, Mário Reis. *Codificação e paradigmas da modernidade*. Coimbra: Coimbra, 2003, pp. 29-30).

65. MARQUES, Mario Reis. *História do direito português medieval e moderno*. Coimbra: Almedina, 2002, p. 45.

66. MARQUES, Mario Reis. *História do direito português medieval e moderno*. Coimbra: Almedina, 2002, pp. 45-46. Acerca do conceito de prudência no mundo romano e de *phronesis* na cultura grega, consultar BARZOTTO, Luis Fernando. Prudência e jurisprudência – uma reflexão epistemológica sobre a *jurisprudentia* romana a partir de Aristóteles. In: *Direito & Justiça (Faculdade de direito da Pontifícia Universidade Católica do Rio Grande do Sul)* v. 23, ano XXIII, 2001/1. Porto alegre, 2001, pp. 221-249.

67. PICARDI, Nicola. *Audiatur et Altera Pars*: as matrizes histórico-culturais do contraditório. In: *Jurisdição e processo*. Organizador e revisor técnico da tradução Carlos Alberto Alvaro de Oliveira. Rio de Janeiro: Forense, 2008, p. 129.

68. PICARDI, Nicola. *Audiatur et Altera Pars*: as matrizes histórico-culturais do contraditório. In: *Jurisdição e processo*. Organizador e revisor técnico da tradução Carlos Alberto Alvaro de Oliveira. Rio de Janeiro: Forense, 2008, p.143.

1.2 O FIM DA IDADE MÉDIA, O NASCIMENTO DAS PRIMEIRAS EXPERIÊNCIAS DO ESTADO MODERNO COMO ESTADO ABSOLUTISTA E O SEU RESPECTIVO MODELO DE PROCESSO

O fim da idade média se deu a partir da grande ruptura decorrente de um processo que se iniciou no século XIV, no plano antropológico, político e social, redundante na emersão do individual e no surgimento de novas forças que sepultaram o medieval e deram sustentação à modernidade, um universo cujos protagonistas passam a ser o indivíduo e o Estado[69]. É na filosofia de Descartes que se assentam os alicerces para o devir desse novo mundo, agora moderno, em que figura um novo homem, um sujeito solipsista "que encontra a força (ou assim ao menos presume) de se libertar das antigas prisões; sujeito pre-suntuoso, intencionado a encontrar somente no interior de si mesmo o modelo interpretador da realidade cósmica e social"[70]. A modernidade marcará a "insularidade do sujeito"[71], a revelação da autonomia individual, com a completa libertação do homem da autoridade que tinha sufocado o seu espírito durante o medievo. A partir dessa concepção o Estado passa a ser um produto do espírito criativo do homem e da sua virtude, "uma obra de arte, que longe de se colocar em oposição ao indivíduo como autoridade heterônoma se apresentava como a mais perfeita realização, no quadro da visão aristotélica, da sua liberdade"[72].

No que interessa à formação do Estado moderno, essa ruptura com as antigas estruturas medievais começa com uma percepção, ainda na idade média, de que a função legislativa se contrapõe à função executiva-jurisdicional, de natureza secundária e subordinada. Essa distinção é atribuída à Marsílio de Pádua, considerado o precursor isolado do Estado contemporâneo, para o qual o legislativo exerceria um controle sobre o poder executivo, cuja função seria exclusivamente a de servir como instrumento do legislador humano. Com isso, buscava afirmar a soberania do povo como comunidade unitária, garantindo o máximo respeito à lei[73]. Marsílio, todavia, não chegou a visualizar o Estado a partir de uma definição unitária, como pessoa jurídica, ideia que pode ser atribuída

69. GROSSI, Paolo. *Dalla società di sicietà alla insularità dello Stato fra medioevo ed età Moderna. Revista sequência*, n. 55, p. 9-28, dez. 2007, pp. 20-22.

70. GROSSI, Paolo. *Dalla società di sicietà alla insularità dello Stato fra medioevo ed età Moderna. Revista sequência*, n. 55, p. 9-28, dez. 2007, pp. 22-23.

71. GROSSI, Paolo. *Dalla società di sicietà alla insularità dello Stato fra medioevo ed età Moderna. Revista sequência*, n. 55, p. 9-28, dez. 2007, p. 24.

72. GALIZIA, Mario. *La teoria della sovranità*: dal medio evo alla rivoluzione francese. Milano: Dott. A. Giuffrè, 1951, p. 127.

73. GALIZIA, Mario. *La teoria della sovranità*: dal medio evo alla rivoluzione francese. Milano: Dott. A. Giuffrè, 1951, pp. 100-101.

aos comentadores, especialmente Baldo, responsável por enquadrar o Estado como o ente com uma unidade distinta de cada um dos membros componentes e que não tolera outra comunidade autônoma no seu sentido, que se coloca como eterna e perpétua através das variações dos seus componentes[74].

Ainda no tocante ao processo histórico de ascensão do Estado, pode-se dizer que esse caminho é marcado, por um lado, pela luta dos monarcas contra a Igreja e o sacro-império, os quais representavam o aspecto unitário da Idade Média, fundado na aspiração de uma organização política universal: o papa, para as coisas espirituais, e o sagrado imperador romano, para as coisas temporais, simbolizando a fundamental unidade da família humana[75]. O poder da Igreja é gradualmente colocado em xeque, sendo possível visualizar as origens desse movimento também em Marsílio de Pádua[76], o qual afirmava que o imperador, e não o papa, era o princípio responsável diante de Deus por manter a paz entre os homens. Desse modo, por ser a missão do papa meramente espiritual, a Igreja não poderia encerrar a titularidade de propriedades, nem gozar de imunidades e privilégios[77].

Com isso, o aspecto da unidade medieval ia se fragmentando, ao mesmo tempo em que o aspecto fragmentário do poder[78] – que não se concentrava, pois, nas mãos de uma só entidade ou pessoa, mas era parcelado entre o império, os reinos, os feudos, as cidades, as corporações, etc. – também se derruía[79]. Assim, à medida que se aproximava a vitó-

74. GALIZIA, Mario. *La teoria della sovranità*: dal medio evo alla rivoluzione francese. Milano: Dott. A. Giuffrè, 1951, pp. 120-121.

75. PALLIERI, Giorgio Balladore. *A doutrina do estado*. v. 1. Tradução de Fernando Miranda. Coimbra: Coimbra Editora, 1969, p. 17.

76. Além de Marsílio de Pádua, pode-se visualizar também em Dante o rompimento com a tradição medieval da unidade do temporal e do espiritual. Assim, no terceiro livro da *Monarquia*, Dante procura demonstrar que o poder do Imperador provém diretamente de Deus e não da mediação papal. Elucidativa neste aspecto é a caracterização do Imperador e do Papa como os dois sóis romanos, em contraste com a alegoria tradicional que via apenas no Papa o sol e o Imperador como a lua (PALLIERI, Giorgio Balladore. *A doutrina do estado*. v. 1. Tradução de Fernando Miranda. Coimbra: Coimbra Editora, 1969, pp. 25-26).

77. CREVELD, Martin van. *Ascensão e declínio do estado*. Tradução Jussara Simões. São Paulo: Martins Fontes, 2004, p. 108.

78. O cenário medieval espelhava uma dualidade ente unidade e fragmentação, na medida em que a questão do poder se encontrava "encapsulado em arranjos políticos caracterizados pela coexistência de centros de poder com pretensão de universalidade, como o Império e o Papado, com a estrutura fragmentada da sociedade e da organização feudal" (RIDOLA, Paolo. O constitucionalismo: itinerários históricos e percursos conceituais. *Revista da AJURIS*: Associação dos Juízes do Rio Grande do Sul, Porto Alegre, v. 38, n. 121, p. 277-313, mar. 2011, p. 283).

79. PALLIERI, Giorgio Balladore. *A doutrina do estado*. V. 1. Tradução de Fernando Miranda. Coimbra: Coimbra Editora, 1969, p. 17. Conforme o autor italiano, "esses vários poderes não tinham relações recíprocas, mas todos confluíam nas supremas autoridades papal e imperial, derivavam delas, e era na ordem universal a que pertenciam aqueles altos poderes, que encontravam o seu fundamento.

ria na luta contra a universalidade da Igreja e do Império, os monarcas também faziam avanços contra o particularismo feudal[80], sendo possível falar que os dois processos estavam interligados[81].

Mas é com as novas concepções de mundo, que a obrigatoriedade da lei, fundada durante a idade média em elementos conteudísticos e formais, vai restringir-se à forma, mais precisamente, no soberano. Nessa linha, Maquiavel, criador do conceito de Estado como ente unitário e autônomo, plenamente soberano sobre o seu território, e Jean Bodin, responsável pelo conceito de soberania, vão, por caminhos distintos, trilhar os elementos nucleares do conceito de Estado, residindo aí, principalmente, o conceito de soberania[82].

Com Jean Bodin, portanto, o príncipe fica isento da autoridade da lei, ao mesmo tempo que o termo latino *ley* passa a implicar o mandato de quem tem a soberania[83]. Fica o soberano, assim, árbitro absoluto do conteúdo da lei, nele residindo a origem de todo o ordenamento[84]. Daí

E no, entanto mantinham-se clara a autonomia e, até certo ponto, a independência de cada poder relativamente ao que lhe era inferior, não podendo este último suprimir, arbitrariamente, o primeiro ou diminuir-lhe os poderes" (idem. Ibidem).

80. A existência de um poder fragmentado na Idade Média era acompanhada também por uma fragmentação do fenômeno jurídico. Com efeito, ao lado do chamado direito comum (direito civil romano lido a partir dos glosadores e comentadores) aplicado independente do lugar que o autor da violação ocupasse na hierarquia feudal, existia o direito particular, ou melhor, os vários direitos particulares, consistentes em leis locais, leis aplicadas a tipos particulares de pessoas (nobres, mercadores, servos, clero, católicos, etc.) ou ainda a particulares tipos de bens e relações TARELLO, Giovani. *Storia della cultura giuridica moderna*: assolutismo e codificazione del diritto. Bologna: Società editrice il Mulino, 1976, pp. 28-34. GROSSI, Paolo. *L´ordine giuridico medievale*. Roma-Bari: Editori Laterza, 2002, pp. 223-226. PADOA-SCHIOPPA, Antonio. *Il diritto nella storia d´Europa*: Il medioevo. Parte prima. Padova: CEDAM, 1995, pp. 158-159), o que autorizou os juristas dos séculos posteriores a falar em um particularismo jurídico medieval (TARELLO, Giovani. *Storia della cultura giuridica moderna*: assolutismo e codificazione del diritto. Bologna: Società editrice il Mulino, 1976, pp. 28-29).

81. CREVELD, Martin van. *Ascensão e declínio do estado*. Tradução Jussara Simões. São Paulo: Martins Fontes, 2004, p. 123.

82. O conceito de soberania pode ser surpreendido a partir de duas perspectivas. Em sentido geral, remete à ideia de supremacia, de *"vértice preposto a uma escala hierárquica de poder"* identificando-se no adjetivo baixo-latim *superaneus* (MARRAMAO, Giacomo. *Dopo il Leviatano. Individuo e comunità*. Torino: Bollati Boringhieri, 2000, p. 280). Em sentido específico, denota um processo de racionalização do poder político, indicativo do acontecimento histórico do Estado Moderno, da transformação da força em lei e da atribuição do poder a uma *auctoritas* dotada de impessoalidade e indivisibilidade (MARRAMAO, Giacomo. *Dopo il Leviatano. Individuo e comunità*. Torino: Bollati Boringhieri, 2000, p. 281). Ainda sobre o adjetivo *superaneus*, Mario Justo Lopez afirma que essa palavra era utilizada na Idade Média para designar qualquer funcionário investido de autoridade superior. A expressão se alcunhou inicialmente em francês como *souverain* – como título que se dava ao rei, ainda que não somente a ele – antes de assumir a forma *souveraineté*. (LOPEZ, Mario Justo. *La soberania*. Buenos Aires: Cooperadora de derecho y ciencias sociales, 1967, p. 12).

83. BODIN, Jean. *Los seis libros de la republica*. Selección, traducción e introducción de Pedro Bravo. Madrid: Aguilar, 1973, p. 52.

84. GALIZIA, Mario. *La teoria della sovranità*: dal medio evo alla rivoluzione francese. Milano: Dott. A. Giuffrè, 1951, p. 136.

Marramao afirmar que "dessa vinculação do caráter absoluto (mas *não* 'ilimitado' da *summa potestas* ao momento da criação (ou revogação) do direito consiste a quinta essência de toda *versão jurídica* da soberania, da qual a obra de Bodin – que foi um jurista no sentido mais restrito da palavra – representa o protótipo"[85].

Assentava-se, assim, o conceito clássico de soberania "como um poder juridicamente incontrastável pelo qual se tem a capacidade de definir e decidir acerca do conteúdo e da aplicação das normas, impondo-as coercitivamente dentro de um determinado espaço geográfico, bem como fazer frente a eventuais injunções externas"[86]. A superação do poder da igreja e do império, bem como a concentração do poder a partir do conceito de soberania constitui-se, por sua vez, uma empresa levada a efeito principalmente pelos reis[87], razão pela qual a monarquia apresentou-se como forma fundamental do Estado moderno[88].

Nesse caminho, o Estado se constitui como um ente unitário e autônomo, plenamente soberano sobre seu território, que afirma a sua superioridade interna sobre todos os grupos inferiores particulares. A sua liberdade, a sua soberania é absolutamente plena e exclusiva no âmbito do seu território. Os velhos vínculos do direito natural, do império, da igreja e das corporações caem todos por terra. Nenhum campo é agora impedido da sua ação[89].

Desse modo o novo conceito de Estado iria encontrar na soberania sua medula espinhal[90], recebendo o adjetivo de "absolutista"[91], expres-

85. MARRAMAO, Giacomo. *Dopo il Leviatano. Individuo e comunità.* Torino: Bollati Boringhieri, 2000, p. 284.

86. MORAIS, José Luis Bolzan de. *As crises do estado e da constituição e a transformação espaço-temporal dos direitos humanos*. 2. ed. rev. ampl. Porto Alegre: Livraria do Advogado, 2011, p. 27.

87. Conforme Martin Creveld "dizer, portanto, como faz a maioria dos historiadores, que foi o Estado que sobrepujou a Igreja, o Império, a nobreza e as cidades, é incorreto. De fato, isso foi realização de reis com mentalidade autocrática; ou, como na Alemanha, de governantes cujos títulos não eram tão elevados mas cujas posições perante a própria sociedade e seus colegas tinham um caráter essencialmente monárquico". (CREVELD, Martin van. *Ascensão e declínio do estado*. Tradução Jussara Simões. São Paulo: Martins Fontes, 2004, p. 177).

88. CUEVA, Mario de la. *La ideia del estado*. México: Fondo de cultura económica, 1996, p. 48.

89. GALIZIA, Mario. *La teoria della sovranità*: dal medio evo alla rivoluzione francese. Milano: Dott. A. Giuffrè, 1951, pp. 131-132.

90. LOPEZ, Mario Justo. *La soberania*. Buenos Aires: Cooperadora de derecho y ciencias sociales, 1967, p. 15.

91. Sobre o termo, ensina Jorge Miranda: "o sentido próprio só pode ser o de Estado absoluto como aquele em que se opera a máxima concentração do poder no rei (sozinho ou com os seus ministros) e em que, portanto: 1º) a vontade do rei (mas sob formas determinadas) é lei; 2º) as regras jurídicas definidoras do poder são exíguas, vagas, parcelares e quase todas não reduzidas a escrito. Assim se explicam tanto os exageros dos teóricos do absolutismo (que sustentam que os únicos deveres do príncipe para com os súditos ou para com o Estado são deveres morais, embora gravíssimos) como os dos monarcómacos (que chegam a defender o tiranicídio)" (MIRANDA, Jorge. *Manual de direito constitucional*. 6. ed. Coimbra: Coimbra Ed., 1997. v.1, p. 79).

são carente de precisão, uma vez que nenhum Estado existe à margem do direito, assim como nenhum governante deixa de estar vinculado às normas que o titulam como tal[92]. Sua característica fundamental era a concentração de todo poder na pessoa do rei, que ostentava, sobre o território, títulos quase privados e, sobre os súditos, uma autoridade praticamente ilimitada, integrando em si todas as funções estatais sem prejuízo de sua possível delegação em certos ministros, juízes ou governadores[93]. Pode-se dizer, em certo aspecto, que os únicos limites à ação do rei derivavam do direito divino e natural, ao que teoricamente estava submetido, e da superveniência de certos institutos do Direito feudal[94].

Com efeito, toda a administração da sociedade era centrada na figura do Estado e espelhada no soberano, titular de um poder direto, imediato e não limitado pela lei, capaz de concentrar todas as funções que hoje são chamadas de legislações, administração e jurisdição[95]. Forjava-se, ao lado do conceito de soberania, pois, o próprio conceito de Estado Moderno, fundado na tríade povo, território e governo soberano.

Assim, no rompimento com a pluralidade de instâncias de poder medievais, o Estado Moderno engendrou os traços característicos que informam a ideia de Estado até hoje, ou seja, a existência de uma unidade de poder concentrada no Estado, que se sobrepõe às demais instâncias[96]. Esse processo de superação da atomização medieval foi conduzido primordialmente pelos reis, o que explica a monarquia como forma fundamental do Estado moderno[97].

Na verdade, é possível dividir o Estado Absolutista em dois períodos: no primeiro, que se estende até princípios do século XVIII, a monarquia afirma-se de "direito divino", o rei é escolhido por Deus, governa com a sua graça e exerce sua autoridade com fundamentos reli-

92. MIRANDA, Jorge. *Manual de direito constitucional.* 6. ed. Coimbra: Coimbra Ed., 1997. v.1, p. 79.

93. PIZZORUSSO, Alessandro. *Lecciones de derecho constitucional.* Madrid: Centro de Estudios Constitucionales, 1984, p. 21.

94. PIZZORUSSO, Alessandro. *Lecciones de drecho constitucional.* Madrid: Centro de Estudios Constitucionales, 1984, p. 21.

95. STRECK, Lenio Luiz. MORAIS, José Luis Bolzan. *Ciência política e teoria geral do estado.* Porto Alegre: Livraria do Advogado, 2010, p. 50. O início do despotismo, conforme Juan Beneyto, "pode fixar-se em 1661, quando Luis XIV anuncia que nada se fará sem ordem sua, que toda autoridade se concentra em suas mãos. Se nunca pronunciou a famosa frase *L´Etat c´est moi*, dificilmente se encontrará outra que melhor reflita sua política". (BENEYTO, Juan. *Historia de las doctrinas políticas.* Spain: Aguilar, 1964, p. 305).

96. Conforme Ovídio A. Baptista da Silva, "considera-se 'Estado' aquela estrutura fincada em uma unidade de poder e de direito, própria da modernidade e da ruptura desta com a multiplicidade de instâncias de poder da idade média" (SILVA, Ovídio A. Baptista da. *Curso de processo civil.* v.1. 7ª ed. Rio de Janeiro: Forense, 2005, p. 11).

97. CUEVA, Mario de la. *La ideia del estado.* México: Fondo de cultura económica, 1996, p. 48.

giosos[98]; no segundo, vai se buscar bases não teístas para fundamentar o poder do rei. É o período do chamado despotismo esclarecido ou absolutismo esclarecido.

A história do Estado Absolutista é marcada pela reconstrução da unidade do Estado e da sociedade, "em passar de uma situação de divisão com privilégios das ordens (sucessores ou sucedâneos dos privilégios feudais) para uma situação de coesão nacional, com relativa igualdade de vínculos ao poder (ainda) que na diversidade de direitos e deveres)"[99]. A consecução desse projeto não poderia deixar em segundo plano o Direito. Na verdade, é possível afirmar que a construção do Estado Moderno depende inexoravelmente da transformação ocorrida no fenômeno jurídico.

Nesse panorama, um primeiro aspecto que tocava a prática jurídica era o desaparecimento, no bojo da modernidade, da distinção entre saber prático e saber técnico dando-se primazia a este último[100]. E com isso também ocorre uma mudança significativa na relação entre Direito e Justiça[101]. Experimentam-se dois elementos fulcrais: "a axiológica substituição da intenção de justiça pela intenção política e o epistemológico postulado de que o direito o é desde que como tal se mostre socialmente eficaz"[102]. Tudo isso se dá em face do compromisso da modernidade com o valor segurança, que acabou transferindo o Direito para o campo das ciências experimentais, basicamente para o domínio das ciências lógicas[103]. Consequentemente, eliminou-se a retórica forense, "sob o ingênuo argumento de que a função dos juízes não deveria ir além da pura e exclusiva revelação do que dissera o legislador, entendido como um ser superior, dotado de uma linguagem sobre-humana, capaz de ser entendida por todos, sem necessidade de qualquer esforço interpretativo. Era

98. MIRANDA, Jorge. *Manual de direito constitucional*. 6. ed. Coimbra: Coimbra Ed., 1997. v.1, p. 80.

99. MIRANDA, Jorge. *Manual de direito constitucional*. 6. ed. Coimbra: Coimbra Ed., 1997. v.1, p. 80.

100. BARZOTTO, Luis Fernando. O direito ou o justo. O direito com objeto da ética no pensamento clássico. In: *Anuário do programa de pós-graduação em direito. Mestrado e doutorado UNISINOS, 2000*. São Leopoldo, UNISINOS, 2000, p. 160.

101. Mudança esta que já se manifestava na Idade Média, conforme Castanheira Neves, "o problema da distinção entre o direito e a justiça pôr-se-á, porém, explicitamente na Idade Média, determinando que é por aquilo a que SFROZA chamou o 'dualismo cristão', a impor igualmente a distinção entre *ius* e *directum*, com a sua tão forte carga e tensão ética. (...) O direito deixou de ser apenas um social estatuto normativo que *é*, para ser ainda uma exigência de justiça que *deve-ser*" (CASTANHEIRA NEVES, António. Justiça e Direito. *In: Digesta. Escritos acerca do direito, do pensamento jurídico, da sua metodologia e outras*. V. 1. Coimbra: Coimbra Editora, 1995, p. 256).

102. CASTANHEIRA NEVES, António. Justiça e Direito. *In: Digesta. Escritos acerca do direito, do pensamento jurídico, da sua metodologia e outras*. V. 1. Coimbra: Coimbra Editora, 1995, p. 256

103. SILVA, Ovídio A. Baptista da. *Epistemologia das ciências culturais*. Porto Alegre: Verbo Jurídico, 2009, p. 7.

o resgate da filosofia de Platão, contra Aristóteles, que dominara o ambiente cultural durante a Idade Média"[104]. Importa, no entanto, perquirir em que contexto se dá essa transformação.

Um dos aspectos principais da modernidade, nesse sentido, é o relativismo moral. Daí que "o apelo à justiça, entendida como qualquer qualidade ético-política que torne uma norma merecedora de obediência, é fator de insegurança na identificação do jurídico, na medida em que os valores, formadores do âmbito moral da vida social, carecem de um conteúdo objetivo"[105]. Dessa forma, a principal função do Estado Moderno, na sua versão absolutista, foi a de fornecer um padrão objetivo de resolução de conflitos – que, no caso, veio a ser a lei – em face de uma sociedade na qual o pluralismo poderia levar à dissolução[106]. Tanto é assim, que todo o mote codificador empregado até o surgimento das primeiras codificações se deu em face do particularismo jurídico do século XVII[107]. O Estado Absolutista, portanto, "é a resposta institucional às incertezas da sociedade de mercado emergente"[108], e não era de nada estranho conceber a justiça como sendo aquilo que o déspota esclarecido entendesse como tal. Há uma sensível diferença entre a *lex*, dos medievais, e a *loy*, dos modernos: "quanto à primeira, era marcada por conteúdos e finalidades bem estabelecidos – a razoabilidade, o bem comum -, já a segunda propõe-se como realidade que não encontra em um conteúdo ou em objetivo nem o seu significado e nem a sua legitimação social"[109].

Tem razão Ovídio Baptista da Silva quando afirma que a ideia de Direito, no Estado Moderno, suscita desde logo a ideia de jurisdição, e que "o crescimento avassalador do Estado está intimamente ligado ao monopólio da produção e aplicação do direito, portanto à sua criação,

104. SILVA, Ovídio A. Baptista da. *Epistemologia das ciências culturais*. Porto Alegre: Verbo Jurídico, 2009, pp. 7-8.

105. BARZOTTO, Luis Fernando. *O positivismo jurídico contemporâneo*: uma introdução a Kelsen, Ross e Hart. São Leopoldo: Editora Unisinos, 2004, p. 14.

106. BARZOTTO, Luis Fernando. *O positivismo jurídico contemporâneo*: uma introdução a Kelsen, Ross e Hart. São Leopoldo: Editora Unisinos, 2004, p. 14.

107. Tanto é assim que os códigos "apenas em França e nas áreas do seu domínio de influência foram levados à prática pelos portadores da revolução política, enquanto que no resto da Europa o foram pelo despotismo esclarecido" (WIEACKER, Franz. *História do direito privado moderno*. 3a ed. Lisboa: Fundação Calouste Gulbenkian, 1980, p. 367).

108. BARZOTTO, Luis Fernando. *O positivismo jurídico contemporâneo*: uma introdução a Kelsen, Ross e Hart. São Leopoldo: Editora Unisinos, 2004, p. 14.

109. GROSSI, Paolo. *Mitologias jurídicas da modernidade*. Florianópolis: Fundação Boiteux, 2004, p. p. 42. Relevante, nesse sentido, a transcrição feita por Paolo Grossi da *Essais*, livro III, cap. XIII, de Montaigne: "as leis possuem crédito não porque são justas, mas porque são leis. É o fundamento místico da autoridade delas; não têm outro fundamento, e é bastante. Frequentemente são feitas por imbecis" (GROSSI, Paolo. *Mitologias jurídicas da modernidade*. Florianópolis: Fundação Boiteux, 2004, p. 43).

seja em nível legislativo, seja em nível jurisdicional"[110]. Paolo Grossi percebeu nitidamente o ponto, vindo a afirmar que "a história da monarquia francesa do século XI ao século XVIII é a história de uma cada vez mais intensa tomada de consciência por parte do príncipe, da sua cada vez mais precisa percepção da essencialidade do direito no âmbito do projeto estatal, da exigência sempre maior de propor-se como legislador"[111]. Notável exemplo disso é a *Ordonnance Civile de 1667*, marco histórico da tentativa do Estado em codificar o direito processual civil.

A formação do direito processual no Estado Moderno tem como primeiro endereço a *Ordonnance Civile de 1667*, elaborada no governo de Luís XIV (1643-1715), símbolo do Absolutismo e conhecido pela célebre frase *"L´Etat c´est moi"*. A interferência estatal nos assuntos antes reservados à vida privada era marcante no âmbito jurídico, podendo-se acrescentar o caso da estatalização do direito comercial[112]. O absolutismo francês de Luis XIV foi um compromisso bem calculado entre um governo central ativo e forte com poderes de supervisão e uma elite a que se fizeram muitas concessões para garantir sua cooperação ou, ao menos, seu consentimento[113]. A *ordonnance civile* inseria-se, nessa linha, na tentativa do Rei em aumentar seu poder a partir do controle do direito aplicado.

Com efeito, sobrepondo-se ao panorama medieval, que encarava, como já referido, o *ordo iudiciarius* como um fenômeno extra-estatal, cujo caráter constitutivo do direito centrava-se na dialética estabelecida a partir do *contraditório*, Luís XIV reivindicará para si o monopólio da legislação em matéria processual[114].

Dentre os elementos que cabe destacar aqui sobre o conhecido *code Louis*, tem relevância à *sujeição do juiz à lei*. Esta era posta a partir de uma ideologia que reconhecia ao rei a soberania absoluta: "o direito era reduzido à lei, e a lei à vontade do soberano"[115]. Com a mesma perspectiva, de modo até, por assim dizer, complementar à sujeição do juiz à lei,

---

110. SILVA, Ovídio A. Baptista da. *Curso de processo civil*. v.1. 7ª ed. Rio de Janeiro: Forense, 2005, p. 11.
111. GROSSI, Paolo. Justiça como lei ou lei como justiça? Observações de um historiador. *Mitologias jurídicas da modernidade*. Fundação Boiteux, 2004, p. 50.
112. ASCARELLI, Tullio. *Panorama de direito comercial*. São Paulo: Saraiva, 1947.
113. MUNCK, Thomas. *La europa del siglo XVII*: 1598-1700: estados, conflictos y orden social en europa. Traducción de Bernardo Josó García García. Madrid: Ediciones Akal, 1994, p. 438.
114. Conforme Picardi, "com a formação do Estado moderno será afirmado, ao contrário, o oposto princípio da estatalidade do processo: será, efetivamente, por primeiro Luís XIV a reivindicar definitivamente para si próprio o monopólio da legislação em matéria processual" (PICARDI, Nicola. Introdução ao code louis (ordonnance civile, 1667). *Jurisdição e processo*. Rio de Janeiro: Forense, 2008, pp. 70-71).
115. PICARDI, Nicola. Introdução ao code louis (ordonnance civile, 1667). *Jurisdição e processo*. Rio de Janeiro: Forense, 2008, p. 83.

também se estabelecia a *proibição de interpretar*, como um redimensionamento natural da função do juiz decorrente da redução do direito à lei, esta concebida como *voluntas principis*. Nesse sentido, o art. 7º. do *Code Louis* vedava aos Tribunais a interpretação da legislação, reduzindo a atividade interpretativa a uma mera declaração do comando do soberano[116]. Trata-se de um significativo exemplo de um projeto de impor um modelo de *legislação sem jurisdição*, residindo aí, pois, a matriz da concepção francesa do juiz boca da lei[117].

Além do *Code Louis*, o Estado Absolutista é cenário de outras duas grandes experiências, que vão caracterizar os elementos basilares do processo civil do despotismo iluminado, representado, pois, pelas "reformas processuais de Frederico II da Prússia, da sucessiva sistematização da reforma prussiana com a *Allgemeine Gerichtsordnung* de 1793 e, sobretudo, pelo Regulamento judiciário austríaco de Giuseppe II"[118].

As características de todas as reformas processuais do despotismo iluminado, e em particular do Regulamento judiciário giuseppino, podem ser compreendidas somente em referência ao seu contexto de origem. Tal contexto era da política dos soberanos, os quais combatiam, em nome do crescimento do próprio poder e da centralização burocrática, uma dupla frente: de um lado contra o direito comum romano e as suas instituições processuais, de outra parte contra os direitos particulares, jurisdições autônomas e imunidades de classe. Por isso o êxito de tal batalha dependia da realização de uma organização judiciária focada em juízes funcionários reunidos em uma organização hierárquica e burocrática, e distribuidores de uma justiça proveniente de um soberano não gracioso. Dessa realidade, resultou um processo caracterizado por maiores poderes de impulso e de inspeção em favor do juiz relativamente às partes e de menores poderes arbitrais e equitativos do juiz a respeito da lei substancial bem como nenhum poder nem ao juiz, nem das partes sobre o regulamento processual[119].

116. PICARDI, Nicola. Introdução ao code louis (ordonnance civile, 1667). *Jurisdição e processo*. Rio de Janeiro: Forense, 2008, p. 94.

117. PICARDI, Nicola. Introdução ao code louis (ordonnance civile, 1667). *Jurisdição e processo*. Rio de Janeiro: Forense, 2008, pp. 96-97.

118. TARELLO, Giovanni. Il problema della riforma processuale in Italia nel primo quarto del secolo. Per uno studio della genesi dottrinale e ideologica del vigente codice italiano di procedura civile. *Dottrine del processo civile*. Studi storici sulla formazione del diritto processuale civile. Bologna: Il Mulino, 1989, pp. 10-11.

119. TARELLO, Giovanni. Il problema della riforma processuale in Italia nel primo quarto del secolo. Per uno studio della genesi dottrinale e ideologica del vigente codice italiano di procedura civile. *Dottrine del processo civile*. Studi storici sulla formazione del diritto processuale civile. Bologna: Il Mulino, 1989, p. 11.

Além disso, as reformas processuais tinham o escopo de agilizar o andamento do processo, uma vez que o *direito comum* tinha forjado uma concepção extra-estatal na qual a iniciativa das partes dava margem ao abuso e à lentidão. É por isso que o preâmbulo da compilação prussiana, afirmava-se que a justiça tinha criado a arte de procrastinar, razão pela qual deveria possuir uma arte para subverter tal situação. Em face dessa situação, o processo civil prussiano fundava-se no *sistema de investigação*, segundo o qual, proposta a ação, o ulterior curso do processo não dependia das partes, mas dos provimentos que o juiz, de ofício, reputava convenientes. No entanto, para não deixar as partes sem proteção e defesa, se atribuía ao próprio juiz a tarefa de instruir a causa no comum interesse dos litigantes e no objetivo de descobrir a verdade, separando o juiz instrutor do juiz que decidia a causa[120].

Com efeito, as características do direito processual do Estado Absolutista podem ser sintetizadas nos seguintes pontos: (a) atribuía-se ao juiz uma jurisdição voluntária muito extensa; (b) a legislação substancial exigia crescentemente a integração da vontade soberana para a constituição de um grande número de relações, com ampla interferência do soberano, por meio dos magistrados, na vida privada e familiar dos indivíduos; (c) a demanda era submetida à preventiva aprovação do juiz, sem a qual não teria curso, tudo sob o fundamento de que a tutela jurisdicional era graciosa, ou seja, ela não passava de uma concessão do soberano, o que, por sua vez, atribuía ao juiz o domínio do processo; (d) desse modo, o juiz poderia agir de ofício em diversos momentos do *iter processual*, por meio dos seus poderes de "espontaneidade"; (e) além disso, era confiada ao juiz toda a direção do processo, sendo-lhe conferidos meios idôneos para exercitá-la, com o total domínio dos tempos das atividades processual, o que estava afinado à concepção burocrática da administração da justiça; (f) por fim, o procedimento era todo escrito, exigindo-se, ainda, um "fascicolo di ufficio" (dossiê) para o seu andamento, em conformidade com a tendência de burocratização do processo giuseppiano[121].

Como se vê, o direito processual desenvolvido pelo Estado Absolutista guardava traços próprios da época, consonantes com a forma em que era exercido o poder político. Somente o rompimento com o modelo absolutista tornaria possível, desse modo, a superação desse modelo processual.

120. MANCINI, P S; PISANELLI, G Condatti; SCIALOJA, Antonio. *Commentario del codice di procedura civile:* per stati sardi. v.2 Torino: UTET, 1855-1863, p. 29.

121. TARELLO, Giovanni. Il problema della riforma processuale in Italia nel primo quarto del secolo. Per uno studio della genesi dottrinale e ideologica del vigente codice italiano di procedura civile. *Dottrine del processo civile.* Studi storici sulla formazione del diritto processuale civile. Bologna: Il Mulino, 1989, pp. 11-13.

1.3 AS EXPERIÊNCIAS CONSTITUCIONAIS DO SÉCULO XVIII, A DECADÊNCIA DO ESTADO ABSOLUTISTA E O SURGIMENTO DO MODELO LIBERAL DE PROCESSO

O Estado Absolutista, com seu poder quase que ilimitado[122], acabou tornando-se perigoso ao mercado e à classe burguesa em ascensão, sendo necessário lhe impor limites. Reclamava-se, então, um ideal de segurança superior àquele idealizado pelo Estado Absolutista. O contraste entre o poder econômico da burguesia e a sua falta de poder político era um dos fatores que viria a contribuir para o ruir das estruturas absolutistas[123]. Insatisfeita, pois, a burguesia buscava erguer uma barreira às arbitrariedades do Poder, ou, pelo menos, domesticar uma administração cujas providências concretas, individuais e potencialmente discriminatórias, não se coadunavam com a calculabilidade, a liberdade e a igualdade de oportunidades dos agentes econômicos, essenciais para o desenvolvimento das suas bases econômicas[124]. Além disso, o Estado era visto como um inimigo, que chancelava desigualdades de direitos em favor do clero e da nobreza, os quais não pagavam qualquer tipo de impostos[125], ao mesmo tempo em que tinha total ingerência sobre a economia e a autonomia dos cidadãos. Fazia-se necessário, portanto, contrapor à onipotência do rei um sistema infalível de garantias[126]. Nesse contexto histórico, nasceu o Estado Liberal Clássico, o qual restou forjado a partir das ideias do *liberalismo clássico*, o qual pode ser sucintamente caracterizado como "um corpo de formulações teóricas que defendem um Estado Constitucional (ou seja, uma autoridade nacional central com poderes bem definidos e limitados e um

122. Segundo Carlos S. Fayt, no Estado Absolutista, "os valores vinculados a ordem e a segurança eram considerados mais importantes que a liberdade. A burguesia reclamava estabilidade de proteção para realizar suas atividades. A ordem somente poderia lograr-se mediante a concentração do poder nas mãos do rei ou do parlamento, porém esses poderes deveriam ser, por natureza, ilimitados. Sem autoridade ilimitada o governante estava impedido de impor a paz e assegurar a ordem. Os valores supremos são, assim, a paz, a segurança, a ordem. Os desvalores, por conseguinte, a guerra, a anarquia, a desordem (FAYT, Carlos S. *El absolutismo*. Buenos Aires: Bibliografica Omeba, 1967, p. 21).

123. MIRANDA, Jorge. *Manual de direito constitucional.* 6. ed. Coimbra: Coimbra Ed., 1997. v.1, p. 82. Conforme o mesmo autor, "expediente técnico-jurídico muito característico deste ambiente vem a ser o desdobramento do Estado em Estado propriamente dito, dotado de soberania, e em *Fisco*, entidade de Direito privado e sem soberania. Apenas o Fisco entra em relações jurídicas com os particulares, contrata, se obriga, comparece em juízo, só contra ele podem os particulares reivindicar" (MIRANDA, Jorge. *Manual de direito constitucional.* 6. ed. Coimbra: Coimbra Ed., 1997. v.1, p. 80).

124. NOVAIS, Jorge Reis. *Contributo para uma teoria do estado de direito.* Reedição. Coimbra: Almedina, 2006, p. 40.

125. STRECK, Lenio Luiz. MORAIS, José Luis Bolzan. *Ciência política e teoria geral do estado.* Porto Alegre: Livraria do Advogado, 2010, p. 45.

126. BONAVIDES, Paulo. *Do Estado Liberal ao Estado Social.* 10 ed. São Paulo: Malheiros Editores, 2011, p. 45.

bom grau de controle pelos governados) e uma ampla margem de liberdade civil"[127].

O germe do liberalismo está na Inglaterra, mais precisamente na luta política que culminou na Revolução Gloriosa de 1688, com a qual foram erigidos os pilares do sistema liberal, notadamente a tolerância religiosa e o governo constitucional[128]. Por sinal, a declaração de direitos inglesa, de 1689, conhecida por *bill of rights*, constitui um notável exemplo de limitação do poder real pela lei – com a noção de supremacia do parlamento sobre o rei –, além de, pioneiramente, garantias que até hoje marcam o direito processual, como é o caso da garantia do juiz natural, prevista na proibição do poder de comissão e evocação.

Com isso, pode-se dizer que, por ter nascido como um protesto contra os abusos do poder estatal, "o liberalismo procurou instituir tanto uma *limitação* da autoridade quanto uma *divisão* da autoridade"[129]. Contudo, o desenvolvimento histórico do Estado liberal constitui um processo lento e de mudança de mentalidade. Na Inglaterra, na América e na França que, cronologicamente, podem ser encontrados seus principais focos de incremento.

Muitos dos ideais que vieram a informar a Revolução Francesa, por exemplo, decorriam do pensamento forjado no âmbito da Revolução Americana, mormente os ideais lançados pelo folheto de Thomas Paine, intitulado *Common Sense*, em que se ataca não somente a monarquia inglesa, mas a monarquia em geral, ou como dizia o próprio autor, a tirania e o tirano. A influência desse panfleto, que vendeu mais de 100.000 exemplares, fez com que George Washington afirmasse que ele estava produzindo uma profunda mudança nas mentes de muitas pessoas[130].

No caso americano deve-se às primeiras colônias a fundação das sociedades mercantis, no caso Virgínia e Massachussets, com a companhia de Londres, e, mais do que isso, a ideia de uma organização democrática pelos peregrinos puritanos nas próprias companhias mercantis, com assembleias e conselhos[131]. Esse espírito democrático que permeou

127. MERQUIOR, José Guilherme. *O liberalismo*: antigo e moderno. Rio de Janeiro: nova fronteira, 1991, p. 35.

128. MERQUIOR, José Guilherme. *O liberalismo*: antigo e moderno. Rio de Janeiro: nova fronteira, 1991, p. 16.

129. MERQUIOR, José Guilherme. *O liberalismo*: antigo e moderno. Rio de Janeiro: nova fronteira, 1991, p. 17.

130. PANIAGUA, Jose Maria Rodriguez. *Historia del pensamento juridico*: v. I. De heráclito a la revolución francesa. 8a ed. Madrid: Universidad commplutense seccion de publicaciones, 1996, pp. 290-291.

131. PANIAGUA, Jose Maria Rodriguez. *Historia del pensamento juridico*: v. I. De heráclito a la revolución francesa. 8a ed. Madrid: Universidad commplutense seccion de publicaciones, 1996, p. 292.

a organização política norte americana já era notado em um "contrato", com o qual os subscritores convinham "constituir-se em sociedade política", o qual foi subscrito a bordo do *Mayflower* em 1620, pelos primeiros núcleos de colonos ingleses desembarcados sobre o continente americano[132].

Após o término da guerra dos Sete Anos, com a vitória da Inglaterra e a eliminação das colônias francesas dos contornos das colônias inglesas da América do Norte, estas já não necessitavam da proteção inglesa, o que constituía um ponto importante e decisivo para a sua independência. Também graças a sua participação na guerra contra a França, as colônias norte-americanas dispunham de um conjunto bastante numeroso de veteranos, oficiais e soldados, capazes de enfrentar as colônias inglesas. Enquanto isso, a Inglaterra necessitava reparar suas exaustivas finanças, em grande parte pela guerra, que se pensava havia favorecido especialmente às colônias americanas, motivo pela qual se pensou que seria correto fazê-las pagar uma parte das despesas também[133].

Surge então o problema da legitimidade dos novos impostos e da autoridade do Parlamento britânico para aprová-los. Os norte-americanos não estavam dispostos a admitir serem representados pelo Parlamento britânico. Em primeiro lugar, porque se deram conta de que seus interesses eram precisamente opostos aos interesses dos residentes na Grã-Bretanha; e como sentir-se representados por aqueles a quem tinham eleito os que tem interesses contrapostos?[134] Em segundo lugar, porque tinha outro conceito de representação: ligado a assembleias locais, em íntimo contato com seus eleitores, que eram poucos e, pelo menos alguns, muito ativos. O que leva em definitivo a um conceito específico da democracia: como governo não somente para o povo, mas pelo povo, uma espécie de democracia direta ou, melhor, semidireta, representativa, porém com limitações[135].

A possibilidade de se estabelecer limitações ao poder, inclusive ao legislativo, não encontrava dificuldades teóricas para os autores, porque consideravam seus direitos como derivados, em palavras de Thomas Jefferson, "das leis da natureza e não da concessão de um supremo ma-

132. RIDOLA, Paolo. O constitucionalismo: itinerários históricos e percursos conceituais. *Revista da AJURIS*: Associação dos Juízes do Rio Grande do Sul, Porto Alegre, v. 38, n. 121, p. 277-313, mar. 2011, p. 292.

133. PANIAGUA, Jose Maria Rodriguez. *Historia del pensamento juridico*: v. I. De heráclito a la revolución francesa. 8a ed. Madrid: Universidad commplutense seccion de publicaciones, 1996, p. 294.

134. PANIAGUA, Jose Maria Rodriguez. *Historia del pensamento juridico*: v. I. De heráclito a la revolución francesa. 8a ed. Madrid: Universidad commplutense seccion de publicaciones, 1996, p. 296.

135. PANIAGUA, Jose Maria Rodriguez. *Historia del pensamento juridico*: v. I. De heráclito a la revolución francesa. 8a ed. Madrid: Universidad commplutense seccion de publicaciones, 1996, p. 297.

gistrado". Por conseguinte, o Direito ideal é anterior ao real e há de ser entendido como superior a ele, controlando-o e limitando-o[136]. Percebe-se, na caminhada constitucional americana, a "redescoberta do senso da precedência da *lex* sobre a *voluntas* e da supremacia de leis fundamentais sobre o poder político, que tinham raízes robustas, como se acentua, na Inglaterra medieval, e os ecos das batalhas de Sir Edward Coke para afirmar a supremacia da *common law* tanto perante a Coroa como perante o Parlamento inglês"[137].

Desse modo, pelo menos *desde o ano de 1768 vai se abrindo passo à ideia de que é necessário redigir uma petição de direitos, estabelecendo quais seriam os direitos inerentes ao homem*, e de que a luta deveria continuar até que fosse convertida em um reconhecimento de direitos. A ideia de levar esse reconhecimento de direitos a uma declaração constitucional tinha que resultar fácil em um ambiente que se vinha desenvolvendo desde o princípio em marcos constitucionais de inspiração democrática[138].

Pode compreender-se, pois, facilmente, sobre a base de todas estas ideias, que a própria declaração de Independência, redigida por Jefferson e aprovada definitivamente pelo Congresso de todas as colônias, de 4 de julho de 1776, continha uma brevíssima declaração de Direitos: *"sustentamos que são evidentes estas verdades: que todos os homens tem sido criados iguais e que tem sido dotados pelo seu criador, com certos direitos inalienáveis, entre os que se contam a vida, a liberdade e a busca da felicidade"*. E mais, estes direitos se proclamaram como a finalidade e fundamento de todo governo, posto que a Declaração de Independência continha *"que para assegurar estes direitos estabelecem os homens os governos, derivando-se os poderes justos destes do consentimento dos governados. E quando uma forma de governo resulta destruidora destes fins, o direito do povo irá modificá-la ou aboli-la e estabelecer um novo governo, colocando seus fundamentos sobre estes princípios"*[139].

O texto tinha forte inspiração da declaração de direitos da Virgínia, de 16 de junho de 1776, documento no qual está inscrita a origem do constitucionalismo moderno, na medida em que foi *o primeiro a consagrar uma declaração de direitos estabelecida pelos representantes do povo,*

---

136. PANIAGUA, Jose Maria Rodriguez. *Historia del pensamento juridico*: v. I. De heráclito a la revolución francesa. 8a ed. Madrid: Universidad commplutense seccion de publicaciones, 1996, p. 297.

137. RIDOLA, Paolo. O constitucionalismo: itinerários históricos e percursos conceituais. *Revista da AJURIS*: Associação dos Juízes do Rio Grande do Sul, Porto Alegre, v. 38, n. 121, p. 277-313, mar. 2011, p. 291.

138. PANIAGUA, Jose Maria Rodriguez. *Historia del pensamento juridico*: v. I. De heráclito a la revolución francesa. 8a ed. Madrid: Universidad commplutense seccion de publicaciones, 1996, p. 298.

139. PANIAGUA, Jose Maria Rodriguez. *Historia del pensamento juridico*: v. I. De heráclito a la revolución francesa. 8a ed. Madrid: Universidad commplutense seccion de publicaciones, 1996, p. 298.

reunidos numa convenção plena e livre, direitos que foram compreendidos como constituindo a base e o fundamento *do governo, servindo de base para o modelo da* Declaração dos Direitos do Homem e do Cidadão, promulgada na França, em 16 de agosto de 1789, no que se pode demarcar a influência global do constitucionalismo norte-americano.

Bem mais difícil é estabelecer as bases da Revolução Francesa[140]. Na verdade, não se trata de uma só revolução, mas, sim, da confluência de várias revoluções: a revolução aristocrática, ou dos parlamentos, frente ao despotismo; a revolução institucional ou constitucional levada a cabo pelos representantes populares nos Estados Gerais ao proclamar-se como Assembleia Nacional; a revolução popular ou comunal, a cargo especialmente do povo de Paris (seu símbolo, o 14 de julho e a tomada da Bastilha); a revolução campesina por todo o território francês e, por fim, a revolução comunista ou igualitária de Babeuf[141]. A revolução francesa, ao contrário do que se costuma dizer, foi muito mais que uma "revolução burguesa"[142], ideia que pode ser considerada, com apoio em François Furet, "um monstro metafísico que desdobra os anéis sucessivos nos quais estrangula a realidade histórica para a transformar, *sub specie aeternitatis*, em terreno de uma fundação e de uma anunciação"[143].

Após 1778, o progresso da produção caracterizador da época do *esplendor de Luís XV* via-se prejudicada pelas crises econômicas que vão marcar o declínio de Luís XVI[144]. O poder de compra dos rurais, que formavam a maioria dos consumidores, encontrando-se diminuído, a produção industrial, por seu lado, periclitou depois de 1786, mormente

---

140. A revolução francesa atingiu o mundo com seus ideais e com a imagem global que a ela os revolucionários buscaram imprimir. Isso pode ser visto na literatura brasileira do final do século XIX: "Esta revolução não modificou só o poder político; mudou também de todo a existência interior da nação (...), o povo não possuia direito algum; a realeza não tinha limites e a França estava entregue à confusão da arbitrariedade ministerial, de regimes particulares e privilégios de corpos (...) Ella substituio a arbitrariedade pela lei, o privilégio pela igualdade; livrou os homens das distinções das classes; o sólo das berreiras das provincias; a industria dos embaraços das corporações, e juizes de officios (*jurandes*); a agricultura das sujeições feudaes e da oppressão dos dizimos; a propriedade dos estorvos das substituições; e reunio tudo a um só estado, a um só direito, a um só povo" (MIGNET, F. A. *Historia da revolução franceza*: desde 1789 a 1814. Tomo Primeiro. São Paulo: Empreza Editora de São Paulo, 1899).

141. PANIAGUA, Jose Maria Rodriguez. *Historia del pensamento juridico*: v. I. De heráclito a la revolución francesa. 8a ed. Madrid: Universidad commplutense seccion de publicaciones, 1996, p. 301.

142. Reduzir a revolução francesa a uma revolução burguesa é vulgar e mesquinho, nas palavras de Paulo Bonavides: "(...) reduzida tão-somente a Revolução da burguesia – um horizonte menor –, aliás, de acordo com o entendimento mais vulgar e mesquinho e, de ordinário, mais propagado a seu respeito" (BONAVIDES, Paulo. *Do Estado Liberal ao Estado Social.* 10 ed. São Paulo: Malheiros Editores, 2011, p. 31).

143. FURET, François. *Ensaios sobre a revolução francesa.* Traduzido do francês por Alfredo Margarido. Lisboa: Editora a regra do jogo, 1978, p. 66.

144. LEFEBVRE, Georges. *A revolução francesa.* Tradução de Ely Bloem de Melo Pati. 2ª ed. São Paulo: IBRASA, 1989, p. 120.

a partir do trato de comércio franco-britânico, que obrigou os industriais a modernizarem-se para suportar a concorrência estrangeira. O desemprego agravou-se e os campos, onde se havia desenvolvido a indústria rural, sofreram tanto quanto as cidades. Desse modo, despojadas de todas as reservas, as classes populares, em 1788, viram uma colheita desastrosa anunciar a miséria. O preço do pão não cessava de subir. Nesse panorama, o "povo" (artesãos, lojistas, empregados), o proletariado ("a populança", entre os camponeses – pequenos proprietários e rendeiros que não colhiam o suficiente para o sustento ou vinhateiros que não produziam cereais) e o citadinos vieram a imputar as responsabilidades dos males da época ao governo e às classes dominantes[145].

A revolução francesa costuma ser dividida em dois períodos. Durante o primeiro período (junho de 1789 a maio de 1793), os representantes populares da Assembleia (primeiro constituinte, depois legislativa, depois convenção) tinham um claro predomínio na determinação daquilo que se impõe e se estabelece, ainda quando tinham que fazer concessões às aspirações do movimento campesino e, sobretudo, do movimento popular parisiense, que são os que lhes serviam de apoio e de braço executor (ainda quando atuavam como executores), dando à Assembleia a força que necessitava frente ao rei e à ordem anterior. Durante o segundo período (junho de 1793 – julho de 1794), tem maior predomínio o movimento popular, notadamente as classes mais baixas, no caso, o povo, além das classes menos acomodadas, que continuavam levando o peso das execuções e golpes de força[146].

Na primeira fase, tem-se como marco os acontecimentos que se desenrolam a partir da convocação dos Estados Gerais pelo Rei Luís XVI para a assembleia de 5 de maio de 1789, com a presença, portando, da nobreza, do clero e do chamado terceiro Estado, composto pelo resto da população e cuja parte mais rica e mais capaz era a burguesia[147]. Contu-

---

145. LEFEBVRE, Georges. *A revolução francesa*. Tradução de Ely Bloem de Melo Pati. 2ª ed. São Paulo: IBRASA, 1989, pp. 120-121. Com tôm literário, Max Gallo ilustra a situação da época, "mas a morte tem outros planos. Ela ronda o reino da França que parece tão rico, tão poderoso, o modelo incomparável das monarquias. No entanto, morre-se de fome. Os impostos despojam os mais humildes, tornando-se os enxagues, enquanto nobres e eclesiásticos parecem intocáveis, e ainda por cima gananciosos, aumentando seus próprios impostos, avaros a ponto de quererem se apoderar de tudo, caçando a cavalo, devastando com isso as colheitas, e levando a juízo, às vezes até o cadafalso, os camponeses que não respeitam suas leis. As 'comoções', os 'motins', as 'guerras das farinhas', as 'revolgadas dos pés-nus', portanto, sacodem periodicamente o reino" (GALLO, Max. *Revolução francesa*. Volume1. O povo e o rei (1774-1793). Tradução de Julia da Rosa Simões. Porto Alegre: L&PM, 2009, p. 23).

146. PANIAGUA, Jose Maria Rodriguez. *Historia del pensamento juridico*: v. I. De heráclito a la revolución francesa. 8a ed. Madrid: Universidad commplutense seccion de publicaciones, 1996, p. 303.

147. LEFEBVRE, Georges. *A revolução francesa*. Tradução de Ely Bloem de Melo Pati. 2ª ed. São Paulo: IBRASA, 1989, p. 56.

do, o terceiro Estado, que era a maioria numérica (578 deputados contra 219, do primeiro Estado, e 270, do segundo Estado) passou a exigir o fim da votação por Estados, o que fez com que, em 11 de julho de 1789, Luís XVI determinasse o fechamento da Assembleia dos Estados Gerais. Isso gerou um grande descontentamento por parte do terceiro Estado e pelo baixo clero, que, após realizarem o juramento do Jeu de Paume, se autoproclamaram Assembleia Nacional Constituinte e deram início à formação de uma nova guarda nacional, o que redundou na queda da Bastilha em 14 de julho de 1789.

Isso tudo forçou a adoção de medidas rápidas. O rei passou a morar em Paris, e não mais em Versailles) e, formalmente, estava submetido à Assembleia Nacional. Além disso, em 26 de outubro de 1789, com base em fundamentos iluministas e proclamando o fim dos privilégios, foi criada uma Declaração de Direitos do Homem e do Cidadão. A chave de toda declaração estava contida na ideia de que *"os homens nascem e permanecem livres e iguais em direitos"*. Era a supressão dos estamentos privilegiados (clero e nobreza), vale dizer, a abolição do regime feudal, já reconhecida nas noites de 4 e 5 de agosto[148] e de fato colocada em prática pela revolução campesina e inclusive antes. Contudo, pode dizer-se que, antes da revolução francesa, os franceses eram muito mais desiguais em direitos que na realidade, enquanto que com a revolução se suprime a desigualdade em direitos, porém não na realidade[149]. Isso porque o ideal de igualdade dos revolucionários era eminentemente formal, o que pode ser percebido na ideia de igualdade contida na obra de Saint-Just, escrita em 1791, três anos antes da sua execução juntamente com Robespierre[150].

O artigo segundo da Declaração afirmava que *"a finalidade de toda associação política é a conservação dos direitos do homem, naturais e im-*

148. No período das reuniões da assembleia, principalmente ocorridas em julho de 1789, os deputados representantes do clero e da nobreza já sabiam que o povo desconfiava deles "e que a ordem só poderia ser restabelecida se fizessem concessões que satisfizessem os homens armados sublevados pelo Grande Medo". É por isso que "na noite de 4 para 5 de agosto, os nobres liberais – o visconde de Noailles e o duque de Aiguillon -, seguidos pelos membros do clero, pelos representantes das províncias e das cidades, abdicam de seus privilégios. Nos dias que se seguem, a Assembleia decide pela abolição do regime feudal, pela igualdade perante os impostos, pela supressão dos dízimos" (GALLO, Max. *Revolução francesa*, v. 1: o povo e o rei (1774-1793. Tradução Julia da Rosa Simões. Porto Alegre: L&PM, 2009, p. 152).

149. PANIAGUA, Jose Maria Rodriguez. *Historia del pensamento juridico*: v. I. De heráclito a la revolución francesa. 8a ed. Madrid: Universidad commplutense seccion de publicaciones, 1996, p. 304.

150. Eis as palavras de Saint-Just: "aquela (igualidade) que Licurgo instituiu, que dividiu as terras, casou as moças sem dote, ordenou que todos tomassem suas refeições em público e se vestissem com roupas iguais, uma tal igualdade coerente com a útil pobreza da república teria trazido para a França apenas a revolta ou a preguiça; só a igualdade dos direitos políticos era sábia neste Estado, onde o comércio é uma parte do direito das gentes. A igualdade material é boa onde o povo é déspota e não paga tributos" (SAINT-JUST, Louis Antoine Léon. *O espírito da revolução e da constituição na frança*. Tradução Lídia Fachin, Maria Letícia Alcoforado. São Paulo: Editora Universidade Estadual Paulista, 1989, p. 36-37).

prescritíveis". Estes direitos são a liberdade, a propriedade, a segurança e a resistência à opressão. Já o artigo quarto previa que "a liberdade consiste em poder fazer tudo aquilo que não traz dano a outros"; assim que, como outros direitos naturais, tem seus limites; "esses limites não podem ser estabelecidos senão pela lei". Porém, mesmo a lei tinha limites, conforme declara o artigo quinto: "a lei não tem o direito de proibir mais que as ações prejudiciais à sociedade". A autoridade da lei vinha expressa no artigo sexto, que a define como "a expressão da vontade geral"[151].

Essa expressão, tipicamente rousseniana, suscita uma interpretação totalitária de Rousseau, a quem cabe a ideia de que "um povo é sempre dono de mudar em todo momento suas leis, inclusive as melhores" questionando que terá poder para impedi-lo se quiser fazer algum dano contra si próprio. A vontade geral, no entanto, não era assim entendida somente por Rousseau, mas também por Sieyès, um dos membros mais influentes da Assembleia, que tinha dito em um folheto escrito poucos meses antes da Declaração: "de qualquer maneira que uma nação quiser, basta que queira; todas as formas são boas, e sua vontade é sempre a lei suprema"; e que "qualquer que seja sua vontade, não pode perder o direito de mudá-la". É certo que anteriormente tinha-se reconhecido também que "acima só existe o Direito natural". Porém, ainda dando por suposta a sinceridade deste reconhecimento do Direito natural, não é precisamente o forte deste a questão da determinação dos limites. E, em todo caso, na Declaração o Direito natural não estava invocado com tais efeitos. Assim, pois, os limites da liberdade, da igualdade e dos outros direitos naturais eram os estabelecidos pela lei, entendida como vontade geral ou nacional, cuja competência estava bem pouco limitada[152].

Sob essa perspectiva, todo o sentido da Declaração, como texto jurídico, ficava nas entrelinhas, e a ideia do Direito Constitucional como marco distinto da legislação ordinária, tal qual na revolução norte americana ficava turva. A Declaração, apesar de todos os festejos históricos a sua volta, tinha, naquele contexto, uma finalidade didática e educacional[153].

Seja como for, a Declaração era vista como uma arma contra a arbitrariedade do regime monárquico e tinha como pretensão gozar de caráter

---

151. PANIAGUA, Jose Maria Rodriguez. *Historia del pensamento juridico*: v. I. De heráclito a la revolución francesa. 8a ed. Madrid: Universidad commplutense seccion de publicaciones, 1996, p. 304.

152. PANIAGUA, Jose Maria Rodriguez. *Historia del pensamento juridico*: v. I. De heráclito a la revolución francesa. 8a ed. Madrid: Universidad commplutense seccion de publicaciones, 1996, p. 305.

153. PANIAGUA, Jose Maria Rodriguez. *Historia del pensamento juridico*: v. I. De heráclito a la revolución francesa. 8a ed. Madrid: Universidad commplutense seccion de publicaciones, 1996, p. 306.

universal, podendo ser aplicada a todas as sociedades humanas[154]. A ela somou-se a Constituição de 1791, a qual não colocava fim à monarquia, mas, sim, limitava o poder real. Tratava-se, pois, de uma monarquia constitucional, com a separação de poderes e o estabelecimento de que não existia na França autoridade superior à lei (art. 3.º, da Constituição). Contudo, o rei não aceitava os limites que lhe eram impostos, assim como o que acontecia na França não era visto com bons olhos pelos reis absolutistas. Prova disso, foi a declaração de Pillnitz – redigida em 6 de junho de 1791 por monarcas como Leopoldo II, imperador da Áustria e irmão de Maria Antonieta (rainha da França) e Frederico Guilherme II da Prússia – na qual se reivindicava a restituição dos poderes retirados de Luís XVI, apelando-se às nações europeias que barrassem os ideais revolucionários. Tudo isso motivou Luís XVI a engendrar, em 20 e 21 de julho de 1791, uma tentativa de fuga (conhecida como *fuga de Varennes*), a qual restou frustrada e culminou na sua prisão, acirrando-se os ânimos e disputas políticas internas entre girondinos, que, de início, buscavam manter a monarquia, e jacobinos, que objetivavam instituir uma república e, até mesmo, executar o rei.

Com efeito, apesar da Declaração dos Direitos do Homem, a realidade não era nada boa. A maior parte da população passava fome, fator essencial que explica uma das características mais notáveis da revolução, a de que foram as classes mais civilizadas da nação que a prepararam, mas as mais simples e rudes que a executaram, o que marcou o contraste entre a benignidade das suas teorias e a violência dos seus atos. É dentro desse contexto e, principalmente, a partir da fome decorrente do alto preço do pão, principal alimento das classes mais pobres, que, em 12 de fevereiro de 1793 uma delegação de diferentes distritos de Paris apresentava à Assembleia, já nominada de Convenção, o ponto de vista das classes populares, vazado na ideia que não era suficiente que tivessem declarado que eram republicanos franceses, se o povo não fosse feliz e não tivesse pão, pois onde não há pão tampouco há leis e liberdades[155].

As exigências populares faziam-se mais precisas, como a fixação de preços dos produtos, sobretudo os de primeira necessidade, a deter-

154. GALLO, Max. *Revolução francesa*, v. 1: o povo e o rei (1774-1793. Tradução Julia da Rosa Simões. Porto Alegre: L&PM, 2009, p. 153. Na verdade, apesar do caráter liberal dos direitos postos na Declaração, seu conteúdo não pode ser tributado à burguesia, mas aos nobres e clérigos ilustrados, tendo como marca distintiva o grupo dos intelectuais, como Voltaire e principalmente aqueles que faziam propaganda de suas ideais, como Lutero, Calvino e Mahoma (PANIAGUA, Jose Maria Rodriguez. *Historia del pensamento juridico*: v. I. De heráclito a la revolución francesa. 8a ed. Madrid: Universidad commplutense seccion de publicaciones, 1996, p. 307-309).

155. PANIAGUA, Jose Maria Rodriguez. *Historia del pensamento juridico*: v. I. De heráclito a la revolución francesa. 8a ed. Madrid: Universidad commplutense seccion de publicaciones, 1996, p. 310.

minação de salários e de patrimônio máximo que cada um poderia ter. Alguns dos direitos populares vieram a ser consagrados na Constituição, aprovada em 24 de junho de 1793, inclusive a educação como uma necessidade de todos podendo atribuir-se, pois, a esta Constituição o mérito de haver proclamado (pela primeira vez em uma Constituição) os direitos sociais. Além disso, consagrava o princípio do sufrágio universal (masculino), desaparecendo a discriminação por razões econômicas para ser eleitor, assim como para ser eleito. O papel do simples cidadão restava reforçado ademais pelo fato de que todas as leis propriamente ditas (não os decretos) deveriam ser submetidas à aprovação do povo. Era uma confirmação das práticas populares, que reconhecia, inclusive, em seu artigo 32, o direito de apresentar petições aos depositários da autoridade pública, direito que não poderia ser proibido, suspenso ou limitado em nenhum caso[156]. Tal dispositivo marca uma mudança no que tange à jurisdição e ao processo em relação ao anterior processo absolutista.

A Constituição de junho de 1793 consubstanciava as concepções políticas e ideológicas roussenianas seguidas pelos Jacobinos, classe social que ainda não tinha visto suas reivindicações satisfeitas pela Revolução. É o documento que marca a República Jacobina e a morte de Luís XVI (guilhotinado em 21 de janeiro do mesmo ano em praça pública). Apesar de não ter entrado em vigor, pode ser apontado como um dos mais importantes documentos revolucionários da democracia burguesa[157].

Durante a fase da república é implantada a chamada era do terror, em que os Jacobinos passaram a combater os inimigos da revolução. O grande nome dessa fase é Robespierre, cuja linha de argumentação no sentido de que "o terror nada mais é que a justiça imediata, severa, inflexível" e, portanto, "uma emanação da virtude"[158] alcançava seu clímax na identificação paradoxal dos opostos, como afirma Slavoj Zizek: "o terror revolucionário 'nega' a oposição entre punição e clemência – a punição justa e severa dos inimigos *é* a forma mais alta de clemência, pois nela coincidem o rigor e a caridade"[159].

Com o golpe de Estado encabeçado pelos Girondinos, ala moderada da esquerda, conhecido como o golpe 9 do Thermidor do ano II (27

156. PANIAGUA, Jose Maria Rodriguez. *Historia del pensamento juridico*: v. I. De heráclito a la revolución francesa. 8a ed. Madrid: Universidad commplutense seccion de publicaciones, 1996, p. 311-312.

157. FELIZARDO, Joaquim José. *As duas grandes revoluções*: concepções políticas e ideológicas. Porto Alegre: Escola Superior de Teologia São Lourença de Brindes, 1978, p. 39.

158. ROBESPIERRE, Maximilen. *Virtude e terror.* Textos selecionados e comentados por Jean Ducange. Tradução José Maurício Gradel. Rio de Janeiro: Jorge Zahar Editor, 2008, p. 185.

159. ZIZEK, Slavoj. Apresentação da obra Virtude e Terror. In: ROBESPIERRE, Maximilen. *Virtude e terror.* Textos selecionados e comentados por Jean Ducange. Tradução José Maurício Gradel. Rio de Janeiro: Jorge Zahar Editor, 2008, p. 9.

de julho de 1794), em que a Convenção decreta a prisão dos robespierristas, depois de recusar o direito de falar a Robespierre e Saint-Just, chega-se à fase do Diretório e o fim da participação popular na revolução, com a primazia da burguesia[160]. As insatisfações populares, as pressões a as eleições, que, a cada ano, ameaçavam os diretoriais de se verem excluídos pelos contrarrevolucionários e pelos democratas, impulsionou a organização de um novo golpe de Estado, para que pudessem assegurar para si a conservação do poder[161].

Posteriormente, por força do golpe do 18 Brumário (9 de novembro de 1799), deu-se início à ditadura militar napoleônica, que beneficiou grandemente a burguesia. Napoleão não podia consolidar e organizar seu poder sem o concurso dos brumarianos; mas para se elevar até o trono, era-lhe necessário subtrair-se ao seu controle: então, reconciliou-se com a igreja, anistiou os emigrados, tomou a seu serviço todos aqueles – aristocratas e burgueses, realistas e republicanos – que consentiram em colaborar. Controlou, assim, os diversos elementos da moderna classe dominante, com uma reconciliação temporária, que permitiu a esta classe, sob a tutela de seu protetor, organizar as instituições e codificar a legislação à sua maneira, instalar-se nas altas funções do Estado e de toda a administração, apressar o renascimento da economia e, desse modo, em síntese, consolidar sua supremacia e acabar assim com a obra da Revolução, tal qual tinha sido representada, em 1789, a sua intenção. Em uma só frase, pode-se dizer que Napoleão aniquilou o antigo regime e consolidou os ideais burgueses[162]. Era o nascimento definitivo do Estado Liberal francês.

O nascimento do Estado Liberal confunde-se, de certo modo, com a noção de Estado de Direito, o qual tem como característica contrapor-se ao *"Estado absolutista clássico, ao Estado totalitário moderno e, em geral, ao Estado de polícia"*[163]. Na verdade, como afirma Zagrebelsky, "todos os Estados, porquanto situações dotadas de uma ordem jurídica, deveriam ser chamados genericamente 'de direito'"[164]. Pode-se dizer, nes-

160. Conforme Joaquim José Felizardo, "também os Girondinos falharam na liderança revolucionária ao não buscarem uma solução para o problema agrário, bem como ao defenderem o livre comércio, já que a burguesia vinha fazendo bons negócios face à especulação dos gêneros alimentícios e não tinha interesse na fixação dos preços" (FELIZARDO, Joaquim José. *As duas grandes revoluções*: concepções políticas e ideológicas. Porto Alegre: Escola Superior de Teologia São Lourença de Brindes, 1978, p. 36).

161. LEFEBVRE, Georges. *A revolução francesa*. Tradução de Ely Bloem de Melo Pati. 2ª ed. São Paulo: IBRASA, 1989, pp. 553-554.

162. LEFEBVRE, Georges. *A revolução francesa*. Tradução de Ely Bloem de Melo Pati. 2ª ed. São Paulo: IBRASA, 1989, pp. 533.

163. ZOLO, Danilo. Teoria e crítica do Estado de Direito. In: ______. COSTA, Pietro. *Estado de direito:* História, teoria e crítica. Tradução de C.A Dastoli. São Paulo: Martins Fontes, 2006, p. 53.

164. ZAGREBELSKY, Gustavo. *El derecho dúctil. Ley, derechos, justicia*. Tercera edición. Traduccioón de Marina Gascón. Madrid: Editorial Trotta, 1999, p. 23.

sa linha, que o Estado moderno é um Estado de Direito, na medida em que cabe ao ordenamento jurídico, e não a outros sistemas funcionais, a função de garantir os direitos individuais, refreando a natural tendência do poder político a expandir-se e a operar de maneira arbitrária[165].

É desse modo que as concepções liberais de Estado se confundiam com o contexto histórico do nascedouro do Estado do Direito, visto pela burguesia precipuamente como um conceito de luta política dirigida contra a imprevisibilidade do Estado Absolutista e às barreiras sociais legadas pela sociedade estamental. O Estado Liberal, portanto, acabou moldando os contornos do Estado de Direito – entendido a partir da proteção da liberdade e de direitos fundamentais – aos valores burgueses, notadamente a iniciativa privada, a segurança da propriedade, a liberdade individual, a igualdade formal e as exigências de calculabilidade próprias do sistema econômico capitalista[166].

Dentre as ideias políticas que norteavam a noção de Estado, tinha destaque a afirmação de que o governo deveria ser limitado: as instituições políticas de uma sociedade somente poderiam ser justificadas se fossem suficientemente permissivas para que todos pudessem viver suas vidas por si mesmos. A outra face dessa concepção política era a ideia dos direitos fundamentais como barreira à interferência estatal, limitando, assim, o Estado[167]. Em síntese, pode-se dizer que a doutrina liberal clássica, que pautou, pois, a formação do Estado liberal, consistia em três elementos: "a teoria dos direitos humanos; constitucionalismo; e "economia clássica" (*grosso modo*, o ramo do conhecimento inaugurado por Adam Smith, sistematizado por David Ricardo e ilustrado, entre outros escritores, por Mill)"[168].

A concepção de Estado Liberal encontra-se bem agasalhada no modelo reativo de Estado, traçado por Damaška, "concebido como o modelo em que a única tarefa do Estado consiste em fornecer uma estrutura na qual os cidadãos perseguem os fins que eles mesmos escolhem". Os seus instrumentos, desse modo, devem libertar as forças espontâneas da autogestão social, sendo desconhecidas pelo Estado noções de interesse distintas dos interesses sociais e individuais privados. Tal modelo

165. ZOLO, Danilo. Teoria e crítica do Estado de Direito. In: ______. COSTA, Pietro. *Estado de direito:* História, teoria e crítica. Tradução de C.A Dastoli. São Paulo: Martins Fontes, 2006, p. 11.

166. NOVAIS, Jorge Reis. *Contributo para uma teoria do estado de direito.* Reedição. Coimbra: Almedina, 2006, p. 73.

167. ROSENKRANTZ, Carlos F. Introduccion a la ediciona em castellano. In: ACKERMAN, Brunce. *La justicia social em El estado liberal.* Madrid: Centro de Estudios Constitucionales, 1993, pp. 11-12.

168. MERQUIOR, José Guilherme. *O liberalismo*: antigo e moderno. Rio de Janeiro: nova fronteira, 1991, p. 35-36.

minimalista de Estado tem por objetivo tão-somente proteger a ordem e construir um fórum para a resolução dos conflitos que não possam ser suavizados pelos próprios cidadãos[169].

Com efeito, o Estado Liberal tinha o condão de garantir um ideal de segurança superior àquele idealizado pelo Estado Absolutista. A ordem jurídica garantiria a segurança do indivíduo contra o próprio Estado, de modo que o império da lei, que antes condicionava os particulares, passa a atingir o próprio ente estatal[170]. Com efeito, "se no Estado Absolutista, a determinação do jurídico realiza a segurança pela exclusão do subjetivismo dos juízos de valor, no Estado Liberal, dá-se um passo adiante: garante-se que o poder estatal, em qualquer das suas manifestações, deve-se curvar ao direito, sendo, portanto, previsível"[171]. Ademais, a segurança jurídica veio a significar também que a correção da ação dos tribunais pudesse ser controlada de forma mais exata, na medida em que se exigia a vinculação do julgador à lei[172], indo além da sujeição ao poder do soberano.

Em tom crítico, cabe registrar que, como forma de mascar a consecução dos fins econômicos *no* e *a partir* do Estado forjou-se, no seio do modelo liberal de Estado, uma suposta divisão entre Estado e sociedade. Nesse caminho, o Estado constituía uma realidade construída, uma criação artificial e moderna, caracterizada pela sua organização formal, unidade interna e soberania, a partir de um sistema jurídico unificado e centralizado, convertido em linguagem por meio da qual o Estado se comunica com a sociedade civil, esta concebida como o domínio da vida econômica e das relações sociais espontâneas orientadas pelos interesses privados e particulares[173].

---

169. DAMAŠKA, Mirjan. *I volti della giustizia e del potere*: analisi comparatistica del processo. Edizione originale: *The faces of justice and State Authority*. Trad. Andrea Giussani (capitoli III, IV e V) e Fabio Rota (capitoli I, II e VI). Bologna: Società editrice il Mulino, 2002, p. 163.
170. DAMAŠKA, Mirjan. *I volti della giustizia e del potere*: analisi comparatistica del processo. Edizione originale: *The faces of justice and State Authority*. Trad. Andrea Giussani (capitoli III, IV e V) e Fabio Rota (capitoli I, II e VI). Bologna: Società editrice il Mulino, 2002, p. 15.
171. FAYT, Carlos S. *El absolutismo*. Buenos Aires: Bibliografica Omeba, 1967, p. 15.
172. HASSEMER, Winfried. Sistema jurídico e codificação: a vinculação do juiz à lei. In: KAUFMANN, Arthur. HESSEMER, Winfried. *Introdução à filosofia do direito e à teoria do direito contemporâneas*. LISBOA: Fundação Calouste Gulbenkian, 2002, p. 285.
173. SANTOS, Boaventura de Sousa. *Pela mão de alice:* o social e o político na pós-modernidade. 14ª ed. São Paulo: Cortez, 2013, p. 148. Nesse contexto, surgia uma rigorosa separação entre estado e economia, entre economia e política, tudo conforme a ideologia de que as leis naturais da economia e o livre jogo do mercado encarregar-se-iam de fazer convergir espontaneamente e automaticamente a atuação de todos na realização da racionalidade econômica, da eficiência e do equilíbrio econômico. Somente a atuação política diria respeito ao estado, enquanto a esfera econômica estava adstrita à esfera privada dos indivíduos (AVELÃS NUNES, António José. *As voltas que o mundo dá...reflexões a propósito das aventuras e desventuras do estado social*. Rio de Janeiro: Lumen Juris, 2011, p. 16).

Por outro lado, a própria ideia de igualdade – meramente formal de todos perante a lei – era também um espelho do jogo econômico. Tratava-se de uma igualdade de *condições*, e não de *situações*, que tinha seu pressuposto nas noções de virtude e talento. Tanto é assim que a Declaração Francesa dos Direitos do Homem proclamava que todos os cidadãos, ao serem iguais perante a lei, eram igualmente aptos para todas as tarefas, lugares e empregos públicos, segundo sua capacidade e sem maiores distinções que suas virtudes e talento[174]. Do mesmo modo, a liberdade era entendida como a liberdade de adquirir e possuir sem entraves, ou seja, correspondia à liberdade do indivíduo enquanto agente econômico, enquanto sujeito (privado) da economia[175].

Diante desse contexto, o *modelo de processo liberal* alicerçou-se no controle da iniciativa processual pelas partes, pois é "provável que um Estado cuja função primária é fornecer um fórum neutro para a resolução das controvérsias evite de atribuir a seus órgãos – particularmente ao juiz – a responsabilidade de dar ritmo ou impulso ao procedimento"[176]. Transferia-se, assim, o ideal da autonomia pessoal da esfera da ideologia política à administração da justiça, com o total domínio das partes sobre a gestão do processo[177], o qual era pensado como uma mera continuação de outros meios de relações privadas[178].

O processo liberal do século XIX na Europa continental é representado praticamente por todas as codificações do processo civil que ocorreram no século anterior, com exceção da austríaca de Klein. O mais

174. ROSANVALLON, Pierre. *La sociedad de los iguales*. Traducción Maria Pons. Barcelona: RBA Libros, 2012, p. 110.

175. AVELÃS NUNES, António José. *As voltas que o mundo dá...reflexões a propósito das aventuras e desventuras do estado social*. Rio de Janeiro: Lumen Juris, 2011, p. 18.

176. DAMAŠKA, Mirjan. *I volti della giustizia e del potere*: analisi comparatistica del processo. Edizione originale: *The faces of justice and State Authority*. Trad. Andrea Giussani (capitoli III, IV e V) e Fabio Rota (capitoli I, II e VI). Bologna: Società editrice il Mulino, 2002, p. 229. Damaška considera que, quanto mais limitada a possibilidade de o juiz intervir, mais evidente é o modelo de "combate" processual, de modo que as versões extremas da ideologia reativa, própria do Estado Liberal, dariam margem ao extremo do conflito. Em consonância com as noções próprias do Estado Liberal, a indiferença deste incluiria uma interferência mínima no modo com o qual as partes gestionam o combate forense (DAMASKA, Mirjan. *I volti della giustizia e del potere*: analisi comparatistica del processo. Edizione originale: *The faces of justice and State Authority*. Trad. Andrea Giussani (capitoli III, IV e V) e Fabio Rota (capitoli I, II e VI). Bologna: Società editrice il Mulino, 2002, pp. 145-146).

177. DAMASKA, Mirjan. *I volti della giustizia e del potere*: analisi comparatistica del processo. Edizione originale: *The faces of justice and State Authority*. Trad. Andrea Giussani (capitoli III, IV e V) e Fabio Rota (capitoli I, II e VI). Bologna: Società editrice il Mulino, 2002, p. 168.

178. DAMASKA, Mirjan. *I volti della giustizia e del potere*: analisi comparatistica del processo. Edizione originale: *The faces of justice and State Authority*. Trad. Andrea Giussani (capitoli III, IV e V) e Fabio Rota (capitoli I, II e VI). Bologna: Società editrice il Mulino, 2002, p. 343. Basta pensar, nesse sentido, a concepção dominante na época da ação como elemento do direito substancial (TARUFFO, Michele. *La giustizia civile in Italia dal'700 a oggi*. Bologna: Soc. Editrice il Mulino, 1988, p. 143).

importante, sob o perfil histórico, seja porque é o primeiro, seja pela extensão geográfica e duração temporal da sua vigência, é sem dúvida o processo napoleônico (1806)[179], o qual, segundo Roger Perrot, era, sob o plano jurídico, o reflexo de um certo liberalismo reinante no século XIX e no início do século XX[180]. Além do Código Francês de 1806, tem especial relevância, também, a legislação codificada italiana de 1865 e o Regulamento processual germânico, que entrou em vigor em 1879[181], porque no curso da sua conturbada preparação foram formulados os esquemas conceituais e a tradição doutrinária que constituíram o ponto de referência para o marco doutrinário italiano[182].

Sobrelevam, em tais legislações, alguns elementos comuns que determinam um amplo poder atribuído às partes diante do Estado-juiz. Nesse sentido, o modelo liberal (italiano, francês e alemão) não subordinava a admissão da demanda a qualquer espécie de aprovação pelo juiz. A tutela judiciária era entendida como um serviço necessário feito pelo Estado aos cidadãos; qualquer particular encontrava, pois, proteção dos seus alegados direitos; a demanda judicial era, desse modo, domínio do particular, que poderia "jogá-la" como quisesse, para fins privados, seja de modo temerário, seja como instrumento de negócios privados estranhos ao processo. Sob essa perspectiva, o processo liberal não concedia ao juiz nenhum poder de espontaneidade, sendo-lhe vedado colaborar com as partes na fixação da prova[183].

---

179. TARELLO, Giovani. Il problema della riforma processuale in Italia nel primo quarto del secolo. Per uno studio della genesi dottrinale e ideologica del vigente codice italiano di procedura civile. In: GUASTINI, R.; REBUFFA, G. *Dottrine del processo civil*: studi storici sulla formazione del diritto processuale civile. Bologna: Il Mulino, 1989, p. 14.

180. PERROT, Roger. Il nuovo futuro codice di procedura civile francese. *Rivista di diritto processuale*. v.2. Padova: CEDAM, 1975, p. 239.

181. Segundo Renato Beneduzi, "com a unificação da Alemanha em 1871, e a formação de um Estado monárquico e federal, a competência para legislar sobre processo civil, ao contrário daquela sobre direito civil, que só viria a sê-lo mais tarde, foi atribuída pela Constituição ao governo federal (ao Reich). Sucederam-se logo quatro projetos, o primeiro publicado ainda em 1871. O último, preparado por uma comissão do Reichstag (Justizkommission), transformou-se na Civilprozessordnung (CPO, com "c", conforme a ortografia antiga, e não com "z", conforme a moderna), publicada em 27 de janeiro de 1877, mesmo dia em que também publicada a Gerichtsverfassungsgesetz (GVG – lei sobre a organização judiciária); em 1º de fevereiro do mesmo ano foi publicada ainda a Concursordnung (CO, com "c", conforme a ortografia antiga, e não com "k", conforme a atual – lei sobre o direito concursal, ou falimentar). Estas três leis, que entraram em vigor no dia 1º de outubro de 1879, são conhecidas, conjuntamente, como as Reichsjustizgesetze (leis sobre a justiça do Império)" BENEDUZI, Renato. *Introdução ao processo civil alemão*. Salvador: JusPodivm, 2018, p. 24.

182. TARELLO, Giovani. Il problema della riforma processuale in Italia nel primo quarto del secolo. Per uno studio della genesi dottrinale e ideologica del vigente codice italiano di procedura civile. In: GUASTINI, R.; REBUFFA, G. *Dottrine del processo civil*: studi storici sulla formazione del diritto processuale civile. Bologna: Il Mulino, 1989, pp. 14-15.

183. TARELLO, Giovani. Il problema della riforma processuale in Italia nel primo quarto del secolo. Per uno studio della genesi dottrinale e ideologica del vigente codice italiano di procedura civile. In:

Às partes, por sua vez, era confiada a disposição do processo, tendo elas, e não o juiz, o domínio sobre o tempo do procedimento, sendo-lhes permitido, na disponibilidade que tinham da fase instrutória, prolongá-la indefinidamente[184]. No processo se manifestava, portanto, a total autonomia e a total liberdade das partes, as quais deveriam ter ingerência sobre todos os instrumentos processuais suficientes para desenvolver, por iniciativa própria, uma competição individual que se dava frente ao juiz, o qual fazia o papel de um verdadeiro árbitro, cuja função era somente a de assegurar o respeito às regras do embate[185].

A configuração de um processo integralmente remetido à autônoma iniciativa individual dos particulares, e no qual a intervenção do juiz como *longa manus* do Estado era reduzida ao mínimo, respondia à concepção burguesa e proto-liberal das relações jurídicas. Trava-se da consagração da ideologia liberal burguesa no processo civil[186]. As partes eram, desse modo, quase que "donas do processo" (o processo era coisa das partes – *sache der parteien*).

Em alguma medida, o modelo liberal de processo apresenta traços que são comuns ao modelo garantista de processo (temática que será retomada no item 1.5 e 1.6.3). Contudo, eles não se confundem. O garantismo processual é uma teoria jurídico-dogmática, ao passo que o liberalismo processual é uma teoria político-liberal do processo. Conforme Eduardo José da Fonseca Costa, "liberalismo e garantismo ocupam zonas epistemológicas distintas entre si, embora muitas vezes se reforcem, se alimentem e se estimulem reciprocamente, como autênticos 'parceiros espirituais'"[187].

Montero Aroca refere, nesse sentido, que o modelo liberal de processo se assentava no "princípio da oportunidade", reflexo da concepção liberal da economia, com a liberdade de empresa em um mercado livre e com o direito de propriedade isento do influxo de quaisquer aspectos sociais. Desse modo, era determinante para a iniciação do processo a vontade do cidadão, o qual decidia, atendendo a razões de oportunidade, acudir ou não ao processo para buscar a tutela do seu direito subjetivo

---

GUASTINI, R.; REBUFFA, G. *Dottrine del processo civil*: studi storici sulla formazione del diritto processuale civile. Bologna: Il Mulino, 1989, pp. 15-16.

184. TARUFFO, Michele. *La giustizia civile in Italia dal'700 a oggi*. Bologna: Soc. Editrice il Mulino, 1980, pp. 115-116.

185. TARUFFO, Michele. Cultura e processo. *Rivista trimestrale di diritto e procedura civile*, Milano, v. 63, n. 1, mar. 2009, p. 72.

186. TARUFFO, Michele. *La giustizia civile in Italia dal'700 a oggi*. Bologna: Soc. Editrice il Mulino, 1980, pp. 67-68.

187. COSTA, Eduardo José da Fonseca. Garantismo, liberalismo e neoprivatismo. *Empório do direito*. Disponível em https://emporiododireito.com.br/leitura/garantismo-liberalismo-e-neoprivatismo. Acesso em 12.06.2018.

pelo Estado. Não se falava, neste aspecto, *de divisão de faculdades entre o juiz e as partes*, pois estas tinham todas as faculdades, carecendo o juiz delas; tinha assento na prática jurídica o brocardo *ne procedat iudex ex officio*, com referência ao início do processo. Se o pretender a tutela judicial de um direito era um modo de exercitar esse direito, esse exercício somente podia corresponder ao seu próprio titular. Contudo, havia, aqui, uma óbvia confusão entre os planos do direito material e do direito processual no tocante aos poderes das partes, o que impedia conceber as regras processuais e os seus fundamentos normativos como possíveis limites à total autonomia que era atribuída às partes.

Consequentemente, e tendo sido desenhado sob os auspícios do processo liberal a noção de "princípio dispositivo", somente o autor poderia determinar o objeto litigioso do processo, entendido, nesse contexto, tanto ao que se pede quanto à causa de pedir, e que somente o demandado poderia ampliá-lo, vale dizer, a resistência, em atenção às causas de oposição à pretensão, sem que o juiz pudesse determinar nem a pretensão, nem a resistência. Consequência também da oportunidade (que também pode ser chamada de autonomia) era a exaustividade e congruência da sentença, isto é, a imposição ao juiz da necessidade de pronunciar-se sobre todo o pedido e o debatido, porém unicamente sobre ele, e de pronunciar-se somente sobre o pedido e o debatido, de modo que não caberia nem a falta de pronunciamento, nem um excesso. Aqui, se está perante o *ne eat iudex ultra petita partium*.

Somente as partes poderiam delimitar o mérito da causa, do qual o juiz restava totalmente excluído, não lhe restando nenhuma faculdade nesse âmbito; e sequer se contemplava a possibilidade de que algo semelhante pudesse chegar a existir[188]. Por outro lado, o fato de serem as partes "donas do processo" não se referia somente ao debate em si (ao direito material), pois compreendia também o próprio processo (compreendido como aspecto formal ou procedimento). Dessa forma, a concepção liberal de processo levava a excluir do juiz as faculdades materiais de desenvolvimento da causa. Almejava-se, com isso, que o juiz correspondesse a um terceiro e imparcial, garantindo-se às partes um sistema de solução de controvérsias com partes parciais e um terceiro imparcial. Apartava-se o juiz de tudo aquilo que poderia chegar a ter alguma influência no conteúdo da sentença.

Consequentemente, o juiz não poderia aportar fatos ao processo, ainda que se tratasse de fatos incapazes de servir para identificar o ob-

188. AROCA, Juan Motero. Sobre el mito autoritario de la "buena fe processual". *Proceso civil e ideología:* um prefacio, uma sentencia, dos cartas, quince ensayos, moción de valencia y declaración de azul. 2ª ed. Lima: Editorial San Marcos, 2009, p. 304.

jeto litigioso (vale dizer, fatos secundários), bem como ficava proibido de determinar a produção de provas não propostas pelas partes, as quais tinham o monopólio da iniciativa probatória. Tomava-se por evidente que se o juiz pudesse determinar de ofício a prática de meios de prova se transformaria no auxiliar de uma das partes, a favorecida por tal meio[189]. Nisso residia o sentido do brocardo *iudex iudicare debet secundum allegata et probata partibus.* Por outro lado, a desconfiança própria da concepção liberal de Estado repercutia na atuação de seus órgãos, determinando uma repartição de faculdades entre o juiz e as partes no processo que privilegiava as partes sobre o juiz, ao ponto que este não poder trazer à lume a falta de algum pressuposto processual. Ademais, o juiz não poderia fazer avançar de ofício o procedimento por suas fases, sendo também necessária a petição concreta de uma das partes[190]. O juiz era, portanto, um ser passivo também naquilo que hodiernamente se denomina de direção formal do processo.

Nesse último aspecto, pode-se deixar mais claro que o garantismo processual (que será abordado no item 1.5.2) não se confunde com o modelo liberal de processo. Não há, entre liberalismo processual e garantismo processual "plenitude de correspondência", como refere Eduardo José da Fonseca Costa: "*a)* para o liberalismo processual, o processo é coisa *privada das* partes, que ali duelam com autonomia individual total, sem qualquer marco regulatório fixado pela lei ou pelo juiz [*laissez-faire* processual]; *b)* por sua vez, para o garantismo processual, o processo é coisa *pública para* as partes (afinal, é *garantia constitucional*), que debatem sob uma heteronomia regulatória legal, ou seja, dentro de marcos procedimentais rígidos fixados pela lei e garantidos pelo juiz [*ne-laissez-pas-faire* processual]"[191].

No Estado Liberal, berço do chamado "positivismo-exegético"[192], a exemplo do que já ocorria no *Code Louis*, o juiz estava proibido de inter-

---

189. AROCA, Juan Motero. Sobre el mito autoritario de la "buena fe processual". *Proceso civil e ideología*: um prefacio, uma sentencia, dos cartas, quince ensayos, moción de valencia y declaración de azul. 2ª ed. Lima: Editorial San Marcos, 2009, p. 304.

190. AROCA, Juan Motero. Sobre el mito autoritario de la "buena fe processual". *Proceso civil e ideología*: um prefacio, uma sentencia, dos cartas, quince ensayos, moción de valencia y declaración de azul. 2ª ed. Lima: Editorial San Marcos, 2009, p. 304.

191. COSTA, Eduardo José da Fonseca. Garantismo, liberalismo e neoprivatismo. *Empório do direito.* Disponível em https://emporiododireito.com.br/leitura/garantismo-liberalismo-e-neoprivatismo. Acesso em 12.06.2018.

192. A expressão "positivismo", comumente empregada para designar as correntes teóricas do início do século XIX, é, no mínimo, curiosa, pois nada tem a ver com a ideia central do positivismo, que é a de ser uma teoria descritiva do direito. Na verdade, tanto a escola da exegese (França), quanto a jurisprudência dos conceitos (Alemanha) possuem a nota comum de firmarem-se como "discursos de *metodologia hermenêutica prescritiva* que contêm instruções (diretivas, regras) sobre o que um

pretar. Os juízes eram, portanto, apenas os porta-vozes da lei, perspectiva que bem atendia ao receio de que os tribunais conservadores pudessem, a exemplo dos velhos Parlamentos, coarctar os poderes dos políticos que controlavam as assembleias representativas[193]. Desse modo, a doutrina de Montesquieu, segundo a qual os juízes não são mais que a "boca que pronuncia as sentenças da lei, seres inanimados que não podem moderar sua força nem seu rigor"[194], delineou aquilo que Paolo Grossi chamou de drama do planeta moderno: "o processo de absorção de todo o direito na lei, na sua identificação na lei"[195].

A análise até aqui empregada é esclarecedora. Tanto o Estado Liberal, quanto o Estado Absolutista forjaram uma noção de legislação sem jurisdição, em que o juiz, proibido de interpretar, nada mais era do que a "boca da lei". Sob esse ponto de vista, a grande mudança quanto ao ato judicante, uma vez que superada o *ordo iudiciarius* medieval, era o seu elemento legitimador: no Estado Absolutista, a lei do soberano; no Estado Liberal, a lei do parlamento. Isso serviu para criar uma ideia de juiz irresponsável e indiferente quanto ao conteúdo da sua decisão. Um juiz que longe estava de ser um agente político. Sobre o tema, elucidativa é a lição de Picardi e Giuliani, aqui livremente transcrita a partir de algumas passagens da sua obra: no século XVI se perfilha já – particularmente na França e Alemanha – o problema da subordinação dos juízes ao soberano; neste contexto, a responsabilidade profissional foi utilizada inicialmente para fins disciplinares. A doutrina da responsabilidade do juiz pressupõe a fratura entre a patologia da conduta e a patologia da decisão,

bom intérprete, *deve, não deve, pode fazer"*. CHIASSONI, Pierlugi. *O enfoque analítico na filosofia do direito* – de Bentham a Kelsen. São Paulo: Contracorrente, 2017, p. 323.

193. Conforme Caenegem, "a lei é aquela que o legislador diz que é, e os juízes são apenas os seus porta vozes, autómatos, através dos quais a lei é expressa, isto é, através dos quais o Legislador fala. Em todas as sentenças, o Juiz é obrigado a referir o artigo do Código ou da lei, ou do decreto real, sob o qual é fundamento a sentença: ele é somente a *bouche de la loi*. Esta foi a atitude dos revolucionários franceses, que temiam que os tribunais conservadores pudessem fazer o que os velhos Parlamentos tinham feito, coarctar o poder dos políticos que controlavam as assembleias representativas e em particular a Convenção (*convention*), que era uma combinação do parlamento e do governo. O único poder histórico que se sobrepôs ao conservadorismo do Banco de Magistrados foi o legislador. Daqui decorre o clube dos *Nomophiles* na Paris revolucionária e o seu recurso para restringir o poder dos juízes, e transformá-los em *"buches de la loi"* mecânicos: daqui também decorre o édito de Napoleão contra os comentários aos seus Códigos. Esta atitude revolucionária e Napoleônica foi, como bem conhecemos, continuada pelos professores do século XIX da *Ecole de l´exégese (Escola da Exegese)* que não ensinavam a lei mas os Códigos" (CAENEGEM, R.C. Van. Oráculos da Lei ou Bouche de la Loi. Considerações Históricas sobre o papel dos juízes. *O perfil do juiz na tradição ocidental.* / Seminário Internacional. Lisboa: Almedina, 2007, p. 40).

194. MONTESQUIEU, Barão de. Do espírito das leis. In: *Coleção: Os Pensadores*. São Paulo: Nova Cultura, 1997, p. 208.

195. GROSSI, Paolo. Justiça como lei ou lei como justiça? Observações de um historiador. Florianópolis: Fundação Boiteux, 2004, p. 50.

entre o momento ético e o momento lógico no raciocínio judicial. A sua configuração – como aplicação mecânica, técnica, rigorosa das regras pré-constituídas – não deixa espaço nem para o poder decisional, nem para a responsabilidade do juiz: o erro é reparado pelo sistema através dos meios de impugnação. O juiz é vinculado a um rigoroso dever de obediência e de lealdade nos confrontos com o soberano. Mas a soberania é incompatível com a responsabilidade; o juiz funcionário não é responsável frente às partes, mas somente frente ao soberano[196]. E com o Estado Liberal, o juiz permaneceu irresponsável frente às partes, devendo responder ao Parlamento. A situação, pois, permanecia inalterada.

Pode-se dizer, em linha de conclusão desse aspecto teórico basilar para o desenvolvimento da pesquisa, que o processo e a jurisdição, no Estado Liberal, carregavam as marcas inerentes ao próprio Estado, que era passivo e neutro, pois tinha como limitação a lei, pensada em prol da igualdade formal, da autonomia individual e da liberdade dos indivíduos. O processo tinha uma conotação privatista, na medida em que era visto como uma extensão das relações particulares. Por outro lado, o juiz estava submetido ao Poder Legislativo ao ponto de estar proibido de interpretar (confundindo-se equilíbrio, separação, harmonia entre os poderes, por submissão), o que fazia com que também a participação das partes na formação do conteúdo das decisões fosse desnecessária. O direito era previamente dado pelo legislador, confundindo-se *não-criatividade* com *proibição de interpretar* – confusão que, por sinal, é hoje utilizada para, equivocadamente, inquinar de "extremamente racionalista" doutrinas que pregam a observação da lei, como é o caso do garantismo processual.

Ao juiz cabia somente zelar pela regularidade do processo, como se fosse um árbitro, e, ao final, aplicar a lei abstrata ao caso concreto, de forma subsuntiva. Taruffo, em uma só frase sintetiza de forma precisa o processo liberal: "total liberdade das partes privadas frente ao juiz; forte controle político sobre o juiz por parte do governo"[197]. Essa forma de

196. PICARDI, Nicola. GIULIANI, Alessandro. *La responsabilità del giudice*. Milano: Dott. A. Giuffrè, 1995, pp. 10-15.

197. TARUFFO, Michele. *La giustizia civile in Italia dal'700 a oggi*. Bologna: Soc. Editrice il Mulino, 1980, p. 149. É característico do processo civil liberal a incoercibilidade da vontade e a prevalência da tutela pecuniária sobre a tutela específica. No que diz respeito a incoercibilidade da vontade, deve-se lembrar que o brocardo "nemo praecisis cogi potest ad factum", cunhado por Antonio de Péroges FAVRE, no século XVI, cuja função era indicar a impossibilidade de violência e coação sobre o devedor, foi absorvido no Estado Liberal no sentido de inviabilizar a prática de meios coercitivos em face da primazia conferida à autonomia da vontade e à liberdade individual. Com efeito, o conceito tradicional de incoercibilidade do fato humano, traduzido na máxima ne homini libero vis fiat, encontrou sólo fértil no Código de Napoleão, dominado pelas ideias do século XVIII, traduzindo a realidade política da revolução francesa (BORRÈ, Giuseppe. *Esecuzione forzata degli obblighi di*

conceber o processo, no entanto, veio a sofrer fortes abalos em razão dos ventos hiperpublicistas e sociais surgidos no contexto do Estado Social. De um modelo de processo pensado como *coisa das partes* passou-se para um novo modelo, que gradualmente se constitui como *coisa do juiz.*

1.4 ESTADO SOCIAL, A SEDIMENTAÇÃO DA CIÊNCIA PROCESSUAL E O INCREMENTO DOS PODERES DO JUIZ: AS RAÍZES DO HIPERPUBLICISMO E DO INSTRUMENTALISMO PROCESSUAL

O reconhecimento da autonomia científica do Direito Processual Civil, e o seu consequente desprendimento do tronco da árvore que compõe o direito civil é um fenômeno cuja consumação pode ser identificada no final do século XIX. O percurso das transformações que, ao longo do século XIX, levaram à autonomização do direito processual passa por três endereços teóricos, recorrentemente designados como sendo os marcos fundadores da chamada corrente cientificista alemã do processo, a qual informou o processualismo científico italiano, cujo grande expoente foi Chiovenda[198]. Com efeito, podemos observar um trajeto teórico que inicia com *(i)* a polêmica de Windscheid e Muther

fare e di no fare. Napoli: Jovene, 1966, p. 19). Pode-se dizer, nessa linha, que o Código Civil francês parecia receber e sacralizar a tradicional incoercibilidade do facto humano, entretanto superada, aceitando a regra nemo praecise. Conforme João Calvão da Silva, "a Revolução Francesa estava lá e o legislador evitou com muitas precauções tudo o que era ou podia parecer um atentado à liberdade tão arduamente conquistada" (SILVA, João Calvão da. *Cumprimento e sanção pecuniária compulsória*. Coimbra: Almedina, 1987, pp. 224-225). Por outro lado, na plenitude do liberalismo, não havia lugar, em princípio, para a execução "específica" das prestações de fazer e não fazer. Sendo o devedor em sua liberdade pessoal, uma vez recalcitrante em não cumprir esse tipo de obrigação, outro caminho não restava ao credor senão conformar-se com as perdas e danos" (THEODORO JÚNIOR, Humberto. Tutela específica das obrigações de fazer e não fazer. *Revista Síntese de Direito Civil e Processual Civil*. n. 15. Porto Alegre, síntese, jan/fev, 2002, p. 17), o que atendida bem à ideia de igualdade formal, elemento que deu margem à primazia da tutela pecuniária. A doutrina jurídica do oitocentos foi, portanto, recuperando, como lembra Adolfo Di Majo, o princípio da prevalência da condemnatio pecuniaria. Segundo o autor italiano, a tendência era excluir "a possibilidade de obtenção da reintegração *in natura* dos valores alterados, ou seja, formas de satisfação coativa dos direitos. Uma tal reintegração suporia uma consideração diferenciada e articulada, dos interesses e das necessidades para as quais se pede tutela, consideração diferenciada que contrasta com o princípio da abstração dos sujeitos (do mercado) e com aquela da equivalência dos valores" (DI MAJO, Adolfo. *La tutela civile dei diritti*. 2a edizione. Milano: Giuffrè, 1993, p. 156).

198. Costuma-se dizer que *processualismo científico* foi responsável pela superação do procedimentalismo ou praxismo, em que processo e direito material faziam parte da mesma realidade (ALCALÁ-ZAMORA Y CASTILLO, Niceto. Evolución de la doctrina procesal. In: *Estudios de teoría general e historia del proceso (1945-1972)*. t. II. México: Unam, n. 12-13, 1992, p. 293-325). Segundo clássico estudo sobre o tema no direito brasileiro, o processualismo científico foi responsável por (a) traçar a autonomia da ciência processual, (b) separar de forma definitiva o direito processual civil do bojo do direito civil e do direito comercial, estabelecendo-se clara e objetiva diferenciação entre o direito privado (civil e comercial) e público (processual), (c) dar um tratamento científico à disciplina processual, ao contrário do que fazia o procedimentalismo, que se limitava, quase sempre, a meras descrições e (d) atribuir ao processo um caráter público, rompendo com as ideias de processo

(1856-1857), *(ii)* passa pela "Teoria das exceções processuais e dos pressupostos processuais" de Oskar Bülow (1868), e consolida-se com *(iii)* "*A pretensão de declaração: um aporte para a teoria da pretensão de proteção do direito*", de Adolf Wach, publicada em 1888[199]. É possível verificar, nessa linha doutrinária, sensíveis mutações no tocante aos institutos da ação e do processo, os quais, juntamente com a jurisdição, costumam ser identificados como os pilares da teoria geral do processo[200].

Diversas chaves de leitura podem ser utilizadas para desvelar a formação científica do direito processual. Dentre elas, podemos destacar duas que se mostram bastante promissoras. A primeira, consiste em traçar um paralelo entre a evolução teórica dos institutos processuais e as transformações do Estado ocorridas no bojo do século XIX, revelando-se, com isso, a passagem do privatismo para o publicismo processual, o qual, gradualmente, se fez presente na compreensão teórica da ação e do processo. A segunda, consiste em desvendar os pressupostos teóricos presentes no pensamento dos juristas responsáveis pela construção do castelo de conceitos que marcou o surgimento do chamado processualismo científico.

Desse modo, a abordagem que será realizada neste capítulo consistirá em destacar o relacionamento entre as *mudanças no perfil do Estado e a construção da teoria do processo*. Dito de outro modo, pretende-se evidenciar que autores como Oskar Bülow, Giuseppe Chiovenda e Franz Klein foram influenciados por uma postura de superação do modelo liberal de Estado, o que repercutiu, diretamente, no modo como esses autores pensaram o processo e a jurisdição. Propositalmente, não será realizada uma análise completa da formação do processualismo científico, embora, conforme já destacado em outro lugar, desde Muther é possível verificar uma dupla transposição – que marca o surgimento da ciência processual – do direito privado para o direito público, do direito civil

---

como contrato ou quase contrato (PRATA, Edson. *História do processo civil e sua projeção no direito moderno.* Rio de Janeiro: Forense, 1987, p. 177).

199. MAC-GREGOR, Eduardo Ferrer. *Direito processual constitucional:* ordem científica (1928-1956). Curitiba: Juruá, 2009, p. 55. Em razão do espaço limitado que uma coluna jurídica costuma ter, propositalmente deixaremos de analisar aqui as idiossincrasias da teoria de Adolf Wach, o qual costuma ser lembrado, do ponto de vista da dogmática processual, por ter contribuído para a autonomia da ação em relação ao direito material, mormente pela sua construção da *pretensão de declaração negativa.*

200. Nesse sentido, CHIOVENDA, Giuseppe. *La acción en el sistema de los derechos*. Bogotá: Temis, 1986. No mesmo sentido, Ramiro Podetti fala de uma "teoria estrutural da ciência do processo" reivindicando uma espécie de interpendência entre ação, processo e jurisdição (PODETTI, Ramiro. *Teoria y tecnica del proceso civil y trilogia estructural de la ciência del proceso civil.* Buenos Aires: Ediar, 1963, p. 338). No direito brasileiro, a defesa da interpendência entre os três institutos pode ser verificada em ASSIS, Araken de. *Processo civil brasileiro.* Volume I: parte geral: fundamentos e distribuição de conflitos. São Paulo: Revista dos Tribunais, 2015, p. 293.

para o direito processual, na qual se encontra o germe do instrumentalismo processual, vale dizer, de uma postura que compreende o processo como instrumento a serviço da jurisdição. Em linhas gerais, trata-se de uma teoria do processo servil à jurisdição[201].

1.4.1 Dos elementos caracterizadores do Estado Social

Não tendo o individualismo e a neutralidade do Estado liberal conseguido satisfazer as reais exigências de liberdade e de igualdade dos setores mais oprimidos social e economicamente, eclodiu, no final da segunda metade do século XIX, uma série de conflitos de classe que veio a desvelar a insuficiência do marco de liberdades burguesas quando inibido o reconhecimento da justiça social[202]. A exploração da classe trabalhadora era algo plenamente visível, notadamente pelo emprego generalizado de mulheres e menores, que suplantou o trabalho dos homens, pois a máquina reduziu o esforço físico e tornou possível a utilização das "meias-forças dóceis", não preparadas para reivindicar. Suportavam salários ínfimos, jornadas desumanas e condições de higiene degradantes, com graves riscos de acidente[203]. Sobreleva, nesse marco, o progressivo estabelecimento por parte do Estado de medidas para frear os excessos mais chocantes do capitalismo, especialmente nos domínios dos horários de trabalho e do trabalho infantil e feminino[204].

Isso tudo implicou uma alteração radical na forma de conceber as relações do Estado com a sociedade, a partir de um novo *ethos político* calcado na concepção da sociedade não mais como um dado, mas como um objeto suscetível e carente de uma estruturação a ser perseguida pelo Estado para realização da justiça social[205]. O ideal que predominava e

201. Sobre o tema, ver RAATZ, Igor. ANCHIETA, Natascha. Uma "teoria do processo" sem processo? A breve história de uma ciência processual servil à jurisdição. RBDPro – Revista brasileira de direito processual. Ano 26. n. 103, jul./set. 2018. Belo Horizonte: Fórum, 2018. Para uma análise crítica da formação da "velha" teoria geral do processo, ver também PEREIRA, Mateus Costa. *Teoria geral do processo e seu tripé fundamental:* racionalismo, pensamento sistemático e conceitualismo. Florianópolis: Tirant Lo Blanch, 2018.

202. PEREZ LUÑO, Antonio Enrique. *Derechos humanos, estado de derecho y constitucion*. 5. ed. Madrid: Tecnos, 1995, p. 223.

203. BARROS, Alice Monteiro de. *Curso de direito do trabalho*. 3ª ed. ver. e ampl. São Paulo: LTr, 2007, p. 61.

204. NOVAIS, Jorge Reis. *Contributo para uma teoria do estado de direito*. Reedição. Coimbra: Almedina, 2006. p. 180.

205. NOVAIS, Jorge Reis. *Contributo para uma teoria do estado de direito*. Reedição. Coimbra: Almedina, 2006, p. 183. Conforme o mesmo autor, "no fundo, o novo *ethos politico* que resultava da superação da concepção liberal da separação da sociedade e Estado traduzia-se, a partir da constatação da mútua perda de capacidade de auto-regulação, num projecto global de estruturação da sociedade, ou seja, de uma regulação da vida social a partir do impulso e da conformação provenientes do Estado; por sua vez, esta direcção tinha como contrapartida a pressão, exercida individual e colectivamente, da sociedade sobre o Estado, num esforço de

alicerçava a concepção do Estado social era o de um sistema político que desse a todos os cidadãos um padrão digno de vida, com possibilidade efetiva para se realizarem como homens[206].

O Estado passou, teoricamente, a desempenhar um comportamento ativo na realização da justiça social[207], rompendo com aqueles padrões próprios da atuação estatal mínima que permeava o modelo puramente liberal. A previsão de uma linha de conduta para o Estado, no sentido de regular os fenômenos sociais, significava, então, a superação da até então mística divisão entre o Estado e a sociedade[208]. Nesse quadro, passou-se a defender uma caracterização do Estado pela sua finalidade, que seria a realização da igualdade a partir de mínimos materiais em favor de grupos sociais[209]. A adjetivação pelo *social* pretendia, assim, a correção do individualismo liberal clássico pela reunião do capitalismo com a busca do bem-estar social[210]. Com a consagração de direitos inéditos até então, de cunho eminentemente social, passava-se a exigir uma maior e mais qualificada intervenção, deslocando-se o foco das atenções da esfera legislativa para o ambiente da sua atividade executiva[211].

A configuração descrita veio acompanhada por uma mudança, lenta e gradativa, no desenvolvimento do constitucionalismo. O ponto culminante do ponto de vista do direito constitucional reside nas Cons-

---

apropriação ou inflexação das decisões estaduais que se manifestava, não só nas referidas exigências ou nos direitos a prestações sociais, mas também na acção permanente e estruturada dos partidos, grupos de interesses e organizações sociais sobre a esfera política" (NOVAIS, Jorge Reis. *Contributo para uma teoria do estado de direito*. Reedição. Coimbra: Almedina, 2006, p. 187).

206. SANTOS, Ângelo dos. *O estado social: análise à luz da história*. Lisboa: Editorial Minerva, 1970, p. 15. Numa perspectiva crítica é interessante notar, no entanto, que o Estado Social acaba servindo como forma de assegurar a continuidade do projeto liberal. Nesse sentido, "da propriedade privada dos meios de produção passou a viger a função social da propriedade, e da liberdade contratual passou-se ao dirigismo contratual. Contudo, o primado básico do Estado Liberal se mantém, a despeito de o Estado ter-se transformado em Intervencionista, qual seja: a separação entre os trabalhadores e os meios de produção, gerando mais-valia, de apropriação privada pelos detentores do capital" (STRECK, Lenio Luiz. MORAIS, José Luis Bolzan. *Ciência política e teoria geral do estado*. Porto Alegre: Livraria do Advogado, 2010, p. 65).

207. SARLET, Ingo Wolfgang. *A eficácia dos direitos fundamentais:* uma teoria dos direitos fundamentais na perspectiva constitucional. Porto Alegre: Livraria do Advogado, 2009, p. 47.

208. COSSIO DÍAZ, José Ramon. *Estado social y derechos de prestacion*. Madrid: Centro de estudios constitucionales, 1989, p. 32.

209. COSSIO DÍAZ, José Ramon. *Estado social y derechos de prestacion*. Madrid: Centro de estudios constitucionales, 1989, p. 33.

210. STRECK, Lenio Luiz. MORAIS, José Luis Bolzan. *Ciência política e teoria geral do estado*. Porto Alegre: Livraria do Advogado, 2010, p. 88.

211. MORAIS, José Luis Bolzan de. A atualidade dos direitos sociais e a sua realização estatal em um contexto complexo e em transformação. In: *Constituição, sistemas sociais e hermenêutica:* programa de pós-graduação em Direito da UNISINOS: mestrado e doutorado / orgs. Lenio Luiz Streck, José Luis Bolzan de Morais; Vicente de Paulo Barreto (et. al.) Porto Alegre: Livraria do Advogado, 2010, p. 107.

tituições elaboradas após o final da Primeira Guerra Mundial, que passaram a incorporar direitos sociais. Tais Constituições consistiam "em uma tentativa de estabelecer uma democracia social, abrangendo dispositivos sobre a ordem econômica e social, família, educação e cultura, bem como instituindo a função social da propriedade"[212].

Essa nova postura do Estado, que redundava na diminuição da atividade livre do indivíduo[213], careceu, no entanto, de um perfil democrático. É que, apesar de rompida a "separação" entre o Estado e a sociedade, os indivíduos permaneciam sem força para atuar democraticamente na determinação dos direitos dos fins do Estado[214]. Pode-se dizer, numa postura crítica acerca do Estado Social, que este carecia de um verdadeiro perfil democrático, na medida em que os direitos fundamentais sociais acabaram por se transformar quase em espécies de imposições de um Estado que estava acima da sociedade[215].

---

212. BERCOVICI, Gilberto. MASSONETTO, Luís Fernando. Breve história da incorporação dos direitos sociais nas constituições democráticas brasileiras. *Revista do departamento de direito do trabalho e da seguridade social.* Faculdade de Direito da USP. V. 2., n. 3, jan./jun. 2007, p. 65. É importante lembrar que a formulação mais antiga que se conhece a respeito de direito sociais encontra-se nos artigos 17, 21 e 22 do projeto da Constituição Francesa Republicana de 24 de junho de 1793, que faziam referência ao direito à instrução, à assistência social e ao trabalho, os quais não lograram ser considerados direitos jurídicos políticos no contexto da ideologia burguesa da Revolução Francesa. No dizer de Óscar Rodríguez Olvera, juntamente com o preâmbulo da Constituição Francesa de 4 de novembro de 1984, referidos direitos "são a exceção ao vazio constitucional social do século XVIII e XIX" (OLVERA, Óscar Rodríguez. *Teoría de los derechos sociales en la constitución abierta.* Granada: Editorial Comares, 1998, p. 13). Um dos marcos da transformação do conteúdo social no bojo do constitucionalismo do século XX é a Constituição Política dos Estados Unidos Mexicanos de 1917, vivenciada em um contexto de acentuada luta envolvendo os reclamos campesinos sobre o direito de liberdade e propriedade da terra que se trabalha, sobre condições laborais e educação (OLVERA, Óscar Rodríguez. *Teoría de los derechos sociales en la constitución abierta.* Granada: Editorial Comares, 1998, p. 19). Todavia, a mais célebre das Constituições sociais do referido período é a Constituição de Weimar, de 1919, a qual era dividida em duas partes, uma sobre a Organização do Estado, e a outra sobre os Direitos e Deveres dos Alemães, em que vinham prescritos, ao lado dos direitos individuais, os direitos sociais, como seções dedicadas à educação, à cultura e à vida econômica (BERCOVICI, Gilberto. Carl Schmitt e a constituição de weimar. *Revista latino-americana de estudos constitucionais.* n. 2 – jul.dez. 2003. Belo Horizonte: Del Reu, 2003, p. 364). A Constituição de Weimar pode ser vista como "catalisadora da conciliação entre velhos princípios liberais e a nova ordem social imperante na segunda década do século XX" (OLVERA, Óscar Rodríguez. *Teoría de los derechos sociales en la constitución abierta.* Granada: Editorial Comares, 1998, p. 21).

213. STRECK, Lenio Luiz. MORAIS, José Luis Bolzan. *Ciência política e teoria geral do estado.* Porto Alegre: Livraria do Advogado, 2010, p. 55.

214. NOVAIS, Jorge Reis. *Contributo para uma teoria do estado de direito.* Reedição. Coimbra: Almedina, 2006, p. 191.

215. Nesse sentido, a percuciente crítica formulada por Menelick de Carvalho Netto, para quem, no bojo do Estado social, "todo direito é público, imposição de um Estado colocado acima da sociedade, de uma massa amorfa, carente de acesso à saúde ou à educação, massa prota a ser moldada pelo Leviatã onisciente sobre o qual recai essa imensa tarefa. O Estado subsume toda dimensão do público e tem que prover os serviços inerentes aos direitos de Segunda geração à sociedade, como saúde, eduação, previdência, mediante aos quais alicia clientela" (CARVALHO NETTTO, Menelick de. Requisitos pragmáticos da interpretação jurídica sob o paradigma do estado democrático de direito. *Revista de direito comparado.* v.3. Belo Horizonte: Mandamentos, 1999, p. 107).

Assim, começou a ganhar força a questão social a partir de uma espécie de solução de compromisso decorrente da integração à ordem jurídica de princípios contrários à lógica liberal, porém não aos elementos essenciais do próprio modelo econômico liberal. O elemento social perde o caráter subversivo e ganha um ar tranquilizador e protetor[216]. Isso exige uma maior e mais qualificada intervenção, a fim de que seja possível, de fato, prestar os direitos de índole social que passam a ser consagrados pelo Estado, o que importa num deslocamento do foco das atenções da esfera legislativa para o ambiente da sua atividade executiva[217]. Desse modo, ao mesmo tempo em que a intervenção pública fazia eco aos reclames dos movimentos sociais, a atividade interventiva do Estado permitia uma flexibilização do sistema, garantindo a sua manutenção e continuidade, assim como dava e constituía condições de infraestrutura para o seu próprio desenvolvimento[218].

Com efeito, ao atuar como agente de implementação de políticas públicas, o Estado passou a enriquecer suas funções de integração, de modernização e de legitimação capitalista. Sua atuação não conduziu à substituição do sistema capitalista por outro, até porque foi chamado a atuar a fim de impedir tal substituição[219]. E, nessa senda, os direitos sociais, de símbolo para uma verdadeira emancipação social, passam a ser esterilizados na forma de direito, na forma de mercadoria, ao passo que a classe trabalhadora se transforma em mero destinatário das políticas públicas, transfigurando-se as políticas em meras promessas[220].

---

216. AVELÃS NUNES, António José. *As voltas que o mundo dá...reflexões a propósito das aventuras e desventuras do estado social.* Rio de Janeiro: Lumen Juris, 2011, p. 31. Nesse sentido, referido autor entende que o advento do Estado social constituiu uma espécie de arranjo para a manutenção mesmo paradigma econômico capitalista, que por ele é altamente repudiado, na medida em que "a *mão visível do direito* começava a substituir a *mão invisível da economia*". Em sentido muito semelhante, Eros Grau refere que, no Estado Social, a burguesia, ao invés de limitar a ação estatal sobre o domínio econômico, veio a colocá-la a serviço de seus interesses, atribuindo ao Estado a missão de desenrolar o processo econômico. Passava-se de uma economia política para uma política econômica (GRAU, Eros Roberto. *A ordem econômica na constituição de 1988*: Interpretação e critica. 2. ed. São Paulo: Revista dos Tribunais, 1991, p. 18).

217. MORAIS, José Luis Bolzan de. A atualidade dos direitos sociais e a sua realização estatal em um contexto complexo e em transformação. In: *Constituição, sistemas sociais e hermenêutica:* programa de pós-graduaçaõ em Direito da UNISINOS: mestrado e doutorado / orgs. Lenio Luiz Streck, José Luis Bolzan de Morais; Vicente de Paulo Barreto (et. al.) Porto Alegre: Livraria do Advogado, 2010, p. 107.

218. MORAIS, José Luis Bolzan de. *As crises do estado e da constituição e a transformação espaço-temporal dos direitos humanos.* 2ª ed. rev. ampl. Porto Alegre: Livraria do Advogado, 2011, p. 38.

219. GRAU, Eros Roberto. *A ordem econômica na constituição de 1988*: Interpretação e critica. 2. ed. São Paulo: Revista dos Tribunais, 1991, p. 18.

220. BERCOVICI, Gilberto. MASSONETTO, Luís Fernando. Breve história da incorporação dos direitos sociais nas constituições democráticas brasileiras. *Revista do departamento de direito do trabalho e da seguridade social.* Faculdade de Direito da USP. V. 2, n. 3, jan./jun. 2007, p. 63.

O Estado, desse modo, agiganta-se, assumindo um papel de conformador da realidade social, estabelecendo formas concretas de vida a partir da imposição de pautas públicas de uma vida boa, assim entendida pelo próprio Estado para a sociedade[221]. Isso faz com que o Estado Social acabe por se caracterizar muito mais como um Estado assistencial, no qual os direitos não passavam de concessões[222]. Habermas chega a falar em um paternalismo por parte do Estado, fundado na adoção de programas políticos compensatórios às necessidades de uma sociedade de massas, que se mostrava incapaz de se autodeterminar, de definir suas próprias necessidades[223]. O que se viu, pois, "foi o Estado tomando para si toda a dimensão do público, deixando os indivíduos na posição (cômoda?) de clientes, numa relação paternalista e dependente"[224].

Constitui empresa bastante complexa traçar todas as faces do Estado Social[225], até porque, "dado o seu viés mutante, o Estado de Bem-Estar Social não se constitui definitivamente, de uma vez por todas. A sua história é feita de constantes mudanças de rumo, direção, mantendo, apenas, o sentido que lhe é próprio, o do atingimento da função social"[226].

---

221. CATTONI DE OLIVEIRA, Marcelo Andrade. *Direito constitucional.* Belo Horizonte: Mandamentos, 2002, p. 58. Nessa linha, menciona Alexandre Bahia que "para tentar cumprir todas as obrigações sociais e econômicas assumidas na Constituição, o Estado passa a intervir nas mais diversas áreas da sociedade (saúde, educação, transportes, economia, etc.), mas não apenas disciplinando exaustivamente cada uma dessas áreas, mas participando diretamente através de empresas ou fundações criadas e mantidas por ele. A antiga separação entre Estado e Sociedade é superada pela interferência do primeiro sobre a úlitma. Há uma grande mudança, pois o Estado **amplia** (ou até mais, **subsume) a esfera do púbico** (BAHIA, Alexandre Gustav Melo Franco. *Recursos extraordinários no STF e no STJ*: conflito entre interesses público e privado. Curitiba: Juruá, 2009, p. 253, *grifos no original*).

222. Vale mencionar o alerta feito por José Luis Bolzan de Morais a respeito do tratamento das promessas incumpridas nos países em defasagem no tratamento da *questão social* e onde 'uma percepção liberal-individualista-egoística dos direitos sociais ainda parece predominar, muitas vezes em 'perfeita' harmonia com estratégias políticas de 'clientelização fidelizada' da cidadania, oriundos de uma tradição patrimonialista e autoritária, onde a 'concessão' de direitos vai de encontro a um projeto de construção de cidadania, muito em voga na história política latino-americana, na qual um "falso" Estado Social - na prática um Estado Assistencial - foram 'doados' pelos 'donos' do poder político-econômico a indivíduos 'bestializados', acostumados a 'assistirem' transições conservadoras" (MORAIS, José Luis Bolzan de. A atualidade dos direitos sociais e a sua realização estatal em um contexto complexo e em transformação. In: *Constituição, sistemas sociais e hermenêutica:* programa de pós-graduação em Direito da UNISINOS: mestrado e doutorado / orgs. Lenio Luiz Streck, José Luis Bolzan de Morais; Vicente de Paulo Barreto (et. al.) Porto Alegre: Livraria do Advogado, 2010, p. 103)

223. HABERMAS, Jürgen. *Facticidad y validez*: sobre el derecho y el estado democrático de derecho en términos de teoría del discurso. Traducción Manuel Jiménez Redondo. Madrid: Trotta, 1998, pp. 497-498.

224. BAHIA, Alexandre Gustavo Melo Franco. *Recursos extraordinários no STF e no STJ*: conflito entre interesses público e privado. Curitiba: Juruá, 2009, p. 260.

225. Para uma "demarcação" do estado de bem-estar social, consultar KERSTENNETZKY, Celia Lessa. *O estado de bem-estar social na idade da razão*: a reinvenção do estado social no mundo contemporâneo. Rio de Janeiro: Elsevier, 2012, pp. 5-20.

226. MORAIS, José Luis Bolzan de. *As crises do estado e da constituição e a transformação espaço-temporal dos direitos humanos*. 2 ed. rev. ampl. Porto Alegre: Livraria do Advogado, 2011, p. 40.

Nesse sentido, cabe enunciar ainda o Estado social como decorrência do modelo keynesiano, que, na verdade, buscava salvar o capitalismo. A intervenção do Estado tornava-se ainda mais visível. A depressão de 1929 impunha a análise econômica esforçar-se para encontrar os meios que pudessem diminuir ou debelar o aparecimento de tais depressões[227]. O quadro era o seguinte: o consumo dos ricos (mesmo que esbanjador) não conseguia assegurar o escoamento de toda a produção; como solução tem-se o consumo de massas, vale dizer, o aumento do consumo dos pobres (entre eles os trabalhadores), uma necessidade resultante do próprio desenvolvimento tecnológico propiciado pela civilização burguesa. Assenta-se a ideia de que os desempregados não percam todo o poder de compra, que os doentes e inválidos recebam algum dinheiro para gastar e que os idosos não percam o seu rendimento quando deixam de trabalhar, o que passa a ser alcançado através de subsídios de desemprego, doença, invalidez e regime de aposentação[228].

Em todas as suas vertentes, o Estado social – ainda que pensado como Estado em que a intervenção se volta à promoção e proteção do bem-estar social, com a implementação de prestações públicas e o cumprimento da função social a partir da fórmula da igualdade e do bem-estar[229] – acaba se tornando um alvo fácil do domínio econômico, o que evidencia a insuficiência de tal modelo.

Importa ressaltar, no bojo do Estado Social, a ideia exacerbada de direitos como fruto do Estado, como direito público imposto pelo Estado à sociedade e aos indivíduos, que se colocam abaixo dele. Trata-se de um Estado cujo papel é ativo, sem que isso signifique uma maior participação da sociedade na configuração dos direitos a serem perseguidos e realizados. É essa nova perspectiva, em que ao Estado é atribuído um papel ativo, que vai se conformar o novo modelo de processo voltado a superar o modelo liberal.

1.4.2 Publicização e socialização do processo: as raízes do instrumentalismo processual

O final do século XIX é marcado por uma série de mudanças na forma de encarar o direito processual. O caráter eminentemente priva-

227. VENANCIO FILHO, Alberto. *A intervenção do estado no domínio econômico*: o direito público econômico no Brasil. Rio de Janeiro: Renovar, 1998, p. 11.

228. AVELÃS NUNES, António José. *As voltas que o mundo dá...reflexões a propósito das aventuras e desventuras do estado social*. Rio de Janeiro: Lumen Juris, 2011, p. 76.

229. MORAIS, José Luis Bolzan de. *As crises do estado e da constituição e a transformação espaço-temporal dos direitos humanos*. ª ed. rev. ampl. Porto Alegre: Livraria do Advogado, 2011, p. 40.

do do processo de matriz liberal, inerente à ideia de um processo como "coisa das partes", começa a ser superado por uma ideia de publicização do processo, considerada por Allorio como a "história ideal do direito processual"[230].

Essa mudança de pensamento pode ser bem sentida da leitura de autores italianos clássicos cuja obra jurídica atravessou o século XIX. É o caso de Lodovico Mortara, que, na edição de 1890 dos seus *Principii di procedura civile*, trazia algumas concepções nitidamente liberais como a ideia de que o juiz não deve procurar de ofício as provas dos fatos[231], nem dirigir a iniciativa das partes na pesquisa delas, além de um conceito de ação e de processo nitidamente ligado à ideia de contrato[232]. Já no seu *Manuale della procedura civile*, cuja 7ª edição foi editada em 1913, Mortara já falava no processo em termos publicísticos, considerando a ação também como *direito público subjetivo do autor sobre o órgão jurisdicional*, bem como atividade do sujeito privado que provoca o exercício da autoridade jurisdicional do Estado contra a violação de um direito subjetivo, dando origem, em sentido geral e amplo, a uma relação de direito público (relação processual) que se desenvolve entre três sujeitos, quais sejam, autor, juiz e a autoridade pública (magistrado)[233].

O direito e o processo civil começavam, pois, a sofrer os influxos dessa mudança estatal, com reformas legislativas justificadas como rejeição ao individualismo, que era associado aos princípios do liberalismo clássico[234].

---

230. ALLORIO, Enrico. Significato della storia nello studio del diritto processuale. *Rivista di diritto processuale civile*. Volume XV - Parte I. Anno 1938 - XVI-XVII, p. 189. Para uma crítica desta concepção, ver SATTA, Salvatore. *Soliloqui e colloqui di un giurista*. Padova: CEDAM, 1968.

231. MORTARA, Lodovico. *Principii di procedura civile*. Firenze: G. Barbèra, 1890, p. 35.

232. Conforme Mortara, a função judiciária corresponderia a uma bem definida necessidade de conservação da harmônica convivência social. Se revelava como uma série de atos que se desenvolvem para compor um juízo civil e para defini-lo, conduzindo a formação de um vínculo contratual. Na verdade, a parte condenada é obrigada pela sentença do juiz, não enquanto esta represente um ato de autoridade, mas enquanto representa o consenso à obrigação, ou seja, o formal reconhecimento dessa, que a parte deveria ter prestado espontaneamente e que o magistrado, em face da sua relutância, apresentou no seu lugar, onde a harmonia do ordenamento social permanece salvaguarda. Pelo juízo civil, portanto, se forma uma relação contratual na qual intervém um terceiro, entre as partes por ele vinculadas, o magistrado. Não se pode considerá-lo terceiro no verdadeiro sentido da palavra, e nem mesmo considerar distinta a sua ação daquela das partes, porque ele intervém somente para substituir a manifestação de vontade devida por uma das partes e assumir desta uma espécie de representação, por delegação que deriva da própria natureza do seu ofício de soberania (MORTARA, Lodovico. *Principii di procedura civile*. Firenze: G. Barbèra, 1980, pp. 26-27).

233. MORTARA, Lodovico. *Manuale della procedura civile*. 7ª ed. volume primo. Torino: Unione tipografico-editrice torinese, 1913, pp. 12-13.

234. DAMASKA, Mirjan. *I volti della giustizia e del potere*: analisi comparatistica del processo. Edizione originale: *The faces of justice and State Authority*. Trad. Andrea Giussani (capitoli III, IV e V) e Fabio Rota (capitoli I, II e VI). Bologna: Società editrice il Mulino, 2002, p. 346.

O processo, até então concebido como algo privado, passou a representar o exercício de uma função pública e soberana[235]. Deixava de ser visto como "coisa das partes", para espelhar um lugar no qual se exprimia a autoridade do Estado, com o escopo não somente de tutelar os interesses privados, mas, também, de realizar o interesse público da administração da justiça[236].

O discurso de superação do modelo liberal – que se fez presente em autores como Klein e Chiovenda – foi no sentido de que o papel passivo desempenhado pelo juiz no Estado Liberal Clássico dava margem à lentidão e ao abuso, uma vez que as partes e seus defensores se tornavam árbitros praticamente absolutos[237]. Dessa forma, a doutrina processual presente naquele momento histórico de transição cuidou de repensar o processo apostando, principalmente, em maiores poderes ao juiz, o que refletia o novo papel que o Estado vinha a assumir. Tratava se de considerar o processo como um instrumento de justiça social, mais rápido e eficaz.

Nesse contexto, o incremento dos poderes do juiz se deu a partir de dois vetores em certa medida conexos: a publicização do processo – consequência direta do agigantamento do papel do Estado – e a socialização do processo – o qual não ficava de fora, portanto, das preocupações com o problema da justiça social. Começam a se desenvolver, então, propostas de fortalecimento do papel do juiz e de transformação do processo em instrumento a serviço do Estado.

O movimento publicista (estatalizante), se fez presente tanto em Muther – cuja polêmica com Windscheid deu início à ciência processual – quanto em Oscar Bülow. Por outro lado, o socialismo jurídico, notadamente a obra de Anton Menger[238], influenciou diretamente autores como Franz Klein e Giuseppe Chiovenda. Nesse movimento de formação da ciência processual escondia-se, no entanto, uma nova forma de pensar o processo: ao ser transposto do direito privado para o direito público, o processo passou a ser pensado como instrumento do Estado e, mais precisamente, da jurisdição, postura que é a nota característica do chamado instrumentalismo processual.

---

235. LIEBMAN, Enrico Tullio. Storiografia giuridica "manipolata". *Rivista di diritto processuale*. v. 29. Parte I. 1974, p. 108.

236. TARUFFO, Michele. *La giustizia civile in Italia dal'700 a oggi*. Bologna: Soc. Editrice il Mulino, 1980, p. 188.

237. ALVARO DE OLIVEIRA, Carlos Alberto. *Do formalismo no processo civil*. 2ª ed. São Paulo: Saraiva, 2003, p. 41.

238. Sobre a corrente de pensamento de Anton Menger, ver a edição especial dos "Quaderni Fiorentini", entitulada Il socialismo giuridico: ipotesi e letture. *Quaderni Fiorentini: Per La Storia Del Pensiero Giuridico Moderno*, Milano, IT, v.3/4, 1974/75. 2 tomos.

1.4.2.1 *A superação do privatismo em Oskar Bülow e o crescimento do publicismo processual*

Bülow costuma ser lembrado pela doutrina processual por ter superado a visão privatística que considerava o processo como um contrato ou um quase-contrato e, principalmente, por ser o grande responsável pela atribuição de um caráter científico ao direito processual[239]. A teoria do processo de Bülow alicerçava-se em dois elementos: *o primeiro* era a existência de uma relação jurídica autônoma e distinta da relação jurídica de direito privado, inclusive formada por sujeitos distintos, no caso, o autor, o juiz e o réu; *o segundo* elemento era a figura do Estado-juiz como sujeito da relação jurídica processual, com o qual autor e réu guardariam vínculos jurídicos e, portanto, direitos e obrigações. Com esses dois elementos, respectivamente, Bülow contribui diretamente para dar autonomia científica ao direito processual, separando-o do direito material, bem como para conferir uma explicação de direito público à natureza do processo[240].

Na base da teoria do processo como relação jurídica, residia a constatação feita por Bülow no sentido de que os requisitos de existência e validade da relação jurídica processual seriam distintos daqueles pertinentes à relação jurídica de direito privado afirmada pelo autor. Com efeito, a falta ou o defeito de algum desses requisitos impediria o surgimento da relação jurídica processual, o que levou a considerá-los elementos constitutivos da relação jurídica processual, e a nominá-los de "pressupostos processuais", tratando-os como supostos de fato da relação jurídica processual[241]. A teoria de Bülow tornou claro que, ao juiz, caberia decidir não somente a respeito da relação jurídica de direito material, mas que, para fazê-lo, deveria verificar previamente a existência dos requisitos de existência e validade a relação jurídica processual.

Ovídio A. Baptista da Silva afirma ser impossível, "obscurecer a extraordinária importância que o estudo do processo como uma relação jurídica peculiar, de direito público, teve para o desenvolvimento do direito processual civil como uma disciplina autônoma"[242], na medida

---

239. PONTES DE MIRANDA, Francisco Cavalcanti. *Comentários ao código de processo Civil.* V.1. Rio de Janeiro: Forense, 1974, p. XVIII. Fala-se, nesse sentido, que Bülow inaugurou a fase processualista ou cientificista do processo, superando o praxismo que, até então, preponderava.

240. ALCALÁ-ZAMORA Y CASTILLO, Niceto. *Proceso, autocomposición y autodefensa.* México: Universidad Nacional Autonoma de México: 2000, p. 112.

241. BÜLOW, Oskar. *La teoria de las excepciones procesales y los presupuestos procesales.* Buenos Aires: EJEA, 1964, p. 5-7.

242. SILVA, Ovídio A. Baptista da. *Curso de processo civil,* volume 1: processo de conhecimento. 7ª ed., Rio de Janeiro: Forense, 2005, p. 5. Afirma Roque Komatsu: "Aceite-se ou rechace-se a doutrina de Bülow,

em que, justamente a partir da obra de Bülow, passou-se a emprestar ao processo um desenvolvimento teórico independente[243]. Por isso, seguindo o caminho inaugurado por Muther, costuma-se enxergar em Bülow a certidão de nascimento da ciência processual.

Indo além da descrição feita por Bülow acerca da natureza jurídica do processo como relação jurídica, é indispensável revelar a outra faceta da sua teoria, qual seja, a concessão de poderes ao juiz para verificar, independentemente de qualquer alegação das partes, a presença dos denominados pressupostos processuais. Verifica-se, nessa perspectiva, uma acentuada tentativa de priorizar os interesses estatais em detrimento das partes. Não por acaso, Bülow defendia, com base no argumento da natureza pública da relação jurídica processual, o incremento dos poderes do juiz.

O incremento dos poderes do juiz era sustentado por um discurso no sentido de que o processo não seria um ajuste privado entre os litigantes, pois nele não estariam em jogo somente interesses individuais. Desse modo, o processo consistiria em *um ato realizado com a ativa participação do Tribunal e sob a autoridade do Estado*, cujos requisitos seriam coativos e em grande parte absolutos[244]. Portanto, Bülow não somente foi responsável por delinear a autonomia do processo em relação ao direito material, mas principalmente fez emergir o caráter publicista do processo, plasmando uma concepção autoritária (bismarckiana) tendencialmente voltada a privilegiar a posição do juiz em relação às partes[245].

É crucial revelarmos os pressupostos teóricos com os quais a nascente teoria do processo estava comprometida. Na Alemanha, verifica-

---

ninguém poderá discutir-lhe dois triunfos decisivos: a) haver buscado uma explicação publicística à natureza do processo, mercê da qual as interpretações privatistas, isto é, as que o imaginavam como um contrato ou quase contrato, ficaram definitivamente sepultadas; e b) haver provocado um movimento científico processual de magnitude e brilhantismo inigualáveis, que se irradiou primeiro à Itália e depois a outros países, originando a completa renovação da nossa disciplina, no mundo" (KOMATSU, Roque. *Da invalidade no processo civil.* São Paulo: Revista dos Tribunais, 1991, p. 21).

243. Nesse sentido, "o estudo do processo como uma relação jurídica de direito público, que se estabelece entre o Estado (juiz) e aquele que busca este tipo de tutela jurídica, deu origem, sem dúvida ao nascimento do direito processual civil como uma ciência particular, com objeto próprio e com suas leis e princípios especiais, distintos dos princípios e leis que regem os ramos do direito material" (SILVA, Ovídio A. Baptista da. *Curso de processo civil*, volume 1: processo de conhecimento. 7ª ed., Rio de Janeiro: Forense, 2005, p. 4).

244. BÜLOW, Oskar. *La teoria de las excepciones procesales y los presupuestos procesales.* Buenos Aires: EJEA, 1964, p. 292-293.

245. TARELLO, Giovanni. *Il problema della riforma processuale in Italia nel primo quarto del secolo. Per uno studio della genesi dottrinale e ideologica del vigente codice italiano di procedura civile.* In: GUASTINI, R.; REBUFFA., G. *Dottrine del processo civil*: studi storici sulla formazione del diritto processuale civile. Bologna: Il Mulino, 1989, p. 38.

va-se, já ao tempo de Bülow, o início de uma reação à *Jurisprudência dos Conceitos* – também denominada por autores como Castanheira Neves e Franz Wieacker de *positivismo científico*[246] – da qual Windscheid havia sido um dos grandes representantes. O principal personagem dessa transição, sem dúvida, foi Rudolf von Jhering, ao qual Bülow dedicou sua obra escrita em 1868. Não se trata, pois, de uma coincidência a confluência de pensamentos entre Bülow e Jhering diante de uma seminal crítica à Jurisprudência dos Conceitos. Inclusive, a proximidade intelectual de ambos os autores pode ser encontrada no fato de, em 1871, Jhering confessar a Bülow haver cansado da dogmática jurídica e ter encontrado prazer em doutrinas econômicas[247].

É bem provável que Bülow, quando da publicação da sua teoria dos pressupostos processual, já tivesse conhecimento das ideais que iriam servir de base para o levante teórico que sustentou os movimentos libertários do final do século XIX. Afinal, em 1861 – ainda que de forma anônima – Jhering já havia dado início à crítica à jurisprudência dos conceitos[248], cuja robustez apareceu de modo mais preciso na obra *Der Zweck im Recht* (O Fim do Direito), publicada em 1877, na qual Jhering – em *uma clara tradução do estatismo social do último terço do século XIX*[249] – falava que as partes, no processo judicial, estariam numa relação de *subordinação jurídica* em relação ao juiz[250], traçando, com isso, a ideia de que "o processo deveria ser visualizado como ramo autônomo do direito público, assentado na jurisdição, como manifestação da soberania do Estado moderno"[251].

Somente mais tarde, com a publicação da obra *Gesetz und Richteramt (Lei e Magistratura)*, em 1885, é que esses pressupostos se tornaram

246. A expressão *positivismo científico*, utilizada por autores como Castanheira Neves e Franz Wieacker para explicar a *jurisprudência dos conceitos*, remete a algumas das suas características fundamentais, como a construção de um sistema fechado (autônomo e independente), dotado de plenitude (na medida em que eventuais lacunas legais seriam preenchidas pelas conexões lógicas da pirâmide conceitual) o pensamento *more geométrico* e o método subsuntivo. Nesse sentido, CASTANHEIRA NEVES, António. *Curso de introdução ao estudo do direito*. Coimbra: J. Abrantes, 1971-72, p. 418. WIEACKER, Franz. *História do direito privado moderno*. 3a ed. Lisboa: Fundação Calouste Gulbenkian, 1980, p. 493-494. HESPANHA, António Manuel. *Cultura jurídica europeia*: síntese de um milênio. Coimbra: Almedina, 2012, p. 399-400.

247. Nesse sentido, ALIX, Luis Lloredo. Rudolf von Jhering (1857) en torno de la jurisprudencia de conceptos: surgimento, auge y declive. *Eunomía*. Revista en Cultura de la Legalidad. nº 4, marzo-agosto 2013, p. 244.

248. Sobre o tema, ver LARENZ, Karl. *Metodologia da ciência do direito*. 3ª ed. Tradução de José Lamego. Lisboa: Fundação Calouste Gulbekian, p. 57.

249. ALIX, Luis Lloredo. Rudolf von Jhering (1857) en torno de la jurisprudencia de conceptos: surgimento, auge y declive. *Eunomía*. Revista en Cultura de la Legalidad. nº 4, marzo-agosto 2013, p. 239.

250. JHERING, Rudolf von. *El fin en el derecho*. Traducción de Leonardo Rodríguez. Madrid: Rodríguez Serra Editor, 1911, p. 246.

251. TUCCI, José Rogério Cruz e. Espírito do processo civil moderno na obra de Rudolf von Jhering. *Revista da faculdade de direito*. Universidade de São Paulo. v. 87. São Paulo: USP, 1992, p. 34.

evidentes. É o que se verifica principalmente por Bülow reivindicar a concessão de amplos poderes ao juiz, inclusive para julgar contra a lei, dando início ao Movimento do Direito Livre – leia-se, de um Direito livre da lei[252].

A ideia fundamental de *Gesetz und Richteramt* é a de que a decisão judicial não é somente a aplicação de uma norma acabada, mas, sim, uma entrada jurídica criadora. Nessa linha afirma que sob o enganoso véu da mesma palavra legal se oculta uma variedade de interpretações possíveis, de modo que ficaria a cargo do juiz eleger aquela disposição jurídica que lhe parece ser a mais correta[253]. Conforme Karl Larenz, Bülow não diz com base em que critérios deve o juiz efetuar essa eleição, se com base em critérios objetivos, controláveis até certo grau, como o fim da lei, a natureza das coisas ou a coincidência com um princípio jurídico, ou com base em critérios subjetivos, como, por exemplo, seu sentimento jurídico[254]. Nessa linha, o movimento do direito livre, em seu desenvolvimento posterior, chegou a reconhecer a possibilidade de decisões *contra legem*, quando ela oferecesse ao juiz uma solução indubitável e se concluísse, livre e conscientemente, que o poder estatal legislativo existente ao tempo da decisão não teria provavelmente prescrito a solução enunciada. Em tais casos, leciona Castanheira Neves, fazendo referência à Kantorowicz (*Der Kampf um die Rechtswissenschaft* in *Rechtswissenschaft und Soziologie*), que o juiz deveria decidir no sentido que presumisse ser a orientação que tomaria no caso o poder estadual atual e, na impossibilidade de determinar esse sentido, decidiria segundo o direito livre, podendo do mesmo modo decidir livremente nos casos muito complexos e nos que só fossem duvidosos quantitativamente como no exemplo das indenizações por danos morais[255].

Daí que toda a teoria de Bülow é pensada como uma forma de aumentar o poder dos juízes, os quais tinham sido deixados de lado pelas

---

252. Nesse sentido, ensina Castanheira Neves, que, "num sentido amplo, 'direito livre' identifica todo o direito que se constitua para além ou independentemente do direito legislado, da *lei* – o direito não legal e reconhecido na sua normativa juridicidade sem a imposição normativamente autoritária (imperativa) do legislador estatal". O movimento do direito livre teve como precursores, além de Bülow, autores como Rümelin e Danz. Porém, somente assumiu as vestes de um movimento autônomo a partir de Ehrich (1903) e Kantorowicz (1906) autor do manifesto do movimento do direito livre (CASTANHEIRA NEVES, António. *Digesta*: escritos acerca do direito, do pensamento jurídico, da sua metodologia e outros. Volume 2. Coimbra: Coimbra Editora, 1995, p. 193-194).

253. LARENZ, Karl. *Metodologia de la ciencia del derecho*. Traducción de Enrique Gimbernat Ordeig. Barcelona: Ediciones Ariel, 1966, p. 75.

254. LARENZ, Karl. *Metodologia de la ciencia del derecho*. Traducción de Enrique Gimbernat Ordeig. Barcelona: Ediciones Ariel, 1966, p. 75.

255. CASTANHEIRA NEVES, António. *Digesta*. Escritos acerca do direito, do pensamento jurídico, da sua metodologia e outros. Volume 2. Coimbra: Coimbra Editora, 1995, p. 200.

posturas teóricas caudatárias da escola histórica[256]. Tal intento já estava presente em 1868, quando Bülow defendia que o juiz não deveria tomar uma atitude passiva frente aos pressupostos processuais, tal qual o velho procedimento alemão, no qual o juiz exercia um papel de espectador ou de guardião da luta entre as partes[257]. Dessa forma, a validade da relação processual seria uma questão que não poderia ficar à disposição das partes, pois não se trataria de um ajuste privado entre os litigantes, sob o influxo de interesses individuais, mas, sim, de um ato realizado com a ativa participação do tribunal e sob a autoridade do Estado, cujos requisitos seriam coativos e em grande parte absolutos. Assim, o juiz tomaria a frente da relação processual, atitude cuja classe e modo não se diferenciaria muito daquela assumida frente à matéria em litígio[258].

Não é por outro motivo que o processo, no pensamento de Bülow, surge como um instrumento da jurisdição, que vinha entendida como atividade do juiz na criação do direito nos moldes do movimento do direito livre e, portanto, sem nenhum controle pelas partes. Nisso consubstancia-se aquilo que, no Brasil, André Leal veio a chamar de *paradoxo de Bülow*, uma vez que não poderia ser o processo, "ao mesmo tempo, instrumento do poder (de criação e do dizer o direito pelo juiz) e sua limitação eficaz"[259]. Na verdade, não se trata propriamente de um paradoxo, pois Bülow nunca pensou o processo como um mecanismo de controle da jurisdição ou como uma garantia contrajurisdicional, mas, sim, como um instrumento da própria jurisdição, dentro dos seus pressupostos que já foram mencionados.

No projeto de Bülow, portanto, o papel das partes no processo ficaria em segundo plano, importando muito mais que ele servisse de instrumento para o próprio Estado. Em outra obra, publicada em 1903, Bülow, inclusive, chegou a dizer que a função do juiz no processo era a de produzir de forma complementar o direito objetivo, ao invés de tutelar o direito subjetivo ou aplicar a lei[260].

---

256. Sobre isso, ver CAENEGEM, R. C. van. *Juízes, legisladores e professores*: capítulos de história jurídica européia: palestras Goodhart 1948-1985. Tradução Luiz Carlos Borges; revisão técnica Carla Henriete Bevilacqua. Rio de Janeiro: Elsevier, 2010.

257. BÜLOW, Oskar. *La teoría de las excepciones procesales y los presupuestos procesales*. Original de 1868. Traducción de Miguel Angel Rosas Lichtschein. Buenos Aires: Ediciones Juridicas Europa America, 1964, p. 291.

258. BÜLOW, Oskar. *La teoría de las excepciones procesales y los presupuestos procesales*. Original de 1868. Traducción de Miguel Angel Rosas Lichtschein. Buenos Aires: Ediciones Juridicas Europa America, 1964, p. 293.

259. LEAL, André Cordeiro. *Instrumentalidade do processo em crise*. Belo Horizonte: Mandamentos, Faculdade de Ciências Humanas/FUMEC, 2008, p. 65.

260. BÜLOW, Oskar. *Klage und Urteil*. Apud CHIOVENDA, Giuseppe. *La acción en el sistema de los derechos*. Bogotá: Temis, 1986, p. 45. Essa crítica pode ser visualizada também em LEAL, André Cordeiro.

Como se verifica, de Bülow não se restringia à publicizar ou separar o processo do direito material. Ele foi além, na medida em que sua teoria carregava pressupostos teóricos tendentes a reforçar a função jurisdicional em detrimento do próprio processo. Consequência disso seria uma gradual redução do papel das partes no processo, o incremento dos poderes do juiz e sua libertação das amarras da lei. Tudo isso se fez presente no DNA autoritário da teoria do processo[261], reforçado por Franz Klein e presente no pensamento de Giuseppe Chiovenda.

1.4.2.2 O socialismo jurídico de Anton Menger

Anton Menger nasceu na Hungria, no dia 12 de setembro de 1841, e veio a morrer na cidade de Roma, em sete de fevereiro de 1906. Cerca de um mês depois, Chiovenda apresentava, ao círculo jurídico de Napoli, a conferência "as reformas processuais e as correntes do pensamento moderno", na qual enaltecia a reforma social do processo, fazendo expressa referência a Menger e a Klein. A obra de Menger tem uma forte preocupação com os problemas sociais, propugnando a materialização das reivindicações proletárias mediante a reforma gradual da legislação[262], a qual adquire um caráter social e vai endereçada à proteção dos mais débeis contra os mais fortes, assegurando àqueles uma parte mínima dos bens necessários para viver, pois não existiria desigualdade maior que tratar aos desiguais de modo igual[263].

Com base nessas premissas, Menger propõe a intervenção espontânea do juiz na justiça civil, combatendo veementemente a legislação processual vigente na maioria dos Estados civilizados daquela época, na qual o Tribunal, ainda depois de iniciado o litígio, atuaria como o mecanismo de um relógio que é preciso impulsionar para que se mova. Tais condições jurídicas seriam cômodas e benéficas para as classes ricas, as quais teriam condições de tomar iniciativa, ao contrário dos pobres, que, para defender seu direito, tropeçariam frente a um mecanismo tão complicado, sem conselho e mal representados, encontrando na passividade judicial gravíssimos prejuízos[264]. A solução

---

Instrumentalidade do processo em crise. Belo Horizonte: Mandamentos, Faculdade de Ciências Humanas/FUMEC, 2008.

261. Nesse sentido, RAATZ, Igor. ANCHIETA, Natascha. Uma "teoria do processo" sem processo? A breve história de uma ciência processual servil à jurisdição. RBDPro – Revista brasileira de direito processual. Ano 26. n. 103, jul./set. 2018. Belo Horizonte: Fórum, 2018.

262. LAMAS, Diego. *Prologo*. In: MENGER, Antonio. *El derecho civil y los pobres*. Buenos Aires: Atalaia, 1947, p. 10-11.

263. MENGER, Antonio. *El derecho civil y los pobres*. Buenos Aires: Atalaia, 1947, p. 64.

264. MENGER, Antonio. *El derecho civil y los pobres*. Buenos Aires: Atalaia, 1947, p. 65-66.

proposta por Menger é a de obrigar o juiz a instruir gratuitamente todo cidadão, especialmente o mais pobre, acerca do Direito vigente. Assim, evitar-se-ia, segundo ele, a inferioridade jurídica das classes pobres[265].

1.4.2.3 Franz Klein e a reforma processual austríaca

As lições de Jhering – posteriormente radicalizadas por Bülow – no sentido de que o Direito seria uma norma coercitiva do Estado posta a serviço de um fim social, desaguaram também na doutrina processual austríaca do final do século XIX. Isso se nota especialmente no pensamento de Franz Klein, o pai da legislação processual austríaca que entrou em vigor em 1898[266].

A reforma processual austríaca costuma ser contextualizada como um contraponto à legislação liberal à época vigente, em que vigorava o sistema de *atuação*, com absoluta separação do juiz em relação às partes[267], o que dava margem às injustiças combatidas por Menger e à lentidão do processo. Desse modo, costuma-se dizer que as ideias de Anton Menger influenciaram diretamente o pensamento de Franz Klein[268], responsável por elaborar um código de processo efetivamente novo e original, que teria modificado o panorama das instituições europeias continentais[269], ao ponto da sua influência para as reformas processuais ser comparada com aquela exercida por Napoleão sobre a codificação em geral.[270]

Segundo Franz Klein, somente a teoria da sociedade poderia ser o princípio válido e construtivo de um regulamento processual, rompendo, assim, com a teoria do indivíduo prevalente no processo civil do Estado

265. MENGER, Antonio. *El derecho civil y los pobres*. Buenos Aires: Atalaia, 1947, p. 68.

266. A proximidade do pensamento de Klein com o pensamento de Jhering foi bem percebida por TUCCI, José Rogério Cruz e. Espírito do processo civil moderno na obra de Rudolf von Jhering. *Revista da faculdade de direito*. Universidade de São Paulo. v. 87. São Paulo: USP, 1992.

267. MANCINI, P.S., PISANELLI, G. SCIALOIA, A. *Commentario del codice di procedura civile per gli stati sardi*: com la comparazione degli altri Codici Italiani, e delle principali Legislazioni straniere. Volume secondo. Tornio: Società Editrice, 1855, p. 30.

268. TARELLO, Giovani. Il problema della riforma processuale in Italia nel primo quarto del secolo. Per uno studio della genesi dottrinale e ideologica del vigente codice italiano di procedura civile. In: GUASTINI, R.; REBUFFA., G. *Dottrine del processo civil*: studi storici sulla formazione del diritto processuale civile. Bologna: Il Mulino, 1989, p. 19.

269. TARELLO, Giovani. Il problema della riforma processuale in Italia nel primo quarto del secolo. Per uno studio della genesi dottrinale e ideologica del vigente codice italiano di procedura civile. In: GUASTINI, R.; REBUFFA, G. *Dottrine del processo civil*: studi storici sulla formazione del diritto processuale civile. Bologna: Il Mulino, 1989, p. 19.

270. GUILLÉN, Víctor Fairén. El proyecto de la Ordenanza Procesal Civil Austriaca visto por Franz Klein. In: *Studios de Derecho Procesal*. Madrid: Derecho Privado, 1955, p. 319.

Liberal.[271] O processo, como instituto de direito público, deveria satisfazer, ao lado dos interesses privados, também os valores sociais mais elevados, de modo que o juiz figuraria como representante profissional do interesse geral.[272] Daí que, ao falar dos escopos do processo austríaco, Klein veio a considerá-lo uma instituição para o bem-estar social voltada à satisfação dos valores sociais mais elevados, aumenta-se, assim, a atividade do órgão judicial, o qual passou a ser munido de suficientes poderes para a direção material do processo, sob o pretexto de garantir a sua marcha rápida e regular.[273] Nesse sentido, o § 432 da ZPO austríaca, sob notável influência do pensamento de Menger, estabelecia a possibilidade de o juiz instruir as partes ignorantes do direito ou não representadas por advogado e aconselhá-las sobre as consequências jurídicas de seus atos ou omissões.[274]

O belo discurso de um modelo processual inovador, capaz de superar as insuficiências do processo liberal e promover a justiça social[275], constante no projeto de Klein, estava longe de significar uma fratura com a tradição austríaca anterior[276] (que desconhecia o modelo liberal de processo e estava impregnada de poderes diretivos conferidos ao juiz), baseada no regulamento judiciário austríaco de Giuseppe II, um símbolo, ao lado do *Allgemeine Gerichtsordnung* prussiano de 1793, das legislações processuais do *despotismo iluminado* – nos quais, sob bandeira de combater a lentidão e a procrastinação, conferia-se ao juiz amplos poderes de investigação e instrução no "comum interesse das partes"[277]. Na verdade, como bem observou Franco Cipriani, o modelo processual de Klein pode ser taxado de *anti-liberal, autoritário (por extirpar direitos processuais das partes e conferir poderes discricionários ao juiz) e moralista,* na medida em que concebia o processo como um *mal social*[278].

271. SPRUNG, Rainer. Os fundamentos do direito processual civil austríaco. *Revista de Processo*. v.17. São Paulo, rev. dos tribunais, 1980, p. 147.

272. SPRUNG, Rainer. Os fundamentos do direito processual civil austríaco. *Revista de Processo*. v.17. São Paulo, rev. dos tribunais, 1980, p. 147.

273. ALVARO DE OLIVEIRA, Carlos Alberto. *Do formalismo no processo civil*. 2ª ed. São Paulo: Saraiva, 2003, p. 50.

274. ALVARO DE OLIVEIRA, Carlos Alberto. *Do formalismo no processo civil*. 2ª ed. São Paulo: Saraiva, 2003, p. 50.

275. Sob esse aspecto, há nítida influência, em Klein, do pensamento de Anton Menger. A respeito, ver MENGER, Antonio. *El derecho civil y los pobres*. Buenos Aires: Atalaia, 1947.

276. Nesse sentido, TARELLO, Giovani. Il problema della riforma processuale in Italia nel primo quarto del secolo. Per uno studio della genesi dottrinale e ideologica del vigente codice italiano di procedura civile. In: GUASTINI, R.; REBUFFA., G. *Dottrine del processo civil*: studi storici sulla formazione del diritto processuale civile. Bologna: Il Mulino, 1989, p. 135.

277. MANCINI, P S; PISANELLI, G Condatti; SCIALOJA, Antonio. *Commentario del codice di procedura civile:* per stati sardi. v.2 Torino: UTET, 1855-1863, p. 29.

278. CIPRIANI, Franco. Nel centenario del regolamento di Klein (Il processo civile tra libertà e autorità). *Rivista di diritto processuale*. Padova: CEDAM, 1995, p. 983. Para um aprofundamento do tema, na

1.4.2.4 *Chiovenda e o movimento de Publicização do Processo*

Na Itália, a fortuna da reforma austríaca é identificada com a obra de Chiovenda[279], o qual, a partir da ideia reformista do modo político de considerar o processo, dizia que, sendo a administração da justiça uma função da soberania, o juiz, como órgão do Estado, não deveria assistir passivamente a lide, mas deveria dela participar com força viva e ativa. Vale dizer, o Estado seria interessado não no objeto da lide, mas no modo em que esta se desenvolveria.[280]

Para Chiovenda, o maior entre os problemas processuais giraria em torno de um ponto fundamental para Chiovenda: a relação entre a iniciativa do juiz e a iniciativa das partes. A lide poderia se tornar mais ou menos acessível ao homem débil e inculto, conforme o juiz tivesse meios maiores ou menores de vir em sua ajuda, de iluminá-lo sobre o que fazer para a sua defesa, de corrigir os seus erros. A extensão dos poderes do juiz seria a chave das reformas processuais, o segredo da adaptação do processo às necessidades sociais.[281] Nessa senda, o processo consistiria no desenvolvimento de uma relação entre o Estado e o cidadão[282], razão pela qual, cabendo ao juiz a responsabilidade de pronunciar a sentença, não poderia ser indiferente ao Estado o modo no qual se desenvolve a atividade preparatória do juízo.[283]

O aumento dos poderes do juiz, para Chiovenda, estaria estritamente conectado com os princípios da oralidade e da concentração.[284] O

---

doutrina brasileira, ver RAMOS, Glauco Gumerato. Ativismo e garantismo no processo civil: apresentação do debate. *MPMG Jurídico*, Belo Horizonte, v.4, n.18, out./dez., 2009.

279. TARELLO, Giovani. Il problema della riforma processuale in Italia nel primo quarto del secolo. Per uno studio della genesi dottrinale e ideologica del vigente codice italiano di procedura civile. In: GUASTINI, R.; REBUFFA., G. *Dottrine del processo civil*: studi storici sulla formazione del diritto processuale civile. Bologna: Il Mulino, 1989. p. 23. GOZAÍNI, Osvaldo Alfredo. *Los protagonistas del derecho procesal*: desde Chiovenda a nuestros dias. Santa Fe: Rubinzal-Culzoni, 2005, p. 37.

280. CHIOVENDA, Giuseppe. Le riforme processuali e le correnti del pensiero moderno. In: *Saagi di diritto processuale civile* (1900-1930). Volume primo. Roma: Società Editrice Foro Italiano, 1930, p. 385.

281. CHIOVENDA, Giuseppe. Le riforme processuali e le correnti del pensiero moderno. In: *Saggi di diritto processuale civile* (1900-1930). Volume primo. Roma: Società Editrice Foro Italiano, 1930, p. 391.

282. CHIOVENDA, Giuseppe. Le riforme processuali e le correnti del pensiero moderno. In: *Saggi di diritto processuale civile* (1900-1930). Volume primo. Roma: Società Editrice Foro Italiano, 1930, p. 393.

283. LIEBMANN, Enrico Tullio. Storiografia giuridica "manipolata". *Rivista di diritto processuale*. v. 29. Parte I. 1974, p. 108. Conforme Oslvado Alfredo Gozaíni, influenciado pela obra de Klein, verifica-se em Chiovenda a tendência de que o juiz era de condução e não de simples julgamento. O autor adverte ainda que "em Chiovenda, a ideia do processo, como tal, gira ao redor do juiz sem convertê-lo em um déspota nem em inquisidor. Sua tarefa é de condução em um desenvolvimento do tipo oral. As sequências do processo se elaboram com etapas bem estabelecidas, onde se aplica o princípio da preclusão" (GOZAÍNI, Osvaldo Alfredo. *Los protagonistas del derecho procesal*: desde Chiovenda a nuestros dias. Santa Fe: Rubinzal-Culzoni, 2005, p. 37).

284. CHIOVENDA, Giuseppe. Lo stato attuale de processo civile in Italia e il progetto Orlando di riforme processuali. In: *Saagi di diritto processuale civile* (1900-1930). Volume primo. Roma: Società Editri-

interesse do Estado em administrar solicitamente a justiça deveria armar o juiz dos meios idôneos para tal escopo, como poderes para fixação da audiência, rejeição de demandas tardiamente propostas, a execução de ofício das provas admitidas, a citação de ofício das testemunhas indicadas, dentre outras.[285]

Chiovenda, nessa linha, mostrava-se aberto às correntes reformadoras baseadas na obra de Menger, compartilhando com seus princípios inspiradores, no quadro de uma visão do processo no qual o reforço dos poderes do juiz tinha mais do que pressupostos de inspiração social. Tratava-se de, a partir dos princípios processuais que se reuniam sob o nome de oralidade, obter um melhor funcionamento do processo, dado o seu caráter público, enxergando-se no reforço dos poderes do juiz o meio para resguardar do escopo público da justiça a intemperança e os egoísmos dos litigantes[286].

Há diversos elementos, na obra de Chiovenda, que conspiram em favor da tese de Giovanni Tarello – combatida por Liebman[287], sob a acusação de se tratar de uma manipulação da história jurídica – no sentido de que seu modelo de processo era autoritário[288]. Além da sua concepção de ação fundada numa noção de processo voltado à atua-

---

ce Foro Italiano, 1930, p. 423. Conforme Liebman, comentando a obra de Chiovenda, "os motivos técnicos e políticos conspiravam em exigir, para um processo oral e concentrado, maiores poderes do juiz, tanto para regular e mover o procedimento, quanto para recolher e assumir a prova" (LIEBMAN, Enrico Tullio. Storiografia giuridica "manipolata". *Rivista di diritto processuale*. v. 29. Parte I. 1974, p. 108).

285. CHIOVENDA, Giuseppe. Lo stato attuale de processo civile in Italia e il progetto Orlando di riforme processuali. In: *Saggi di diritto processuale civile* (1900-1930). Volume primo. Roma: Società Editrice Foro Italiano, 1930, pp. 424-425.

286. DENTI, Vittorio. *Processo civile e giustizia sociale*. Milano: Comunita, 1971, p. 14. Como exemplo da forte concepção publicista do processo, pode-se verificar a forma como Calamandrei visualizou os provimentos cautelares: "as medidas cautelares são predispostas, mais que no interesse dos particulares, no interesse da administração da justiça, da qual garantem o bom funcionamento e ainda, se poderia dizer, o bom nome (...) este caráter eminentemente publicístico dos provimentos cautelares se revela, ainda em matéria civil, na maior energia com a qual a jurisdição se exercita, quando é dirigida a escopos cautelares: não somente na aceleração do processo e na sumariedade da cognição, mas igualmente no crescimento dos poderes de iniciativa do juiz (...) as medidas cautelares atendem, mais que à tutela dos direitos subjetivos, à polícia do processo" (CALAMANDREI, Piero. *Introduzione allo studio sistematico dei provvedimenti cautelari*. PADOVA: CEDAM, 1936, pp. 144-145). No mesmo sentido, CHIOVENDA, Giuseppe. *Instituciones de derecho procesal civil (istituzioni di diritto processuale civile)*. Madrid: Revista de Derecho Privado, 1936-1940, p. 215.

287. Para quem a proposta de Chiovenda era a de um processo melhor, mais eficiente e mais rápido, em contraste com aquele então vigente na Europa, calcado na visão individualista da sociedade e do direito (LIEBMAN, Enrico Tullio. Storiografia giuridica "manipolata". *Rivista di diritto processuale*. v. 29. Parte I. 1974. p. 108).

288. TARELLO, Giovani. Il problema della riforma processuale in Italia nel primo quarto del secolo. Per uno studio della genesi dottrinale e ideologica del vigente codice italiano di procedura civile. In: GUASTINI, R.; REBUFFA., G. *Dottrine del processo civil*: studi storici sulla formazione del diritto processuale civile. Bologna: Il Mulino, 1989.

ção do direito objetivo, o viés autoritário do pensamento de Chiovenda transparece na sua defesa do *armamento do juiz para levar a cabo o interesse do Estado em administrar justiça*[289], adaptando-se o processo às *necessidades sociais*, inclusive para tornar o processo mais acessível ao homem débil e inculto, na medida em que o juiz poderia vir a *iluminá-lo sobre o que fazer para a sua defesa e corrigir os seus erros*[290]. Tudo muito parecido com o que já foi dito a respeito da obra de Franz Klein. Não há dúvida, pois, que, em Chiovenda está o nascedouro do publicismo processual, o qual carrega o DNA autoritário de uma teoria do processo centrada na jurisdição e com amplos poderes em favor do órgão jurisdicional.

1.5 O DIREITO PROCESSUAL NO ESTADO DEMOCRÁTICO DE DIREITO: PRIVATISMO, PUBLICISMO E GARANTISMO PROCESSUAL

O Estado Democrático de Direito constitui uma espécie de evolução conciliatória dos conteúdos do Estado Liberal e do Estado Social, superando-se a já mencionada separação entre o Estado e a sociedade, presentes, de maneira distinta, nos dois modelos anteriores de Estado. Sucede que, quanto mais profunda essa separação, mais a relação de cidadania se converte numa relação paternalista de clientela, ou seja, reservando ao cidadão um papel apático e periférico[291], ou até mesmo de sujeição. Desse modo, a socialização do Estado (vale dizer, a incorporação de conteúdos sociais nos direitos fundamentais e a consequente exigência de prestações positivas por parte do Estado) passa a demandar não somente o reconhecimento da intervenção dos grupos de interesse e organizações sociais na tomada das decisões políticas centrais, mas, efetivamente, a recondução institucional dessas decisões à vontade democraticamente expressada pelo conjunto da sociedade[292]. Vale dizer, o cidadão deve ser visto como participante, e não mero recipiente da intervenção social do Estado[293].

---

289. CHIOVENDA, Giuseppe. Lo stato attuale de processo civile in Italia e il progetto Orlando di riforme processuali. In: *Saggi di diritto processuale civile* (1900-1930). Volume primo. Roma: Società Editrice Foro Italiano, 1930, p. 424-425.

290. CHIOVENDA, Giuseppe. Le riforme processuali e le correnti del pensiero moderno. In: *Saggi di diritto processuale civile* (1900-1930). Volume primo. Roma: Società Editrice Foro Italiano, 1930, p. 391.

291. SARMENTO, Daniel. *Direitos Fundamentais e Relações Privadas*. 2. ed. Rio de Janeiro: Lumen Juris, 2006, p. 23.

292. NOVAIS, Jorge Reis. *Contributo para uma teoria do estado de direito*. Reedição. Coimbra: Almedina, 2006, p. 191.

293. NOVAIS, Jorge Reis. *Contributo para uma teoria do estado de direito*. Reedição. Coimbra: Almedina, 2006, p. 191.

Nesse quadro, rompe-se com a relação Estado-cliente própria do Estado Social e passa-se a almejar e a construir juridicamente os pressupostos para uma relação entre Estado e cidadão. É que o Estado social havia se transformado em uma empresa acima das outras empresas, tornando-se um modelo obsoleto e inadequado diante da complexidade e fluidez da sociedade atual. Isso tudo vai redundar na possibilidade de uma rediscussão da relação entre o público e o privado, na medida em que diversos grupos da sociedade civil passam a representar o interesse público frente ao próprio Estado[294]. A legitimidade do direito produzido no seio do Estado Democrático pressupõe, desse modo, a sua formação a partir de uma operação discursiva da opinião e da vontade dos cidadãos que possuem os mesmos direitos, o que reivindicará uma espécie de imbricação entre autonomia pública e autonomia privada. Isso quer dizer que os cidadãos somente podem ter sua autonomia pública garantida mediante direitos de participação democráticos na medida em que sua autonomia privada for assegurada. A autonomia privada serve para a emergência da autonomia pública, do mesmo modo que a adequada percepção da autonomia pública serve como garantia para a emergência da autonomia privada[295].

Isso significa que o Estado Democrático de Direito se contrapõe à relação pendular entre o privado e o público presente na contraposição entre Estado Liberal e Estado Social. Na verdade, busca-se um equilíbrio entre a autonomia privada e a autonomia pública, o que já significa pensar o espaço público numa dimensão democrática. Sobreleva aqui uma co-originariedade entre o direito e o mecanismo para a geração do direito legítimo (princípio democrático), espelhada na noção de *autolegislação do cidadão*, a exigir que aqueles que estão submetidos ao direito como destinatários seus possam entender-se como autores do próprio

294. CARVALHO NETTTO, Menelick de. Requisitos pragmáticos da interpretação jurídica soib o paradigma do estado democrático de direito. *Revista de direito comparado*. v.3. Belo Horizonte: Mandamentos, 1999, p. 110.

295. HABERMAS, Jürgen. *Direito e democracia*: entre facticidade e validade. 2. ed. Rio de Janeiro: Tempo Brasileiro, 2003, p. 146. Nessa linha, Alexandre Bahia explica que o Direito Moderno "se move na tensão entre Facticidade de sua produção (positividade) e sua pretensão de Legitimidade (aceitabilidade racional), que há de acompanhar a decisão do legislador. A *mera legalidade* que está ligada a direitos subjetivos (autonomia privada) e permite a ação orientada ao próprio êxito não pode justificar a legitimidade do direito – pois que as normas careceriam de fundamentação se aparecessem como simples coação externa (e, por outro lado, em sociedades pós-metafísicas não é mais possível recorrer-se a um *ethos* compartilhado que gere justificação, como na pré-modernidade). Logo, é necessária uma outra classe de direitos de cidadania relacionados ao exercício da **autonomia**, de forma que os destinatários das leis (que gozam de liberdades subjetivas de ação, relacionadas à **autonomia privada)** possam *co-originalmente*, se reconhecer como os autores racionais das mesmas (liberdades comunicativas, isto é, **autonomia pública)**" (BAHIA, Alexandre Gustavo Melo Franco. *Recursos extraordinários no STF e no STJ*: conflito entre interesses públicos e privado. Curitiba: Juruá, 2009, pp. 229-230, grifos no original).

direito[296]. Desse modo, não se mostra mais crível falar numa prevalência *a priori* do interesse público sobre o privado, nem do interesse privado sobre o público *"já que nem o público pode mais ser visto como estatal, nem o privado como sinônimo de* egoísmo"[297].

Com efeito, a autodeterminação democrática da sociedade se inscreve, desse modo, nos limites demarcados por uma vinculação material carimbada pela autonomia individual e pelos direitos fundamentais[298]. Esse caráter democrático implica uma constante mutação e ampliação dos conteúdos do Estado e do direito[299], não bastando a limitação ou a promoção da atuação estatal: objetiva-se, nessa senda, a transforma-

296. HABERMAS, Jürgen. *Facticidad y validez*: sobre el derecho y el estado democrático de derecho en términos de teoría del discurso. Traducción Manuel Jiménez Redondo. Madrid: Trotta, 1998, pp. 186-187. Conforme Habemas, "El sistema delos derechos, al asegurar la autonomía privada y la autonomía pública equi-valentemente, es decir, dándoles igual valor, operacionaliza esa tensión entre facticidad y validez, que había empezado mostrándosenos como la tensión entre la positividad y la legitimidad del derecho. Ambos momentos se asocian en la recíproca compenetración de forma jurídica y principio de discurso, y también en la cara de Jano que el derecho ofrece a suas destinatarios, por un lado, y a sus autores, por otro. Por un lado, el sistema de los derechos sirve a desencadenar, por las sendas de leyes coercitivas que hacen compatibles iguales libertades subjetivas de acción, el arbitrio de sujetos agentes guiados por intereses y enderezado a alcanzar el éxito que se apetece. Por otro lado, moviliza y une en la praxis de la autolegislación las libertades comunicativas de ciudadanos presuntivamente orientados al bien común. Y es aquí donde estalla de nuevo la tensión entre facticidad y validez; más aún, esa tensión se concentra en la circunstancia, paradójica a primera vista, de que los derechos políticos han de institucionalizar el uso público de las libertades comunicativas *en forma de* derechos subjetivos. El código que es el derecho no deja otra elección; los derechos de comunicación y participación tienen que estar formulados en un lenguaje que deje a discreción de los sujetos jurídicos autónomos el decidiri si, y llegado el caso cómo, quieren hacer uso de ellos. Queda a discreción de los destinatarios el decidiri si quieren o no activar y ejercer su voluntad racional libre, adoptar un cambio de perspectiva desde una actitud orientada a defender con éxito los propios intereses particulares a un entendimiento acerca de normas susceptibles de un asentimiento general y hacer un uso público de su libertad comunicativa" (HABERMAS, Jürgen. *Facticidad y validez*: sobre el derecho y el estado democrático de derecho en términos de teoría del discurso. Traducción Manuel Jiménez Redondo. Madrid: Trotta, 1998, pp. 195-196).

297. BAHIA, Alexandre Gustavo Melo Franco. *Recursos extraordinários no STF e no STJ*: conflito entre interesses público e privado. Curitiba: Juruá, 2009, p. 263. Ainda conforme Alexandre Bahia, "público e privado irão se entrecruzar constantemente, o que não quer dizer que não haja separação entre eles; mas sim que não *existe solução simples para essa tensão. A convivência social nas democracias modernas é o resultado dos compromissos necessários entre essas duas esferas.* Público e privado têm de ser redefinidos numa relação de *tensão* e *complementaridade*. Delineia-se, pois, um novo paradigma, onde o cidadão deverá ter a oportunidade de influir nos centros decisórios e **onde o público não se resume ao estatal**. Como defende Menelick de Carvalho Netto: *o interesse público é o de todos os afetados pelo exercício do poder e não, necessariamente, o de uma determinada administração.* E mais do que isso, seguindo as ideais de Menelick de Carvalho Netto, não apenas é impossível agora partir de uma natural definição do que é público e do que é privado, mas que essa indefinição supõe o fato de que ambas dimensões estão em **tensão**, sendo **co-originais**. A distinção não é um dado *per se* evidente" (BAHIA, Alexandre Gustavo Melo Franco. *Recursos extraordinários no STF e no STJ*: conflito entre interesses público e privado. Curitiba: Juruá, 2009, p. 263, *grifos no original*).

298. NOVAIS, Jorge Reis. *Contributo para uma teoria do estado de direito.* Reedição. Coimbra: Almedina, 2006, p. 212-213.

299. STRECK, Lenio Luiz. MORAIS, José Luis Bolzan. *Ciência política e teoria geral do estado*. Porto Alegre: Livraria do Advogado, 2010, p. 95.

ção do *status quo*[300]. Tem-se, assim, a incorporação efetiva da questão da igualdade como um conteúdo próprio a ser buscado, garantindo juridicamente as condições mínimas de vida ao cidadão e à comunidade[301].

Ao contrário do que ocorria no Estado Social, os direitos fundamentais reconhecidos no Estado Democrático não estão à serviço exclusivo do sistema econômico. Embora muitos desses direitos, como a liberdade profissional, a liberdade de locomoção, a liberdade de associação e a propriedade sejam favoráveis à economia de mercado, eles são pervertidos e mal interpretados quando *funcionalizados* a serviço de economia de mercado. No Estado Democrático, as liberdades pessoais são importantes para a economia na medida em que também favorecem o comerciante, porém a proteção conferida à liberdade pessoal se dá em razão da dignidade humana, e *não da economia de mercado*[302].

Ademais, insere-se, no seio do Estado Democrático de Direito, a questão da crise (entendida também no seu aspecto positivo, do qual emerge a evolução do respectivo instituto) do conceito de democracia. Isso decorre do fato de que os mecanismos democráticos clássicos – notadamente o sufrágio universal – fundados na nítida separação entre governantes e governados, não dão conta de resolver todos os problemas atuais.

Pode-se traçar uma crítica partindo da constatação de que a democracia representativa de identificação – do eleitor com o candidato – torna os cidadãos e a sociedade em mero objeto do poder político[303]. Impositiva, nesse sentido, é a elaboração da figura de uma democracia de apropriação, de modo a corrigir, compensar e organizar a separação entre governantes e governados de tal modo que estes últimos possam controlar e orientar o poder de outro modo que não seja o da transmissão de um mandato[304]. A verdadeira democracia é, nesse sentido, aquela que "privilegia e estimula a *participação*, tão intensa e constante quando seja possível"[305]. Daí a afirmativa que a democracia participativa se assemelha

300. STRECK, Lenio Luiz. MORAIS, José Luis Bolzan. *Ciência política e teoria geral do estado*. Porto Alegre: Livraria do Advogado, 2010, p. 91.

301. STRECK, Lenio Luiz. MORAIS, José Luis Bolzan. *Ciência política e teoria geral do estado*. Porto Alegre: Livraria do Advogado, 2010, p. 94.

302. KRIELE, Martin. *Introdução à teoria do estado:* os fundamentos históricos da legitimidade do estado constitucional democrático. Tradução Urbano Carvelli. Porto Alegre: Sérgio Fabris, 2009, p. 242.

303. ROSANVALLON, Pierre. *La legitimidad democrática*: imparcialidad, reflexividad y proximidad. Traducción de Heber Cardoso. Madrid: Paidós, 2010, p. 298.

304. ROSANVALLON, Pierre. *La legitimidad democrática*: imparcialidad, reflexividad y proximidad. Traducción de Heber Cardoso. Madrid: Paidós, 2010, p. 299.

305. SILVA, Ovídio A. Baptista da. Democracia moderna e processo civil. In: GRINOVER, Ada Pelegrini. WATANABE, Kazuo. DINAMARCO, Cândio Range. *Participação e processo*. São Paulo: Revista dos Tribunais, 1998, p. 113.

a um mecanismo extremamente delicado, pois seu funcionamento não é automático e necessita de operadores treinados e competentes[306].

Ademais, mostra-se necessário repensar a democracia a partir da conjugação de instâncias de conflito – âmbito da política partidária – e instâncias de consenso – âmbito das instituições contramajoritárias, como é o caso dos Tribunais[307]. O jogo democrático exige que também essas instâncias sejam colocadas no patamar de instrumentos de participação, permitindo que se teorizem modos de participação da formação da atuação do Estado, também no que tange à atividade jurisdicional. Por isso, no âmbito da atuação do Poder Judiciário é inaceitável que as partes estejam assujeitadas ao exercício do poder pelo Estado-juiz.

Na verdade, o discurso em prol da realização dos direitos fundamentais, no Brasil, acabou subvertendo-se na defesa de uma espécie de *Estado jurisdicional*, no qual o déficit de *legitimidade democrática* é ainda mais acentuado. A busca ensandecida pela *efetividade* e *eficiência* da atividade jurisdicional veio a significar uma quebra da harmonia entre os poderes, o que, na prática, vem significando a assunção de funções legislativas pelo Poder Judiciário sem o estabelecimento de critérios e limites para tanto.

No final das contas, o advento do Estado Democrático de Direito não trouxe uma ruptura com o paradigma jurisdicional do Estado Social. Ao contrário, acentuou, com base no discurso da efetividade dos direitos, o papel do Poder Judiciário, o que impôs à doutrina processual a necessidade de pensar o processo não como um mecanismo para o exercício do poder jurisdicional, mas como uma garantia da liberdade do indivíduo frente ao poder jurisdicional exercido pelo Estado. No final das contas, tornou ainda mais necessária a superação do *instrumentalismo processual*.

A tarefa da ciência processual é hoje muito mais complexa. Por isso, torna-se praticamente impossível demarcar com tanta precisão as características do processo no Estado Democrático de Direito. Trata-se, pois, de uma proposta meramente especulativa.

De um lado, sobreleva o problema da *contingência ontológica do direito*[308], da indeterminação como um fenômeno inerente à linguagem

306. SILVA, Ovídio A. Baptista da. Democracia moderna e processo civil. In: GRINOVER, Ada Pelegrini. WATANABE, Kazuo. DINAMARCO, Cândio Rangel. *Participação e processo*. São Paulo: Revista dos Tribunais, 1998, p. 113.

307. ROSANVALLON, Pierre. *La legitimidad democrática*: imparcialidad, reflexividad y proximidad. Traducción de Heber Cardoso. Madrid: Paidós, 2010, p. 303.

308. RAATZ, Igor. PINTO, Gerson Neves. DIETRICH, William Galle. Os precedentes vinculantes e o problema da contingência ontológica do Direito. *Novos estudos jurídicos*. v. 24, n. 1. Vale do Itajaí: UNIVALI, 2019, p. 2-21.

e aos textos jurídicos, o que coloca por terra qualquer pretensão de repristinar o modelo do *juiz boca da lei* advindo do modelo absolutista de Estado, e, teoricamente, defendido no modelo liberal de processo. Disso, surgem novos fenômenos com características não tão novas, como é o caso da tentativa de conferir aos Tribunais Superiores o poder de dar a última palavra em matéria de interpretação do Direito, como se fosse possível condensar o sentido dos textos normativos em "precedentes" judiciais e outros mecanismos vinculantes.

Com esse problema, relacionam-se outros dois. O primeiro, reside na confusão que se faz, habitualmente, entre indeterminação do direito e *criatividade judicial*. O caráter hermenêutico do direito não significa uma espécie de superação da legalidade pela jurisdicionalidade. Na verdade, no plano do direito positivo, a *garantia da legalidade concretiza a "arquigarantia" da não criatividade judicial – a qual, juntamente com a imparcialidade, constitui elemento nuclear do próprio conceito de jurisdição*. Com efeito, o juiz deve "manter-se no reduto tedioso da legalidade" sendo "a lei – aprovada por representantes eleitos democraticamente pelo povo – o limite normativo do seu movimento". Suas únicas "possibilidades funcionais do juiz são as possibilidades semânticas do texto legal"[309]. Por isso, o dever de fundamentação judicial (art. 93, IX, CF) consagra uma espécie *accountability hermenêutico* por parte exercente do poder jurisdicional, razão pela qual, somente em hipóteses bem demarcadas e admitidas pela Constituição, pode o juiz deixar de aplicar a lei. É o caso, por exemplo, de (i) quando a lei for inconstitucional, (ii) quando houver antinomias – hipótese em que o problema será resolvido com os critérios de resolução de antinomias –, (iii) quando o órgão jurisdicional aplicar a interpretação conforme a Constituição, (iv) quando aplicar a nulidade parcial sem redução de texto, (v) quando for o caso de declaração de inconstitucionalidade com redução de texto e (vi) quando a regra tiver sua aplicação superada em decorrência de um princípio, hipótese na qual, repita-se, por uma exigência de coerência do direito, casos similares exigirão aplicação similar[310]. Fora dessas hipóteses, a decisão proferida pelo órgão jurisdicional é inconstitucional e inconsentânea com modelo constitucional e democrático de processo, que é avesso ao protagonismo judicial.

309. COSTA, Eduardo José da Fonseca. As garantias arquifundamentais contrajurisdicionais: não-criatividade e imparcialidade. *Empório do Direito*. Disponível em https://emporiododireito.com.br/leitura/as-garantias-arquifundamentais-contrajurisdicionais-nao-criatividade-e-imparcialidade. Acesso em 20/04/2018.

310. STRECK, Lenio. *Verdade e consenso*: constituição, hermenêutica e teorias discursivas. 4ª ed. Porto Alegre: Livraria do Advogado, 2011, pp. 605-606.

O segundo problema reside na confusão que se faz entre *concretização do direito material* e *arbítrio judicial – ou mesmo quebra da imparcialidade judicial*. A atividade jurisdicional deve ser encarada como *serviço que o Estado deve assegurar para satisfazer a demanda por justiça formulados pelos cidadãos*[311]. Trata-se, pois, de um direito fundamental prestacional (de segunda dimensão, portanto). No entanto, constitui-se numa forma de exercício do poder, o qual deve tematizado dentro de certos limites para não descambar em arbítrio. Em suma, *teoria da jurisdição é uma teoria do poder; teoria do processo é uma teoria das garantias*[312]. Ciência processual e ciência jurisdicional cuidam de objetos distintos, embora estejam em permanente diálogo. Por isso, o processo não pode ser encarado como um instrumento público a serviço do poder jurisdicional, um meio para que o Estado-juiz realize a justiça. Do mesmo modo, não se está a pregar uma espécie de inefetividade da tutela jurisdicional; processo e jurisdição são temas que gravitam no âmbito do direito constitucional e possuem idêntica importância normativa. Porém, cuidam de objetos e nutrem preocupações distintas.

No tocante ao "problema da divisão de trabalho entre o juiz e as partes", tudo isso conduz ao reconhecimento de que a repartição de funções entre o juiz e as partes, como uma exigência de *impartialidade* (seja em sentido subjetivo, seja em sentido objetivo, ou seja, como condição de não parte do órgão julgador) é consubstancial ao processo[313]. Com efeito, o juiz não há de fazer no processo aquilo que é tarefa própria e específica das partes, como, por exemplo, introduzir fatos ao processo ou buscar comprová-los[314]. Ele deve ser, pois, funcionalmente neutro, o que vale dizer que nem ajuda, nem prejudica as partes. Justamente por isso, não deve ter atuação probatória como se parte fosse[315].

Araken de Assis, ao traçar as bases ideológicas do direito processual contemporâneo, fala de quatro modelos de processo, quais sejam, o liberal, o totalitário, o autoritário e o garantista, sendo que, a esses

---

311. CIPRIANI, Franco. Il processo civile nello Stato democrático. In: *Il processo civile nello Stato democratico*. Saggi. Collana biblioteca di diritto processuale. Napoli: Edizioni Scientifiche Italiane, 2006, p. 18.

312. Noções que, no Brasil, vêm sendo ressaltadas pelo professor Eduardo José da Fonseca Costa a partir de uma clara distinção entre dois polos existentes nos textos constitucionais: o polo das garantias e o polo do poder, o qual essas garantias buscam limitar/controlar.

313. Nesse sentido, a tese de doutorado defendida recentemente por Mateus Costa Pereira, na Universidade Católica de Pernambuco (UNICAP), intitulada "Eles os instrumentalistas, vistos por um garantistas: achegas à compreensão do modelo de processo brasileiro".

314. VELLOSO, Adolfo Alvarado. *El garantismo procesal*. Arequipa: Adrus, 2010, p. 36.

315. COSTA, Eduardo José da Fonseca. Algumas considerações sobre as iniciativas judiciais probatórias. *Revista brasileira de direito processual* – RBDPro. Ano 23. N. 90. Abr./jun. de 2015. Belo Horizonte: Editora Fórum, 2015.

modelos, correspondem, respectivamente, quatro figuras de juiz: o espectador, o ditador, o diretor e o mediador. É interessante notar que o referido doutrinador denomina o modelo de processo próprio do Estado Social como "autoritário", o qual ele considera "um meio termo precário e instável" entre o modelo liberal e o modelo totalitário[316], tudo muito próximo ao que se defendeu nesta primeira parte do trabalho. Para ele, o modelo "garantista", é o que melhor se afeiçoa ao modelo constitucional de processo, devendo ser encarado como *"o baluarte da pessoa, jamais do Estado"*[317], de modo que a "autoridade do órgão judicial" – perspectiva na qual sobreleva o exercício do poder jurisdicional com vistas a realização do direito material – "reclama rígidos controles, impedindo-lhe o arbítrio e a prepotência"[318].

O garantismo processual, em que pese dialogar muito bem com alguns dos pilares do liberalismo processual abordado no item 1.3 deste capítulo, com ele não se confunde. Por sinal, é extremamente reducionista – e muitas vezes mal-intencionada – a crítica tem sido feita ao garantismo processual no sentido de considerá-lo uma espécie de "neoprivatismo". O garantismo processual é uma teoria jurídico-dogmática que "procura refundar o processo como uma instituição garantística de direito *público* material constitucional e, com isso, proteger os jurisdicionados contra eventuais abusos cometidos pelos exercentes da função jurisdicional". O liberalismo processual, por sua vez, "é um modelo *político-ideológico*, que projeta as suas ideias-força sobre o processo, plasmando um modelo *privatista*, mandevilliano e, portanto, adversarial"[319]. Por óbvio que o direito fundamental à liberdade carrega elementos de matriz liberal, notadamente por ter sido erigido à condição de direito fundamental no contexto das revoluções liberais. No entanto, como veremos a seguir, o garantismo processual trabalha com uma a dupla noção de liberdade (positiva e negativa), a qual mais do que um elemento político-ideológico tem *status* constitucional. Dito de outro modo, o garantismo processual extrai suas bases do direito constitucional positivo e, justamente por isso, constitui-se uma fecunda matriz epistemológica do modelo constitucional-democrático de processo.

316. ASSIS, Araken de. *Processo civil brasileiro*. v. 1: parte geral: fundamentos e distribuição de conflitos. São Paulo: Revista dos Tribunais, 2015, p. 281.

317. ASSIS, Araken de. *Processo civil brasileiro*. v. 1: parte geral: fundamentos e distribuição de conflitos. São Paulo: Revista dos Tribunais, 2015, p. 286.

318. ASSIS, Araken de. *Processo civil brasileiro*. v. 1: parte geral: fundamentos e distribuição de conflitos. São Paulo: Revista dos Tribunais, 2015, pp. 290-291.

319. COSTA, Eduardo José da Fonseca. Garantismo, liberalismo e neoprivatismo. *Empório do direito*. Disponível em https://emporiododireito.com.br/leitura/garantismo-liberalismo-e-neoprivatismo. Acesso em 12.06.2018.

1.5.1 A dupla dimensão do direito à liberdade no Estado Democrático de Direito: base para o reconhecimento da autonomia privada no processo e pilar do modelo garantista de processo

O Estado Democrático de Direito assenta-se numa série de direitos fundamentais reconhecidos na esfera constitucional, cujo conteúdo é constantemente atualizado numa perspectiva democrática, que prioriza a autodeterminação individual, de modo que tais direitos não se configurem como meras concessões ou imposições de um Estado que se coloca acima da sociedade. Ademais, embora certos direitos fundamentais, notadamente as liberdades, sejam importantes para a economia de mercado, sua proteção decorre da ideia de dignidade da pessoa humana, não estando, pois, do ponto de vista do direito constitucional, funcionalizados pela esfera econômica (embora com ela dialoguem).

Importa, aqui, visualizar o conteúdo atribuído ao princípio da liberdade no âmbito do Estado Democrático de Direito, uma vez que dele decorre os elementos que irão sustentar o reconhecimento da autonomia privada como um dos pilares do modelo constitucional de processo.

A Constituição brasileira consagra um direito geral à liberdade (art. 5.º, *caput*, CF), o qual funciona como uma cláusula geral a permitir o reconhecimento de direitos não previstos de forma explícita no texto constitucional[320]. Com efeito, a liberdade, como faculdade genérica de ação ou de omissão, concede ao indivíduo ampla possibilidade de manifestação de suas vontades e preferências e de expressão de sua autonomia pessoal[321]. Perquirir os elementos que caracterizam o direito à liberdade não é, porém, tarefa fácil, tendo em vista a ambiguidade do termo.

Historicamente, tem-se visualizado dois conceitos de liberdade. Benjamin Constant cunhou a expressão liberdade dos antigos e liberdade dos modernos, para designar dois tipos de liberdade[322]. Com efeito,

---

320. SARLET, Ingo Wolfgang. RUFINO, André. Direito geral de liberdade. In: CANOTILHO, José Joaquim Gomes (coord.). *Comentários à Constituição do Brasil*. São Paulo: Saraiva, 2014, p. 219.

321. SARLET, Ingo Wolfgang. RUFINO, André. Direito geral de liberdade. In: CANOTILHO, José Joaquim Gomes (coord.). *Comentários à Constituição do Brasil*. São Paulo: Saraiva, 2014, p. 219.

322. Conforme Bobbio, Constant "mostrou com uma precisão até então desconhecida a diferença entre os dois modos distintos de se entender a liberdade na linguagem política, de modo que depois dele a confusão se torna mais rara. Antes não era assim: um exemplo bastante conspícuo dessa confusão encontra-se na obra política de Kant, o qual se vale de ambos os conceitos de liberdade, sem contudo jamais distingui-los claramente; e ao levar a crer, através de definição explícita, que

a liberdade dos antigos consistia em exercer coletiva, mas diretamente, várias partes da soberania inteira, em deliberar em praça pública sobre guerra e paz, por exemplo. No entanto, os indivíduos, embora participassem ativamente da vida política, estavam submetidos à autoridade do Estado em sua vida privada: a autoridade do corpo-social interpunha-se e restringia a vontade dos indivíduos[323]. Para os modernos, o conceito de liberdade estaria fundado no exercício pacífico da independência privada, na independência individual. Não seria possível abdicar dessa liberdade em nome da liberdade dos antigos, pois estes sacrificavam menos para obter mais, na medida em que consistia na partilha do poder social entre todos de uma mesma pátria. Segundo Constant a independência individual seria a primeira das necessidades modernas, de modo que seu sacrifício nunca deveria ser admitido em nome da liberdade política[324].

Essas ideias acabaram servindo para que se desenvolvesse uma noção negativa e uma noção positiva de liberdade. Com efeito, tratando da liberdade negativa, Isaiah Berlin afirmava que normalmente se diz que alguém é livre na medida em que nenhum outro homem ou nenhum grupo de homens interfere nas atividades desse alguém. Liberdade seria a área em que se pode agir sem a obstrução de outros[325]. Quanto mais ampla essa área de não-interferência, mais ampla é a liberdade[326]. Sucede que uma liberdade natural e absoluta poderia impor o caos social e atentar diretamente contra a igualdade, tendo em vista que a liberdade dos fracos poderia ser suprida pela liberdade dos mais fortes. Disso se passou a entender que a área livre de atuação do homem deveria ser limitada pela lei. No entanto, questão nada simples é saber até onde pode ir essa limitação legal. A própria noção atual de dignidade da pessoa humana é suficiente para reconhecer a existência de uma área mínima de liberdade pessoal que não deve ser absolutamente violada, pois, se seus limites forem invadidos, o indivíduo passará a dispor de uma área

---

utiliza o termo liberdade no sentido rousseauniano de autonomia, de autodeterminação coletiva, não permite que se perceba com clareza que a liberdade por ele invocada e elevada a fim da convivência política é a liberdade como não-impedimento, a liberdade individual" (BOBBIO, Norberto. *Teoria geral da política:* a filosofia política e as lições dos clássicos. Organizado por Michelangelo Bovero. Tradução Daniela Beccaccia Versiani. 20ª reimpressão. Rio de Janeiro: Elsevier, 2000, p. 105).

323. CONSTANT, Benjamin. *Princípios de política aplicáveis a todos os governos*. Rio de Janeiro: Topbooks, 2007, p. 408.

324. CONSTANT, Benjamin. *Princípios de política aplicáveis a todos os governos*. Rio de Janeiro: Topbooks, 2007, p. 415.

325. BERLIN, Isaiah. Dois conceitos de liberdade. In: *Quatro ensaios sobre a liberdade*. Tradução Wamberto Hudson Ferreira. Brasília: UNB, 1981, p. 136.

326. BERLIN, Isaiah. Dois conceitos de liberdade. In: *Quatro ensaios sobre a liberdade*. Tradução Wamberto Hudson Ferreira. Brasília: UNB, 1981, p. 137.

demasiada estreita mesmo para aquele desenvolvimento mínimo de suas faculdades naturais. Dessa problemática segue-se a necessidade de traçar uma fronteira entre as áreas de atuação livre da vida privada e as áreas de interferência da autoridade pública[327].

O conceito positivo de liberdade "tem origem no desejo do indivíduo de ser seu próprio amo e senhor". Esse conceito de liberdade em princípio não se choca com a noção de liberdade como não impedimento, por outros homens, de se fazer o que se quer. Tratar-se-iam de duas maneiras – uma positiva e outra negativa – de se dizer a mesma coisa[328]. Essa noção positiva de liberdade – pensada como autogoverno racional do homem – pode ser aplicada não somente à vida interior de um homem, mas também ao relacionamento com outros membros da sociedade[329]. Nisso reside a noção de liberdade positiva que está no cerne da ideia de um autogoverno nacional ou social[330].

Na linguagem política, esses dois conceitos de liberdade costumam ser contrapostos a partir de uma doutrina liberal e outra, chamada, democrática. Com efeito, na doutrina liberal clássica, ser livre significa gozar de uma esfera de ação, mais ou menos ampla, não controlada pelos órgãos do poder estatal, ao passo que, na doutrina democrática ser livre não significa não haver leis, mas criar leis para si mesmo[331]. Com efeito, o termo liberdade na doutrina liberal quer significar "não impedimento"; liberdade recobre a mesma extensão do termo licitude, vale dizer, a esfera daquilo que não sendo nem obrigado nem proibido é permitido. Já para a doutrina democrática o termo liberdade significa "autonomia"[332].

---

327. BERLIN, Isaiah. Dois conceitos de liberdade. In: *Quatro ensaios sobre a liberdade*. Tradução Wamberto Hudson Ferreira. Brasília: UNB, 1981, p. 137.

328. BERLIN, Isaiah. Dois conceitos de liberdade. In: *Quatro ensaios sobre a liberdade*. Tradução Wamberto Hudson Ferreira. Brasília: UNB, 1981, p. 142.

329. BERLIN, Isaiah. Dois conceitos de liberdade. In: *Quatro ensaios sobre a liberdade*. Tradução Wamberto Hudson Ferreira. Brasília: UNB, 1981, p. 151.

330. BERLIN, Isaiah. Dois conceitos de liberdade. In: *Quatro ensaios sobre a liberdade*. Tradução Wamberto Hudson Ferreira. Brasília: UNB, 1981, p. 167.

331. BOBBIO, Norberto. Teoria geral da política: a filosofia política e as lições dos clássicos. Organizado por Michelangelo Bovero. Tradução Daniela Beccaccia Versiani. 20ª reimpressão. Rio de Janeiro: Elsevier, 2000, p. 101. Segundo Bobbio, "nessa senda, denomina-se 'liberal' aquele que persegue o fim de ampliar cada vez mais a esfera das ações não-impedidas, enquanto se denomina 'democrata' aquele que tende a aumentar o número de ações reguladas mediante processos de auto-regulamentação. Donde 'Estado liberal' é aquele no qual a ingerência do poder público é a mais restrita possível; 'democrático', aquele no qual são mais numerosos os órgãos de autogoverno (BOBBIO, Norberto. *Teoria geral da política:* a filosofia política e as lições dos clássicos. Organizado por Michelangelo Bovero. Tradução Daniela Beccaccia Versiani. 20ª reimpressão. Rio de Janeiro: Elsevier, 2000, p. 101).

332. BOBBIO, Norberto. *Teoria geral da política:* a filosofia política e as lições dos clássicos. Organizado por Michelangelo Bovero. Tradução Daniela Beccaccia Versiani. 20ª reimpressão. Rio de Janeiro: Elsevier, 2000, p. 279.

Aqui ele se faz acompanhar pelo termo "vontadc": uma vontade livre é precisamente uma vontade que se autodetermina[333].

Importa saber se os dois termos se excluem ou se complementam. Bobbio parece indicar que são noções complementares, na medida em que, segundo ele, a própria vontade como autonomia pressupõe uma situação de liberdade como não-impedimento. Dito de outro modo, uma situação geral de ampla licitude é condição necessária para a formação de uma vontade autônoma, afinal não pode existir uma sociedade na qual os cidadãos deem origem a uma vontade geral no sentido rousseauniano sem exercer alguns direitos fundamentais de liberdade[334].

Ronald Dworkin, embora utilize os termos liberdade e autonomia em sentido contrário ao utilizado por Bobbio, construiu, sem excluir essas premissas, um conceito bastante interessante de liberdade. Com efeito, a autonomia [*freedom*] total de uma pessoa é a sua capacidade de agir como quiser, livre de condicionalismos ou ameaças impostas por outros ou por uma comunidade política. A sua liberdade negativa é a área da sua autonomia que uma comunidade não lhe pode retirar sem a ofender de algum modo especial. Tal interferência consistiria em comprometer a sua dignidade, ao negar-lhe a preocupação igual ou uma característica essencial da responsabilidade pela sua própria vida[335]. Liberdade não é autonomia total, mas autonomia substancial. Neste sentido, as leis invadem a liberdade quando reduzem consideravelmente a autonomia[336]. No entanto, para saber o quanto de autonomia pode ser perdido para que uma lei invada a liberdade é necessário trabalhar com uma concepção explicitamente normativa de liberdade[337].

Com efeito, a dignidade requer independência em relação ao governo em questões de escolha ética. Tal requisito está na base de qualquer teoria plausível da liberdade negativa. Contudo, a dignidade não requer independência em relação ao governo em todas as questões. É que, ao lado dela, uma comunidade política deve tomar decisões coletivas sobre a justiça e a moral, bem como deve poder impor coercitivamente essas decisões. Nessa perspectiva entra em cena a liberdade positiva. Não há

333. BOBBIO, Norberto. *Teoria geral da política:* a filosofia política e as lições dos clássicos. Organizado por Michelangelo Bovero. Tradução Daniela Beccaccia Versiani. 20ª reimpressão. Rio de Janeiro: Elsevier, 2000, p. 280.

334. BOBBIO, Norberto. *Teoria geral da política:* a filosofia política e as lições dos clássicos. Organizado por Michelangelo Bovero. Tradução Daniela Beccaccia Versiani. 20ª reimpressão. Rio de Janeiro: Elsevier, 2000, p. 282.

335. DWORKIN, Ronald. *Justiça para ouriços*. Tradução: Pedro Elói Duarte. Coimbra: Almedina, 2012, p. 375.

336. DWORKIN, Ronald. *Justiça para ouriços*. Tradução: Pedro Elói Duarte. Coimbra: Almedina, 2012, p. 377.

337. DWORKIN, Ronald. *Justiça para ouriços*. Tradução: Pedro Elói Duarte. Coimbra: Almedina, 2012, p. 377.

uma liberdade absoluta em questões de justiça e moral, porém a dignidade pessoal exige que se possa desempenhar um papel ativo nas decisões coletivas que exercem um controle coercitivo sobre a liberdade[338].

Nessa perspectiva, inclusive, mostra-se possível – sem que isso importe numa espécie de mixagem teórica – uma aproximação entre a concepção de liberdade e autonomia aqui perfilhada com a noção de *cooriginalidade* entre autonomia privada e autonomia pública desenvolvida pela matriz habermasiana referida anteriormente. É que, segundo Habermas, os cidadãos, para fazerem uso adequado de sua autonomia pública, garantida através de direitos políticos, "*têm que ser suficientemente independentes na configuração de sua vida privada, assegurada simetricamente*", o que, por sua vez, somente é possível se fizerem uso adequado de sua autonomia política, uma vez que as liberdades de ação subjetiva, igualmente distribuídas, têm, para eles, o "mesmo valor"[339].

Enquanto o Estado Liberal superestimou a liberdade negativa, a partir de um modelo de não-intervenção na vida privada e na sociedade, o Estado social acabou sufocando essa liberdade em prol da igualdade e da justiça social. Tudo isso, como já foi visto, acabou refletindo na estruturação do direito processual, no qual, sob o pretexto de um incremento dos poderes do juiz para fins de consecução da justiça social, o publicismo ganhou uma força extremada, fazendo com que as partes fossem vistas como sujeitos do mecanismo estatal de solução de controvérsias, tolhendo-se o exercício do seu direito à liberdade.

No Estado Democrático deve-se buscar um equilíbrio entre as noções de liberdade negativa e positiva, entre o domínio público e privado. Na verdade, sendo o direito processual um ramo do direito público, mas que serve principalmente à tutela dos direitos particulares (garantias contrajurisdicionais), essa questão assume especial importância. Nem as partes são donas do processo (*processo como coisa das partes*), nem o juiz o é (*processo como coisa do juiz*).

Diante dessa perspectiva, dois modelos tem se apresentado: um modelo misto, também denominado de cooperativo, no qual o processo, conforme Loïc Cadiet, deve ser visto como "*chose des parties et chose du juge*"[340], e o modelo garantista, no qual o processo é concebido como

338. DWORKIN, Roland. *Justiça para ouriços*. Tradução: Pedro Elói Duarte. Coimbra: Almedina, 2012, p. 387.
339. HABERMAS, Jürgen. *Era das transições*. Rio de Janeiro: Tempo Brasileiro, 2003, p. 155.
340. CADIET, Loïc. JEULAND, Emmanuel. *Droit judiciaire privé*. 8a ed. Paris: LexisNexis, 2013, p. 328. Para uma melhor precisar essa ideia cabe transcrever a seguinte lição de Loïc Cadiet: "le modèle du procès coopératif entend dépasser l'opposition entre la conception accusatoire du procès, conçu comme la chose des parties, et la conception inquisitoire du procès, conçu comme la chose du juge, de même que l'opposition entre common law et civil law. Dans la conception du modèle

"coisa para as partes" (expressão cunhada pela professora Maria Elizabeth Fernandez e difundida no Brasil por Eduardo José da Fonseca Costa), vale dizer, "apesar de servir às partes, não pertence a elas, não perde traços de publicidade". O público, conforme já referido, não deve ser visto como sinônimo de estatal e muito menos como "pró-estatal". Eis o ponto: o processo é instituto de direito público não porque serve ao Estado-juiz "mas justamente porque o *desserve* quando age com arbítrio"[341]. Como veremos a seguir, o modelo cooperativo não passa de uma versão atenuada (ou mascarada) do velho modelo inquisitorial de processo, que fez eco no absolutismo e no socialismo processual.

1.5.2 O processo como garantia da liberdade individual

Fugindo da roupagem iluminista dos direitos humanos [leia-se, direitos inerentes ao homem pela sua condição humana] e dos antecedentes medievais tomistas, que concebiam a existência de um direito natural como expressão da natureza racional do homem[342], Georg Jellinek professava que a *liberdade individual é, mais que um direito, uma situação de fato*[343], denunciando, com isso, o equívoco do direito natural em considerar esse estado de fato como um direito dotado de superioridade, que teria criado o Estado e limitado o seu poder. Pieroth e Schilink, após diferenciarem a tradição histórica iluminista (americana e francesa) da tradição germânica de afirmação e desenvolvimento dos direitos fundamentais, seguem alvitre semelhante ao de Jellinek, colocando em xeque

coopératif, le procès n'est ni la chose des parties, ni la chose du juge, mais à la fois la chose des parties et la chose du juge, car les parties et le juge sont nécessairement conduits à coopérer afin d'aboutir dans un délai raisonnable à la solution équitable et efficiente de l'affaire. Le procès est la chose des parties car c'est toujours l'intérêt des parties qui est en cause, même dans le procès pénal, mais c'est aussi la chose du juge, car la justice est un bien public dont les parties ne peuvent pas librement disposer: rendre la justice est une question d'intérêt général qui met en cause le respect des lois et la paix sociale. En outre, la saisine du juge met en oeuvre une institution publique dont le fonctionnement, financé par l'impôt national, ne peut pas être laissé à la seule initiative privée. Le budget de la justice n'est pas indéfiniment extensible et la justice ne doit pas seulement être rendue dans l'absolu du cas particulier dont le juge est saisi; elle doit l'être dans la totalité des affaires qui lui sont soumises et entre lesquels les moyens de la justice publique doivent être équitablement répartis" (CADIET, Loïc. Pour une "Théorie générale du procés". In: *Ritsumeikan Law Review*. n. 28. Kyoto: Ritsumeikan University, 2011, pp. 143-144).

341. COSTA, Eduardo José da Fonseca. Breves meditações sobre o devido processo legal. Disponível em http://emporiododireito.com.br/leitura/abdpro-15-breves-meditacoes-sobre-o-devido-processo-legal. Acesso em 09.07.2019.

342. Nesse sentido, SARLET, Ingo Wolfgang. *A eficácia dos direitos fundamentais*: uma teoria geral dos direitos fundamentais na perspectiva constitucional. 10. ed. Porto Alegre: Livraria do Advogado, 2009. ANDRADE, José Carlos Vieira de. *Os Direitos Fundamentais na Constituição Portuguesa de 1976*. Coimbra: Almedina, 1987. MIRANDA, Jorge. *Manual de Direito Constitucional*. Tomo IV. 2 ed. Coimbra: Coimbra Editora, 1993.

343. JELLINEK, Georg. *La declaración de los derechos del hombre y del ciudadano*. Traducción Adolfo Posada. México: Universidad nacional autónoma de México, 2000, p. 138, p. 141.

o mito da pré-estatalidade dos direitos fundamentais[344]. No Brasil, Dimitri Dimoulius e Leonardo Martins, do mesmo modo, têm contestado a teoria dos direitos naturais corrente, defendendo que um direito fundamental somente existiria juridicamente a partir da sua positivação: sem esse reconhecimento, teríamos, simplesmente, uma reivindicação política[345]. Pode-se mencionar, ainda, autores que seguem uma posição intermediária, como é o caso de Carl Schmitt, para quem "os direitos fundamentais em sentido próprio são essencialmente direitos do homem livre e, por certo, direitos que ele tem frente ao Estado". Sem negar que os direitos fundamentais possam ser concebidos como anteriores e superiores ao Estado, Schmitt limita o âmbito de abrangência desses direitos afirmando que "direitos fundamentais em sentido próprio são tão somente os direitos liberais da pessoa humana individual". Chega-se, com isso, a significação basilar dos direitos fundamentais, qual seja, o "princípio da distribuição": "uma esfera de liberdade do indivíduo, em princípio ilimitada, e uma possibilidade de ingerência do Estado, em princípio limitada, mensurável e controlável"[346].

Durante a antiguidade, a Britânia, em que pese tenha sido submetida ao Império Romano, não chegou a ser romanizada como ocorreu em outros territórios do continente. Com as invasões germânicas, notadamente pelos Anglos e Saxões, não se viu uma germanização do direito romano e, sequer, uma romanização de direitos germânicos, no território que, hoje, corresponde à Inglaterra. Tudo isso confluiu para que, durante a Idade Média, o direito público inglês se desenvolvesse sob bases germânicas, ficando ileso, portanto, às concepções absolutistas do Estado Romano[347]. Também no direito privado, a influência

344. PIEROTH, Bodo; SCHLINK, Bernhard. *Grundrechte. Staatsrecht* II. 28. ed. Heidelberg: Müller, 2012, p. 14.

345. Nesse sentido, asseveram os referidos autores que "a 'natureza do homem' só se encontra nos dados de sua constituição biológica. Nenhum direito ou obrigação, nenhuma regra de conduta social pode ser deduzida da natureza humana. Isso é de fácil comprovação histórica já que "o homem" viveu sob os mais variados regimes sociais e isso não seria possível se a sua natureza fosse sempre a mesma ou se tal suposta natureza fosse determinante para a outorga de direitos, que nada mais seria do que o seu reconhecimento pelo poder político. Não se pode imaginar uma sociedade na qual os homens não durmam ou não se alimentem, pois isso faz parte de sua verdadeira natureza. De outro lado, há muitas sociedades que privavam vastos grupos de seres humanos de liberdade, instituindo a desigualdade política a despeito de suposta igualdade ou mesmo em razão do reconhecimento de suposta desigualdade natural. Isso indica que a teoria dos direitos naturais pode também redundar no totalitarismo racial, tal qual ocorrido entre 1933 e 1945 sob o regime do terceiro Reich alemão" DIMOULIUS, Dimitri. MARTINS, Leonardo. Teoria geral dos direitos fundamentais. 5ª ed. revista, atualizada e ampliada. São Paulo: Atlas, 2014, p. 45.

346. SCHMITT, Carl. *Teoría de la Constitución*. Madrid: Alianza Editorial, 1996, p. 170.

347. JELLINEK, Georg. *La declaración de los derechos del hombre y del ciudadano*. Traducción Adolfo Posada. México: Universidad nacional autónoma de México, 2000, p. 138.

do direito romano imperial foi muito pequena, tanto que, quando, no século XII, o continente buscava no *Corpus Juris Civilis* uma resposta para as questões jurídicas, o *common law* já se encontrava em franca consolidação.

A competência do Estado nos povos germânicos, era, na sua origem, bastante limitada: o indivíduo estava submetido à tutela da família e da tribo, ao passo que o Estado não deveria lhe opor restrições[348]. É claro que com a centralização do poder político e da distribuição da justiça na Inglaterra do século XII, esse ideal de não intervenção e de imposição de limites à ação do Estado poderia mudar. No entanto, ao invés de caminhar para um precoce modelo absolutista de Estado, os primeiros desmandos do poder político encontraram uma forte resistência, culminando na Magna Carta, germe do *devido processo* – daí o inexorável relacionamento entre direitos fundamentais como *resistência* e a própria noção de *processo devido.*

A cláusula do *devido processo* foi construída, desde a sua origem, como uma espécie de resposta ao arbitrio e à opressão estatal[349], cujo âmbito de aplicação foi gradativamente se ampliando para, numa perspectiva substancial muito própria do direito norte-americano, também servir de limite à atuação do Poder Legislativo[350]. Nas duas perspectivas (processual e substancial) o *devido processo* é o garantidor maior da liberdade dos indivíduos frente ao poder estatal. Devido processo é sinônimo de direito de resistência à interferência estatal no âmbito de liberdade dos indivíduos.

No âmbito internacional, a cláusula do *devido processo legal* serviu de inspiração para uma série de normativizações de âmbito internacional. A Convenção Americana de Direitos Humanos (1969) consagra, em seu artigo 8.º, que trata das "garantias judiciais", o direito de toda pessoa a ser ouvida, *com as devidas garantias*, e dentro de um prazo razoável, por um juiz ou Tribunal competente, independente e imparcial, estabelecido anteriormente por lei, na apuração de qualquer acusação penal formulada contra ela, ou na determinação de seus direitos e obrigações de caráter civil, trabalhista, fiscal ou de qualquer outra natureza (art. 8.º). A Declaração Universal dos Direitos Humanos (1948) prevê que toda a pessoa tem direito, em plena igualdade, a que sua *causa* seja *equitativa*

---

348. JELLINEK, Georg. *La declaración de los derechos del hombre y del ciudadano.* Traducción Adolfo Posada. México: Universidad nacional autónoma de México, 2000, p. 138, p. 138.

349. OTEIZA, Eduardo. El debido proceso. Evolución de la garantía y autismo procesal. In: ARAZI, Roland [et. al]. *Debido proceso.* Buenos Aires: Rubinzal – Culzoni Editores, 2003, p. 6.

350. Para essa análise histórica, consultar RAATZ, Igor. Processo, liberdade e direitos fundamentais. *Revista de processo.* Ano 44. Vol. 288. Fevereiro de 2019. São Paulo: Revista dos Tribunais, 2019.

e publicamente julgada por um tribunal independente e imparcial que decida dos seus direitos e obrigações ou das razões de qualquer acusação em matéria penal que contra ela seja deduzida (art. 10). A Convenção Europeia para a Proteção dos Direitos do Homem e das Liberdades Fundamentais (1950) prescreve que ninguém será privado da sua liberdade, salvo nos casos nela previstos e *de acordo com o procedimento legal* (art. 5.º), resguardando, ainda, o direito a um *processo equitativo*, nos seguintes termos: qualquer pessoa tem direito a que a sua causa seja examinada, equitativa e publicamente, num prazo razoável por um tribunal independente e imparcial, estabelecido pela lei, o qual decidirá, quer sobre a determinação dos seus direitos e obrigações de carácter civil, quer sobre o fundamento de qualquer acusação em matéria penal dirigida contra ela (art. 6.º). Disposições semelhantes podem ser encontradas no artigo 14, 1, do Pacto Internacional sobre Direitos Civis e Políticos (1966)[351], no artigo 7.º da Carta Africana dos Direitos do Homem e dos Povos (1979) e no artigo 40, 2, III, da Convenção sobre os Direitos da Criança (1990). Referidas disposições normativas, previstas no âmbito do Direito Internacional, visam, justamente, a "proteger os indivíduos contra tratamentos arbitrários"[352].

O reconhecimento do direito ao devido processo é fenômeno recente na história constitucional brasileira. Foi somente com a Constituição de 1988 que a cláusula do devido processo recebeu, entre nós, *status* constitucional e, portanto, foi alçada à categoria de *direito fundamental*. A Constituição de 1946 trouxe, em seu artigo 4.º, de forma pioneira, a previsão de que a lei não poderia excluir da apreciação do Poder Judiciário qualquer lesão de direito individual, o que fez com que a doutrina contemplasse, naquele dispositivo, uma concepção de *devido processo*, por ser inimaginável que se garanta ao cidadão o direito ao controle ju-

351. 1. Todas as pessoas são iguais perante os tribunais e as cortes de justiça. Toda pessoa terá o direito de ser ouvida publicamente e com devidas garantias por um tribunal competente, independente e imparcial, estabelecido por lei, na apuração de qualquer acusação de caráter penal formulada contra ela ou na determinação de seus direitos e obrigações de caráter civil. A imprensa e o público poderão ser excluídos de parte da totalidade de um julgamento, quer por motivo de moral pública, de ordem pública ou de segurança nacional em uma sociedade democrática, quer quando o interesse da vida privada das Partes o exija, que na medida em que isso seja estritamente necessário na opinião da justiça, em circunstâncias específicas, nas quais a publicidade venha a prejudicar os interesses da justiça; entretanto, qualquer sentença proferida em matéria penal ou civil deverá torna-se pública, a menos que o interesse de menores exija procedimento oposto, ou processo diga respeito à controvérsia matrimoniais ou à tutela de menores.

352. BOTELHO, Catarina Santos; VAZ, Manuel Afonso. Algumas reflexões sobre o artigo 6.º da Convenção Europeia dos Direitos do Homem: Direito a um processo equitativo e a uma decisão num prazo razoável. e-Pública, Lisboa, v. 3, n. 1, p. 230-242, abr. 2016. Disponível em <http://www.scielo.mec.pt/scielo.php?script=sci_arttext&pid=S2183-184X2016000100013&lng=pt&nrm=iso>. acessos em 22 de maio de 2018.

risdicional dos atos sem que isso se faça mediante o uso de mecanismo apropriado, devidamente previsto no ordenamento jurídico[353].

A história constitucional brasileira não destoa na construção doutrinária a respeito da "constitucionalização" do processo que diretamente influenciou nossa processualística, ou seja, o pensamento de Eduardo Couture[354]. Para o processualista uruguaio, a "constitucionalização do processo" representaria a incorporação, nas Constituições, de normas referentes ao direito processual, fenômeno presente no segundo pós-guerra, que fez com que instituições processuais adquirissem o grau de direitos cívicos ou fundamentais. Falava-se, nesse estágio, que o processo significaria o desenvolvimento de um preceito constitucional[355], funcionando como imediata e direta complementação dos mandamentos constitucionais, e que as normas processuais teriam assumido *"il vigore proprio delle norme costituzionali"*[356]. Nesse primeiro enfoque, porém, a constitucionalização do processo objetivava estabelecer uma barreira à atuação do legislador, que ficava impedido de impor restrições aos direitos processuais consagrados na Constituição, mormente, nas palavras de Couture, ao direito de acesso à justiça[357].

Nota-se, com isso, que o vigor constitucional que se pensava atribuir ao direito processual, na verdade, era endereçado ao direito à tutela jurisdicional. Falava-se, portanto, em constitucionalização do processo (que é garantia), quando, na verdade, a doutrina debruçava os seus esforços em prol do direito à tutela jurisdicional, o qual repercute no âmbito do exercício da jurisdição (que é poder). Logo, não se tratava, realmente, de uma leitura do processo na e a partir da Constituição.

353. WAMBIER, Luiz Rodrigues. Anotações sobre o princípio do devido processo legal. *Revista dos Tribunais*. Ano 78. Agosto de 1989. Vol. 647. São Paulo: Revista dos Tribunais, 1989, p. 37.

354. Conforme José Alfredo de Oliveira Baracho, "Eduardo J. Couture, com seus estudos, despertou o interesse da doutrina na América Latina e, inclusive, na Europa, pela análise das garantias constitucionais do Processo", nessa linha, afirma que "após o projeto do Código de Procedimentos Civis de Couture, em 1945, começou na América Latina certa tendência reformista". (BARACHO, José Alfredo de Oliveira. *Processo Constitucional*. Rio de Janeiro: Forense, 1984, p. 122-23). Na mesma época, a influência de Couture já se mostrava presente em outros autores, como Roberto Paine, para quem "como la Constitución debe establecer los principios fundamentales que rijan a la comunidad, los constituyntes consideraron que entre esos principios existen algunos de carácter procesal, y por esa razón los consagraron en el articulado constitucional, ya que su importancia así lo aconsejaba (principios de igualdad en el procedimiento, inviolabilidad de la defensa, etc.)" (PAINE, Roberto. *Principios de derecho procesal*. Primer tomo. Buenos Aires: Las heras, 1944, pp. 25-26).

355. COUTURE, Eduardo J. *Estudios de derecho procesal civil*. Tomo I. La Constitución y el processo civil. 2ª ed. Buenos Aires: Ediciones Depalma, 1978, p. 94.

356. PROVINCIALI, Renzo. *Norme di diritto processuale nella costituzione*. Milano: Dott. A. Giuffrè Editore, 1959, p. 21.

357. COUTURE, Eduardo J. *Estudios de derecho procesal civil*. Tomo I. La Constitución y el processo civil. 2ª ed. Buenos Aires: Ediciones Depalma, 1978, p. 41.

O próprio Couture, apesar de reconhecer, em certas circunstâncias, o processo como instituição de garantia, considerava que a finalidade do processo é a satisfação dos interesses legítimos do indivíduo (função privada do processo) e o resguardo das necessidades sociais (função pública do processo) – um instrumento de produção jurídica e de incessante vivificação do direito[358]. Na verdade, o aspecto garantista transpareceria de modo diferente para o autor e para o réu: na perspectiva da parte autora, seria o instrumento idôneo para obter a satisfação de seus interesses legítimos por ato da autoridade estatal; na perspectiva do réu, uma garantia que defende o indivíduo e o defende do abuso de autoridade do juiz, da prepotência dos credores e da sanha dos perseguidores[359].

Não é de se estranhar, portanto, que nem mesmo a renovação dos estudos do direito processual a partir de bases constitucionais, levada a cabo por Nicolò Trocker na década de setenta, foi capaz de retirar o ângulo visual da chamada "constitucionalização do processo" do fenômeno jurisdicional, na medida em que o destaque estava na construção de um direito à tutela jurisdicional a partir de bases constitucionais[360], e não na teorização constitucional do direito ao processo como garantia da liberdade e limitadora do poder.

A evolução histórica da consagração dos institutos de direito processual no texto Constitucional brasileiro teve, como ponto de partida, o direito à jurisdição, e não o direito ao processo. Trata-se de detalhe crucial, pois explica como boa parte da nossa doutrina tornou-se incapaz de compreender o viés garantista do processo, realizando a partir daí leituras equivocadas da "constitucionalização do direito processual".

O processo se interpõe entre o direito à tutela jurisdicional e o poder jurisdicional, sem com eles se confundir. Daí a tríade: ação, processo e jurisdição. Falar que o processo é garantia da maneira como haverão de ser tutelados os direitos dos cidadãos[361] ou, ainda, como garantia de tutela efetiva dos direitos, na medida em que é "instrumento para se obter do Estado a prestação da tutela jurídica de nossos direitos

358. COUTURE, Eduardo. El proceso como institucion. *Studi in onore di Enrico Redenti*: nel XL anno del suo insegnamento. Volume Primo. Milano: Giuffrè, 1951, p. 373.

359. COUTURE, Eduardo. El proceso como institucion. *Studi in onore di Enrico Redenti*: nel XL anno del suo insegnamento. Volume Primo. Milano: Giuffrè, 1951, p. 363-364.

360. TROCKER, Nicolò. *Processo civile e costituzione*: problemi di diritto tedesco e italiano. Milano: Giuffrè, 1974, p. 11.

361. Conforme consta expressamente da Moção de Valência "El proceso civil en el siglo XXI: tutela y garantia", aprovada em 27 de janeiro de 2006 em Valência, subscrita por Adolfo Alvarado Velloso, Eugenia Ariano Deho, Franco Cipriani, Federico G. Domínguez, Luís Coreia de Mendonça, Girolamo Monteleone e Juan Montero Aroca.

e interesses"[362], não é o mesmo que atribuir ao processo a função de tutelar direitos[363]. Referido alvitre acaba por baralhar os conceitos de processo e jurisdição, esvaziando a mais importante característica do fenômeno processual, que é a sua função de garantia. O equívoco acerca da função do processo e o encobrimento do seu viés garantista são dois passos decisivos para transformá-lo em instrumento da jurisdição, colocando-o numa relação de servidão para com o Estado. Afinal, já que entre processo e jurisdição não haveria uma diferença funcional – equívoco que, de largada, se fez presente na grande maioria dos que cultuaram a "constitucionalização do processo" –, o conceito de jurisdição teria o condão de absorver o conceito de processo. Portanto, a gênese da "constitucionalização do processo" – leia-se, *constitucionalização do direito à jurisdição* – muito contribuiu para o apequenamento da matriz constitucional do próprio processo.

Não se trata, porém, de retirar importância do movimento de constitucionalização do "direito de acesso à justiça" – ou seja, do todo sistemático pelo qual as pessoas podem reivindicar os seus direitos e/ou resolver os seus litígios[364] –, que abrange o direito à tutela jurisdicional, encarado como uma das possíveis facetas do direito de acesso à justiça. Pelo contrário, colocadas as coisas no seu devido lugar, a adequada

362. DEHO, Eugenia Ariano. La tutela cautelar em el cuadro de la tutela jurisdicional de los derechos. *Estudios sobre la tutela cautelar*. Lima: Gaceta Jurídica S.A, 2014, p. 9-10. Esse segundo aspecto, embora mais ligado ao modo de ser da função jurisdicional, também se mostra afinado com a perspectiva garantista de processo, refletindo a noção presente na "Declaración de Azul. El proceso Civil en los países ibero-americanos 2008", de que o processo civil deve ser instrumento garantidor da vigência efetiva dos direitos subjetivos privados das pessoas por parte dos tribunais.

363. Na doutrina brasileira, por exemplo, Luiz Guilherme Marinoni, Daniel Mitidero e Sérgio Arenhart são enfáticos, ao longo do seu Curso de Processo Civil, em afirmar que a função do processo civil é prestar tutela aos direitos em uma dupla dimensão: ao caso concreto e à ordem jurídica, tratando-se, portanto, de uma espécie de "instrumentalismo 2.0". Nesse sentido, como muito bem observou Diego Crevelin: "Embora não sejam explícitos como os instrumentalistas, essa passagem cooperativista também oferece identidade teleológica entre processo e jurisdição. É a interpretação possível tanto pelo conjunto da obra, como pelo próprio trecho transcrito, afinal, bem pensadas as coisas, o processo não resolve casos nem promove unidade ao direito mediante a formação de precedentes; a jurisdição é que resolve casos e forma precedentes através do processo. De resto, "resolver casos" (pretenso fim do processo) nada mais é que "dar tutela aos direitos" (fim da jurisdição), e responder pela "promoção da unidade do direito mediante a formação de precedentes" (pretenso fim do processo) é ter "por função (...) a formação de precedente" (fim da jurisdição). Portanto, também para a cooperação se nota a absorção do processo pela jurisdição, fazendo daquele instrumento desta, mantendo esse modelo teórico aferrado ao núcleo duro do publicismo processual de cariz bulowiano e kleiniano (portanto, à noção de que o eixo central da epistemologia processual é a jurisdição, não o processo" CREVELIN, Diego. Dever (ou garantia) de (não) provar contra si mesmo?(!) O dilema em torno do art. 379, CPC. Disponível em: <http://emporiododireito.com.br/leitura/abdppro-35-dever-ou-garantia-de-nao-provar-contra-si-mesmo-o-dilema-em-torno-do-art-379-cpc>. Acesso em 30 de maio de 2018.

364. CAPPELLETTI, Mauro. GARTH, Bryant. *Acesso à justiça*. Tradução e revisão Ellen Gracie Northfleet. Porto Alegre: Sérgio Antônio Fabris Editor, 1988, p. 8.

compreensão do *status* constitucional do direito à tutela jurisdicional é sobremaneira importante para o garantismo processual.

O direito fundamental à tutela jurisdicional desdobra-se em duas perspectivas: (*i*) do ponto de vista do legislador e do executivo, trata-se de um direito fundamental à organização e procedimento – *garantias de organização* ou *garantias institucionais* (*Einrichtungsgarantien*) –, cujo objetivo é a manutenção e criação de instituições que sustentem o exercício dos direitos fundamentais, como é o caso da própria estrutura judiciária, de instituições como a defensoria pública, e de estruturas voltadas à realização de direitos fora da esfera jurisdicional, dado o amplo caráter do direito de acesso à justiça[365]; (*ii*) do ponto de vista do órgão jurisdicional, trata-se de um verdadeiro direito a prestações positivas, que permite ao indivíduo exigir determinada atuação do Estado consistente em intervir na sua esfera jurídica – por isso, a clássica lição de Ovídio A. Baptista da Silva, o qual, baseado em Pontes de Miranda, desdobra o estudo do direito subjetivo à tutela jurisdicional tanto na pretensão à tutela jurisdicional (na faculdade e no ato de demandar, de pedir ao Estado que preste tutela jurisdicional) quanto na ação processual (ou seja, na "ação" considerada como agir da parte no arco procedimental para obter do Estado tutela jurisdicional)[366].

É importante deixar claro que mesmo o direito à tutela jurisdicional, por ser um direito fundamental, limita a esfera de atuação do Estado, descrevendo situações em que o contato entre o Estado e o indivíduo é obrigatório. Porém, trata-se de um direito do indivíduo, e não do Estado. Entre o exigir (pretensão à tutela jurisdicional) e a ação (ação processual) do indivíduo para a obtenção da tutela jurisdicional e a própria tutela jurisdicional prestada pelo Estado há um dever que grava o Estado, e não um direito ou uma mera faculdade do detentor do poder.

---

365. Para Carl Schmitt, responsável pela noção de *Einrichtungsgarantien*, a garantia institucional é, por sua essência, limitada. Existe somente dentro do Estado, e se baseia não na ideia de liberdade, em princípio, ilimitada, mas que afeta a uma instituição juridicamente reconhecida, que, como tal, é sempre uma coisa circunscrita e delimitada a serviço de certas tarefas e certos fins, ainda quando as tarefas não estejam especializadas em particular, e seja admissível uma certa universalidade do círculo de atuação" (SCHMITT, Carl. *Teoría de la Constitución*. Madrid: Alianza editorial, 1996, p. 175.

366. Como bem adverte Ovídio Baptista da Silva, a prestação da tutela jurisdicional não se dá pelo simples exercício da pretensão à tutela jurisdicional. No plano do direito processual, o exercício do direito à tutela jurisdicional exige que o seu titular não somente o invoque – no caso do autor, formulando em sua petição inicial um pedido de tutela jurisdicional endereçado ao Estado-juiz – mas condiciona a prestação da tutela jurisdicional à efetiva ação do interessado. Nesse sentido, "o autor (aquele que age), não só exige como, juntamente com o juiz, deve também ele exercer atividade, agindo para obter a prestação da tutela jurisdicional. A este agir para obtê-la, dá-se o nome de 'ação' processual" (SILVA, Ovídio A. Baptista da. *Curso de processo civil*. v.1. 7 ed. Rio de Janeiro: Forense, 2005, p. 117).

Por isso, conforme já referido, a função jurisdicional deve ser encarada como expressão de um direito fundamental de proteção em sentido amplo, assegurado a todos que se encontrarem diante de lesão ou ameaça a direitos e, portanto, como um serviço que o Estado deve assegurar para satisfazer a demanda por justiça formulados pelos cidadãos.

Cabe à jurisdição, e não ao processo, a função de aplicar o direito. Segue-se aqui a concepção adotada por autores como Eduardo José da Fonseca Costa, para quem "a função da jurisdição é aplicar imparcialmente o direito"[367], Eduardo Aldunate Lizana, para quem a jurisdição é "função encarregada de declarar de maneira definitiva e vinculante os efeitos jurídicos de um hipótese por parte de um terceiro imparcial"[368], e Ovídio A. Baptista da Silva, cuja doutrina acerca da jurisdição assenta-se em dois pilares: (*i*) o ato jurisdicional é praticado pelo juiz como dever de função consistente em aplicar a lei no caso concreto – trata-se da finalidade especifica do seu agir, diferentemente do administrador que não tem como objetivo final a aplicação da lei, que é seu limite de ação, mas sim, a realização do bem comum[369]; e (*ii*) o ato jurisdicional tem como componente essencial a condição de terceiro imparcial em que se encontra o juiz em relação ao interesse sobre o qual recai a sua atividade[370]. À função de aplicar o direito ao caso concreto e à característica da imparcialidade pode-se acrescentar uma segunda característica, bem ressaltada por Araken de Assis, que é o da insuscetibilidade de revisão por órgãos não jurisdicionais[371]. Em nenhum desses autores, o conflito é componente essencial da jurisdição ou do processo, mas, sim, a aplicação do direito ao caso concreto de modo imparcial, de modo que seria demasiadamente forçado, do ponto de vista conceitual, incorporar à jurisdição e ao processo o elemento conflitual[372].

Na medida em que a jurisdição é um poder-dever, cujo exercício depende de um direito que lhe é contraposto, não se pode imaginar que esse poder-dever seja exercido espontaneamente, sem provocação. A inércia da jurisdição decorre da fundamentalidade do direito à tu-

367. COSTA, Eduardo José da Fonseca. O processo como instituição de garantia. Disponível em <http://www.conjur.com.br/2016-nov-16/eduardo-jose-costa-processo-instituicao-garantia>. Acesso em 18 de novembro de 2016.

368. ALDUNATE LIZANA, Eduardo. *Derechos fundamentales*. Santiago: Editorial Legal Publishing, 2008, p. 196.

369. SILVA, Ovídio A. Baptista da. *Curso de processo civil*. v.1. 7ª ed. Rio de Janeiro: Forense, 2005, p. 27.

370. SILVA, Ovídio A. Baptista da. *Curso de processo civil*. v.1. 7ª ed. Rio de Janeiro: Forense, 2005, p. 27.

371. ASSIS, Araken de. *Processo civil brasileiro*. Volume I: parte geral: fundamentos e distribuição de conflitos. São Paulo: Revista dos Tribunais, 2015, p. 559.

372. ALDUNATE LIZANA, Eduardo. *Derechos fundamentales*. Santiago: Editorial Legal Publishing, 2008, p. 196.

tela jurisdicional, o qual, mesmo englobando o poder de exigir prestações positivas frente ao órgão jurisdicional, representa uma limitação à atuação do Estado. O direito à tutela jurisdicional autoriza/permite o contato do Estado na esfera jurídica do indivíduo – por isso, liga-se às possibilidades legítimas de interferência estatal na liberdade individual e na esfera de autonomia dos indivíduos. O direito à liberdade e o seu corolário, o direito à autonomia privada, impedem, juntamente com o direito ao juiz imparcial, a atuação oficiosa do órgão jurisdicional.

Sob a ótica do direito constitucional, *o processo é um direito fundamental*. Trata-se, mais especificamente, daquilo que se denomina *direito fundamental de primeira dimensão*, categoria que expressa a gênese da própria noção de direito fundamental como *limitação do poder estatal em face da liberdade individual*.

A concepção de processo como direito fundamental desdobra-se, pelo menos, em três perspectivas: (*i*) o processo é um direito fundamental de resistência que se interpõe entre o Estado e os direitos do indivíduo, na medida em que é condição necessária para a intervenção estatal na esfera jurídica de qualquer pessoa; (*ii*) o processo é uma garantia do modo como os direitos serão tutelados, interpondo-se entre o direito à tutela jurisdicional e o poder jurisdicional exercido em regra pelo Estado; (*iii*) o processo, em si mesmo, é uma garantia contrajurisdicional, na medida em que, no seu âmago, é composto por uma série de direitos que restringem e limitam o poder jurisdicional.

Nessas três acepções o processo é condição para a *tutela da liberdade*: (*i*) liberdade contra intervenções estatais indevidas, (*ii*) espaço de liberdade para atuar perante os órgãos encarregados de exercer poder jurisdicional (sentido positivo-ativo de liberdade, liberdade como sinônimo de "freedom") e (*iii*) garantia de liberdade frente ao exercício do poder jurisdicional, sem sofrer interferências (sentido negativo-passivo de liberdade, liberdade como sinônimo de "liberty")[373]. Essas duas últimas perspectivas muitas vezes se confundem, na medida em que se relacionam diretamente com o exercício dos direitos fundamentais processuais, ou seja, de direitos fundamentais exercidos no bojo do processo, os quais podem consistir tanto em direitos de resistência, direitos prestacionais ou até mesmo em direitos de participação (*status activus*). Sob esse aspecto, a liberdade de escolha e de atuação das partes (sentido positivo-ativo de liberdade ou liberdade como *freedom*) deve ser feita sem

373. Para um aprofundamento do tema, na perspectiva da distinção entre *freedom* e *liberty*, ver COSTA, Eduardo José da Fonseca. Processo: garantia de liberdade [feedom] e de "liberdade" [liberty]. *Empório do direito*. Disponível em http://emporiododireito.com.br/leitura/processo-garantia-de-liberdade-freedom-e-garantia-de-liberdade-liberty>. Acesso em 21/08/2018.

qualquer interferência do juiz (liberdade no sentido negativo-passivo, liberdade como *liberty*)[374]. Nas três visões referidas, tem-se, ao fim e ao cabo, limitações ao poder do Estado e o direito fundamental à liberdade e o direito à autonomia privada figurando como elementos estruturantes da divisão de trabalho entre o juiz e as partes.

A Constituição brasileira não fala somente do processo, mas, sim, de um *devido processo*, o que significa um processo conformado por um conjunto de garantias processuais contrajurisdicionais. Essas garantias processuais constitucionais arquitetam o *devido processo*, que é a *macrogarantia processual constitucional* da qual deriva "a anatomia esquelética dos diferentes procedimentos e das suas partes constituintes"[375]. Na verdade, os três enfoques anteriores atribuídos ao processo como garantia constituem diferentes visões sobre o mesmo fenômeno: parte-se da visão macroscópia do processo como garantia que se interpõe entre o poder do Estado e o indivíduo para uma visão microscópica, em que o tecido processual é composto por uma série de garantias constitucionais das quais derivam microgarantias infraconstitucionais, as quais unem-se para formar procedimentos legais voltados à garantia da liberdade do indivíduo frente ao poder jurisdicional. Passa-se, assim, do processo ao procedimento; da ciência processual para a ciência procedimental. Em todas essas perspectivas destaca-se um elemento comum: processo é sinônimo de garantia da liberdade individual frente ao poder estatal. Não poderia ser diferente. Afinal, a Constituição é o *locus* normativo das garantias do indivíduo e da sociedade contra o exercício do poder[376].

---

374. Conforme Eduardo José da Fonseca Costa, O processo garante à parte a liberdade [*FREEDOM*] de decidir pelo que entende e pelo que lhe convém no processo. Noutras palavras, tem o poder de autodeterminar-se por sua própria vontade e, a partir dela, escolher autonomamente os seus comportamentos no processo. Isso implica, dentre outras coisas: *i)* a liberdade de alegar fundamentos de fato; *ii)* a liberdade de alegar fundamentos de direito; *iii)* a liberdade de formular pedidos; *iv)* a liberdade de provar os fatos alegados como fundamento; *v)* a liberdade de indagar às testemunhas; *vi)* a liberdade de inquirir a parte contrária; *vii)* a liberdade de convencer o juiz; *viii)* a liberdade de impugnar. Todas essas escolhas, próprias à atividade de parte, se devem fazer sem qualquer interferência do juiz, *i.e.*, com «liberdade» [*LIBERTY*]. O juiz não se intromete no exercício delas. Afinal, é alheio, *não*-parte, *im*-parte, impartial, imparcial, neutro. É iniciativa *exclusiva* da parte manejar os fatos, os fundamentos jurídicos, os pedidos, as provas, as indagações, as inquirições e as impugnações que lhe amparam a ação e a defesa. Nenhum aspecto desse manejo poder ser adicionado, alterado, suprimido, determinado, impedido ou punido pelo juiz. " [liberty]. *Empório do direito*. Disponível em http://emporiododireito.com.br/leitura/processo-garantia-de-liberdade-freedom-e-garantia-de-liberdade-liberty>. Acesso em 21/08/2018.

375. COSTA, Eduardo José da Fonseca. Ciência processual, ciência procedimental e ciência jurisdicional. Disponível em <http://emporiododireito.com.br/leitura/abdpro-8-ciencia-processual-ciencia-procedimental-e-ciencia-jurisdicional-por-eduardo-jose-da-fonseca-costa>. Acesso em 28 de novembro de 2017.

376. Conforme Glauco Gumerato Ramos, "as constituições políticas ocidentais positivadas após o flagelo da Segunda guerra Mundial – via de regra – estabelecem enunciados prescritivos voltado a estabelecer garantias em favor do indivíduo e da sociedade contra a natural arbitrariedade que

No interior, portanto, do tecido processual, em que se unem as diferentes garantias processuais formadoras do devido processo, é que se verifica, pela lente constitucional-processual, os chamados direitos processuais fundamentais. Esses direitos (como o direito ao contraditório, o direito à fundamentação, o direito à publicidade etc.) assumem as vestes de garantias contrajurisdicionais autônomas, na medida em que não visam a garantir a fruição de uma determinação posição jurídica – no máximo poderiam ser chamadas de *garantias da liberdade*. Diferem, portanto, das chamadas *garantias constitucionais* dos direitos fundamentais, como o *habeas corpus*, que é uma garantia do direito à liberdade de locomoção frente às indevidas interferências do poder estatal, e o *mandado de segurança*, que é uma garantia de direitos líquidos e certos frente a atos ilegais e abusivos praticados por autoridades públicas.

Portanto, não se aplica às garantias processuais *do* processo a velha lição de Ruy Barbosa, que diferenciava "as disposições meramente declaratórias, que são as que imprimem existência legal aos direitos reconhecidos, e as disposições assecuratórias, que são as que, em defesa dos direitos, limitam o poder"[377]. As garantias *do* processo não são, pois, *acessórios*, expressão normalmente utilizada pela doutrina constitucional para designar as *garantias dos direitos fundamentais*[378]. Somente numa concepção muito larga é que poderíamos considerar as garantias constitucionais do processo como disposições meramente assecuratórias e, portanto, acessórias: se viéssemos a concebê-las como garantias do *direito fundamental ao devido processo* e do *direito à liberdade* oponíveis ao poder jurisdicional – portanto, *garantias contrajurisdicionais*, pois sempre direcionadas a frear o exercício do poder jurisdicional. No entanto, preferimos considerá-las como *garantias autônomas (e com isso enfatizar o seu viés contrajurisdicional)* ou mesmo *direitos fundamentais processuais (direitos fundamentais exercitáveis no processo)*, pois sua tutela não depende da indicação de um direito a ser garantido: elas são garantias e ao mesmo tempo elementos constitutivos do direito ao devido processo (ele mesmo, uma garantia do direito à liberdade). Por isso, *garantias*

---

rege a condição humana. E sendo o Poder estatal exercido por pessoas humanas, é necessário que se estabeleçam garantias e que elas sejam concretizadas quando do exercício do Poder, de modo a se evitar, tanto quanto possível, que o Direito seja criado pela autoridade estatal fora dos padrões garantistas estabelecidos na Constituição" RAMOS, Glauco Gumerato. Aspectos semânticos de uma contradição pragmática. O garantismo processual sob o enfoque da filosofia da linguagem. *Revista Brasileira de Direito Processual* – RBDPro. Belo Horizonte, n.82, p. 217–227, abr./jun. 2013, p. 218.

377. BARBOSA, Ruy. *Comentários à Constituição Federal Brasileira*. Volume V. São Paulo: Saraiva, 1934, p. 181.

378. MIRANDA, Jorge. *Manual de Direito Constitucional*. Tomo IV. 2 ed. Coimbra: Coimbra Editora, 1993, p. 88.

autônomas, garantias do processo, direitos fundamentais processuais ou simplesmente *garantias da liberdade no processo.*

Peculiar dos direitos fundamentais processuais é a possibilidade de serem visualizados como direitos de resistência, direitos a prestações positivas e, até mesmo, como direitos de participação. O direito à fundamentação das decisões judiciais é um direito de resistência, pois limita as possibilidades de atuação do órgão jurisdicional na esfera dos indivíduos e, ao mesmo tempo, um direito a prestações positivas, pois confere às partes a possibilidade de exigir do órgão jurisdicional que fundamente de modo adequado suas decisões. O direito ao contraditório, além de ser um direito de resistência, pode ser visualizado como um direito de participação, pois confere às partes o direito de participar na formação dos provimentos jurisdicionais, perspectiva na qual se verifica um diálogo entre direitos fundamentais ao contraditório e à fundamentação das decisões judiciais. Nessas diferentes perspectivas, os direitos fundamentais processuais são limitadores da esfera de atuação do Estado e, portanto, guardiões da liberdade individual.

Por sinal, o caso do contraditório bem demarca essa dupla noção de liberdade (positiva e negativa) no bojo do procedimento. O exercício do direito fundamental ao contraditório está atrelado tanto à noção de liberdade negativa, quanto à noção de liberdade positiva, conferindo às partes o direito de participar ativamente na configuração do material da causa (do objeto litigioso, delimitando-o sem indevidas interferências judiciais inclusive no que tange à qualificação jurídica dos fatos principais), o que impõe repensar o brocardo *iura novit curia*, comumente utilizado para permitir que o juiz, de ofício, possa se imiscuir em questões jurídicas não debatidas pelas partes, deve ser repensado. O *iura novit curia* não implica uma expectativa fiel das partes sobre a capacidade de o juiz encontrar corretamente e solitariamente a melhor solução jurídica para os fatos da causa[379]. Na verdade, deve ser afastada qualquer forma de *solipsismo processual* do magistrado mesmo naquilo que lhe é dado conhecer de ofício[380].

Nesse pano de fundo – em que o conceito de liberdade, em sua dupla dimensão, apresenta-se como um dos pilares do Estado Democrá-

379. BUONCRISTIANI, Dino. Il nuovo art. 101, comma 2°, C.P.C. sul *contraddittorio e sui rapporti tra parti e giudice*. Rivista di diritto processuale. Anno LXV (Seconda Serie) – N. 2. Marzo- Aprile 2010. Padova: CEDAM, 2010, p. 408.

380. GRADI, Marco. Il principio del contraddittorio e la nullità dela sentenza dela "terza via". Rivista di diritto processuale. Anno LXV (Seconda Serie) N. 4. Luglio-Agosto 2010. Padova: CEDAM, 2010, p. 826. Em sentido similar, COSTANTINO, Giorgio. Questioni processuali tra poteri del giudice e facoltà delle parti. *Rivista di diritto processauel.* Anno LXV (Seconda Serie) – N. 5. Settembre-Ottobre 2010. Padova: CEDAM, 2010, p. 1012.

tico de Direito – torna-se possível perquirir em que medida a autonomia privada passa a ser decisiva para influenciar a própria conformação do procedimento civil no âmbito do direito processual. Colocada em xeque, com isso, a dicotomia entre privatismo e publicismo processual, é necessário seguir na ideia de que o processo é "coisa para as partes". Para tanto, será necessário resgatar tema central do debate a respeito do "problema da divisão de trabalho entre o juiz e as partes": o princípio ou modelo "dispositivo" de processo.

1.6 OS PERCALÇOS HISTÓRICOS E TEÓRICOS DO "PRINCÍPIO" DISPOSITIVO: DA SUA TRANSFORMAÇÃO EM "MODELO DE PROCESSO", O CONTRAPONTO COM O "MODELO INQUISITORIAL", SUA TRANSFORMAÇÃO EM "PRINCÍPIO TÉCNICO" E A FALÁCIA DO MODELO "MISTO OU COOPERATIVO"

A gênese do chamado "princípio dispositivo" está na necessidade de traçar uma autêntica garantia contra o arbítrio judicial[381]. O seu estudo impõe, desde logo, uma grande dificuldade, que reside na exata significação da expressão "princípio dispositivo", a qual costuma ser empregada pela doutrina processual com o objetivo de expressar coisas diversas[382]. Em meio a essa diversidade de temas abarcados pelo princípio dispositivo é possível encontrar um denominador comum: expressar aquilo que *relativamente ao processo* encontra-se no âmbito de disposição das partes.

No entanto, como veremos nesse tópico, a utilização do termo *princípio* ao lado do *dispositivo* remete a uma noção de princípio bastante diferente daquela que, no direito contemporâneo, é associada à noção

381. ALVARO DE OLIVEIRA, Carlos Alberto. *Do Formalismo no Processo Civil*. 2. ed. São Paulo: Saraiva, 2003, p. 78.

382. BEDAQUE, José Roberto dos Santos. *Poderes instrutórios do juiz*. 2ª ed. rev. e ampl. São Paulo: Revista dos Tribunais, 1994, p. 66. Também no sentido da ambiguidade da expressão princípio dispositivo, MATTOS, Sérgio Luís Wetzel de. *Da iniciativa probatória do juiz no processo civil*. Rio de Janeiro: Forense, 2001, p. 13. Em tom crítico, Barbosa Moreira menciona que "na linguagem brasileira, tal como na de outros países latinos, é habitual falar de 'princípio dispositivo' para designar a ideia que estaria na base de semelhante tendência [de reservar às partes um papel dominante com a exclusão das interferências do juiz], sem que se tenha em regra, a preocupação de estabelecer distinções: usa-se a denominação à guisa de rótulo genérico, indiferentemente aplicável a qualquer aspecto da temática em foco" (BARBOSA MOREIRA, José Carlos. O problema da divisão de trabalho entre juiz e partes: aspectos terminológicos. In: *Temas de direito processual*. 4ª série. São Paulo: Saraiva, 1989, pp. 35-36). Essa ausência de precisão terminológica também está presente na contraposição usualmente feita entre processo inquisitivo e processo dispositivo, normalmente utilizada, respectivamente, para "designar o modelo em que se atribui ao órgão judicial maior soma de poderes" e "para indicar aquele em que se lhe impõem limitações mais acentuadas, reservando às partes, na substância, o papel principal" (BARBOSA MOREIRA, José Carlos. Reformas processuais e poderes do juiz. *Temas de direito processual*. 8ª série. São Paulo: Saraiva, 2004, p. 53).

de norma jurídica. Isso fez com que, gradualmente, a doutrina italiana conferisse ao chamado *princípio dispositivo* uma função meramente "técnica" e, portanto, maleável, o que, no curso da história do direito processual, permitiu que a processualística civil viesse a utilizá-lo para chancelar até mesmo poderes instrutórios do juiz. Daí nossa opção por apontar a insuficiência normativa do "princípio dispositivo", buscando as bases que lhe fundamental: a imparcialidade judicial e a liberdade das partes, caracterizada pela "autonomia privada no processo".

Também não é incomum que o princípio dispositivo seja considerado uma peça de política legislativa, e não sinônimo de norma jurídica. Sob essa perspectiva, do princípio dispositivo e da sua antítese, o princípio inquisitório, parte-se para a construção de modelos normativos, os quais, inspirados em algum desses princípios forjariam opções para a distribuição dos poderes das partes e do juiz no direito processual. Como os dois temas (princípio e modelo) são, sob essa perspectiva, intercambiáveis, iremos trabalhá-los em conjunto nas linhas a seguir, dando-se ênfase ora à noção de "modelo", ora à noção de "princípio" dispositivo, apontando os problemas que lhes são subjacentes.

1.6.1 Da formação dos modelos dispositivo e inquisitorial

A expressão "modelos processuais" costuma ser empregada pela doutrina para identificar um *conjunto de características, presentes em determinado sistema normativo processual,* correspondentes à delimitação dos poderes, faculdades e deveres dos sujeitos processuais, bem como a coordenação de suas atividades e ordenação dos respectivos procedimentos. Diz respeito, portanto, àquilo que muitos preferem chamar de "formalismo processual"[383].

Em linhas gerais, o estudo dos "modelos processuais" visa, a partir da revelação de traços marcantes de um determinado sistema de direito positivo, identificar a quem compete o domínio das atividades a serem desenvolvidas no bojo do procedimento, se ao Estado-juiz ou às partes. É claro que a escolha realizada nesse sentido, que se dá, antes de nada, no plano político-constitucional, reflete elementos que antecedem o fenômeno processual – mas que com ele se inter-relacionam diretamente – como é o caso da relação entre Estado, indivíduos e sociedade. Desse modo, é muito provável que um modelo autoritário de Estado prefira dar

383. Nesse sentido, o "formalismo processual" diz respeito, portanto, à organização do processo e a distribuição das atividades e posições dos sujeitos processuais. ALVARO DE OLIVEIRA, Carlos Alberto. *Do formalismo no processo civil.* 2ª ed. São Paulo: Saraiva, 2003, p. Sobre o tema, ver também SATTA, Salvatore. Il formalismo nel processo. *Rivista trimestrale di diritto e procedura civile,* 1958.

mais poderes ao juiz a conferir garantias contrajurisdicionais às partes. Outrossim, em Estados caracterizados por valores liberais, é provável que a liberdade do indivíduo esteja acima do poder do Estado, razão pela qual a tendência é que o modelo processual seja construído em prol das partes, e não do Estado-juiz. Portanto, ao contrário do que à primeira vista possa parecer, o estudo de "modelos processuais" não é uma tarefa simples, pois embora dependa, principalmente, de elementos extraídos do direito positivo de um determinado Estado, também envolve questões relacionadas, pelo menos, à ciência política e à ideologia em sentido estrito (compromisso com o poder ou sua luta)[384].

Diante dessa complexidade, o mais comum é o estudo do tema a partir de "modelos ideais", ou seja, de modelos que levam em consideração *certas características*, as quais, caso presentes no direito positivo objeto de análise, seriam suficientes para adjetivá-lo. Nessa perspectiva, dois modelos costumam fazer frente a questão: os modelos inquisitorial e dispositivo (também chamado de adversarial ou acusatório).

Antes de avançarmos no tema, no entanto, é necessário fazer uma observação que será retomada posteriormente: do ponto de vista de uma teoria unitária do processo, que não diferencia, do ponto de vista constitucional (do ponto de vista da processualística), as garantias contrajurisdicionais penais, civis, trabalhistas, etc., o estudo dos modelos processuais deve partir da Constituição, sendo, ademais, inconcebível, que o procedimento civil possua um "modelo processual", distinto, por exemplo, do "modelo processual" do procedimento penal. Entendimento contrário nos conduziria inevitavelmente à equivocada premissa de que os "modelos processuais" devem ser construídos pelo legislador infraconstitucional sem, necessariamente, pagar tributo à Constituição[385].

---

384. Para um aprofundamento da noção de ideologia em sentido amplo e estrito com vistas a compreensão do fenômeno processo, ver PEREIRA, Mateus Costa. Processo e ideologia (em sentido amplo e estrito): um novo horizonte à compreensão do fenômeno processual. *Revista brasileira de direito processual – RBDPro*. Ano. 26, n. 103, jul./set. 2018. Belo Horizonte: Fórum, 2018, p. 283-296.

385. Há quem entenda o contrário. Fredie Didier Jr., por exemplo, considerada que existem diversos modelos de direito processual e que "todos eles podem ser considerados em *conformidade* com o princípio do devido processo legal". Desse modo, tudo dependeria "do que se entende por *devido processo legal*, que, como visto, por se tratar de cláusula geral, é texto cujo conteúdo normativo variará sobremaneira a depender do espaço e do tempo em que seja aplicado" DIDIER JR., Fredie. *Curso de direito processual civil*. Introdução ao direito processual civil, parte geral e processo de conhecimento. 18 ed. Vista, ampliada e e atualizada. Volume 1. Salvador: JusPodivm, 2016, p. 121. Subjacente ao pensando de Didier Jr. Está, no entanto, uma compreensão de que a Constituição consagra uma série de normas que podem ser ponderadas pelo Poder Judiciário e, ao que tudo indica, pelo legislador, dando a este uma maior liberdade na construção de sistemas processuais distintos. Desse modo, o elemento de direito positivo suficiente para a identificação de um modelo processual seria a legislação infraconstitucional, e não a Constituição, o que é bastante coerente com o pensamento de Fredie Didier Jr., para quem "nada impede que o legislador, em relação a um

Conforme lição de Franco Cordero, os adjetivos "inquisitório" e "acusatório/dispositivo" costumam ser usados em, pelo menos, dois sentidos: *no primeiro sentido,* os termos sublinhariam a diferença entre os *procedimentos instaurados de ofício pelo Estado-juiz* (no caso, o modelo inquisitorial) e aqueles nos quais *o início do procedimento pressupõe um pedido de tutela jurisdicional formulado pela parte* (no caso, o modelo dispositivo ou adversarial). Justamente por isso, se costuma dizer que o processo pautado pelo modelo dispositivo, ao contrário do inquisitorial, seria um processo de partes[386].

Esse primeiro sentido, gradualmente, passou a ter menor importância, justamente porque os sistemas processuais modernos reservaram a um órgão do Estado diverso do órgão jurisdicional, no caso, o Ministério Público, a tarefa de dar início ao procedimento no âmbito penal e no âmbito civil – nas causas em que a lei lhe confere legitimidade extraordinária para a defesa de interesses difusos e direitos coletivos.

O segundo sentido, que é o que mais nos interessa, configuraria dois modos diametralmente opostos de compreender o que acontece no processo: no modelo inquisitivo, confere-se ao um juiz um crédito ilimitado, dando-se menor importância à participação das partes, ao passo que, no modelo adversarial, a gestão da causa recai nas partes. Nesse sentido, Jacinto Coutinho diz que a principal diferença entre os dois modelos estaria na gestão da prova, que no modelo inquisitório ficaria a cargo do juiz, ao passo que, no modelo adversarial ficaria a cargo das partes. Por isso, é comum se *referir* que no sistema inquisitório seria possível, ao juiz, decidir e depois sair à cata da prova necessária ou suficiente (sempre na sua visão) para a condenação ou absolvição. Com isso o juiz tornar-se-ia senhor do processo[387]. Atualmente, a distinção entre os dois modelos não se restringe à gestão da prova, podendo ser ampliada para a

---

tema, encampe o "princípio dispositivo" e, em relação ao outro, o "princípio inquisitivo". E aí reside outro problema: se as expressões "princípio dispositivo" e "princípio inquisitivo" são – como veremos adiante – máximas utilizadas para identificar as opções políticas utilizadas pelo legislador para construir um determinado sistema procedimental, elas não constituem escolhas legislativas que antecedem o fenômeno político e, portanto, as razões políticas e ideológicas em sentido estrito que levaram o legislador por dar maior ou menor ênfase aos poderes do juiz. Na verdade, somente é possível falar em princípio dispositivo ou inquisitivo para catalogar e explicar um determinado sistema de direito positivo.

386. CORDERO, Franco. Linhas de um processo acusatório. In: COUTINHO, Jacinto Nelson de Miranda; PAULA, Leonardo Costa de; SILVEIRA, Marco Aurélio Nunes da. (Org.). *Mentalidade inquisitória e processo penal no Brasil*: estudos sobre a reforma do CPP no brasil. Volume 4. Curitiba: Observatório da mentalidade inquisitória, 2018, p 18.

387. COUTINHO, Jacinto Nelson de Miranda. Democracia e sistema inquisitório: a farsa do combate à corrupção no Brasil. In: COUTINHO, Jacinto Nelson de Miranda; PAULA, Leonardo Costa de; SILVEIRA, Marco Aurélio Nunes da. (Org.). *Mentalidade inquisitória e processo penal no Brasil: estudos sobre a reforma do CPP no Brasil.* V. 4. Curitiba: Observatório da mentalidade inquisitória, 2018, p. 112-113.

gestão *lato sensu* da causa, o que nos permite identificar como *inquisitoriais* sistemas processuais nos quais a direção do processo pelo juiz (em sentido formal e até mesmo material) encontra-se presente em diversas opções legislativas.

Grande parte da doutrina diz que o modelo inquisitorial surgiu no século XIII, mais precisamente com o Papa Inocêncio III, em 1215, com o IV Concílio de Latrão, a partir de uma tentativa engendrada pela Igreja Católica para perseguir doutrinas heréticas e, em geral seus inimigos. Instaurava-se, assim, uma mentalidade segundo a qual o réu é um pecador, detentor de uma verdade a ser extraída por meio da confissão.

No entanto, também é possível enxergar traços de um modelo inquisitorial no procedimento da *cognitio extra ordinem* inaugurado no Alto Império romano como contraponto ao modelo anterior da República romana, em que imperava limitações ao direito de acusar e a instituição de requisitos diversos para o exercício da magistratura[388]. Com o procedimento da *cognitio extra ordinem*, no qual se verifica a absorção da jurisdição pelo Imperador, se instaurou um procedimento mais ágil e de formas elásticas, restabelecendo-se o domínio da coerção na figura do próprio Imperador[389]. O surgimento dos recursos, como mecanismos para conferir ao juiz a possibilidade de revisar as decisões dos seus juízes delegados é, por sinal, um bom exemplo desse modo que via no recurso um instrumento do Estado, e não um direito da parte[390].

O que mais nos interessa falar, aqui, para retratar o modelo inquisitivo – notadamente no procedimento civil, cuja influência teórica veio a impactar nos demais ramos do direito procedimental – é o modelo processual absolutista dos séculos XVII e XVIII, no qual os interesses do soberano estavam acima dos interesses das partes, seja no que diz respeito à instauração do processo, seja quanto à condução do processo e aos limites da decisão da causa. Nesse sentido, podemos mencionar a Ordenança Judicial Geral Prussiana do final do século XVIII, na qual as alegações das partes eram formuladas por um juiz delegado ou por

388. SANTALUCIA, Bernardo. Processo penale (diritto romano). In: SANTORO-PASSARELLI, Francesco (dir.). *Enciclopedia del diritto*. Milão: Giuffrè, 1987. vol. 36, p. 318-360.

389. FRANCISCI, Pietro de. *Síntesis histórica del derecho romano*. Madrid: Editorial Revista de Derecho Privado, 1954, p. 596.

390. Sobre o tema, consultar ANCHIETA, Natascha. O recurso como garantia do indivíduo e o recurso como instrumento do estado: variações a partir do debate entre garantismo e instrumentalismo processual. *Empório do direito*. Coluna ABDPro, n.º 75. Disponível em https://emporiododireito.com.br/leitura/abdpro-75-o-recurso-como-garantia-do-individuo-e-o-recurso-como-instrumento-do-estado-variacoes-a-partir-do-debate-entre-garantismo-e-instrumentalismo-processual. Acesso em 07.07.2019.

comissários da justiça (funcionários do rei). Tanto na Prússia, por influência de Frederico o Grande, quanto na Áustria a atuação das partes e, principalmente, dos advogados era vista com maus olhos, como se fossem eles os grandes responsáveis pela demora do judiciário. Não por acaso, Robert Millar diz que esses seriam os grandes exemplos de um modelo inquisitorial puro no âmbito do procedimento civil[391]. Essa tendência – que marcou o direito processual austríaco – se fez presente na famosa reforma processual de Franz Klein (1895) responsável pela manutenção de um modelo inquisitório de processo fundado em argumentos de justiça social e de combate ao liberalismo processual (que era inexistente na Áustria). Lá também os advogados eram vistos com maus olhos, como causa dos males ocasionados no processo[392]. Por sinal, a advocacia e o processo (concebido como garantia) costumam ser vistos com maus olhos por tiranos e por aqueles que, *grosso modo*, detém o poder[393].

Foi justamente este o contexto político que serviu de base para que a doutrina começasse a construir um modelo que servisse de antítese ao modelo inquisitório. Aqui podemos verificar que, em diferentes momentos da história, o modelo inquisitório esteve ligado a um projeto de poder, sendo fruto, pois, da ideologia em sentido estrito. O modelo inquisitorial, portanto, liga-se a uma proposta de centralização do poder político em detrimento de garantias do indivíduo. Trata-se de um dado inegável se analisadas as coisas diante dos principais exemplos de processo inquisitorial.

Consequentemente, a antítese do modelo inquisitivo somente poderia ser gestada sob os influxos de um modelo que prestigiasse, na maior medida possível, a liberdade das partes frente ao poder. Não por caso, muitos procedimentalistas penais costumam remontar o modelo adversarial às reformas ocorridas na justiça inglesa sob a égide de Henrique II, durante o século XII e, posteriormente, à Magna Carta, elementos que teriam, por assim dizer, blindado o *common law* da mentalidade inquisitorial instaurada no direito continental europeu. No entanto, as formulações teóricas acerca de um modelo adversarial, contraposto ao modelo inquisitorial, começaram a ser gestadas no século XIX, já sob os

391. MILLAR, Robert. *Los principios formativos del procedimento civil.* Traducción del inglês y notas por la Dra. Catalina Grossmann. Buenos Aires: EDIAR, 1945, p. 69-71.

392. Sobre o tema, ver CIPRIANI, Franco. Nel centenario del regolamento di Klein (Il processo civile tra libertà e autorità). *Rivista di diritto processuale.* Padova: CEDAM, 1995.

393. Sobre o tema, ver DIETRICH, William Galle. A advocacia é uma desgraça apenas para o poder arbitrário. *Consultor jurídico.* Disponível em: https://www.conjur.com.br/2019-jun-01/diario-classe-advocacia-desgraca-apenas-poder-arbitrario. Acesso em 14/06/2019.

influxos das revoluções liberais que sedimentaram a noção de direitos fundamentais como direitos de resistência. Não por acaso, é possível verificar na *Bill of Rights* inglesa, de 1689, uma série de garantias individuais contrajurisdicionais, portanto, contrárias a um modelo inquisitorial de processo.

Foi após a dissolução do "Sacro Império Germânico", ocorria em 1806, que, nos estados germânicos da primeira metade do século XIX, se iniciou a construção de um arcabouço teórico de combate ao modelo inquisitório. Atribui-se a Nikolaus Thaddaeus Gönner o mérito por ter criado a expressão *Verhandlungsmaxime*, em seu famoso *Handbuch des deutschen gemeinen Prozesses*, bem como por distingui-la da *Untersuchungsmaxime (Inquisitionsmaxime)*[394]. De início, pois, a contraposição fundamental se dava entre o chamado *princípio inquisitorial* e o *princípio do debate.*

Todavia, desde a sua criação por Gönner – e talvez pela falta de precisão da terminologia por ele desenvolvida – foram surgindo algumas questões a respeito da amplitude da *Verhandlungsmaxime (princípio do debate)*. Isso levou a que, em 1858, Ortloff sugerisse, *para contrapor o princípio inquisitório*, a utilização da expressão *Dispositionsmaxime*, o que não significava um abandono da *Verhandlungsmaxime*, mas na distinção entre dois polos de contraposição ao princípio inquisitório. Com efeito, enquanto o *princípio dispositivo* diria respeito ao poder de disposição das partes a respeito dos seus direitos e a escolha de exercê-los em juízo, o *princípio do debate* corresponderia ao poder atribuído às partes relativo ao modo de exercício dos seus direitos no processo, abarcando a utilização do processo e dos respectivos meios de prova[395].

Desse modo, a fórmula do *princípio do debate* expressaria a ideia de que "corresponde às partes determinar o alcance e o conteúdo da a disputa judicial o, invertendo os termos, de que o tribunal resta limitado às

394. Nesse sentido: BARBOSA MOREIRA, José Carlos. O problema da divisão de trabalho entre juiz e partes: aspectos terminológicos. In: *Temas de direito processual.* 4ª série. São Paulo: Saraiva, 1989, p. 39. PICÓ I JUNOY, Joan. *O juiz e a prova*: estudo da errônea recepção do brocardo iudex iudicare debet secundum allegata et probata, non secundum conscientiam e sua repercussão atual. Tradução Darci Guimarães Ribeiro. Porto Alegre: Livraria do Advogado, 2015, p. 39. MILLAR, Robert. *Los principios formativos del procedimento civil.* Traducción del inglês y notas por la Dra. Catalina Grossmann. Buenos Aires: EDIAR, 1945, p. 62. CARNELUTTI, Francesco. *La prueba civil.* Traducción de niceto Alcalá-Zamora y Castillo. 2ª ed. Buenos Aires: Ediciones Depalma, 1982, p. 9. Conforme Carnacini, Gönner foi "il primo a formulare il dualismo – pervenuto, nella forma almeno, fino a noi – tra sistemi processual dove la trattazione è importata all´iniziativa di parte e sistemi in cui questa iniziativa può invece essere assunta anche dal giudice" CARNACINI, Tito. Tutela giurisdizionale e técnica del processo. *Studi in onore di Enrico Redenti.* Nel anno del suo insegnamento. Volume secondo. Milano: Dott. A. Giuffrè Editore, 1951, p. 717.

395. BARBOSA MOREIRA, José Carlos. O problema da divisão de trabalho entre juiz e partes: aspectos terminológicos. In: *Temas de direito processual.* 4ª série. São Paulo: Saraiva, 1989, p. 39.

considerações que os litigantes tenham apresentando a ele"[396]. Já o *princípio dispositivo*, que estaria numa posição antecedente, diria respeito à disposição do próprio direito material e, consequentemente, à escolha sobre ir ou não à juízo em busca da tutela jurisdicional do Estado, como consequência da titularidade do direito material[397].

Com efeito, *sob essa primeira perspectiva, tanto a escolha de ir ou não à juízo, quanto o exercício de determinados direitos no processo, notadamente a gestão da prova, seriam uma decorrência lógica da titularidade do próprio direito material*[398]. No entanto, essa conexão entre liberdade de ir e agir em juízo – como contraposição ao poder do Estado-juiz – e titularidade do direito material, esbarraria, de pronto, em duas questões fundamentais: a mesma liberdade conferida ao autor poderia ser conferia ao réu? E se, ao final do litígio, fosse verificado que o autor não era o titular do direito material invocado, como justificar o seu poder de disposição quanto à atuação da tutela jurisdicional e a limitação dos fatos e meios de prova?

Além disso, não faltaram autores entendendo que o *princípio do debate* estaria compreendido no *princípio dispositivo* ou que dele fosse uma decorrência lógica. A distinção entre princípio dispositivo e princípio do debate, originariamente pensados como antagônicos ao princípio inquisitório, acabou servindo de subterfúgio para que, principalmente os procedimentalistas civis viessem a flexibilizar as barreiras que um modelo dispositivo de processo teria condições de impor frente às perspectivas inquisitoriais que gradualmente foram sendo incorporadas às legislações procedimentais do século XIX e XX.

Com efeito, desde o início dos novecentos, a doutrina italiana passou a separar os dois fenômenos – o direito exclusivo da parte de ir a juízo e de pedir tutela jurisdicional, de um lado, e, de outro, a regra de ini-

396. MILLAR, Robert. *Los principios formativos del procedimento civil.* Traducción del inglês y notas por la Dra. Catalina Grossmann. Buenos Aires: EDIAR, 1945, p. 59.

397. Conforme Millar, de acordo com o referido princípio "las partes tienen el pleno domínio de sus derechos materiales y procesales involucrados en la causa, y reconoce su potestade de libre decisión respecto del ejercicio o no ejercicio de estos derechos. El que sea dueño de un derecho, no queda, pues, obligado a perseguirlo en juicio: *nemo invitus agere cogatur*; el ejercicio del mismo por acción queda librado a su albedrío" MILLAR, Robert. *Los principios formativos del procedimento civil.* Traducción del inglês y notas por la Dra. Catalina Grossmann. Buenos Aires: EDIAR, 1945, p. 65.

398. De acordo com Carnacini, gradualmente foi sendo aceita como indiscutível a ideia de que "alla deducibilità del preteso diritto in giudizio ad opera della parte, di regola non possa non accompagnarsi la disponibilità, sempre a di lei esclusiva opera, anche di quanto, rivolgendosi ad un terzo qual'è il giudice, è necessário per convincerlo che la propria domanda è fondata: cioè non possa non accompagnarsi la disponibilità, in ispecie, dei fatti e dei mezzi per provarli" CARNACINI, Tito. Tutela giurisdizionale e técnica del processo. *Studi in onore di Enrico Redenti.* Nel anno del suo insegnamento. Volume secondo. Milano: Dott. A. Giuffrè Editore, 1951, p. 721.

ciativa das partes no debate e instrução da causa – ao ponto de o Código de Processo Civil ter ditado normas positivas a respeito do *principio della domanda* e também sobre a *disponibilità delle prove*, as quais estariam ligadas ao que os italianos vieram a chamar de princípio dispositivo[399]. Desse modo, o que os alemães chamavam de *princípio do debate* passou a ser designado pelos italianos de *princípio dispositivo*.

Em síntese, pode-se dizer que a doutrina passou a ver, no *princípio da demanda*, uma decorrência direta da titularidade do direito material, alargando o seu âmbito de incidência para abranger não somente a *disponibilidade de pedir tutela jurisdicional, como também a delimitação do mérito da causa, mediante a aportação de fatos e consequências jurídicas*. Nada diferente, pois, daquilo que se pode verificar nos artigos 2.º, 141 e 492 do CPC, dispositivos que nos permitem afirmar que o mérito da causa é considerado, no procedimento civil, verdadeiro "patrimônio das partes"[400].

Um bom exemplo dessa cisão entre *princípio da demanda* e *princípio dispositivo*, pode ser encontrada em Chiovenda, um dos pais do publicismo processual. Chiovenda, ao tratar dos limites que confinam a atividade do juiz, menciona que o primeiro deles diz respeito à *correspondência necessária entre o requerido e o julgado*, sendo, pois, um limite absoluto, determinável pelas regras da identificação das ações. Outros limites corresponderiam à *ingerência do juiz na formação do material de cognição* e, também, à *interferência do juiz na direção do*

399. LIEBMAN, Enrico Tulio. Fondamento del principio dispositivo. *Problemi del processo civile*. Milano: Morano Editore, 1962, p. 4.

400. Semelhante entendimento é adotado pela doutrina italiana contemporânea, visualizando-se o *princípio da demanda* como a "attribuzione dell´iniziativa del processo alla parte, ossia come strumento di attuazionde di un raccordo tra il diritto sostanziale e la tutela giurisdizionale". Assim, o *princípio da demanda* seria um reflexo da autonomia do direito que se faz valer em juízo e, ao mesmo tempo, a regra primeira da atividade processual. Além disso, a demanda teria, ainda, a "funzione insostituibile di fissare il thema decidendum, secondo il punto di vista di chi la propone", embora seja certo que o thema decidendum não coincida com todo o conteúdo da demanda, dada a relevância atribuída a cada um dos elementos que ela compõe (GRASSO, Eduardo. *La pronuncia d´ufficio*. Milano: Giuffrè, 1967, p. 67). Nessa linha, Eduardo Grasso entende que confiar a tutela do direito à iniciativa do seu titular significa sobretudo que este pode escolher o tempo e o modo da tutela, sendo que tal posição restaria mutilada e comprometida se a parte não tivesse, também, "il monopolio della rilevazione degli avvenimenti in base ai quali il giudice è tenuto a decidere" (Idem. Ibidem, p. 69). Com isso, pode-se verificar que o autor italiano alarga, por assim dizer, o conteúdo do *princípio da demanda*, para abarcar não somente a iniciativa do processo, mas, igualmente, a delimitação dos fatos principais do processo (causa de pedir), perspectiva semelhante a processualistas italianos contemporâneos, como é o caso de Dino Buoncristiani, para quem o princípio da demanda não diria respeito apenas à *emanação*, mas também ao *conteúdo* do provimento judicial, âmbito no qual se põe em questão saber em que medida os fatos compõem a demanda e são, nesse âmbito, delimitados. BUONCRISTIANI, Dino. *L´allegazione dei fatti nel processo civile*: profili sistematici. Torino: G. Giappichelli Editore, 2001, p. 32.

processo, sendo estes limites variáveis e relativos[401]. Nessa senda, Chiovenda entende que não se adscreve ao princípio dispositivo a regra "*ne eat iudex ultra petita partium*". Seu alcance seria outro, de modo que "não somente o juiz deve comportar-se nos limites da demanda, mas deve também abster-se de considerar de ofício determinados fatos que, embora, não acarretariam mudança de demanda: *secundum allegata et probata partium iudicare debet*". É certo que o mestre italiano não faz expressamente essa cisão no seu clássico ensaio "*Identificazione delle azione. Sulla regola 'ne eat iudex ultra petita partium*", uma vez que neste refere que o brocardo "*ne eat iudex ultra petita partium*" não se exaure na teoria da identificação da ação, assumindo a dupla função de limitar o juiz nos limites da demanda e impor-lhe que se abstenha de revelar de ofício fatos que exatamente poderiam mudar a demanda[402]. Porém, também é certo que Chiovenda já acenava que a posição do juiz, quanto à *determinação* e o *acertamento* dos fatos sobre os quais julgar, poderia ser encarada, abstratamente, de dois modos: o juiz poderia ser investido de todos os poderes necessários a descobrir a verdade (princípio inquisitório) ou, como sujeito, continuamente à iniciativa da parte (princípio dispositivo), em que pese, na prática, nenhuma dessas opções pudesse ser visualizada de modo absoluto[403].

Com efeito, embora num primeiro momento a fratura entre *princípio da demanda (que correspondia ao antigo Dispositionsmaxime)* e *princípio dispositivo (que mais se assemelharia ao Verhandlungsmaxime alemão)* tivesse fins meramente didáticos, pois, em ambos os casos, o órgão jurisdicional encontrava-se limitado pela vontade das partes, vale dizer, dos titulares da situação de direito material deduzida em juízo, *num segundo momento a doutrina italiana passou a tratar o princípio da demanda e o princípio dispositivo a partir de fundamentos distintos.* Com isso, ainda que a oposição fundamental entre *princípio dispositivo* e *princípio inquisitório* fosse mantida do ponto de vista formal, elementos inquisitoriais passaram a ser admitidos, notadamente no procedimento civil, sem que isso representasse qualquer espécie de afronta ao princípio dispositivo.

Isso tudo somente foi possível com a redução do *princípio dispositivo* à condição de um "princípio meramente técnico" e desprovido de qualquer fundamento jurídico ou político, facilmente manejável por

401. CHIOVENDA, Giuseppe. *Instituições de direito processual civil.* Volume II. 2ª ed. Tradução de J. Guimarães Menegale. Acompanhada de Notas por Enrico Tullio Liebman. São Paulo: Saraiva, 1943, p. 460.

402. CHIOVENDA, Giuseppe. Identificazione delle azione. Sulla regola "ne eat iudex ultra petita partium". *Saggi di diritto processuale civile (1894-1937).* Volume primo. Milano: Giuffrè, 1993, p. 161.

403. CHIOVENDA, Giuseppe. Identificazione delle azione. Sulla regola "ne eat iudex ultra petita partium". *Saggi di diritto processuale civile (1894-1937).* Volume primo. Milano: Giuffrè, 1993, p. 174.

considerações de ordem técnica e prática, por motivos de conveniência, tal como, no Brasil, defendeu José Carlos Barbosa Moreira[404]. Com isso, a doutrina italiana acabou dando ao princípio dispositivo uma conotação meramente técnica, liberta, pois, de qualquer vínculo com a relação jurídica de direito material deduzida em juízo.

Os grandes responsáveis por essa deturpação do princípio dispositivo pela procedimentalística civil foram, sem dúvida, Tito Carnacini e Mauro Cappelletti. Os efeitos da influência desses dois autores são, até hoje, sentidos na doutrina brasileira, a qual sempre flertou diretamente com a "processualística" italiana.

Para Tito Carnacini, a separação entre *Dispositionsmaxime* e *Verhandlungsmaxime* – vale dizer, entre a iniciativa do processo e a alegação dos fatos da consequente instrução probatória, movimento que ele denomina de *sceveratore*[405] *(movimento distinguidor)* – não teria sido bem apreendida pela doutrina italiana, na medida em que incorporada a ideia de que a disponibilidade do direito material e da tutela jurídica se estenderia, quando não houvesse interesse público envolvido (direito indisponível), também ao desenvolvimento do processo e, mais precisamente, da instrução da causa, como se isso tudo se tratasse de um único fenômeno, expresso em um único princípio[406]. Para ele, a expressão *princípio dispositivo* teria sido utilizada de modo equivocado, sem respaldo na própria tradução da palavra "verhandlung", absorvendo-se na noção de dispositivo o conceito de disposição por obra da parte independente do objeto dessa mesma disposição[407].

Essa separação entre princípio da demanda e princípio dispositivo é, por sinal, um dos pontos centrais do pensamento de Tito Carnacini, o

404. BARBOSA MOREIRA, José Carlos. O problema da divisão de trabalho entre juiz e partes: aspectos terminológicos. In: *Temas de direito processual*. 4ª série. São Paulo: Saraiva, 1989, p. 40.

405. CARNACINI, Tito. Tutela giurisdizionale e técnica del processo. *Studi in onore di Enrico Redenti*. Nel anno del suo insegnamento. Volume secondo. Milano: Dott. A. Giuffrè Editore, 1951, p. 752. Sobre esse exato ponto na obra de Carnacini, ver BUONCRISTIANI, Dino. *L´allegazione dei fatti nel processo civile*: profili sistematici. Torino: G. Giappichelli Editore, 2001, p. 15-16.

406. CARNACINI, Tito. Tutela giurisdizionale e técnica del processo. *Studi in onore di Enrico Redenti*. Nel anno del suo insegnamento. Volume secondo. Milano: Dott. A. Giuffrè Editore, 1951, p. 722. Em sentido contrário, mostrando que, verdade, parcela significativa da doutrina italiana teria incorporado a doutrina alemã que não separava a *dispositionsmaxime* e a *verhandlugnsmaxime* ou que, caso o fizesse, atribuía à disposição das partes em relação aos seus direitos o fundamento dos dois princípios, ver LIEBMAN, Enrico Tulio. Fondamento del principio dispositivo. *Problemi del processo civile*. Milano: Morano Editore, 1962, p. 3-4.

407. CARNACINI, Tito. Tutela giurisdizionale e técnica del processo. *Studi in onore di Enrico Redenti*. Nel anno del suo insegnamento. Volume secondo. Milano: Dott. A. Giuffrè Editore, 1951, pp. 722-723. No mesmo sentido, BARBOSA MOREIRA, José Carlos. O problema da divisão de trabalho entre juiz e partes: aspectos terminológicos. In: *Temas de direito processual*. 4ª série. São Paulo: Saraiva, 1989, p. 40. MACHADO, António Montalvão. O dispositivo e os poderes do tribunal à luz do novo código de processo civil. 2ª ed. Coimbra: Almedina, 2001.

qual buscou, a partir do direito alemão, conciliar a absoluta dependência da vontade das partes no que concerne ao servir-se do (sic) "*instrumento processo*", com uma mais ou menos marcada autonomia do juiz na escolha dos meios de prova e, em geral, no acertamento dos fatos relevantes da causa[408]. Nisso residiria a distinção entre tutela jurisdicional e técnica do processo, que levou o autor italiano a dizer que *a parte se serve do processo para a obtenção da tutela jurisdicional de um interesse material e, ao mesmo tempo, serve ao processo, devendo provocar e praticar os atos que constituem a célula do próprio instrumento processo*[409].

Nessa linha, Carnacini considera que a disponibilidade da tutela jurisdicional pelo interessado constituiria um elemento característico do próprio direito subjetivo[410], de modo que *o monopólio da parte no âmbito da instrução da causa não constituiria uma consequência inevitável do monopólio a partir do qual a tutela jurisdicional somente pode ser prestada em decorrência da demanda da parte*[411]. Daí a sua conclusão no sentido de que *a contraposição entre princípio dispositivo e inquisitório deve ser lida de modo distinto no que diz respeito à disponibilidade da tutela que o ordenamento jurídico confere aos interesses materiais e no que diz respeito a tudo aquilo que concerne à organização interna do instrumento processo civil e, com isso, às atividades que são atribuídas em tal âmbito a cada um dos sujeitos do processo*[412]. Com isso, Carnacini estabeleceu a seguinte premissa: *a disponibilidade atribuída ao titular do direito é elemento da própria noção de direito subjetivo e, consequentemente, não repercute no âmbito da técnica processual, que, por motivos de conveniência, pode estruturar-se conferindo maior ou menor disponibilidade às partes ou ao juiz, sem que venha a caracterizar o processo como inquisitivo*. Como se vê, a partir daí o incremento de poderes instrutórios passou a ser visto pela procedimentalística civil como algo aceitável e incapaz de caracterizar o processo como inquisitorial!

Sob essa perspectiva, criou-se, na doutrina processual, uma fratura entre o poder de disposição das partes (princípio da demanda) – o qual estaria limitado ao pedido de tutela jurisdicional e ao seu conteúdo,

408. CARNACINI, Tito. Tutela giurisdizionale e técnica del processo. *Studi in onore di Enrico Redenti*. Nel anno del suo insegnamento. Volume secondo. Milano: Dott. A. Giuffrè Editore, 1951, p. 725.

409. CARNACINI, Tito. Tutela giurisdizionale e técnica del processo. *Studi in onore di Enrico Redenti*. Nel anno del suo insegnamento. Volume secondo. Milano: Dott. A. Giuffrè Editore, 1951, p. 706.

410. CARNACINI, Tito. Tutela giurisdizionale e técnica del processo. *Studi in onore di Enrico Redenti*. Nel anno del suo insegnamento. Volume secondo. Milano: Dott. A. Giuffrè Editore, 1951, p. 725.

411. CARNACINI, Tito. Tutela giurisdizionale e técnica del processo. *Studi in onore di Enrico Redenti*. Nel anno del suo insegnamento. Volume secondo. Milano: Dott. A. Giuffrè Editore, 1951, p. 763.

412. CARNACINI, Tito. Tutela giurisdizionale e técnica del processo. *Studi in onore di Enrico Redenti*. Nel anno del suo insegnamento. Volume secondo. Milano: Dott. A. Giuffrè Editore, 1951, p. 772.

ou seja, à fixação do objeto litigioso – e o poder de disposição do juiz (princípio dispositivo) – que abarcaria a quase totalidade do processo, *sendo este encarado como um instrumento, como mera técnica*. Esse entendimento levou parte da doutrina espanhola a designar aquilo que os italianos chama de *dispositivo*, de *princípio da aportação*, de modo a concebê-lo numa perspectiva eminentemente técnica e sem *status* constitucional, razão pela qual seria possível – por força da publicização e socialização do processo – atenuá-lo e, desse modo, retirar das partes o poder monopolístico de iniciativa probatória incrementando, vice-versa, os poderes do juiz, o que não ocorreria com o *princípio da demanda*, que teria *caráter absoluto*[413].

Antes de avançarmos no tema, cabe fazer um breve parênteses. A visão de Carnacini, assim como a de Mauro Cappelletti, encontra-se afinada com o socialismo e com o publicismo processual, correntes de pensamento que ingressaram no direito processual italiano pela obra de Giuseppe Chiovenda, *capo* do processualísmo científico italiano. Para Chiovenda, conforme referido anteriormente, seria tecnicamente aceitável que a posição do juiz quanto à *determinação* e o *acertamento* dos fatos sobre os quais julgar, pudesse ser encarada, abstratamente, de dois modos, vale dizer: o juiz poderia ser investido de todos os poderes necessários a descobrir a verdade (princípio inquisitório) ou, restar sujeito, continuamente, à iniciativa da parte (princípio dispositivo), em que pese, na prática, para ele, nenhuma dessas opções pudesse ser visualizada de modo absoluto[414]. No final das contas, Chiovenda defendia, no início do século XX, algo muito semelhante àquilo que, conforme já

413. PICÓ I JUNOY, Joan. *O juiz e a prova*: estudo da errônea recepção do brocardo iudex iudicare debet secundum allegata et probata, non secundum conscientiam e sua repercussão atual. Tradução Darci Guimarães Ribeiro. Porto Alegre: Livraria do Advogado, 2015, p. 89. Nesse sentido, pode-se verificar que *background* do pensamento de Picó reside justamente numa visão de processo ligada ao hiperpublicismo e ao socialismo processual: "uma das consequências mais relevantes da 'publicização' ou socialização do processo civil e concretiza no fato de que, sem discutir a vigência do princípio dispositivo, traz à discussão em juízo o de aportação da parte, ao menos no que diz respeito à repartição de funções entre o juiz e os litigantes e ao incremento de faculdades probatórias do órgão jurisdicional, indicando-se que, apesar de os litigantes serem livres para dispor dos interesses deduzidos em juízo, ou seja, do objeto do processo, não o são a respeito do processo mesmo, vale dizer, de seu desenvolvimento, ao conceber-se não só como instrumento dirigido à tutela jurisdicional de direitos privados, senão também como função pública do Estado, interessado, portanto, no melhor cumprimento desta função. Por isso, a maioria das legislações processuais europeias posteriores à mencionada etapa de ideologia liberal adotam estes postulados socializadores do processo e, limitando o alcance do princípio de aportação da parte, atribuem aos juízes e tribunais, com distintos matizes, importantes iniciativas probatórias" PICÓ I JUNOY, Joan. *O juiz e a prova*: estudo da errônea recepção do brocardo iudex iudicare debet secundum allegata et probata, non secundum conscientiam e sua repercussão atual. Tradução Darci Guimarães Ribeiro. Porto Alegre: Livraria do Advogado, 2015, p. 90.

414. CHIOVENDA, Giuseppe. Identificazione delle azione. Sulla regola "ne eat iudex ultra petita partium". *Saggi di diritto processuale civile (1894-1937)*. Volume primo. Milano: Giuffrè, 1993, p. 174.

foi mencionado, é defendido atualmente por autores como Fredie Didier Jr. e outros.

Um dos poucos processualistas italianos a se opor a visão segundo a qual o incremento dos poderes de ofício do juiz seria uma questão de mera conveniência legislativa e, portanto, incapaz de representar uma tendência inquisitorial de processo, foi Liebman. *Para ele, a concepção estritamente técnica do princípio dispositivo estaria marcada por um grave problema, pertinente à falta de explicações acerca da sua incidência*[415].

Sob essa perspectiva, Liebman tratou de resolver uma primeira questão, consistente em saber se a natureza da relação jurídica substancial poderia servir de fundamento para uma maior ou menor incidência do princípio dispositivo. Para tanto, Liebman realizou uma releitura da doutrina de Calamandrei, para quem, ainda que não se pudesse considerar o princípio dispositivo como uma consequência teoricamente inevitável da disponibilidade da relação substancial por parte dos interessados, em tal disponibilidade residiria sua justificação lógica[416]. Consequentemente, a doutrina de Calamandrei sustentaria que a maior ou menor incidência do princípio dispositivo no processo (dito de outro modo, sua atenuação) estaria atrelada à natureza disponível ou indisponível da relação jurídica de direito material, posição que, ainda hoje, tem eco na doutrina brasileira e tem sustentado leituras favoráveis aos poderes instrutórios do juiz no procedimento civil em certos "litígios de interesse público".

Superando referido entendimento, Liebman suscitou a necessidade de encontrar, para o princípio dispositivo, *"un suo proprio ed autonomo fondamento"*[417], desconectando-o, portanto, da situação de direito material deduzida no processo. Desse modo, a existência de interesse público envolvido no processo não serviria de fundamento para ampliar os poderes do juiz, uma vez que, nesses casos, o ideal seria atribuir poderes autônomos de iniciativa instrutória ao Ministério Público[418]. A atribuição de poderes instrutórios ao Ministério Público, e não ao

415. LIEBMAN, Enrico Tulio. Fondamento del principio dispositivo. *Problemi del processo civile*. Milano: Morano Editore, 1962, p. 6.

416. CALAMANDREI, Piero. Lineas fundamentales del proceso civil inquisitorio. *Estudios sobre el proceso civil*. Traduccion de Santiago Sentís Melendo. Buenos Aires: Editorial bibliografica argentina, 1945, p. 231.

417. LIEBMAN, Enrico Tulio. Fondamento del principio dispositivo. *Problemi del processo civile*. Milano: Morano Editore, 1962, p. 7.

418. LIEBMAN, Enrico Tulio. Fondamento del principio dispositivo. *Problemi del processo civile*. Milano: Morano Editore, 1962, p. 8.

juiz, não chegaria, portanto, a caracterizar o sistema processual como inquisitórial[419].

Liebman, sustentou que, do ponto de vista do juiz, a atribuição ao Ministério Público poderes ativos na instrução nas causas de interesse público, teria o mérito de deixar o juiz numa posição estranha ao debate e passiva frente à iniciativa de outros sujeitos do processo, de modo a poder *"com o máximo de imparcialidade decidir a respeito da admissibilidade, da relevância e da pertinência das provas propostas pelas partes ou pelo Ministério Público, sem interferir no resultado probatório"*[420]. É justamente por esse caminho que Liebman encontrou na *imparcialidade do órgão jurisdicional* o verdadeiro fundamento do princípio dispositivo. O dispositivo, portanto, *"figura como uma necessária garantia do reto funcionamento da jurisdição, assim como esta deve ser modernamente entendida, sendo inegável o seu significado liberal"*[421]. A concessão de poderes instrutórios ao juiz, portanto, atentaria contra uma das notas essenciais da jurisdicionalidade, que é a *imparcialidade*. Com efeito, *conferir poderes instrutórios ao juiz significaria atenuar a distinção entre função jurisdicional e função administrativa, introduzindo no processo uma tendência paternalística que não merece nenhum encorajamento*[422].

Com isso, pode-se concluir que Liebman também segue a doutrina que promove uma cisão entre princípio da demanda e princípio dispositivo. Porém, ao invés de considerar o princípio dispositivo como um mero princípio técnico e, portanto, maleável e flexível, *busca na imparcialidade do órgão jurisdicional o seu fundamento*. É a partir daí que o professor italiano vai de encontro às teses no sentido de conferir ao juiz poderes instrutórios, preferindo, naquelas situações em que o próprio interesse substancial levado a juízo assume os contornos de um interesse público, reservar, ao Ministério Público, a interferência no material probatório da causa.

No Brasil, país em que Liebman fez escola, é uma pena que referidas lições raramente sejam lembradas.

Na verdade, o que ainda prevalece no Brasil, notadamente no procedimento civil, é a doutrina de Mauro Cappelletti, construída para

419. LIEBMAN, Enrico Tulio. Fondamento del principio dispositivo. *Problemi del processo civile*. Milano: Morano Editore, 1962, p. 10.

420. LIEBMAN, Enrico Tulio. Fondamento del principio dispositivo. *Problemi del processo civile*. Milano: Morano Editore, 1962, p. 7.

421. LIEBMAN, Enrico Tulio. Fondamento del principio dispositivo. *Problemi del processo civile*. Milano: Morano Editore, 1962, p.16.

422. LIEBMAN, Enrico Tulio. Fondamento del principio dispositivo. *Problemi del processo civile*. Milano: Morano Editore, 1962, p.16.

combater o pensamento de Liebman. Cappelletti, ao invés de falar em princípio da demanda e princípio dispositivo, procurou tratar o tema unicamente pela designação princípio dispositivo, o qual, no entanto, poderia ser encarado em duas perspectivas. Com efeito, a partir da utilização genérica da expressão "princípio dispositivo", Cappelletti buscou designar dois grupos de fenômenos distintos, quais sejam, *(i) as normas, deveres, poderes e, sobretudo, o ato que se refere ao momento de pedir a tutela do interesse material deduzido em juízo*, e *(i) as normas, deveres, poderes e, particularmente, os atos referentes à técnica e à estrutura interna do procedimento*[423], o que lhe levou a falar tanto do princípio dispositivo em sentido material, o qual abarcaria o primeiro grupo, quanto em sentido processual, no qual estariam abarcados os fenômenos descritos no segundo grupo.

Nesse sentido, o fato de o juiz depender da alegação das partes tem um significado próprio e incide sobre um plano distinto daquele que atribui ao juiz o poder de simplesmente subtrair-se da sua iniciativa probatória, razão pela qual Cappelletti defende a iniciativa probatória do juiz, restrita, porém, aos fatos alegados pelas partes[424]. Com isso, a doutrina de Mauro Cappelleti irá defender que a imparcialidade do juiz está adstrita somente ao âmbito de incidência do princípio dispositivo em sentido material, e não ao princípio dispositivo em sentido processual. O juiz deveria, portanto, ser imparcial a respeito do direito feito valer pelo autor e ao ato de fazê-lo valer, mas não necessariamente quanto ao processo, ao juízo e à justiça da decisão[425], o que lhe permitiria atuar de ofício, por exemplo, na gestão da prova.

Assim, para Cappelletti, restaria às partes o poder exclusivo de eleger entre pedir ou não a tutela jurisdicional de um (pretendido) direito seu, bem como de determinar os limites essenciais da ação – limites subjetivos (*personae*), objetivos (*causa petendi*) – e, por conseguinte, os limites essenciais da decisão da causa. Porém, sobre esse núcleo que estaria à disposição das partes, se construiria uma "casca", uma envoltura, um proceder que estaria subtraído daquela potência de disposição. Por conseguinte, uma vez instaurado um processo, o *modo*, o *ritmo* e o *impulso*

---

423. CAPPELLETTI, Mauro. *La testimonianza della parte nel sistema dell'oralità*: contributo alla teoria della utilizzazione probatória del sapere delle parti nel processo civile. Parte prima. Milano: Dott. A. Giuffrè Ditore, 1962, p. 313.

424. CAPPELLETTI, Mauro. *La testimonianza della parte nel sistema dell'oralità*: contributo alla teoria della utilizzazione probatória del sapere delle parti nel processo civile. Parte prima. Milano: Dott. A. Giuffrè Ditore, 1962, p. 355.

425. CAPPELLETTI, Mauro. *La testimonianza della parte nel sistema dell'oralità*: contributo alla teoria della utilizzazione probatória del sapere delle parti nel processo civile. Parte prima. Milano: Dott. A. Giuffrè Ditore, 1962, p. 359.

do processo mesmo estariam separados da disponibilidade, imediata ou mediata das partes[426], as quais deixariam de ser *donas do processo* e tornar-se-iam *colaboradoras do juiz* no impulso e tratamento da causa[427].

O pensamento de Cappelletti em muitos aspectos se assemelha das ideias de Carnacini. No entanto, ele se afasta de Carnacini ao conceber o dispositivo como um princípio processual, e não como uma mera regra técnica, diferenciando-o em dois planos (princípio dispositivo em sentido material e princípio dispositivo em sentido processual). Além disso, a ênfase que ele dá ao tema da alegação dos fatos, inserindo-os no âmbito do princípio dispositivo em sentido material é bastante esclarecedora. Por fim, não há dúvida que Cappelletti tem uma visão muito mais social e publicista do processo, o que justifica o seu total distanciamento da teoria de Liebman, notadamente quando reivindica poderes de direção formal e até material do processo em favor do juiz[428].

Como se pode verificar, a doutrina italiana, notadamente entre os procedimentalistas civis, forjou, a partir da noção do princípio dispositivo como um instrumento meramente técnico, um modelo de processo que já não mais correspondia aos desígnios de um *genuíno modelo dispositivo ou adversarial.* Questões que, portanto, são tematizadas pelos procedimentalistas penais, como cruciais para a higidez do modelo dispositivo passaram a ser encaradas, no âmbito do procedimento civil, com uma maior maleabilidade, o que, gradualmente, fez do procedimento civil um espaço fadado a absorção de tendências inquisitoriais.

Para sermos mais exatos, o chamado "princípio dispositivo", que, na sua gênese, estava, juntamente com o "princípio do debate", vocacionado a *limitar a atuação do juiz* – contrapondo-se, pois, ao "princípio inquisitório – foi desfigurado pela doutrina procedimental civil, a qual passou a utilizá-lo como um empreendimento teórico voltado a alicerçar

426. CAPPELLETTI, Mauro. *La oralidad y las pruebas en el proceso civil.* Traducción de Santiago Sentís Melendo. Buenos Aires: Ediciones Juridicas Europa-America, 1972, p. 123.

427. CAPPELLETTI, Mauro. *La oralidad y las pruebas en el proceso civil.* Traducción de Santiago Sentís Melendo. Buenos Aires: Ediciones Juridicas Europa-America, 1972, p. 124.

428. Segundo Cappelletti, com a fórmula "direção material do processo" se quer aludar ao fato de que o juiz, além dos poderes de direção formal, vem a assumir também poderes atinentes ao *objeto* deduzido em juízo, à 'matéria' do processo. Não se chega, todavia, à conclusão extrema de desvincular o juiz do poder dispositivo e exclusivo das partes em matéria de ação e de exceção (e de determinação dos elementos constitutivos da ação e da exceção, entre eles o elemento causal); porém se atribui, contudo, ao juiz um poder de intervenção de solicitação, de estímulo: ele pode fazer presente à parte a irregularidade não somente formal da acção proposta, o incompleto ou o impreciso das alegações ou das petições, a possibilidade de mudar, de ampliar, de corrigir a própria posição CAPPELLETTI, Mauro. *La oralidad y las pruebas en el proceso civil.* Traducción de Santiago Sentís Melendo. Buenos Aires: Ediciones Juridicas Europa-America, 1972, p. 125.

um modelo *hiperpublicista* e *social* de processo, fundado na noção de *processo como técnica*, no qual os poderes de atuação de ofício do juiz sobrepõem-se ao âmbito de autonomia das partes e às correspondentes garantias contrajurisdicionais. Atenta a uma visão instrumentalista do processo, a doutrina procedimental civil encobriu o sentido que estava por detrás da *Verhandlungsmaxime* e da *Dispositionsmaxime*, para reduzir o processo a um *instrumento* à disposição do órgão jurisdicional. Um dos elementos centrais para tanto foi, como já referido com a obra de Tito Carnacini, a noção de *técnica processual*.

1.6.2 O discurso em favor da chamada "técnica processual": uma maneira de mascarar um modelo inquisitorial de processo

Conforme vimos no item precedente, a premissas e conclusões adotadas por Tito Carnacini são bastante simples: o poder de disposição das partes diz respeito somente ao direito material, ao âmbito privado, o que se estenderia ao poder de pedir tutela jurisdicional e, posteriormente com Mauro Cappelletti, à delimitação do objeto litigioso (dos fatos constitutivos do direito e suas correspondentes consequências jurídicas). No entanto, o caráter público do processo faria das partes reféns da técnica processual, estando elas absorvidas pelo poder jurisdicional do Estado.

Com isso, a doutrina foi capaz de justificar a ampla possibilidade de manejo da "técnica processual" pelo juiz, abarcando-se, aqui, não somente a gestão da prova, mas também uma série de poderes para atuar de ofício, que, por consistirem em questões de conveniência legislativa e de opção política, independeriam de qualquer lastro constitucional. Desse modo, o discurso em favor da chamada técnica processual serviria facilmente para fazer do próprio processo um mero instrumento técnico a serviço do poder jurisdicional.

Ademais, não podemos esquecer que a utilização do termo "técnica processual" pelos procedimentalistas civis ocorre de maneira bem mais singela que aquele discutido no âmbito filosófico[429], alinhando-se àquilo que Roland Corbisier denomina noção rasa de técnica, segundo a qual, considera em si mesma, ela não seria nem boa nem má, estando a

429. A distância do problema da técnica na filosofia e no processo é tamanha que é digna de nota. Na filosofia, trata-se de uma questão delicadíssima que coloca em jogo a própria questão existencial do ser humano, suscitando debates dos mais profundos até os dias de hoje. Heidegger destinou grande parte de suas preocupações sobre isso, vendo a imersão da ciência na era da técnica como inevitavelmente um signo do esquecimento do ser (*Seinsvergessenheit*). Nesse sentido, ver SCHMIDT, Denis J. On the Idiom of Truth and the Movement of Life: Some Remarks on the Task of Hermeneutics. *Internationales Jahrbuch für Hermeneutik*. Heidelberg: Mohr Siebeck, 2011, p. 46.

depender sempre do uso que dela se faça. Tratar-se-ia, portanto, de um simples instrumento, ou utensílio, *subordinado sempre a valores que o transcendem*, de modo que não apresentaria, ao longo de sua evolução, ou de sua história, senão variações ou mudanças quantitativas, sendo somente de grau a diferença existente entre a flecha do primitivo e as armas nucleares que podem provocar a desintegração do planeta em que vivemos[430]. Isso pode ser verificado em processualistas como Aroldo Plínio Gonçalves, para quem "a noção geral da técnica é de conjunto de meios adequados para a consecução dos resultados desejados, de procedimentos idôneos para a realização de finalidades"[431], e Carlos Alberto Alvaro de Oliveira, segundo o qual "a técnica jurídica visa ao conjunto dos meios e procedimentos para garantir a realização das finalidades gerais ou particulares do direito"[432].

Como se vê, é simplista a tentativa de solucionar o problema da limitação dos poderes do juiz no processo simplesmente outorgando a este amplo espaço de liberdade e disposição no tocante ao terreno da "técnica processual", até porque isso redundaria em limitar o espaço de autonomia das partes – em favor de quem efetivamente deve ser pensado o processo – tão-somente à possibilidade de reivindicar tutela jurisdicional do Estado e limitar o objeto litigioso. Na verdade, se o processo serve às partes e é garantia contrajurisdicional, ele não pode ser um mero instrumento técnico a serviço do poder jurisdicional.

Porém, a despeito de uma possível subversão constitucional decorrente da captura do processo pelo poder jurisdicional, nossa doutrina insiste – na trilha das lições de Carnacini e Cappelletti – em colocar no mesmo plano toda e qualquer temática capaz de ser absorvida pelo slogan da técnica processual. Com isso, ao mesmo tempo em que se defende um modelo dispositivo de processo, a técnica processual acaba servindo de subterfúgio para conferir ao juiz, em diversos planos, poderes dignos do modelo inquisitorial.

Não é porque a lei simplesmente confere *poderes para o juiz agir de ofício* que tais poderes estejam sempre em conformidade com a Constituição. Sempre que a atuação de ofício do juiz representa uma ruptura com o devido processo legal, caracterizando-se por uma espécie de captura da garantia, ou seja, do processo pela jurisdição, inconstitucionali-

---

430. CORBISIER, Roland. Prefácio. In: ELLUL, Jacques. *A técnica e o desafio do século*. Tradução e prefácio de Roland Corbisier. Rio de Janeiro: Paz e Terra, 1968.

431. GONÇALVES, Aroldo Plínio. *Técnica processual e teoria do processo*. 2ª ed. Belo Horizonte: Del Rey, 2012, p. 16.

432. ALVARO DE OLIVEIRA, Carlos Alberto. *Teoria e prática de tutela jurisdicional*. Rio de Janeiro: Forense, 2008, p. 78.

dade haverá. A menos, é claro, que aceitemos a estapafúrdia defesa de um modelo misto ou mitigado, o que significaria, igualmente, aceitar atribuiu ao legislar a escolha pelo modelo de processo que melhor lhe aprouvesse.

Não estamos negando que a efetividade seja atributo da função jurisdicional exercida pelo Estado para o povo – lembremos, no ponto, que jurisdição é poder cujo exercício legitima-se a partir da soberania popular, vale dizer, poder que emana do povo e que é exercido para o povo. De nada adiantaria pensarmos a jurisdição como um direito fundamental prestacional – como um serviço que o Estado presta ao cidadão –, se inefetiva fosse. Do mesmo modo, não estamos a negar que a organização judiciária possa estar pautada em atributos como o da eficiência e que tais atributos até mesmo possam ser estendidos à própria jurisdição a partir das noções de aproveitamento e rendimento. Porém, pensar o processo como mera técnica ou como instrumento a serviço da jurisdição corrói o que há de mais sagrado para as partes diante do poder jurisdicional: a garantia do processo.

Por isso, são inconstitucionais as tentativas de atribuir poderes de ofício ao juiz fora dos estritos limites daquilo que se convencionou chamar de "impulso oficial" [433] e "direção formal do processo"[434]. Quando o juiz atua de ofício para realizar o direito de uma das partes, se corrompe na condição de parte e sua imparcialidade é quebrada. Por isso, igualmente, é no mínimo perigosa a tendência do legislador brasileiro em atribuir poderes ao juiz por meio de cláusulas gerais.

A procedimentalística civil – em escala muito grande se comparada com o que ocorre dentre os procedimentalistas do direito penal – costuma aceitar com facilidade a possibilidade de que o juiz atue de ofício no tocante aos chamados *meios de prova*. Dito de forma mais

433. Nesse sentido, pode-se mencionar que o dever de impulso processual (art. 2.º, CPC) atribuído ao juiz, encontra-se consubstanciado, dentre outros atos, na determinação, de ofício, das intimações em processos pendentes (art. 271, CPC) e da intimação dos advogados ou sociedade de advogados acerca da nova designação da audiência antecipada ou adiada (art. 363, CPC), na determinação para que se proceda na anotação, pelo distribuidor, de intervenção de terceiros, reconvenção ou outra hipótese de ampliação subjetiva ou objetiva do processo (art. 268, parágrafo único), bem como na correção do erro ou da falta de distribuição (art. 288, CPC).

434. A direção formal do processo materializa-se, dentre outros casos, na repressão dos atos ímprobos e desleais praticados pelas partes, com a aplicação das respectivas sanções, como é o caso de o juiz determinar de ofício que expressões ofensivas sejam riscadas dos arrazoados das partes (art. 78, § 2.º, CPC), condenar o litigante de má-fé a pagar multa e a indenizar a parte contrária pelos prejuízos que esta sofrer e a arcar com os honorários advocatícios e com todas as despesas que efetuou (art. 81, CPC), bem como, no processo de execução, ordenar o comparecimento das partes, advertir que o seu procedimento constitui ato atentatório à dignidade da justiça e determinar que sujeitos indicados pelo exequente forneçam informações em geral relacionadas ao objeto da execução (art. 772, I, II e III, CPC).

simples, aceita sem reservas a existência de *poderes instrutórios do juiz*. Para tanto, valendo-se do slogan da técnica processual, seguem a linha de Carnacini e Cappelletti, que sustentaram a tese de que o monopólio das partes quanto à disponibilidade da tutela jurisdicional não teria consequências diretas no que diz respeito ao plano da técnica processual e, portanto, a questão da gestão da prova, a qual seria estranha ao mérito da causa.

Nessa linha, pode-se mencionar o pensamento de Sentis Melendo – cuja influência é notável na doutrina brasileira[435] – responsável por distinguir as *fontes da prova* e os *meios de prova*, no sentido de que enquanto *fontes* abarcariam a realidade anterior e estranha ao processo, cuja existência seria dele independente, os *meios de prova* constituiriam um conceito jurídico-processual. Assim, todas as provas seriam pré-existentes ao processo como *fontes* e se constituiriam no processo como *meios*[436], o que fundamentaria a seguinte tese: as partes têm a disponibilidade das *fontes de prova*, que chegam ao processo a partir de suas alegações; o juiz, a partir das fontes trazidas pelas partes, tem o poder de direção dos meios de provas[437]. Seguindo, em certa medida, a linha doutrinaria mencionada, o Código de Processo Civil brasileiro *faculta* ao juiz, no seu artigo 370, determinar, de ofício, as provas necessárias ao julgamento do mérito[438].

Referido dispositivo legal afigura-se incompatível com o modelo garantista de processo consagrado pela Constituição, na medida em que viola frontalmente o *direito fundamental à imparcialidade* e paga um tri-

---

435. É o caso de Carlos Alberto Alvaro de Oliveira, para quem "o órgão judicial dispõe dos *meios*, não das *fontes* de prova, e estas, sendo o material bruto da prova, devem ser trabalhadas exclusivamente pelas partes: o juiz que passe a investigar de forma primária os fatos e a sua verdade comprometeria de forma irremediável a sua necessária e imprescindível imparcialidade. Já se há nos autos menção a determinados fatos, ainda não provados, nada impede que o órgão judicial determine a realização de algum meio de prova que elucide a questão. Pouco importa para o juiz, ao contrário da parte, o resultado que daí advier, o que lhe interessa é que exsurja luz suficiente a respeito, que possa orientar o julgamento" (ALVARO DE OLIVEIRA, Carlos Alberto. *Teoria e prática da tutela jurisdicional*. Rio de Janeiro: Forense, 2008, p. 115-116).

436. MELENDO, Santiago Sentis. *La prueba*: los grandes temas del derecho probatorio. Buenos Aires: EJEA, 1979, pp. 151-153.

437. MELENDO, Santiago Sentis. *La prueba*: los grandes temas del derecho probatorio. Buenos Aires: EJEA, 1979, p. 169.

438. No mesmo sentido, pode-se mencionar o poder para o juiz, de ofício, determinar a inquirição de testemunhas referidas nas declarações das partes ou das testemunhas (art. 461, I, CPC), a acareação de duas ou mais testemunhas ou de alguma delas com a parte quando, sobre fato que possa influir na decisão da causa, divergirem as suas declarações (art. 461, II, CPC), a produção de prova pericial técnica simplificada, em substituição à perícia, quando o ponto controvertido for de menor complexidade (art. 464, § 2.º, CPC), a realização de nova perícia quando a matéria não estiver suficientemente esclarecida (art. 480, CPC), bem como poderá inspecionar, em qualquer fase do processo, pessoas ou coisas a fim de se esclarecer sobre fato que interesse à decisão da causa (art. 481, CPC).

buto excessivo ao hiperpublicismo processual, sufocando, com isso, o âmbito de liberdade das partes, as quais, por essa ótica, estariam submetidas justamente à vontade do órgão julgador, o qual estaria autorizado a exercer poderes que cabem às próprias partes! E o que sustenta essa visão? A busca pela verdade real e a noção do processo como mera técnica. Não por acaso, Moacyr Amaral dos Santos defendia – assim como aqueles que aplaudem o art. 370 do CPC – que, em se tratando de descobrir a verdade, "não é possível que a apreciação do juiz fique adstrita à vontade dos litigantes"[439]. Dito de outro modo, sob essa ótica o processo serviria ao juiz, e não às partes.

Sabe-se que a verdade real não passa de um álibi retórico que visa a mascarar a atuação arbitrária – e, portanto, incompatível com a Constituição – do julgador. Parte-se, primeiro, da pressuposição de uma verdade independente do mundo, como se fosse uma *essência* a ser atingida no e pelo processo. Tal verdade passa a ser o *norte* que deve ser trilhado pelo processo, como sustenta Michele Taruffo[440]. Depois do estabelecimento desse ideal, ao julgador se outorga o poder de fazer o que entender melhor para que atinja essa verdade, de modo que tudo passa a se concentrar no subjetivismo do sujeito. Dessa forma, a "verdade real" trabalha em um primeiro momento com um objetivismo filosófico como ideal para, em um segundo momento, relegar tudo ao solipsismo do julgador[441].

Outro campo em que se mostra problemática a questão da delimitação dos poderes do juiz é o pertinente aos mecanismos de efetivação dos provimentos jurisdicionais, como é o caso da possibilidade de o juiz de ofício, determinar a aplicação de medidas necessárias para satisfação do exequente (art. 536, CPC), impondo, por exemplo, a aplicação de *astreinte*[442] para que o réu cumpra o preceito contido em decisão que concede tutela provisória ou na sentença (art. 537, CPC). No ponto, embora seja inegável que o órgão jurisdicional deve ser dotado de poderes

---

439. SANTOS, Moacyr Amaral. *Prova judiciária no cível e comercial*. Volume I. Parte Geral. Max Limonad: São Paulo, 1949, p. 110. Em sentido similar, ver MACHADO, António Montalvão. O dispositivo e os poderes do tribunal à luz do novo código de processo civil. 2ª ed. Coimbra: Almedina, 2001, p. 336. TARUFFO, Michele. *A prova*. Tradução João Gabriel Couto. 1. ed. São Paulo: Marcial Pons, 2014, p. 108-112.

440. TARUFFO, Michele. Il concetto di "prova" nel diritto processuale. *Revista de Processo*, São Paulo, v. 39, n. 229, p. 75-87, mar. 2014, p. 81.

441. Para um aprofundamento dessa crítica, ver STRECK, Lenio Luiz; RAATZ, Igor; DIETRICH, William Galle. Sobre um possível diálogo entre a Crítica Hermenêutica do Direito e a teoria dos Standards Probatórios: notas sobre valoração probatória em tempos de intersubjetividade. *Novos Estudos Jurídicos* (Online), v. 22, p. 390-416, 2017.

442. A palavra *astreinte* tem origem no latim *"adstringere"*, o que revela a sua índole coativa (RESTAINO, Nicola. *L'esecuzione coattiva in forma specifica*. Roma: Il Nuovo Diritto, 1948, p. 23).

para fazer valer seus provimentos, notadamente naqueles casos em que a realização do direito pressupõe a prática de atos materiais tendentes a alterar a realidade fática[443], ele não é livre para utilizá-los. Existem limites que antecedem o próprio texto infraconstitucional. Em primeiro lugar, está o juiz vinculado ao pedido de tutela jurisdicional formulado pelo autor e ao direito material deduzido/reconhecimento em juízo. Desse modo, parte-se de um olhar sobre a situação de direito material e suas necessidades de tutela, a fim de que se possa verificar qual o meio mais adequado de efetivação do direito material de acordo com o caso concreto[444]. Em segundo lugar, não obstante ao autor importe que a medida utilizada seja a mais eficiente possível para atingir o resultado almejado, não pode o juiz possa ceifar direitos fundamentais do réu, indo além dos próprios limites e meios estabelecidos em lei para a efetivação da tutela jurisdicional, valendo-se, por exemplo, de meios coercitivos voltados a atuar sobre a vontade do devedor, quando a própria legislação estabelece que a efetivação da tutela condenatória/pecuniária deve ser pautada pela regra da responsabilidade patrimonial (art. 789, CPC). Nesse sentido, devem ser repudiadas as interpretações conferidas ao art. 139, IV, do CPC, que, com o objetivo de superar os limites da própria execução patrimonial (que são impostos pela Constituição e pelo próprio CPC, como é o caso das regras de impenhorabilidade), vêm arbitrariamente cassando passaporte, CNH e cartões de crédito do devedor[445].

Por fim, extremamente perigoso é o emprego das chamadas "questões de ordem pública", por juízes e tribunais brasileiros, que as utilizam como forma de legitimar uma espécie de espaço livre de atuação oficiosa. Trata-se, na verdade, de um problema que decorre da anemia significativa da expressão "ordem pública" pois com ela muito pouco se diz. É até espantoso como essa questão persista na atual quadra histórica. Afinal

---

443. Sobre o tema, há muito Barbosa Moreira refere que os poderes de coerção conferidos ao órgão jurisdicional constituem "poderes inerentes à condição de órgão público, de que o juiz se acha investido. Por isso mesmo, não os têm os árbitros, que precisam valer-se do auxílio da Justiça estatal quando, por exemplo, querem fazer vir à sua presença uma testemunha recalcitrante" (BARBOSA MOREIRA, José Carlos. Reformas processuais e poderes do juiz. *Temas de direito processual*. 8ª série. São Paulo: Saraiva, 2004, p. 62.

444. Em sentido similar, DI MAJO, Adolfo. *La tutela civile dei diritti*. Milano: Giuffrè, 1993, p. 7. DENTI, Vittorio. *L'esecuzione forzata in forma specifica*. Milano: Giuffrè, 1953, p. 23-24.

445. Para uma crítica acerca do ponto, ver RAATZ, Igor. ANCHIETA, Natascha. Da capacidade de invenção dos juristas brasileiros e o fenômeno da transformação das ações condenatórias em mandamentais: ou o que Pontes de Miranda e Ovídio Baptista da Silva diriam a respeito das leituras (equivocadas) do art. 139, IV, do Código de Processo Civil brasileiro. *Revista de Processo*. Ano 43. Vol. 276, fevereiro de 2018. São Paulo: Revista dos Tribunais, p. 153-181. Também, RAATZ, Igor. ANCHIETA, Natascha. O juiz "arauto da moral" e o fim dos limites políticos da execução. *Consultor jurídico*. Disponível em https://www.conjur.com.br/2018-abr-10/opiniao-juiz-arauto-moral-limites-politicos-execucao. Acesso em 10 de abril de 2018.

de contas, há mais de um século já se apontava vagueza e a falta de critérios para distingui-las de outras matérias[446]. Por sinal, a clássica lição de Geny, para quem as matérias de ordem pública consistiriam em regras superiores formadoras das condições vitais da sociedade e que deveriam dominar as vontades particulares[447], muito pouco contribui para uma depuração conceitual do termo. Desse modo, está mais do que na hora de a doutrina abandonar de vez o emprego da expressão questão ou matérias de ordem pública e reconhecer que o espaço de atuação de ofício do juiz deve ser *formalmente* conformado pela lei e, *materialmente*, pela Constituição, justificando-se, portanto, que a sua atuação de ofício esteja destinada a garantir o respeito aos direitos fundamentais processuais inerente ao devido processo.

Logo, embora a legislação atribua poderes para o juiz atuar de ofício no terreno daquilo que a doutrina costuma chamar de "técnica processual", isso não significa conferir-lhe uma espécie de carta branca para dizer qualquer coisa sobre qualquer coisa, muito menos tem o condão de transformá-lo em "dono do processo", como se estivéssemos diante de uma espécie de repristinação do socialismo e do hiperpublicismo processual. O discurso em favor da técnica processual não pode servir como mecanismo para velar tendências inquisitoriais e mantê-las vivas nas legislações procedimentais.

1.6.3 O discurso em favor de um "modelo cooperativo de processo": novo modelo ou uma nova face para o modelo inquisitorial?

A doutrina brasileira, mormente no âmbito do procedimento civil, vem buscando oferecer uma alternativa ao princípio inquisitório sem, contudo, retomar as características próprias de um modelo dispositivo. Referida tentativa, na verdade, não passa de um *slogan* voltado a legitimar o modelo defendido por autores como Mauro Cappelletti e Tito Carnacini, o qual, conforme mencionado anteriormente, não passa de uma tentativa de sufocar o modelo dispositivo de processo a partir de elementos dignos de um modelo inquisitorial. Para tanto, vale-se a doutrina brasileira de um discurso em prol de um "princípio" ou "modelo" cooperativo de processo.

Contudo, a defesa de um "princípio da cooperação processual", cujo *status* normativo imediato somente poderia ser encontrado no art. 6.º do

446. Nesse sentido, VAREILLES-SOMMIERES, Gabriel La Broue. Des lois d'ordre public et de la derogation aux lois: etude de philosophie du droit et de droit civil (1899). London: Kessinger Publishing, 2009, p.18.

447. GENY, François. *Método de interpretación y fuentes em derecho privado positivo*. Segunda edición. Madrid: Editorial Reus, 1925, p. 634.

Código de Processo Civil – isso, obviamente, para aqueles que defendem a existência de um "princípio da cooperação" em tese dotado de força normativa –, representa um modo de conciliar características dignas de um "modelo dispositivo" com características de um "modelo inquisitorial", centrado, portanto, na figura do juiz e sem pagar tributo à Constituição – até porque se é o CPC que determina o "modelo cooperativo de processo" praticamente todos os cooperativistas brasileiros precisariam defender que, antes do atual CPC estavam errados ao afirmar a existência de um "modelo cooperativo de processo". Por isso, há, no mínimo, uma contradição no pensamento de Fredie Didier, que, após defender a existência de diversos modelos processuais em conformidade com o princípio do devido processo legal, e que "nada impede que o legislador, em relação a um tema, encampe o 'princípio dispositivo' e, em relação ao outro, o 'princípio inquisitivo'", afirma ser o "modelo cooperativo" o modelo de direito processual civil adequado à cláusula do devido processo legal e ao regime democrático[448]. Ora, se os diversos modelos estariam em conformidade com à cláusula do devido processo e não há relação direta entre aumento de poderes do juiz e regimes autocráticos, ou incremento do papel das partes e regimes democráticos, como diz o próprio Fredie Didier, por que o "modelo cooperativo" seria "*o modelo adequado*"?

O modo como os "cooperativistas" derivam da cláusula do devido processo legal o "modelo cooperativo de processo" ainda é um mistério, notadamente quando se admite que, em um modelo cooperativo, a garantia da imparcialidade (em sentido objetivo e subjetivo) parece ter menos importância que outros direitos fundamentais. Seria o modelo cooperativo somente uma forma mais arrojada de tratar da garantia do contraditório?

A discussão sobre a existência de um "modelo cooperativo de processo" deveria partir do plano constitucional. Por sinal, a falta de um olhar constitucional é o que tem justificado críticas rasteiras ao "garantismo processual", ao ponto de ser tratado como uma espécie de "neoprivatismo processual" ou de uma doutrina que somente se sustenta numa perspectiva estritamente liberal – o que foi rechaçado, com maestria, por Eduardo José da Fonseca Costa no já referido *Garantismo, Liberalismo e neoprivatismo*[449]. Poderíamos tornar o debate mais frutífero partindo,

---

448. DIDIER JR., Fredie. *Curso de direito processual civil*. Introdução ao direito processual civil, parte geral e processo de conhecimento. 18. ed. Vista, ampliada e etualizada. Volume 1. Salvador: JusPodivm, 2016, p. 121, 125 e 128.

449. COSTA, Eduardo José da Fonseca. Garantismo, liberalismo e neoprivatismo. *Empório do direito*. Disponível em https://emporiododireito.com.br/leitura/garantismo-liberalismo-e-neoprivatismo. Acesso em 12.06.2018.

primeiramente, da noção que "cooperativistas" têm da Constituição, se uma "ordem de valores" ou uma "ordem-quadro". Pela primeira opção, de que a Constituição é uma ordem de valores, os quais seriam passíveis de ponderação, talvez seja possível compreender a relativização de certas garantias contrajurisdicionais - como é o caso da imparcialidade - em prol de outros "valores". Adotando a noção de Constituição como "ordem-quadro", forçadamente teríamos que discutir os limites da moldura Constituição a que estaria adstrito o legislador e se a inserção de cláusulas gerais acerca da cooperação processual na legislação infraconstitucional (CPC) seria suficiente para a construção de um "modelo cooperativo de processo"[450].

Por mais que se diga que o embate entre os modelos dispositivo e inquisitório esteja batido, o fato é que referida discussão sempre acaba vindo à tona quando se fala em um "modelo cooperativo". Em Portugal, por exemplo, não somente Miguel Teixeira de Sousa defendeu a cooperação processual ao lado da concessão de poderes de intervenção o juiz, como também autores como Antônio Geraldes Santos Abranges, para quem as propostas cooperativistas seriam uma exceção ou abrandamento do "princípio dispositivo", de modo que o diálogo franco entre todos os sujeitos do processo permitiria soluções mais justas sem perder de vista a natureza publicística do processo, a qual implica que a sua direção pertence ao juiz[451]. Com isso, ao criticar o "modelo cooperativo de processo" não estamos defendendo que o juiz tenha quer ser um "dois de paus" ou um "juiz fantoche" como diziam os críticos do modelo liberal clássico de processo. A questão reside justamente no modo como os "cooperativistas" toleram a concessão de amplos poderes ao juiz, seja no âmbito probatório, seja no manejo de cláusulas gerais que tornam o processo um instrumento a seu dispor, sempre com uma constante quebra da imparcialidade. Daí a observação no sentido de que *o modelo cooperativo do processo não passa de uma versão mitigada do modelo inquisitorial.* A defesa da cooperação no direito comparado, a propósito, não nos permite chegar a outra conclusão.

Sem dúvida, o ponto mais frágil do "modelo cooperativo de processo" defendido pela doutrina brasileira reside nos chamados *"deveres*

450. O debate acerca do sentido da Constituição, se uma ordem de valores ou uma ordem-quadro advém do constitucionalismo alemão, sendo possível visualizar a crítica à noção de ordem de valores em Böckenförde, Ernst-Wolfgang. *Die methoden der verfassungsinterpretation* - Bestandsaufnahme und Kritik. In: Böckenförde, Ernst-Wolfgang. Staat, Verfassung, Demokratie. Studien zur Verfassungstheorie und zum Verfassungsrecht. Frankfurt am Main: Suhrkamp, 1991, p. 58.

451. GERALDES, António Santos Abranges. *Temas da reforma do processo civil.* Vol. 1. 2 ed. Coimbra: Almedina, 1999, p. 88.

de cooperação do juiz para com as partes". É no mínimo assombroso que tão poucas tenham sido as críticas doutrinárias acerca (i) da possibilidade de que se instituam deveres ao juiz sem nenhuma base normativa para tanto; (ii) de que não há previsão de consequências jurídicas para o descumprimento de tais deveres, o que acaba por torná-los, quando muito, meras faculdades judiciais; e (iii) de que boa parte dos deveres de cooperação apresentam traços de um processo inquisitório, com manifesta quebra da imparcialidade judicial.

A existência de deveres de cooperação do juiz para com as partes costuma ser defendida, no Brasil, a partir de diferentes pontos de partida. Um deles, é a defesa de um "princípio da cooperação", o qual tem status normativo, no mínimo, duvidoso. O que autorizaria dizer que a cooperação processual é um princípio? De onde ele arranca a sua normatividade? Há algum dispositivo constitucional que serve de alicerce para dele se extrair um princípio da cooperação? Se a cooperação é decorrência do direito fundamental ao devido processo legal ou do direito fundamental ao contraditório – estes, sim, expressos na Constituição – como funcionaria o movimento de derivação de um princípio de outra norma de direito fundamental? Estariam os cooperativistas a reescrever um princípio expresso na Constituição para, extrapolando os limites semânticos do texto normativo, criar um "princípio"?

Alguém poderia dizer que o princípio da cooperação está previsto no art. 6.º do atual CPC. Ora, se isso é verdade, então seria necessário admitir que antes de 2015 o princípio da cooperação processual sequer existia. Ademais, questionável seria a força normativa do referido "princípio" diante de outros princípios de status constitucional[452]. Afinal de

---

452. Por sinal, não é incomum na doutrina brasileira a catalogação de princípios em diferentes graus normativos. Com efeito, para Moacyr Amaral dos Santos, cada sistema processual se calca em princípios que se fazem presentes em todos os sistemas, com aplicação mais ou menos intensa, e em princípios outros que lhe são próprios, que o caracterizam. Os princípios gerais de cada sistema permitiriam ao legislador a criação de novos institutos e, ao intérprete, dar a inteligência dos que no sistema se estruturam, o sentido e a aplicação das normas legais que os disciplinam, propiciando, assim, a colaboração da ciência jurídica na obra incessante do aprimoramento do processo, visando sua adaptação às circunstâncias ocorrentes com as transformações dos fenômenos sociais (SANTOS, Moacyr Amaral. Novas linhas de direito processual. 2º volume, 23ed., Rio de Janeiro: Forense, 2004, p. 73). Apesar de trabalhar numa postura bem mais arrojada, Cássio Scarpinella Bueno também distingue os princípios constitucionais do processo dos princípios informativos ou fundamentais (por ele denominados infraconstitucionais do processo), fazendo uma distinção entre as duas figuras (BUENO, Cassio Scarpinella. Curso sistematizado de direito processual civil. v.1: teoria geral do direito processual civil. 8ª ed. São Paulo: Saraiva, 2013, p. 444). A mesma distinção pode ser visualizada em Daniel Mitidiero e Carlos Alberto Alvaro de Oliveira, os quais distinguem os direitos fundamentais processuais (contraditório, igualdade, motivação, etc.) das "normas jurídicas estruturantes do processo civil, as quais seriam compostas por outros princípios (segurança, efetividade, dispositivo, inquisitório, impulso processual, demanda, conhecimento oficioso do direito, adequação, colaboração, duplo grau de jurisdição, oralidade,

contas, como se daria o conflito entre o "princípio da cooperação" – um "princípio infraconstitucional" – com princípios constitucionais (normas de direitos fundamentais), como o contraditório, a imparcialidade, a igualdade, etc. Seria então a cooperação processual uma forma de fazer prevalecer normas infraconstitucionais frente à Constituição? Por sinal, como bem demonstrou Diego Crevelin na mais completa crítica que a "cooperação processual" recebeu no direito brasileiro, o chamado "dever de auxílio" ou não é propriamente um dever de auxiliar, mas manifestação do dever estatal de prestar tutela jurisdicional às partes, ou é inconstitucional por explicitar funções típicas de parte e/ou de advogado exercitável pelo juiz[453].

Não fosse tudo isso, é comum ver entre "cooperativistas" a afirmação de que, sendo um princípio, a cooperação estabelece um estado ideal de coisas como a exigência de que o ambiente processual se forme em torno de uma comunidade de trabalho e que o juiz coopere com as partes[454]. Mas como se estabelecem esses "deveres" de cooperação do juiz para com as partes? Qual a dimensão normativa desse dever? Quais as consequências da ausência de cooperação? Quando e como se dá a "aplicação" do princípio da cooperação? Os argumentos a favor de um "princípio da cooperação" esbarram em questões elementares de teoria do direito, de direito constitucional e de metodologia jurídica, que, por serem tantas, precisariam ser desenvolvidas em artigo dedicado exclusivamente ao tema. Nessa linha, quando a doutrina afirma, por exemplo, que a violação do dever de cooperação pelo juiz importa em violação ao "direito ao processo justo"[455] parte-se de uma premissa de que o "direito fundamental ao processo justo" (*rectius*, direito ao devido processo legal)[456] seria a base normativa do "princípio da cooperação" e que,

preclusão e economia processual) ALVARO DE OLIVEIRA, Carlos Alberto. MITIDIERO, Daniel. Curso de processo civil: volume 1: teoria geral do processo civil e parte geral do direito processual civil. São Paulo: Atlas, 2010.

453. CREVELIN, Diego. O caráter mítico da cooperação processual. *Empório do direito.* Disponível em https://emporiododireito.com.br/leitura/abdpro-10-o-carater-mitico-da-cooperacao-processual--por-diego-crevelin-de-sousa. Acesso em 06/12/2017.

454. Essa posição é bastante recorrente entre os "cooperativistas". Para uma síntese a respeito do tema, sob o olhar "cooperativista", ver PIMENTA, Henrique de Souza. A cooperação no CPC-2015: colaboração, comparticipação ou cooperação para o processo. Dissertação (mestrado em direito processual). Universidade Federal do Espírito Santo, Centro de Ciências Jurídicas e Econômicas. Dissertação defendida em 2018.

455. Nesse sentido, dentre outros, MITIDIERO, Daniel Francisco. Colaboração no processo civil como prêt-à-porter? Um convite ao diálogo para Lenio Streck. Revista de Processo, São Paulo, v. 36, n. 194, p. 55-68, abr. 2011.

456. Para uma crítica ao slogan do "processo justo", ver RAATZ, Igor. Processo, liberdade e direitos fundamentais. *Revista de processo.* Ano 44. Vol. 288. Fevereiro de 2019. São Paulo: Revista dos Tribunais, 2019.

portanto, da "cláusula do devido processo" seria possível, ao gosto de correntes doutrinárias específicas, criar deveres e obrigações, tanto para as partes quanto para o juiz. Logo, se alguém experimentasse afirmar que é possível extrair da cláusula do devido processo legal o princípio da não-cooperação, também não seria possível rechaçá-lo.

Também não é incomum o argumento de que realmente o juiz tem o dever de cooperar para com as partes e que isso pode ser demonstrado a partir de dispositivos legais específicos, como é o caso daqueles que prescrevem o direito da parte à emenda da petição inicial, com o esclarecimento dos pontos a serem corrigidos (art. 321, CPC), o direito a que seja expedido ofício para órgãos públicos, a fim de obter informações a respeito, por exemplo, do local em que domiciliado o réu (art. 319, §1.º), o direito da parte corrigir eventuais vícios de modo a evitar a extinção do processo (art. 317, CPC). Como as regras a partir das quais se costuma "extrair" a normatividade[457] do "princípio da cooperação" já existiam no antigo CPC – é o caso, por exemplo, dos artigos 340, I, 342, 282, 283, 355, 360, 475-B, §3.º, todos do CPC de 1973 –seria forçoso admitir que a "cooperação processual" sempre esteve presente na legislação brasileira e que, na verdade, faltava alguém descobri-la, identificá-la e nominá-la.

E mais, nessa mesma linha, os "cooperativistas" teriam que admitir que a existência de deveres de cooperação depende de regra jurídica específica – vale dizer, uma regra específica para cada dever imposto ao juiz ou as partes para adotar condutas "cooperativas". Sendo assim, e tendo em vista que em nenhum dos dispositivos utilizados pelos "cooperativistas" exista previsão de que o juiz está auxiliando, prevenindo, consultando etc., referidos deveres cumpririam apenas a função de identificar com etiquetas certos deveres judiciais. Consequentemente, cooperação não seria uma norma jurídica, mas apenas uma espécie de "princípio explicativo", uma máxima utilizada para explicar de forma didática um conjunto de regras jurídicas, como é o caso daquilo que nossos processualistas costumam chamar de princípios informativos, o que seria o caso dos "princípios" da oralidade e da escritura, os quais carecem de qualquer normatividade.

Portanto, a ausência de específicos deveres de cooperação processual no Código de Processo Civil brasileiro, reduz drasticamente a

457. Sobre a utilização do termo "princípio" pela processualística brasileira, ver RAATZ, Igor. Da ausência de um estatuto epistemológico dos princípios no direito processual brasileiro e o projeto instrumentalista de recrudescimento do poder jurisdicional. *Empório do direito*. Disponível em https://emporiododireito.com.br/leitura/11-da-ausencia-de-um-estatuto-epistemologico-dos-principios-no-direito-processual-brasileiro-e-o-projeto-instrumentalista-de-recrudescimento-do-poder-jurisdicional. Acesso em 14/06/2019.

normatividade do próprio artigo 6.º, cuja intenção normativa não passa, efetivamente, de uma proposta de mudança cultural que, quando muito, poderia ser compreendida como um desejo de condutas cooperativas pelas partes, a serem alcançadas por meio da autocomposição e da celebração de negócios jurídicos processuais. Nada mais que isso. No ponto, não é demais lembrar que nem mesmo em Portugal a doutrina tem admitido uma aplicação *per saltum* do "princípio da cooperação", do qual somente seria possível extrair situações jurídicas previstas em regras legais expressas concretizadoras do referido "princípio"[458]. Ainda assim, diz Miguel Teixeira de Sousa que, se o dever de cooperação "resultar de uma previsão 'aberta', deve entender-se que a determinação da situação que o impõe cai no âmbito da discricionariedade do tribunal, pelo que a sua omissão não produz qualquer nulidade processual"[459].

É possível, tendo como base o direito constitucional positivo, criticar a existência de um "modelo cooperativo" de processo, o qual não passaria de uma versão mitigada do modelo inquisitório – para não dizer que se trata de uma nova etiqueta para o modelo com diversos traços inquisitoriais. A experiência do direito inglês e do direito português, inclusive, tendem a confirmar essa hipótese. Como já apontamos em outro lugar, os principais doutrinadores portugueses defensores da cooperação processual mostram-se expressamente simpatizantes tanto de elementos "sociais" advindos da doutrina da Franz Klein, quanto de posturas abertamente inquisitoriais – e, ao contrário da doutrina brasileira, não se envergonham de afirmar claramente suas posições hiperpublicistas. Por outro lado, no direito inglês, a adoção de um "princípio" da cooperação (uma espécie de meta contida nos objetivos do "código de processo civil inglês") tinha a função de atenuar um sistema processual considerado *excessivamente* adversarial. Ora, nas duas experiências do direito comparado evidente está que a cooperação é tratada como antídoto para um modelo adversarial, notadamente quando este é visto com maus olhos por defensores de um processo inquisitorial! Isso tudo sem falar nos testes que podem ser realizados cotejando a cooperação processual com a garantia da imparcialidade, proposta ainda tímida em nossa doutrina e que deveria ser uma das principais preocupações dos cooperativistas.

Do mesmo modo, é possível colocar em xeque a existência de deveres de cooperação, o que pode ser feito em diversas frentes. No entanto,

458. Nesse sentido, COSTA, Eduardo José da Fonseca. Um reclamo aos processualistas civis, um alerta aos processualistas penais. *Empório do direito*. Disponível em https://emporiododireito.com.br/leitura/abdpro-20-um-reclamo-aos-processualistas-civis-um-alerta-aos-processualistas-penais. Acesso em 18/02/2018.

459. SOUSA, Miguel Teixeira de. *Estudos sobre o novo processo civil*. 2. ed. Lisboa: Lex, 1997, p. 68.

discussões acerca da normatividade da cooperação processual no Brasil ainda carecem de maiores aprofundamentos. Neste estágio da discussão – ainda incipiente tanto por parte dos defensores quanto dos críticos da cooperação processual – não há como concluir senão pela "fraca" normatividade da cooperação processual, notadamente diante da opção do legislador brasileiro em tratá-la de modo extremamente genérico, deixando à doutrina e aos juízes a tarefa, bastante nebulosa, de construir sem norma jurídica pretérita deveres processuais de duvidosa constitucionalidade. Com isso, somente resta crer que a chamada "colaboração processual" não passa de um desejo de mudança cultural, o qual talvez possa ser pensado, sem ferir a Constituição brasileira, unicamente na perspectiva das partes, notadamente pelo incremento de posturas "colaborativas" como a autocomposição e a celebração de negócios jurídicos processuais. Resumida somente a esta perspectiva e sem pretensões tão grandiosas, como a de ser um novo "modelo de processo", quem sabe seja possível que críticos e defensores da chamada "colaboração processual" encontrem pontos de convergência. Porém, ainda assim, será necessário pensar como operar essa tal "mudança cultural" sem desrespeitar a liberdade e autonomia das partes, o que não parece ter sido a opção do nosso legislador quando tornou obrigatório o comparecimento à sessão de conciliação e mediação sob o pretexto instrumentalista de valer-se do processo para educar as partes e advogados acerca das vantagens da autocomposição.

1.6.4 Da insuficiência normativa do "princípio" dispositivo e a alternativa do garantismo processual para o problema da divisão de trabalho entre o juiz e as partes: liberdade, imparcialidade e autonomia privada

Nos itens precedentes, buscou-se analisar (i) os aspectos históricos e teóricos que alicerçaram a construção da categoria dogmática denominada de "princípio dispositivo"; (ii) a sua utilização para justificar um modelo de processo contraposto ao modelo inquisitorial de processo, (iii) os percalços doutrinários que conduziram à deturpação do "princípio dispositivo, com a restrição do seu caráter limitador dos poderes do juiz exclusivamente ao âmbito do direito material, notadamente a partir da noção de técnica processual; e (iv) a proposta de um modelo cooperativo de processo, realizando-se a seu respeito um juízo de valor no sentido de se tratar de uma nova faceta do modelo inquisitorial de processo.

Objetivou-se, ainda, revelar que (i) o chamado "princípio dispositivo" surgiu como uma forma de contraposição ao modelo inquisitorial de processo, estando na sua raiz o intento de limitar a atuação jurisdicional evitando, com isso, o arbítrio judicial, bem como (ii) os fundamentos do princípio dispositivo, encontrando na garantia arquifundamental da imparcialidade judicial um dos seus alicerces. Como isso, torna-se possível encontrar um fundamento autônomo para a limitação dos poderes do juiz no âmbito do processo, que independe do poder de disposição das partes em relação ao direito material. Ao contrário de autores como Mauro Cappelletti e Tito Carnacini que, com essa cisão, buscaram ampliar os poderes do juiz no âmbito daquilo que se convencionou chamar de "técnica processual", considerando-se, com isso, o dispositivo um "princípio" meramente técnico, a ideia aqui trabalhada foi justamente no sentido de, na linha de Liebman, buscar o fundamento do princípio dispositivo.

Contudo, indo além do pensamento de Liebman, tem-se que o chamado princípio dispositivo – vale dizer, o standard dogmático voltado a delimitar os poderes do juiz no âmbito do direito processual – tem como fundamento não somente a imparcialidade, mas também o direito à liberdade, do qual se deriva a garantia da autonomia privada. Isso porque, a limitação da atuação do juiz no processo encontra barreiras na preservação da *imparcialidade judicial* (em sentido subjetivo e em sentido objetivo) e também na preservação da *liberdade das partes*, perspectiva na qual a noção positiva de liberdade passa a alicerçar a autonomia privada no processo e, consequentemente, a construção do procedimento adequado ao caso concreto, mediante a realização de negócios jurídicos processuais.

A crítica à catalogação do *dispositivo* como um *princípio jurídico* relaciona-se ao sentido empregado quando utilizada a palavra princípio. Fala-se em "princípio dispositivo", "princípio inquisitório" e "princípio da cooperação" como se referidos "princípios" fossem dotados do mesmo *status* normativo de normas constitucionais, como a garantia do contraditório, da fundamentação, da igualdade etc.

Sucede que, do ponto de vista do Direito, o termo "princípio jurídico" é polissêmico. Muitas vezes, **(i)** ele é empregado para designar, de modo explicativo, um conjunto de normas jurídicas que compõem um determinado ramo da dogmática jurídica. Nessa perspectiva, ele visa a auxiliar o conhecimento de certa matéria, sem, contudo, ser ele próprio uma norma jurídica. Em outros casos, **(ii)** a palavra princípio é utilizada em consonância com certas correntes teóricas que, diante da insuficiência de um sistema normativo fundado unicamente em regras, passaram a valer-se de "princípios gerais do direito" para resolver casos que, em tese, não estariam abarcado pelas regras. Aqui, o termo "princípio" é empregado como uma espécie de norma jurídica *ad hoc*, utilizada para suprir uma lacuna e resolver um determinado problema de índole jurídica. Há, ainda, **(iii)** quem prefira tratar os princípios como normas jurídicas integrantes do sistema jurídico ao lado das regras e, eventualmente, de outros padrões normativos. Nessa última perspectiva, existem diversas controvérsias acerca do que caracterizaria um princípio jurídico, do que distinguiria os princípios das regras e de como seriam aplicados.

Nota-se, desde já, que, em **"i"**, os princípios não são normas jurídicas e que, portanto, não poderiam ser convocados a resolver casos concretos; que, em **"ii"**, os critérios para identificação dos princípios jurídicos são bastante distintos dos critérios empregados em **"iii"**; e, ainda, que, em **"iii"**, existem muitas controvérsias acerca dos elementos que caracterizam os princípios jurídicos. Assim, para alguns seguimentos doutrinários somente normas de *status* constitucional poderiam ser nominadas de princípios; para outros, somente normas que encerram uma dimensão de moralidade poderiam ser consideradas princípios; por fim, existem doutrinadores que entendem que o elemento para distinguir os princípios das regras seria a estrutura do texto normativo do qual ele pode ser sacado. Comumente, autores enquadrados na letra **"iii"** não divergem a respeito do *status* normativos dos princípios jurídicos – vale dizer, convergem no sentido de que princípios são deontológicos e que expressam ordens, permissões e proibições –, mas controvertem sobre seus elementos caracterizadores[460].

Boa parte da doutrina processual brasileira utiliza o termo princípio sem ater-se a essas distinções. Ignora, pois, a tradição teórica em que o termo foi gestado. Emprega o sentido do termo princípio, descrito em **"i"**, **"ii"** e **"iii"** como se entre eles não houvesse distinções. Muitas vezes, de modo consciente ou inconsciente, baralha diversas concepções acerca do termo princípio para fazer com que normas infraconstitucionais possam ser sopesadas diante de normas constitucionais. Burla, assim, a Constituição, transformando o *devido processo legal* em *indevido processo infraconstitucional e inconstitucional.* Um bom exemplo disso é o modo como a norma do artigo 6.º do Código de Processo Civil brasileiro, ao receber o *status* de princípio jurídico, alquimicamente foi elevada ao *status* de norma constitucional, passando a colidir com outras normas – estas sim de *status* constitucional – para, então, derrotá-las num juízo de ponderação.

A prática judiciária brasileira, por sua vez, é refém da penúria epistemológica de nossa doutrina no tocante ao tema. Numa infinidade de casos, juízes utilizam o termo "princípio" para fundamentar suas deci-

460. Nesse sentido, poderiam ser citados autores como Robert Alexy, Ronald Dworkin, Humberto Ávila e Lenio Streck.

sões judiciais, valendo-se da palavra "princípio" para dar espessura jurídica a argumentos que não tem respaldo em norma jurídica alguma. O termo "princípio", transforma-se, assim, em um subterfúgio para mascarar decisões contrárias à lei, conferindo a elas um verniz de juridicidade. Esses casos extremos, em que pese corriqueiros, são acompanhados por diversas situações em que o termo princípio é utilizado no sentido descrito nas letras **"a"** e **"b"**. Também nesses casos, não há nenhum cuidado em explicitar os critérios utilizados pelo órgão julgador para, em **"a"**, dar a um padrão explicativo o caráter de padrão normativo e, em **"b"**, dar a determinado padrão o caráter de padrão normativo.

Obviamente que não se trata de um problema exclusivo do direito processual. O chamado "pamprincipiologismo" é recorrente em diversos setores da dogmática jurídica[461]. Porém, no tocante às reflexões que cabem à processualística e, mais precisamente, ao garantismo processual, cumpre relevar que a *inexistência de um estatuto epistemológico dos princípios no direito processual* serve muito bem ao projeto instrumentalista de recrudescimento do poder jurisdicional[462]. A utilização de certos padrões denominados de princípios, seja sem uma criteriologia suficientemente segura para identificá-los como padrões normativos, seja sem uma identificação precisa do seu papel metódico e dogmático no plano da aplicação do Direito, acaba servindo, cotidianamente, para que o poder jurisdicional se aproprie do processo, fazendo dele um instrumento a sua disposição – muitas vezes para fazer valer elementos metajurídicos – ao arrepio da sua concepção de direito fundamental de proteção do indivíduo contra o poder do Estado.

Não cabe aqui fazer uma análise minuciosa das diferentes concepções de "princípio jurídico"[463]. O que importa destacar é que, ao "princípio dispositivo", atribuiu-se um caráter meramente explicativo (sem força normativa, portanto), tal qual descrito anteriormente no item "i". Nesse sentido, destaca Barbosa Moreira, a doutrina alemã do século XIX carregava consigo uma "preocupação de compendiar em 'princípios' (ou

461. Crítica que, no Brasil, deve-se muito às obras do professor Lenio Streck. A respeito, ver STRECK, Lenio. *Verdade e Consenso:* constituição, hermenêutica e teorias discursivas. 6. ed. rev. mod. e ampl. São Paulo: Saraiva, 2017.

462. Sobre o tema, ver DELFINO, Lúcio. O processo é um instrumento de justiça? (desvelando o projeto instrumentalista de poder). Disponível em https://emporiododireito.com.br/leitura/10-o-processo-e-um-instrumento-de-justica-desvelando-o-projeto-instrumentalista-de-poder. Acesso em 02-05-2019.

463. Para um aprofundamento do tema, ver RAATZ, Igor. Da ausência de um estatuto epistemológico dos princípios no direito processual brasileiro e o projeto instrumentalista de recrudescimento do poder jurisdicional. *Empório do direito.* Disponível em https://emporiododireito.com.br/leitura/11-da-ausencia-de-um-estatuto-epistemologico-dos-principios-no-direito-processual-brasileiro-e-o-projeto-instrumentalista-de-recrudescimento-do-poder-jurisdicional. Acesso em 14 de maio de 2019.

'máximas') as diretrizes político-jurídicas que se podem acolher na ordenação do processo"[464]. Não é por acaso que Carnacini chegou a afirmar que a expressão princípio ou máxima empregada para falar do "dispositivo" funciona como elemento que "serve soltanto per indicare in maniera sintética certe caratteristiche, di volta in volta accertate *de iure condito* ou da attuarsi in sede legislativa in luogo di altre"[465].

Por isso, já na primeira edição deste livro, defendeu-se que o *princípio dispositivo era carente de normatividade*. Isso vale também para outros "princípios" comumente utilizados no direito processual, como é o caso dos princípios da oralidade, da escritura, do impulso oficial, da cooperação processual etc. Por sinal, no âmbito do direito processual, um dos principais marcos sobre o tema é o estudo de Robert Wynes Millar, publicado, primeiramente, no *Illionis Law Review* em 1923 e, depois, na introdução da obra *A history of continental civil procedure* no ano de 1927[466]. Os princípios, para Millar, consistiriam em generalizações estabelecidas a respeito dos métodos processuais, cujo objetivo seria o estabelecimento de conceitos fundamentais que, consciente ou inconscientemente, dariam forma e caráter aos sistemas processuais[467].

Numa perspectiva dogmático-constitucional, as bases para a delimitação da atuação do juiz no âmbito do procedimento civil não podem ficar a cargo, portanto, de um princípio voltado a condensar, generalizar ou explicar opções legislativas adotadas pelo direito positivo. Obviamente que o contexto histórico e teórico que lastreou o surgimento do "princípio dispositivo" é extremamente importante, inclusive para que se deixe claro a sua contraposição frente a modelos autoritários de processo. A grande questão, porém, reside em encontrar fundamentos normativos-constitucionais tendentes a dogmaticamente servir de alicerce para o problema da "divisão de trabalho entre o juiz e as partes".

Por um lado, na trilha do que foi estudante por Liebman, ao buscar o fundamento do "princípio dispositivo", tem-se que a garantia da *imparcialidade* constitui um dos alicerces de uma "divisão de trabalho

---

464. BARBOSA MOREIRA, José Carlos. O problema da divisão de trabalho entre juiz e partes: aspectos terminológicos. In: *Temas de direito processual*. 4ª série. São Paulo: Saraiva, 1989, pp. 38-39.

465. CARNACINI, Tito. Tutela giurisdizionale e técnica del processo. *Studi in onore di Enrico Redenti*. Nel anno del suo insegnamento. Volume secondo. Milano: Dott. A. Giuffrè Editore, 1951, p. 740.

466. Para o presente estudo foram consultadas as obras ENGELMANN, Arthur. *A history of continental civil procedure*. New York: A. M. Kelley, 1969 e MILLAR, Robert Wyness. *Los principios formativos del procedimiento civil*. Traducción del Inglés y notas por la Dra. Catalina Grossmann. Prólogo del Eduardo J. Couture. Buenos Aires: Ediar, S.A, Editores, 1945.

467. MILLAR, Robert Wyness. *Los principios formativos del procedimiento civil*. Traducción del Inglés y notas por la Dra. Catalina Grossmann. Prólogo del Eduardo J. Couture. Buenos Aires: Ediar, S.A, Editores, 1945, p. 43.

entre o juiz e as partes", sendo crucial dar-se ênfase à perspectiva objetiva da imparcialidade, ou, para usar Werner Goldschmidt, à *impartialidade*[468], à condição de não parte do órgão jurisdicional, o que serviria de barreira, por exemplo, aos *poderes instrutórios do juiz* e ao denominados *deveres de cooperação processual*. Para ficar apenas com esses dois casos, tem-se que, no tocante aos poderes instrutórios, o juiz que determina a produção de prova de ofício acaba assumindo uma posição assistencial em relação à parte que sairia prejudicada por não se desincumbir do seu ônus, isso sem contar que, também do ponto de vista *subjetivo* da imparcialidade, estará enviesado e tenderá a dar mais valor para a prova cuja produção partiu dele mesmo[469]. Também em relação aos deveres de cooperação processual há visível quebra da imparcialidade judicial. Alguns exemplos falam por si. Segundo respeitada doutrina sobre o tema, o dever de consulta concederia ao juiz um "*papel mais participativo* no emprego da técnica antecipatória no processo", consultando "à parte que poderá se beneficiar da 'tutela provisória' a fim de que essa manifeste expressamente se deseja ou não a sua concessão", de modo a colaborar com as partes[470]. Aqui, tem-se claramente a figura de um juiz defensor da parte, com visível quebra da sua imparcialidade.

A chamada colaboração processual – seja do ponto de vista do juiz, seja do ponto de vista daqueles que defendem deveres de colaboração das partes – pode ser facilmente reconduzida a dois grandes exemplos de um modelo de *processo pensado para o Estado*. O primeiro exemplo é o da *doutrina comunista* sobre o processo, para a qual haveria um dever de colaboração entre todos que intervém no processo para que se busque a verdade, merecendo destaque o dever de o juiz assessorar as partes sobre os direitos e obrigações que lhe correspondem. A colaboração seria um fator moralizante do processo e um meio para a obtenção da verdade[471]. O segundo exemplo é o já mencionado pensamento de Franz Klein, para quem as partes deveriam colaborar

468. A propósito, ver GODLSCHMIDT, Werner. La imparcialidad como principio básico del proceso (la partialidad y la parcialidad). Discurso leído en el Instituto Español de derecho procesal. Disponível em http://www.academiadederecho.org/upload/biblio/contenidos/la_imparcialidad.pdf. Acesso em 04 de março de 2019.

469. Tudo passaria, segundo Eduardo José da Fonseca Costa, como se os juízes inconscientemente procedessem a uma espécie de 'projeção narcísica ou egoística' sobre a prova por eles ordenada, o que os levaria a sobrevalorizá-las em detrimento das contraprovas" COSTA, Eduardo José da Fonseca. *Levando a imparcialidade a sério*: proposta de um modelo interseccional entre direito processual, economia e psicologia. Salvador: JusPodivm, 2018, p. 173-174.

470. MARINONI, Luiz Guilherme. MITIDIERO, Daniel. ARENHART, Sérgio. *Novo curso de processo civil*: tutela dos direitos mediante procedimento comum. Volume 2. São Paulo: Revista dos Tribunais, 2015, p. 206.

471. AROCA, Juan Montero. Sobre el mito autoritario de la "buena fe procesal". In: *Proceso civil e ideologia*. Lima: Editorial San Marcos, 2009, p. 316

diligentemente com o juiz na busca de como realmente ocorreram os fatos. Para ele, o juiz não se limitaria a julgar, sendo o gestor do processo, dotado de grandes poderes discricionários tendentes a garantir não somente os direitos das partes, mas, principalmente, os valores e interesses da sociedade[472]. Por isso, o juiz "cooperativo" está fadado a ser um juiz parcial – não há, desse modo, uma equilibrada divisão de tarefas entre o juiz e as partes, conforme a crítica feita por Diego Crevelin à doutrina da cooperação processual[473].

Por outro lado, o direito à liberdade, cuja preservação é a tônica do processo no modelo garantista, constitui o outro pilar da delimitação da atuação jurisdicional, servindo de base, ainda, para a construção de um genuíno modelo de processo pensado para as partes, no qual se admite, inclusive, que possam flexibilizar o procedimento de acordo com suas necessidades concretas. Por essa perspectiva – de tutela da liberdade em sua dupla dimensão e, consequentemente, da autonomia privada no processo – que se alicerçam as bases dos negócios jurídicos processuais.

1.7 DA AUTONOMIA PRIVADA COMO UM DOS PILARES DA DELIMITAÇÃO DO PAPEL DO JUIZ NO PROCEDIMENTO CIVIL

É extremamente difícil precisar as origens históricas do conceito de autonomia privada. O próprio termo "autonomia privada" é controverso, na medida em que não há consenso doutrinário acerca da sua amplitude, sendo que alguns autores tratam dele como sinônimo de "autonomia

472. AROCA, Juan Montero. Sobre el mito autoritario de la "buena fe procesal". In: *Proceso civil e ideologia*. Lima: Editorial San Marcos, 2009, p. 318-319. No mesmo sentido, ver também BENABENTOS, Omar A. Las incumbências probatórias del juez y las partes en los sistemas de procesamiento latinoamericanos. *Activismo y garantismo procesal*. Córdoba: Academia Nacional de Derecho y Ciências Sociales de Córdoba, 2009, p. 34.

473. CREVELIN, Diego. O caráter mítico da cooperação processual. *Empório do direito*. Disponível em https://emporiododireito.com.br/leitura/abdpro-10-o-carater-mitico-da-cooperacao-processual--por-diego-crevelin-de-sousa. Acesso em 06/12/2017. De forma ainda mais contudente, refere Diego Crevelin, em outro ensaio, que "é injustificável a pouca atenção dispensada pelos cooperativistas à *dimensão funcional* da tese da divisão equilibrada de tarefas. Há *limites funcionais* que o juiz não pode extrapolar, mesmo que aja sob o contraditório e a fundamentação. O juiz que, *v.g.*, orienta o autor a alterar o pedido, para torná-lo mais conforme ao entendimento jurisprudencial, age como advogado que dá aconselhamento estratégico, deixa de ser juiz (ao menos naquele momento – e isso é o eu basta). Ele não pode fazer isso *simplesmente* porque não é sua função, porque quebra a *impartialidade*, sendo *totalmente* irrelevante saber se isso *também* custou sua imparcialidade subjetivo-psíquica. E não mudaria nada se disséssemos que, ao fazê-lo, ele "auxiliou a obtenção de resultado justo e adequado do processo". Não estou afirmando que (nem sei se) o nosso autor concorda com esse exemplo. Isso não importa. Trago-o à baila apenas para demonstrar que *não há* resultado justo e adequado do processo *apesar* da (quebra de) impartialidade - afinal, os fins não *justificam* os meios, os meios é que *legitimam* os fins" (CREVELIN, Diego. Do dever de auxílio do juiz com as partes ao dever de auxílio do juiz com o processo: um giro de 360º. *Empório do direito*. Acesso em 17.06.2019).

da vontade" e de "autorregramento", enquanto outro preferem diferenciá-los. Para fins de uma investigação histórica, no entanto, prefere-se partir do conceito mais amplo de autonomia e da sua adjetivação pela vontade, para somente em um segundo momento, partir-se para uma depuração terminológica do conceito em questão.

O conceito de autonomia, assim como qualquer outro conceito da ciência jurídica é, segundo Calasso, "a un tempo, il frutto di una esperienza storica e uno strumento di lavoro"[474]. Não há, pois, um conceito jurídico único de autonomia, muito menos é possível desenhá-lo sem levar em conta o contexto cultural e filosófico de um determinado contexto histórico.

Há quem considere que a autonomia privada já se fazia presente no Direito Romano, atuando como uma decorrência da ideia de liberdade, a qual, de certo modo, era conatural à ideia de direito[475]. Não se trata, porém, de algo pacífico. Há, também, quem negue a existência de qualquer traço de autonomia da vontade no Direito Romano[476]. O certo é que a noção de liberdade e, quiçá, de autonomia porventura desenvolvida no mundo antigo muito se distancia dos elementos que irão pautá-la atualmente.

474. CALASSO, Francesco. Autonomia (você). In: CALASSO, Francesco; SANTORO PASSARELLI, Francesco (Dir.). *Enciclopedia del diritto*. Volume IV – Atto – Banna. Varese: Giuffrè, 1958-1993, p. 349.

475. BALDUS, Christian. Autonomia privada romana. *Revista dos Tribunais*. v. 904, fev. 2011. São Paulo: Revista dos Tribunais, 2011, p. 62. Nesse sentido: "isso significa que a forma aqui esboçada de como debruçar-se sobre o direito romano deve fazer parte da formação acadêmica jurídica. Em direito privado romano e na exegese do Digesto pode quem quiser focar o olhar em elementos centrais da história dogmática e em valores dos quais nenhum direito privado baseado no princípio da liberdade escapa e que, todavia, não podem ser aprendidos como algo simplesmente fixo e irreversível. Um desses valores se chama autonomia privada" (BALDUS, Christian. Autonomia privada romana. Revista dos Tribunais, São Paulo, v. 904, fev. 2011, p. 67).

476. Nessa esteira, Paulo Lôbo afirma: "tomando-se o paradigma histórico do Direito romano, constata-se seu desconhecimento de qualquer traço de autonomia da vontade, porque concebiam o Direito como um sistema rígido de *actiones*, sem as quais qualquer tutela jurídica dos interesses era impensável. Mesmo quando as transações atingiram elevado nível de complexidade, exigindo-se a superação das formas pétreas, para facilitá-las manteve-se a essência do sistema, criando-se um tipo de *actio* dúctil à imprevisibilidade dos tipos de negócios (por esta razão, inominados, não enquadráveis nos tipos já fixados pelo Direito) que a expansão do império romano foi engendrando: a *actio praeescriptis verbis*. De toda forma, a autonomia da vontade era incogitável" (LÔBO, Paulo Luiz Netto. O princípio do auto regramento da vontade em Pontes de Miranda. Revista da Ordem dos Advogados do Brasil. v.60. Brasilia, conselho federal da oab, 1995, p. 56). Também Clóvis do Couto e Silva entende que "o princípio da autonomia da vontade, como é hoje conhecido, não foi, todavia, legado de Roma". Nesse sentido, refere que "no mundo romano, deveu-se ao *imperium* dos magistrados o desenvolvimento do direito civil, através do direito honorário. O conceito dinâmico de *actio*, e não o estático de direito subjetivo ocupava, então, o lugar de centro do sistema jurídico. A determinação do direito pela atividade processual e o rígido formalismo, que marcam caracteristicamente a primeira fase do direito romano, fizeram com que, mesmo no período clássico, a vontade fosse sempre considerada algo fático, não se reconhecendo, à sua autonomia, a posição de princípio jurídico" (SILVA, Clóvis do Couto. *A obrigação como processo*. Rio de Janeiro: Editora FGV, 2006, pp. 24-25).

Durante a "baixa" idade média era possível perfilhar uma noção de autonomia, entendida a partir da relação entre ordenamento jurídico-político e vontade dos particulares para construir seu próprio regramento[477], o que, sem dúvida, tem sentido se pensado a partir da concorrência entre os diversos centros de formação de direito. É, porém, no final da Idade Média, mais precisamente no século XIV, que se vai encontrar a gênese do conceito de autonomia privada.

Tem-se, com base em Michel Villey, que o conceito de autonomia privada tem origens comuns ao conceito de direito subjetivo[478], sendo ambos decorrentes do nominalismo inaugurado com Guilherme de Ockham, em que todas as coisas deviam ser pensadas a partir do indivíduo. Nesse sentido, o indivíduo (não mais a relação entre vários indivíduos) torna-se o centro de interesse da ciência do direito; o esforço da ciência tenderá doravante a descrever as qualidades jurídicas do indivíduo, a extensão de suas faculdades, de seus *direitos individuais*. E, quanto às normas jurídicas, estas não mais podem ser extraídas da própria ordem que antes se acreditava ler na natureza. Será preciso buscar sua origem exclusivamente nas vontades positivas dos indivíduos. Daí a afirmação de que o *positivismo* jurídico é filho do nominalismo. Todas as características essenciais do pensamento jurídico moderno já estão contidas em potência no nominalismo[479].

Cabe lembrar, nesse contexto, que o conceito moderno de direito subjetivo – desenvolvido a partir do final da idade média – assenta-se no poder e na vontade[480]. Isso tem sentido na medida em que, com Guilherme de Ockham o direito "deixa de ser um *bem*, atribuído segundo o merecimento de cada um, para tornar-se o *poder que se tem sobre os bens*, ou o poder de impô-lo à observância dos demais"[481], o que, sem dúvida, rompe com a ideia antiga de justiça, que, para a filosofia grega,

---

477. CALASSO, Francesco. Autonomia (você). In: CALASSO, Francesco; SANTORO PASSARELLI, Francesco (Dir.). Enciclopedia del diritto. Volume IV – Atto – Banna. Varese: Giuffrè, 1958-1993, p. 355.

478. Não é, pois, por acaso que Ana Prata entende que "os mecanismos jurídicos de expressão da liberdade dos sujeitos privados na tutela dos seus interesses são o direito subjetivo e a liberdade negocial. Assim, numa perspectiva ampla poderá entender-se que a noção de autonomia privada se desdobra nesses dois aspectos essenciais" (PRATA, Ana. A tutela constitucional da autonomia privada. Coimbra: Almedina, 1982, p. 15).

479. VILLEY, Michel. *A formação do pensamento jurídico moderno*. Tradução Claudia Berliner. São Paulo: Martins Fontes, 2005, p. 233.

480. Conforme Von-Thur "a concepção de direito subjetivo como poder da vontade, que foi dominante no direito comum, conta também hoje com a aprovação da maioria dos autores" (VON-THUR, Andreas. *Derecho civil*. Teoria general del derecho civil aleman. V. I. Los derechos subjetivos y el patrimonio. Buenos Aires: Editorial Depalma, 1946, p. 75).

481. SILVA, Ovídio A Baptista da. *Jurisdição e execução na tradição romano-canônica*. 3a ed. Rio de Janeiro: Forense, 2007, 119.

era uma virtude "que se obtinha através de uma longa e bem orientada experiência de vida"[482] e de direito, antes entendido como a arte do justo e do bom[483].

Não cabe aqui tratar com detalhes de todo o contexto político em que é forjado o conceito de direito subjetivo a partir da doutrina de Ockham[484]. O fato é que, para além dos conflitos políticos entre o papado e o império, ocorridos entre o Papa João XXII e o Imperador Luis IV, a presença de Ockham foi decisiva na defesa da ordem franciscana frente ao papa, o qual, a partir de 1322, reabriu o debate acerca da pobreza franciscana, culminando na Bula *Quia vir reprobus*, de 1328[485]. O pano de fundo desse embate reside no fato de que, não obstante o voto de pobreza feito pela Ordem dos frades franciscanos, esta teria crescido em tamanho e prestígio, assumindo a posse de muitos bens de valor, como igrejas, conventos, livros e provisões[486]. Afirmava-se, para conformar a teoria do voto de pobreza com a prática que os frades tinham somente o uso de fato dos bens, mas não o direito de usar[487]. Contra esse estado

482. SILVA, Ovídio A Baptista da. *Jurisdição e execução na tradição romano-canônica*. 3a ed. Rio de Janeiro: Forense, 2007, 118.

483. Segundo Juan Vallet de Goytisolo, "conforme el voluntarismo de Duns Escoto y más aún con el nominalismo de Ockham, no existe un derecho naturalmente justo dimanante de la naturaleza de las cosas, la palabra *ius*, derecho, no puede corresponder a lo que es justo conforme la cosa misma -*quod iustum est ex ipsa natura rei*. El derecho se reduce a ser el reflejo de las leyes positivas (divinas o humanas), a su contenido, y llega hasta confundirse con las propias leyes (concepto del derecho objetivo) o bien con la potestad de las voluntades subjetivas, que disponen, pactan o reclaman, en un individualismo subjetivista (concepción del derecho subjetivo)" (GOYTISOLO, Juan Vallet de. ""Ius" y "lex" según las definiciones de los "magni hispani"". Persona y Derecho: Revista de fundamentación de las Instituciones Jurídicas y de Derechos Humanos. v. 37. Universidad de Navarra: Servicio de publicaciones, 1997, p. 26).

484. Sobre o assunto, leciona Oliveira que "as disputas entre o Papado e o Império tornaram-se bastante evidentes no século XI e intensificaram-se atingido a partir de 1314 seu apogeu. Nelas envolveram-se os papas João XXII (1313-34) e Benedito XII (1334-42) que defendiam a tese de Inocêncio III (1198-1216)1; e o Imperador Luiz IV (1314-47) que tentava se libertar da tutela papal no exercício de sua autoridade. É neste clima de disputa na esfera de poder secular e espiritual que Guilherme de Ockham escreve seus trabalhos políticos, todos em Munique, na corte de Luiz IV, produzindo subsídio teórico para as idéias do imperador, como afirma Nascimento (1970, p. 26): "revestem, portanto, um caráter polêmico e fornecem ao imperador justificativa doutrinal de suas aspirações autonomista em relação ao poder pontifical" (OLIVEIRA, Anselmo Carvalho de. As ideias políticas de Guilherme de Ockham no revilóquio sobre o principado tirânico. *Prometeus filosofia em revista*. Viva Vox. DFL. Universidade Federal de Sergipe. Ano 2. n. 4 Julho-Dezembro/2009, pp. 103-104).

485. CULLETON, Alfredo. A fundamentação filosófica do direito no pensamento político de Ockham a partir do opus nonaginta dierum. *Veritas*. v. 51. n. 31. Setembro 2006. Porto Alegre: Editora PUCRS, 2006, p. 101.

486. Conforme destaca Culeton, "para a comunidade franciscana, alguém era pobre, se não possuía nada: era indiferente, se o uso dado às coisas dos outros era luxuoso ou miserável" (CULLETON, Alfredo. A fundamentação filosófica do direito no pensamento político de Ockham a partir do opus nonaginta dierum. *Veritas*. v. 51. n. 31. Setembro 2006. Porto Alegre: Editora PUCRS, 2006, p. 100).

487. VILLEY, Michel. *Estudios en torno a la noción de derecho subjetivo*. Valparaiso: Universitárias de Valparaíso, 1976, p. 170. Essa cisão entre propriedade e uso, que justificava a realidade dos frades franciscanos tinha assento na doutrina de S. Buenaventura (*Apologia pauperum*), convalidada pelo

de coisas é direcionada a investida do papa João XXII, o qual, temendo que a Ordem franciscana ficasse sem os bens dos seus seguidores, queria forçar os frades a terem o título de propriedade[488].

Com efeito, Ockham vai buscar uma definição de direito que não corresponda ao bem que cabe a alguém segundo a justiça (*id quod justum est*). Nesse intento, o direito passa a ser concebido como o poder que se tem sobre um bem. Trata-se, porém, de um poder nitidamente específico, que difere da simples licença ou da concessão revogável de que gozam, por exemplo, os pobres convidados do Senhora na parábola do banquete, e que o senhor pode despedir[489]. O direito, portanto, não se confunde com o chamado *usus facti*, concebido como ""todo ato que uma pessoa possa exercer com relação a um objeto exterior, tal como comer, beber, vestir, escrever, ler um livro, cavalgar e similares são chamados usos de fato"[490]. Desse modo, ao neutralizar o *usus facti*, Ockham está sustentando a tese franciscana de que *usus facti* é separável de *do-*

Papa Nicolau III a partir da bula *Exiit qui seminat* de 1279, extraindo-se daí o entendimento de que a propriedade dos bens estaria nas mãos dos benfeitores da Ordem, que, em muitos casos, seria a própria sede pontifícia, que autorizariam os frades a servirem-se deles (KILCULLEN, John. The Political Writings. In: SPADE, Paul Vicente. *The Cambridge Companion to Ockham*. Cambridge University Press: Cambridge, 1999, p. 303). Nesse sentido, Villey leciona que a Bula de Nicolau III "prescribe que los franciscanos notengan sobre sus bienes más que el simplex usus facti [simple uso de hecho], ni aun el jus utendi [derecho de usar], el usufructus [usufructo], la posessio [posesión], mientras que la Iglesia romana retiene la proprietas (Bull., p. 293 ss). El sentido de estas palabras en las bulas no es todavía bien explícito. Hasta que Occam llega a sacar conclusiones sustanciales, no parecen significar conscientemente nada más sino que Roma tenía la etiqueta y los monjes franciscanos la cosa: al Papado el humo, a los franciscanos el asado. Todo iba bien para los huéspedes de conventos ricos: podían morar en ellos sin molestias y en seguridad, con la conciencia a salvo, puesto que eran usuarios, no propietarios" (VILLEY, Michel. *Estudios en torno a la noción de derecho subjetivo*. Valparaiso: Universitárias de Valparaíso, 1976, p. 170).

488. A Bulla papal *Quia vir reprobus* se assenta em três argumentos principais, conforma afiança Culeton: O primeiro é um ataque à idéia de que os frades estão numa situação de absoluta pobreza, porque eles não têm nenhum *dominium*: eles não têm nada que possam chamar de próprio, *proprium* ou *suum*. O Papa usa o direito romano para dizer que, para coisas que são consumidas no seu uso, como no caso da comida, roupa ou bebida, o uso não pode ser separado do *dominium*. Logo, se os franciscanos usam coisas, devem ter *dominium* sobre essas coisas e, conseqüentemente, não são absolutamente pobres. O segundo ataque de João XXII é ao argumento dos franciscanos de que, pelo fato de estarem sem posse de nenhum bem material, estariam no estado de *perfeição* dos Apóstolos, que venderam tudo e seguiram a Cristo. A ênfase na pobreza como algo espiritual, mais do que uma questão material, tem sido sempre uma marca distintiva entre dominicanos e franciscanos. E o Papa, mais um legislador do que um teólogo, se vale da teologia dos dominicanos e da autoridade de Tomás de Aquino que os respalda. O terceiro argumento do Papa é acerca da noção de uso. Os franciscanos tinham feito a distinção entre uma *licença de uso* e um *direito de uso*, tendo eles só o primeiro, e não o segundo, ao que o Papa responde ser isso impossível" (CULLETON, Alfredo. A fundamentação filosófica do direito no pensamento político de Ockham a partir do opus nonaginta dierum. *Veritas*. v. 51. n. 31. Setembro 2006. Porto Alegre: Editora PUCRS, 2006, p. 101).

489. VILLEY, Michel. *Estudios en torno a la noción de derecho subjetivo*. Valparaiso: Universitárias de Valparaíso, 1976, p. 176.

490. OCKHAM, Guilherme. *Opus nonaginta dierum*. *Apud* CULLETON, Alfredo. A fundamentação filosófica do direito no pensamento político de Ockham a partir do opus nonaginta dierum. *Veritas*. v. 51. n. 31. Setembro 2006. Porto Alegre: Editora PUCRS, 2006, p. 103.

minium, já que o puro fato exterior de usar é distinguível de qualquer atributo pessoal do sujeito[491].

A partir daí a noção de direito subjetivo vai ligar-se diretamente ao indivíduo, como um poder. Bastante original, a propósito do tema, é a noção de "potência subjetiva de um ato humano", por ele desenvolvida, que irá materializar a própria ideia de direito[492]. Cuida-se, todavia, de uma *potestas licita*, e não de uma *potestas iusta*, na medida em que um ato pode ser lícito sem ser estritamente justo segundo a sua concepção[493]. Aqui fica bastante nítida não somente a subjetivação do conceito de direito, mas também a eliminação dele de qualquer relação com a moral, "posto que, agora, a questão do merecimento *formaliza-se*, passando a decorrer necessariamente da lei, enquanto norma estatal"[494]. Essa concepção de direito subjetivo, que irá influenciar diretamente a construção teórica da pandectística alemã do século XIX, para a qual o direito está associado a poder, e não ao justo, seria desprovida de repercussão se não fosse acompanhada da sua filosofia individualista[495], considerada o antecedente imediato do conceito de autonomia privada[496].

Com isso, tem-se que a eclosão do direito subjetivo e sua definição teórica significa o abandono de uma forma de pensamento jurídico fundado na ordem natural e sua substituição por um outro, fundado na ideia de poderes. Trata-se "da fronteira de dois mundos", que faz surgir, com isso, uma nova ordem social, da qual o direito individual será

491. CULLETON, Alfredo. A fundamentação filosófica do direito no pensamento político de Ockham a partir do opus nonaginta dierum. *Veritas*. v. 51. n. 31. Setembro 2006. Porto Alegre: Editora PUCRS, 2006, p. 103.

492. CULLETON, Alfredo. A fundamentação filosófica do direito no pensamento político de Ockham a partir do opus nonaginta dierum. *Veritas*. v. 51. n. 31. Setembro 2006. Porto Alegre: Editora PUCRS, 2006, p. 104.

493. CULLETON, Alfredo. A fundamentação filosófica do direito no pensamento político de Ockham a partir do opus nonaginta dierum. *Veritas*. v. 51. n. 31. Setembro 2006. Porto Alegre: Editora PUCRS, 2006, p. 105.

494. SILVA, Ovídio A Baptista da. *Jurisdição e execução na tradição romano-canônica*. 3a ed. Rio de Janeiro: Forense, 2007, 121.

495. A qual, segundo Villey, "sostiene el reverso de la Filosofía clásica. Y de esto no puede resultar sino una nueva visión de los fenómenos jurídicos" (VILLEY, Michel. *Estudios en torno a la noción de derecho subjetivo*. Valparaiso: Universitárias de Valparaíso, 1976, p. 180). Conforme Ovídio A. Baptista da Silva, "são perfeitamente visíveis, na filosofia do monge franciscano do século XIV, as raízes do *voluntarismo* que depois dominou a filosofia do século XVII, de modo que parece inteiramente justificado o entendimento de que, não apenas o conceito de direito subjetivo, como igualmente o entendimento de queo direito deve corresponder àquilo que o soberano decreta como sendo direito, tenham em Guilherme de Ockham e em seu predecessor Duns Scot seus primeiros teóricos medievais" (SILVA, Ovídio A Baptista da. *Jurisdição e execução na tradição romano-canônica*. 3a ed. Rio de Janeiro: Forense, 2007, 121).

496. AMARAL NETO, Francisco dos Santos. A autonomia privada como princípio fundamental da ordem jurídica: perspectivas estrutural e funcional. *Revista de Informação Legislativa*. Brasília, senado federal, n. 102, p. 207-230, abr/jun, 1989, p. 217.

a célula elementar, e que se construirá inteiramente sobre a noção de *potestas*, elevada à dignidade de *direito*. Disso dependerão, em seguida, por um lado, as leis positivas, que passam a ser a única fonte da ordem, oriundas de poderes individuais, e por outro, o conteúdo individualista liberal e utilitário de direito ocidental[497]. O direito passa a ser especificado pelo *conteúdo* do poder[498].

Um passo adiante na história do conceito de autonomia privada pode ser encontrado em Kant[499], ao qual se atribui, no campo da filosofia moral, a moderna ideia de autonomia individual[500]. A noção de autonomia encontra-se já aqui atrelada à ideia de liberdade, que Kant desenvolve a partir da concepção rousseniana de liberdade como autonomia na esfera pública, internalizando-a no indivíduo como liberdade moral[501]. Autonomia opõe-se, desse modo, à heteronomia. Consiste na autolegislação na medida em que o homem é livre, mas vive a partir de regras morais por ele mesmo legisladas[502]. Nitidamente, autonomia confunde-se com a própria noção de liberdade, esta entendida como não impedimento, e aquela, como propriedade de ser lei para si mes-

497. VILLEY, Michel. *A formação do pensamento jurídico moderno*. Tradução Claudia Berliner. São Paulo: Martins Fontes, 2005, p. 288. Contra a concepção individualista do direito subjetivo, com um olha crítico a partir da noção de direito objetivo e de "direitos difusos", afirmam José Tesheiner e Lessandra Gauer: "para concluir, deixando Villey e dando um salto até o Direito contemporâneo, observamos que direito subjetivo, depois de haver sido definido como um poder e, mais adiante, como um interesse juridicamente protegido, passou a significar qualquer bem merecedor de proteção judicial, ainda que desvinculado de algum interesse humano. É assim que se pode falar de direitos dos animais, inclusive dos inúteis e até nocivos ao homem.

Volta-se, assim, de certo modo, a um significado objetivo de direito. Fala-se, por isso mesmo, em direitos difusos, e não em direitos subjetivos difusos, o que até soa como um contrassenso. Direitos dos animais, direitos da natureza não são direitos humanos. Constituem partes do ordenamento jurídico que dizem respeito à proteção da fauna, da flora e até das coisas inanimadas" (TESHEINER, José. GAUER, Lessandra. A gênese do direito subjetivo conforme Villey. *Processos coletivos*. Disponível em <http://www.processoscoletivos.net/~pcoletiv/ponto-e-contraponto/834-a-genese-do-direito-subjetivo-conforme-villey>. Acesso em 05-10-2015).

498. VILLEY, Michel. *A formação do pensamento jurídico moderno*. Tradução Claudia Berliner. São Paulo: Martins Fontes, 2005, p. 274.

499. Segundo Amaral, "com a filosofia de KANT, que teve definitiva influência, a autonomia da vontade adquire conotação dogmática, passando a imperativo categórico de ordem moral, afirmando-se na *Metafísica do Direito* (1976) que 'a vontade individual é a única fonte de toda obrigação jurídica'" (AMARAL NETO, Francisco dos Santos. A autonomia privada como princípio fundamental da ordem jurídica: perspectivas estrutural e funcional. *Revista de Informação Legislativa*. Brasília, senado federal, n. 102, p. 207-230, abr/jun, 1989, p. 220).

500. SIECKMANN, Jean-R. El concepto de autonomía. *Doxa cuadernos de filosofía del derecho*. n. 31, 2008, p. 467.

501. TREVIZAN, Thaita Campos. NETA, Vallêda Bivar Soares Dias. A liberdade sob a perspectiva de Kant: um elemento central da ideia de justiça. *Cadernos EMARF, fenomenologia e direito*. v. 3. n. 1. Rio de Janeiro, abr./set. de 2010, p. 112.

502. SIECKMANN, Jean-R. El concepto de autonomía. *Doxa cuadernos de filosofía del derecho*. n. 31, 2008, p. 468.

ma[503]. Em que pese o sentido filosófico de autonomia não se confunda com o seu conceito jurídico, é inegável que as ideias filosóficas influenciam de algum modo as concepções jurídicas[504]. Na verdade, o conceito filosófico de autonomia, fundando na noção de liberdade, servirá para abrir caminho a uma mais precisa fundamentação da autonomia privada, residindo aí sua importância na passagem histórica do conceito.

Com o advento do Estado Liberal as linhas mestras da autonomia privada ganham seu pleno desenvolvimento. O indivíduo e sua vontade livre passaram a ser o centro do Direito[505], na medida em que se acentuava a separação entre Estado e sociedade e, consequentemente, ganhava relevo a autonomia dos particulares, a qual deferia-se totalmente a formação da ordem privada[506]. Esse pano de fundo, no entanto, talvez tenha servido para obscurecer o conceito de autonomia no campo jurídico, na medida em que passou a ganhar contornos restritos, ficando adstrito ao campo do direito contratual e, consequentemente, da esfera econômica. Não é por acaso que há quem trate da autonomia privada como liberdade negocial, como poder reconhecido pela ordem jurídica ao homem, prévia e necessariamente qualificado como sujeito jurídico, de juridicizar a sua atividade (econômica), realizando livremente negócios jurídicos e determinando os respectivos efeitos[507]. Autonomia privada, portanto, não designaria toda a liberdade, nem toda a liberdade privada, nem sequer toda a liberdade jurídica privada, mas apenas um aspecto desta última: a liberdade negocial[508]. Enquanto qualificativo de uma dada atividade jurídica dos sujeitos privados, o conceito, ao mesmo

503. LÔBO, Paulo Luiz Netto. O princípio do auto regramento da vontade em Pontes de Miranda. Revista da Ordem dos Advogados do Brasil. v.60. Brasilia, conselho federal da oab, 1995, p. 56.

504. GOGLIANO, Daisy. Autonomia, bioética e direitos de personalidade. *Revista de direito sanitário*. vol. 1. n. 1. Novembro de 2000, p. 110. Nesse sentido, "a autonomia como fundamento da ética, que pressupõe a independência do ser humano na valoração dos problemas morais, como faculdade de autodeterminação, não significa autonomia normativa calcada no poder de se dar as próprias normas, em oposição à heteronomia que implica sujeição ao poder de outrem" (GOGLIANO, Daisy. Autonomia, bioética e direitos de personalidade. *Revista de direito sanitário*. vol. 1. n. 1. Novembro de 2000, p. 110).

505. LÔBO, Paulo Luiz Netto. O princípio do auto regramento da vontade em Pontes de Miranda. Revista da Ordem dos Advogados do Brasil. v.60. Brasilia, conselho federal da oab, 1995, p. 56. Conforme Hindemburgo Chateaubriand "O princípio da autonomia privada é seguramente uma das mais importantes conquistas de nossa cultura jurídica, embora encontre a sua gênese histórica em época relativamente próxima se confrontada com o tempo de maturação do direito privado, no qual este se insere. O princípio tem as suas origens vinculadas às codificações do século XVIII e XIX, diretamente influenciadas pelo pensamento jusnaturalista" (CHATEAUBRIAND FILHO, Hindemburgo. Autonomia privada e tipicidade dos direitos reais. Revista dos Tribunais, São Paulo, v. 745, p. 41-47, nov. 1997, p. 43).

506. SILVA, Clóvis do Couto. *A obrigação como processo*. Rio de Janeiro: Editora FGV, 2006, p. 25.

507. PRATA, Ana. A tutela constitucional da autonomia privada. Coimbra: Almedina, 1982, p. 11.

508. PRATA, Ana. A tutela constitucional da autonomia privada. Coimbra: Almedina, 1982, p. 13.

tempo, recorta o espaço dessa atividade, contrapondo-o ao da atividade do Estado[509].

É justamente essa contraposição entre a liberdade do indivíduo e a atividade do Estado que servirá de estímulo para uma maior sistematização do conceito de autonomia privada. Ela surge, pois, como uma questão de limites à iniciativa individual, que redundara em abuso e exploração do mais fraco, no ápice do Estado mínimo oitocentista, e sob influxo das ideias e movimentos sociais[510]. Tão impactante é essa mudança de perspectiva que Judith Martins-Costa acaba diferenciando a autonomia privada da autonomia da vontade, esta última entendida como uma construção ideológica forjada no final do século XIX por alguns juristas para opor-se aos excessos do liberalismo econômico[511].

De tudo isso, pode-se dizer que o conceito de autonomia privada se apresenta, a partir do advento do Estado liberal, numa acepção mais restrita, para abarcar tão somente um âmbito de liberdade de natureza nitidamente negocial e econômica. Essa concepção sofreu, ainda, diversas ranhuras no desenrolar do Estado social, na medida em que a liberdade dos particulares gradualmente foi sendo restringida pelos fins novos fins perseguidos pelo Estado. Urge, desse modo, buscar uma melhor delimitação conceitual da expressão autonomia privada, bem como fundamentos mais sólidos que sejam capazes de reconectá-la a ideia de direito subjetivo e, ao mesmo tempo, redimensioná-la numa perspectiva mais ampla que a esfera econômica e negocial.

---

509. PRATA, Ana. A tutela constitucional da autonomia privada. Coimbra: Almedina, 1982, p. 14. Ana Prata entende que a implantação do modo de produção capitalista acarretou a necessidade de universalização dos conceitos de personalidade jurídica e capacidade negocial, outrora inexistentes. Todos passaram necessariamente a ser proprietário, ou de bens que lhes permitiam subsistir, ou de força de trabalho que vendiam. Desse modo, todos passam a ser sujeitos jurídicos e a ter capacidade negocial. Com isso, o trabalhador desvincula-se da terra e senhor feudal, tornando-se livre. Nesse momento, o conceito de autonomia privada ganha um conteúdo autônomo e operativo, o que vai repercutir na própria noção de negócio jurídico. Este deixa de ser visto sob a perspectiva de um instrumento de troca de bens, acentuando-se o seu caráter de realização da liberdade econômica: *o negócio é a afirmação da liberdade da pessoa, o negócio é o efeito jurídico da vontade livre* (PRATA, Ana. A tutela constitucional da autonomia privada. Coimbra: Almedina, 1982, pp. 9-10).

510. LÔBO, Paulo Luiz Netto. O princípio do auto regramento da vontade em Pontes de Miranda. Revista da Ordem dos Advogados do Brasil. v.60. Brasilia, conselho federal da oab, 1995, p. 57. Com isso, "deixou de constituir petição de princípio ou justificação ideológica do liberalismo econômico, com que a própria doutrina jurídica a encarava até então, para ser objeto de rigorosa investigação científica em vários ramos do Direito Privado e do Direito Público, inclusive o Direito Internacional Público" (LÔBO, Paulo Luiz Netto. O princípio do auto regramento da vontade em Pontes de Miranda. Revista da Ordem dos Advogados do Brasil. v.60. Brasilia, conselho federal da oab, 1995, pp. 57-58).

511. COSTA, Judith Hofmeister Martins. Mercado e solidariedade social entre cosmos e taxis: a boa-fé nas relações de consumo. In: COSTA, Judith Hofmeister Martins (org.). *A reconstrução do direito privado:* reflexos dos princípios, diretrizes e direitos fundamentais constitucionais no direito privado. São Paulo: Rev. dos Tribunais, 2002, pp. 614-615.

1.7.1 Da questão terminológica aos fundamentos jurídicos da autonomia privada

A utilização da expressão "autonomia privada" costuma variar bastante, sendo, normalmente, restringida por civilistas e, por outro lado, ampliada por autores situados em outras áreas do pensamento jurídico[512]. Também não há consenso, entre os mais diversos autores, acerca das diferenças entre autonomia privada e autonomia da vontade. Enquanto alguns tratam ambas as expressões como sinônimas, outros criticam essa aproximação entre ambas[513], de modo a diferenciá-las, enxergando na locução "autonomia da vontade" uma concepção mais psicológica[514] e, também, mais ampla que a de autonomia privada[515]. Pontes de Miranda, por sua vez, em que pese utilize, indistintamente, em sua

512. Os vários significados da expressão autonomia privada, na qual a ambiguidade do substantivo se cumula com a do adjetivo não são, de acordo com Salvatore Pugliati, "riconducibili ad un centro sistematico-concettuale; e i problemi non sono omegenei, né si possono far gravitare verso un problema centrale: essi, anzi, hanno radici differenti, rispondono a differenti esigenze, e sono ispirati alle più varie ideologie e ai più diversi orientamenti metodologici" (PUGLIATTI, Salvatore. Autonomia privata (voce). In: CALASSO, Francesco; SANTORO PASSARELLI, Francesco (Dir.). Enciclopedia del diritto. Volume IV – Atto – Banna. Varese: Giuffrè, 1958-1993, pp. 366-367).

513. Nesse sentido é a doutrina de Luigi Ferri, para quem parece criticável "la opinión que prefiere hablar de autonomia de la voluntad mejor que de autonomía privada. Las dos expresiones podrían parecer a primera vista sinónoimas, pero no lo son. Quienes hablan de autonomía de la voluntad en realidad desconocen el problema mismo de la autonomía privada (problema que, visto desde el ángulo subjetivo, se identifca, como veremos en seguida, con la búsqueda del fundamento del poder reconocido a los particulares de crear normas jurídicas) y dan relieve a la voluntad real o psicológica de los sujetos que, según esta opinión, es la raíz o la causa de los efectos jurídicos, en oposición a quienes, por ele contrario, ven más bien la declaración o en la manifestación de voluntad, como hecho objetivo, o en la ley, la fuente de los efectos jurídicos" (FERRI, Luigi. *La autonomia privada*. Traducción y notas por Luis Sancho Mendizabal. Madrid: Editorial revista de derecho privado, 1969, pp. 5-6).

514. Conforme Francisco do Amaral "a expressão autonomia da vontade tem uma conotação mais subjetiva, psicológica, enquanto que a autonomia privada marca o poder da vontade de um modo objetivo, concreto e real". Desse modo, o referido autor, visualiza a "autonomia da vontade, como manifestação de liberdade individual no campo do direito, psicológica" e a autonomia privada como "poder de criar, nos limites da lei, normas jurídicas". Assim, seria possível dizer que "subjetivamente, autonomia privada é o poder de alguém de dar a si próprio um ordenamento jurídico e, objetivamente, o caráter próprio desse ordenamento constituído pelo agente, em oposição ao caráter dos ordenamentos constituídos por outros" (AMARAL NETO, Francisco dos Santos. A autonomia privada como princípio fundamental da ordem jurídica: perspectivas estrutural e funcional. *Revista de Informação Legislativa*. Brasília, senado federal, n. 102, p. 207-230, abr/jun, 1989, p. 213). Também Steinmetz prefere utilizar a expressão autonomia privada à autonomia da vontade "porque esta sempre lembra, além de um conceito jurídico, um conceito da filosofia prática de Kant, dando margem, assim, á ambiguidade, enquanto 'autonomia privada' parece ser mais adequada à linguagem da teoria e da dogmática jurídicas" (STEINMETZ, Wilson Antônio. *A vinculação dos particulares a direitos fundamentais*. São Paulo: Malheiros, 2004, p. 189).

515. Para alguns, a autonomia da vontade teria um aspecto mais amplo, ligando-se poder de iniciativa e de impulso, os quais são os elementos constantes nas teorias dos atos e nas atividades dos privados, e não a autonomia privada, uma vez que, conforme Perlingieri, o poder de auto-regulamentação pode faltar. Nesse sentido, ver PERLINGIERI, Pietro. *Il diritto civile nella legalita costituzionale*. 2. ed. Napoli: Edizioni Scientifiche Italiane, 2001, p. 139.

obra, as expressões autonomia da vontade e autonomia privada, prefere a elas utilizar o termo "autorregramento", na medida em que autonomia privada elidiria qualquer autorregramento de vontade em direito público, o que seria extremamente falso[516].

Por outro lado, uma série de autores confere à expressão autonomia privada um alcance que vai muito além da noção de autorregramento ínsita ao conceito de negócio jurídico. Parte-se, para tanto, da noção estrita de autonomia, que, para Roppo, significa "poder de modelar por si – e não por imposição externa – as regras da sua própria conduta"[517], para nela abarcar uma concepção ampla de autonomia privada entendida "como a capacidade do sujeito de direito de determinar seu próprio comportamento individual"[518] e como "poder do indivíduo de modo objetivo, concreto e real, norteado para a realização de determinadas necessidades e desejos"[519]. Nessa senda, a autonomia privada envolve tanto aspectos ligados a escolhas existenciais, quanto a dimensão mais prosaica da vida humana, concernente à celebração de contratos e outros negócios jurídicos de caráter patrimonial[520].

---

516. PONTES DE MIRANDA, Francisco Cavalcanti. *Tratado de direito privado*. Parte Especial. Tomo XXIII. 3ª edição. Rio de Janeiro: Borsoi, 1971, §255. Conforme Paulo Lôbo, "a novidade terminológica, entretanto, não teve repercussão na doutrina brasileira. O próprio Pontes cede ao uso linguístico e emprega, em várias passagens do Tratado, os termos tradicionais (autonomia da vontade e, até mesmo, autonomia privada)" (LÔBO, Paulo Luiz Netto. O princípio do auto regramento da vontade em Pontes de Miranda. Revista da Ordem dos Advogados do Brasil. v.60. Brasilia, conselho federal da oab, 1995, p. 58).

517. ROPPO, Enzo. *O contrato*. Tradução de Ana Coimbra e M. Januário C. Gomes. Coimbra: Almedina, 2009, p. 128. Alguns autores chegam a falar em "autonomia da pessoa", conceito mais amplo que abarcaria tanto a autonomia privada, entendida como a capacidade de o indivíduo determinar-se nas suas relações, dentro do âmbito de liberdade que o ordenamento jurídico lhe reserva, e a autonomia da vontade, esta concebida como a capacidade do indivíduo celebrar negócios jurídicos e exercer direitos que lhes são conferidos pelo ordenamento jurídico (AGUIAR JR., Ruy Rosado de. *Comentários ao novo Código Civil, v.6, tomo 2*. Rio de Janeiro Forense 2011, p. 58).

518. SARMENTO, Daniel Antônio de Moraes. Os princípios constitucionais da liberdade e da autonomia privada. *Boletim Científico*: Escola Superior do Ministério Público da União, Brasília, n. 14, p. 167-217, jan/mar, 2005, p. 168.

519. FIUZA, César Augusto de Castro; POLI, Luciana Costa. Autonomia privada e intervenção no estado democrático de direito: a (im)possibilidade de casamento entre homossexuais. *Revista Brasileira de Estudos Políticos*, Belo Horizonte, n.106, p. 95-131, jan./jun. 2013, p. 97.

520. SARMENTO, Daniel Antônio de Moraes. Os princípios constitucionais da liberdade e da autonomia privada. *Boletim Científico*: Escola Superior do Ministério Público da União, Brasília, n. 14, p. 167-217, jan/mar, 2005, p. 169. Steinmetz igualmente adota um conceito amplo de autonomia privada, definindo-a como "o poder atribuído pela ordem jurídica aos particulares para que, livres e soberanamente, auto-regulamentem os próprios interesses (direitos, bens, fins, pretensões). A autonomia privada manifesta-se como um poder de autodeterminação e de autovinculação dos particulares. No exercício da autonomia privada, os particulares tornam-se legisladores dos próprios interesses, seja para criar direitos, seja para criar deveres" (STEINMETZ, Wilson Antônio. *A vinculação dos particulares a direitos fundamentais*. São Paulo: Malheiros, 2004, pp. 190-191). Em sentido similar, Maria Amália Dias de Moraes entende que "à autonomia privada corresponde um poder de dispor ou, se se preferir, uma competência dispositiva para autorre-

Partindo, inicialmente, desse conceito amplo de autonomia privada torna-se mais fácil perquirir os seus fundamentos. Para Francisco Amaral, o fundamento da autonomia privada, em termos imediatos, é a liberdade como valor jurídico, enquanto a concepção de que o indivíduo é base do edifício social e jurídico e de que sua vontade livremente manifestada é instrumento de realização da justiça seria o seu fundamento mediato[521]. Com efeito, ela representa um dos componentes primordiais da liberdade, significando, desse modo, o poder do sujeito de autogovernar a sua esfera jurídica, tendo como pressuposto a concepção de ser humano como agente moral, racional e capaz de decidir o que é bom ou ruim para si, o qual, por conseguinte, deve ter liberdade para guiar-se de acordo com essas escolhas, conquanto que elas não perturbem os direitos de terceiros nem violem outros valores relevantes da comunidade[522]. Em última análise, a autonomia privada acaba por se constituir em "uma das múltiplas manifestações do *princípio da autonomia da pessoa*, princípio a um só tempo moral e jurídico"[523] e por servir de pressuposto para a democracia, na medida em que garante que se forme um debate franco de ideais que permita ao cidadão a realização consciente das suas escolhas políticas e a fiscalização dos governantes da coisa pública[524].

Na verdade, bem visualizada a questão, pode-se dizer que a autonomia privada decorre do direito à dignidade da pessoa humana e do princípio democrático, os quais dão sustentação à noção negativa e positiva de liberdade[525], que, por sua vez, nitidamente, dialogam com

---

gular os próprios interesses, mediante a chancela da ordem jurídica" (MORAES, Maria Amália Dias de. Autonomia privada e negócio jurídico. *Estudos Jurídicos*. v.20. São Leopoldo: Unisinos, 1977, p.39).

521. AMARAL NETO, Francisco dos Santos. A autonomia privada como princípio fundamental da ordem jurídica: perspectivas estrutural e funcional. *Revista de Informação Legislativa*. Brasília, senado federal, n. 102, p. 207-230, abr/jun, 1989, p. 215.

522. SARMENTO, Daniel Antônio de Moraes. Os princípios constitucionais da liberdade e da autonomia privada. *Boletim Científico*: Escola Superior do Ministério Público da União, Brasília, n. 14, p. 167-217, jan/mar, 2005, p. 182.

523. STEINMETZ, Wilson Antônio. *A vinculação dos particulares a direitos fundamentais*. São Paulo: Malheiros, 2004, p. 168.

524. SARMENTO, Daniel Antônio de Moraes. Os princípios constitucionais da liberdade e da autonomia privada. *Boletim Científico*: Escola Superior do Ministério Público da União, Brasília, n. 14, p. 167-217, jan/mar, 2005, p. 182.

525. A ideia de que a liberdade, entendida como fundamento que ampara a noção de autonomia privada, não pode ser visualizada nos estritos limites da noção de direito subjetivo, foi bem notada por Catalan, para quem "o fundamento primordial em que se ampara a teoria da autonomia privada seria a liberdade assegurada ao indivíduo, não apenas enquanto sujeito de direitos, mas antes disso como ser humano. (...) O valor da pessoa consiste em ser mais que o mero existir, mas em ter em suas mãos as rédeas que guiam sua própria vida, e esta superação, este domínio, são a raiz da dignidade da pessoa. A possibilidade de formação de relações jurídicas por declaração de vontade é emanação da liberdade da pessoa que, por sua vez, é consequência da dignidade do homem" (CATALAN, Marcos Jorge. Autonomia privada: o poder jurígeno dos sujeitos de direito.

a perspectiva habermasiana de uma cooriginariedade entre autonomia privada e autonomia pública, entendidas como níveis diferentes de concretização da autonomia[526]. Resta fácil, nessa senda, encontrar um sólido fundamento constitucional para a autonomia privada[527], que irá assumir maior intensidade e rigidez conforme seja enfocada numa perspectiva puramente existencial ou meramente econômica[528]. Ademais, como será explorado mais adiante, a autonomia privada é um elemento crucial de uma adequação compreensão do direito processual no marco do Estado Democrático de Direito.

Scientia Iuris: Revista do Curso de Mestrado em Direito Negocial da UEL, Londrina, v.5/6, p. 430-463, 2001/2002, p. 438).

526. De acordo com Denis Franco Silva, "a partir de Habermas, não existe diferença entre os conceitos de autonomia privada e autonomia pública, sendo estes apenas vias diversas de legitimação pelo discurso de manifestações igualmente autônomas dos indivíduos, ou mesmo níveis diferentes de concretização desta mesma autonomia. Em síntese, a opção pela via pública ou privada se dá propriamente em virtude do universo de afetados e dos níveis de afetação, e não de uma sobreposição dos interesses do indivíduo ao grupo ou do grupo ao indivíduo. Esta ideia de cooriginariedade leva necessariamente a uma nova compreensão acerca dos limites de liberdade, visto que as limitações às possibilidades de ação de um indivíduo através de dispositivos legais não seriam um obstáculo ao agir autônomo, mas manifestações deste mesmo agir (dessa capacidade de valorar) em um contexto discursivo mais amplo. Apresenta-se, dessa maneira, uma noção de autonomia intersubjetiva, reconhecedora do fato de que o livre desenvolvimento da personalidade de cada indivíduo depende da realização da liberdade das outras pessoas" (SILVA, Denis Franco. O princípio da autonomia: da invenção à reconstrução. In: MORAES, Maria Celina Bodin. *Princípios do direito civil contemporâneo*. Rio de Janeiro: Renovar, 2006, pp. 144-145).

527. Conforme Steinmetz, "na República Federativa do Brasil, também é possível fundamentar a tutela constitucional da autonomia privada. A afirmação dessa tutela resulta do argumento cujas *premissas* são o direito geral de liberdade (CF, art. 5º., *caput*), o princípio de livre iniciativa (CF, art. 1º., IV e art. 170, *caput*), o direito ao livre exercício de qualquer trabalho, ofício ou profissão (CF, art. 5º., XIII), o direito de propriedade (CF, art. 5º. *Caput* e XXII), o direito de herança (CF, art. 5º., XXX), o direito de convenção ou acordo coletivo (CF, art. 7º., XXVI), o princípio da proteção da família, do casamento e da união estável (CF, art. 226, *caput*, § de 1º a 4º) e cuja *conclusão* é o poder geral de autodeterminação e autovinculação das pessoas tutelado pela Constituição. Se todos esses princípios e direitos constitucionais mencionados contêm um conteúdo básico de autodeterminação e autovinculação da pessoa, então a autonomia privada – que é um poder geral de autodeterminação e (200) de autovinculação – também é constitucionalmente protegida ou tutelada. Dizendo, ainda, de outro modo, a tutela constitucional da autonomia privada deflui desses princípios e direitos expressões no texto constitucional" (STEINMETZ, Wilson Antônio. *A vinculação dos particulares a direitos fundamentais*. São Paulo: Malheiros, 2004, p. 201).

528. A propósito, leciona Sarmento: "a ordem constitucional brasileira confere ampla proteção à liberdade, preocupando-se com a efetiva garantia aos excluídos das condições necessárias ao seu gozo. Ela protege a autonomia pública do cidadão, fortalecendo a democracia, mas também a autonomia privada. Em relação a essa, a tutela constitucional abrange tanto a dimensão existencial como a econômica, mas, no primeiro caso, ela se mostra mais intensa. Essa diferença se deve ao fato de que, pela concepção de pessoa e de sociedade adotadas pelo constituinte, as liberdades existenciais são consideradas mais relevantes para o livre desenvolvimento da personalidade humana do que as econômicas, que só beneficiam diretamente uma minoria. Já a autonomia negocial, que tem lastro no princípio da livre iniciativa, foi não apenas relativizada pelo Texto Magno, em razão da preocupação constitucional com a igualdade material e a solidariedade, como também instrumentalizada, em favor da proteção da dignidade da pessoa humana e da justiça social" (SARMENTO, Daniel Antônio de Moraes. Os princípios constitucionais da liberdade e da autonomia privada. *Boletim Científico*: Escola Superior do Ministério Público da União, Brasília, n. 14, p. 167-217, jan/mar, 2005, p. 212).

1.7.2 Contornos dogmáticos e conceituais da autonomia privada

Uma vez estabelecidos os fundamentos do princípio da autonomia em sua acepção mais larga, torna-se possível reconectá-lo à noção de direito subjetivo, sem que, com isso, os conceitos venham a confundir-se. Na verdade, trata-se de encontrar, na autonomia privada, um restabelecimento da ideia de poder atribuído aos sujeitos e tentar delimitá-lo na sua precisa extensão.

O conceito estrito de autonomia privada, de uso comum no direito contratual, também nessa sede é bastante controverso. Há, desse modo, por parte de alguns autores, uma tendência em alargá-lo, na medida em que é traduzido "na liberdade de negociar, de escolher o contratante, de determinar o conteúdo ou do ato, de escolher, por vezes, a forma do ato"[529]. A autonomia privada, portanto, seria uma decorrência do princípio da liberdade contratual e com esse se confundiria, abarcando, com isso, "qualquer aspecto no qual se manifesta a iniciativa económica dos sujeitos privados, traduzida na iniciativa contratual"[530]. O conceito de autonomia privada, assim, compreenderia, além do poder de determinar o conteúdo do contrato, também o poder de escolher livremente contratar ou não contratar, o de escolher com quem contratar, recusando, por hipótese, ofertas provenientes de determinadas pessoas, bem como o poder de decidir em que tipo contratual enquadrar a operação que se pretende, privilegiando um ou outro dos tipos legais codificados, ou mesmo de concluir contratos que não pertençam aos tipos que têm uma disciplina particular[531]. Contempla, assim, a ideia de que o homem é dotado de vontade livre, a qual é capaz de criar direitos e obrigações, tratando-se, pois, da liberdade reconhecida às pessoas para celebrar contratos conforme lhes convenha, e determinar seu conteúdo, efeitos e duração[532].

Nessa perspectiva, a autonomia privada é encarada como "um fenômeno logicamente correlativo ao da existência das esferas individuais

529. PERLINGIERI, Pietro. *Perfis do direito civil*: introdução ao direito civil constitucional. 3ª ed. Tradução de Maria Cristina De Cicco. Rio de Janeiro: Renovar, 1997, p. 18.

530. ROPPO, Enzo. *O contrato*. Tradução de Ana Coimbra e M. Januário C. Gomes. Coimbra: Almedina, 2009, p. 132. Isso tem por pressuposto o fato de que "o operador económico do capitalismo, na verdade, necessita ser livre não só na fixação, a seu arbítro (melhor: segundo a conveniência do mercado), dos termos concretos da operação realizada, mas também – e sobretudo – na decisão de efectuar ou não uma certa operação, na escolha da sua efectivação com esta ou aquela contraparte, no decidir realizar um determinado 'género' de operação em vez de outro" (ROPPO, Enzo. *O contrato*. Tradução de Ana Coimbra e M. Januário C. Gomes. Coimbra: Almedina, 2009, p. 132).

531. ROPPO, Enzo. *O contrato*. Tradução de Ana Coimbra e M. Januário C. Gomes. Coimbra: Almedina, 2009, pp. 132-133.

532. GARCEZ NETO, Martinho. *Temas atuais de direito civil*. Rio de Janeiro: Renovar, 2000, p. 39.

de cada um"[533], e tem, na figura do negócio jurídico, seu principal instrumento, na medida em que, conforme Betti, ele é posto à disposição dos particulares, "a fim de que possam servir-se dele, não para invadir a esfera alheia, mas para comandar a própria casa, isto é, para dar uma organização básica aos interesses próprios de cada um, nas relações recíprocas"[534]. Com efeito, a autonomia privada é uma atividade e ao mesmo tempo um poder com aptidão de criar, modificar ou extinguir relações jurídicas entre particulares, as quais têm sua vida e vicissitudes antecipadamente disciplinadas pelas normas jurídicas pré-existentes. Importa destacar que, na visão de Betti, tais efeitos jurídicos "produzem-se na medida em que são previstos por normas que, tomando por pressupostos de facto o acto de autonomia privada, os ligam a ele como sendo a *fatispecie* necessária e suficiente"[535].

Em que pese Betti atribua à autonomia privada também a função de um "auto-regulamento" de determinados interesses pessoais, ele rechaça sua assimilação à autonomia criadora de normas jurídicas, fonte, portanto, de direito objetivo. Desse modo, na medida em que é reconhecida pela ordem, a autonomia privada não é chamada a criar, e nem sequer a integrar, qualquer norma jurídica, mas a realizar a hipótese de fato de uma norma já existente, dando vida, entre particulares, àquela relação jurídica que essa norma estabelece. E, para ele, somente nesse sentido é possível reconhecer-se aos indivíduos uma competência dispositiva atribuída pela ordem jurídica, na medida em que ela não delega neles uma parte da competência normativa[536].

Dessa breve explanação, podem ser esboçados dois planos de análise da questão: (i) a autonomia como liberdade dentro de limites traçados pela ordem jurídica e (ii) o caráter normativo dos atos de autonomia, como fonte criadora de normatividade.

No primeiro plano de análise, entra em jogo a questão da relevância da vontade para o direito[537]. A autonomia privada, nesse contexto,

533. BETTI, Emilio. *Teoria geral do negócio jurídico.* Tomo I. Tradução de Fernando Miranda. Coimbra: Coimbra Editora, 1969, p. 93.

534. BETTI, Emilio. *Teoria geral do negócio jurídico.* Tomo I. Tradução de Fernando Miranda. Coimbra: Coimbra Editora, 1969, p. 102.

535. BETTI, Emilio. *Teoria geral do negócio jurídico.* Tomo I. Tradução de Fernando Miranda. Coimbra: Coimbra Editora, 1969, p. 99.

536. BETTI, Emilio. *Teoria geral do negócio jurídico.* Tomo I. Tradução de Fernando Miranda. Coimbra: Coimbra Editora, 1969, p. 101.

537. Cabe registrar que a importância aqui atribuída à *vontade* não importa numa reminiscência à concepção subjetiva do negócio jurídico, em que importa precipuamente para o tratamento do tema perquirir o elemento psicológico do ato praticado. Paulo Lôbo, ao analisar a doutrina de Pontes de Miranda, afirma que "os objetivistas, com os quais Pontes tem forte aproximação, preferem aban-

"é o espaço deixado à vontade sem se repelirem do jurídico tais vontades", vale dizer, a vontade é elemento integrante de suportes fáticos previstos em normas jurídicas que dizem até onde se pode querer: a vontade é, pois, interior "às linhas traçadas pelas regras jurídicas cogentes, como espaço em branco cercado pelas regras que o limitam"[538]. A autonomia não é, segundo Pontes de Miranda, "mais do que o que ficou às pessoas"[539].

Por conseguinte, a autonomia privada (que na doutrina de Pontes de Miranda costuma ser denominada de autorregramento da vontade) nada mais é do que o espaço de liberdade conferido pela ordem jurídica para que as pessoas possam criar, modificar e extinguir relações jurídicas a partir de manifestações de vontade que sejam dotadas de eficácia jurídica[540]. Há, na prática desses atos de vontade, uma margem de liberdade para que a vontade possa pré-determinar a eficácia do ato praticado, liberdade esta que poderá, conforme o suporte fático descrito na norma jurídica que confere esse poder de disposição, variar para mais ou para

---

donar qualquer referência à vontade, por entendê-la instante psicológico e pré-jurídico, optando por autonomia privada" (LÔBO, Paulo Luiz Netto. O princípio do auto regramento da vontade em Pontes de Miranda. Revista da Ordem dos Advogados do Brasil. v.60. Brasilia, conselho federal da oab, 1995, p. 59). Sobre o tem, Salvatore Pugliati refere que "la tradizionale definizione, secondo cui il negozio giuridico si caratterizava come *dichiarazione* (o *manifestazione*) di volontà o come *atto di volontà*, tende ad essere sostituita da quella più recente, secondo cui esso sarebbe da definire come *atto di autonomia privata*, o come'precetto di autonomia privata'; o ancora come 'autoregolamento diretto di interessi propri'. L´adozione di queste ultime formule implicherebbe, da un lato, lo spostamento della volontà verso lo sfondo, in posizione, per dir così subordinata o ausiliaria; nonché l´eliminazione del dualismo tra i termini: *volontà* e *dichiarazione*" (PUGLIATTI, Salvatore. Autonomia privata (voce). *Enciclopedia del diritto*. IV. Atto – Banna. Milano: Giuffré editore, 1958, p. 368). Trabalhando com o conceito de negócio jurídico nessa perspectiva objetivista, em que se dá ênfase ao ato praticado e aos efeitos que dele emanam, Betti menciona que "No negócio jurídico – justamente por ser um acto de autonomia – a consciência e a vontade do particular tomam uma atitude que é mais complexa que nos outros actos lícitos, e conforme a algumas das variadas funções da autonomia privada. Elas, então, apresentam-se, através do próprio teor do acto, dirigidas a estabelecer um regulamento que valerá para o futuro, e orientadas para alguma dessas funções, assim como para o escopo prático típico em que ele se informa (BETT!, Emilio. *Teoria geral do negócio jurídico*. Tomo I. Tradução de Fernando Miranda. Coimbra: Coimbra Editora, 1969, p. 149)".

538. PONTES DE MIRANDA, Francisco Cavalcanti. *Tratado de direito privado*: parte geral: Tomo 3. Rio de Janeiro: Borsoi, 1970, § 254.

539. PONTES DE MIRANDA, Francisco Cavalcanti. *Tratado de direito privado*: parte geral. Tomo III. Rio de Janeiro: Borsoi,1954, p. 54, § 254. Nesse sentido, afirma o mestre algoano que "os sistemas jurídicos não são concebidos como se as pessoas pudessem dar entrada no mundo jurídico a quaisquer fatos, ainda atos humanos, fazendo-os *jurídicos*. Em verdade, ainda que amplamente, o direito *limita* a classe dos atos humanos que podem ser juridicizados. Mundo fático emundo jurídico não são coextensivos. Noutros termos: somente dentro de limites pré-fixados, podem as pessoas tornar jurídicos atos humanos e, pois, configurar relações jurídicas e obter eficácia jurídica. A chamada "autonomia da vontade", o auto-regramento, não é mais do que "o que ficou às pessoas" (PONTES DE MIRANDA, Francisco Cavalcanti. *Tratado de direito privado*. Parte geral. Tomo III. Rio de Janeiro: Borsoi,1954, pp. 55-56, § 255).

540. PONTES DE MIRANDA, Francisco Cavalcanti. *Tratado de direito privado*. Parte Especial. Tomo XXIII. 3ª edição. Rio de Janeiro: Borsoi, 1971, p. 6.

menos[541]. Também, além dos limites previstos na norma jurídica em que outorgado o poder de disposição[542], é possível que outras normas jurídicas venham a limitá-lo, como usualmente ocorre no âmbito do direito privado notadamente a partir da sua funcionalização[543] e constitucionalização[544]. Esse quadro tem levado alguns autores, inclusive, a falar de uma crise da autonomia privada que, longe de sepultá-la, permite falar de uma "uma nova autonomia privada, que renasce dos velhos conceitos para impor novas matizes"[545].

541. Conforme Ferri, "La autonomía privada no es un poder originario o soberano. Es un poder conferido a los individuos por una norma superior, a cual regula su actuación, estableciendo cargas y limitaciones. En la ley vemos la fuente de validez de la norma negocial. La ley, lo mismo que puede ampliar el campo en el que actúa la autonomía privada, puede también restringirlo" (FERRI, Luigi. *La autonomia privada*. Traducción y notas por Luis Sancho Mendizabal. Madrid: Editorial revista de derecho privado, 1969, p. 51).

542. Afirma-se, assim, que "é a lei o limite da autonomia privada, porquanto, todas as vezes que as regras jurídicas aludem a suportes fáticos, em que a vontade seja um dos elementos, admitem elas que esses suportes fáticos se componham ou não se componham. Dizem, também, até onde se pode querer. O regramento jurídico veda alguns atos humanos ou estabelece que não pode a vontade de prestar afastar-se de algumas proposições positivas ou negativas. Só há efeitos jurídicos se a regra jurídica os determina, isto é, se deixou branco para auto-regramento" (RANZOLIN, Ricardo Borges. Elementos para compreensão dos fundamentos da autonomia privada. Mens Juris: *Revista de Direito*, Uberlândia, v.1, n.2, p. 25-35, jul. 2004, p. 29).

543. Isso significa que a autonomia privada perde o seu caráter absoluto, deixando, igualmente, se ser limitada apenas pela lei numa perspectiva pálida e abstrata, principalmente no âmbito do negócio jurídico, na medida em que, conforme Garcez Neto, "o contrato perdeu a sua característica tradicional, da concepção clássica, isto é, deixou de ser individual e passou a assumir, na modernidade, feição nova, de instituto jurídico social, da mesma forma que, sob o aspecto prático, se transformou em instrumento destinado a realizar os acordos necessários à vida de uma nação moderna, e não apenas a sacramentar as relações entre os indivíduos" (GARCEZ NETO, Martinho. *Temas atuais de direito civil*. Rio de Janeiro: Renovar, 2000, p. 50). Fala-se, com isso, que "la tendenza a funzionalizzare l´attività dei privati, che è rilevabile in molti aspetti dell´attuale legislazione, appare da condividere in relazione, suprattutto, alla necessità di svincolare lo strumento contrattuale da un arcaico perseguimento di interessi escusivamente privati: il contrato si rivela così come 'uno strumento a plurimo impiego', assolvendo anche alla funzione, a fianco a quella tradizionale della manifestazione di autonomia privata e di regolamentazione di rapporti privati, di strumento di perseguimento di interessi pubblici" (GAZZONI, Francesco. *Equita e autonomia privata*. Milano: Giuffrè, 1970, p. 217).

544. Com efeito, "a compreensão contemporânea sobre a autonomia privada insere esse princípio no âmbito de uma ordem constitucional que, ao mesmo que tempo em que a assegura como uma possível expressão da liberdade dos particulares, define seu perfil em consonância com os demais princípios que regem as relações de direito privado. Não mais se trata da autonomia da vontade como dogma, como pensada no final do século XVIII e início do século XIX, dotada apenas de tênues limites externos, mas de uma autonomia para a regulamentação de interesses pelos próprios particulares, que se insere em um conjunto mais amplo de valores e princípios que a contemplam" (FACHIN, Luiz Edson. Autonomia privada e estipulação contratual. In: *Soluções práticas de direito*. v. 1. São Paulo: Revista dos Tribunais, 2012, p. 322).

545. CATALAN, Marcos Jorge. Autonomia privada: o poder jurígeno dos sujeitos de direito. *Scientia Iuris:* Revista do Curso de Mestrado em Direito Negocial da UEL, Londrina, v.5/6, p. 430-463, 2001/2002, p. 466. No direito do consumidor tem-se cunhado a expressão "autonomia racional", utilizada no direito francês por Nicole Chardin, para designar "uma vontade protegida pelo direito, vontade liberta das pressões e dos desejos impostos pela publicidade e por outros métodos agressivos de venda, em suma, uma vontade racional" (MARQUES, Cláudia Lima. *Contratos no Código de Defesa do Consumidor*. São Paulo: Ed. RT, 2002, pp. 590-591). Sobre o tema, Bruno Miragem afirma que "a autonomia da vontade, como princípio, resta bastante modificada em

Que a autonomia privada consista em uma espécie de margem de liberdade dentro de certos limites não parece haver grande dissenso doutrinário. A questão é saber se, a partir dessa liberdade conferida pela ordem jurídica, a autonomia privada constitui um poder de criar normas jurídicas. Uma vez confirmada essa assertiva, torna-se possível trazer a questão da autonomia privada para um outro nível de discussão, indo além da perspectiva meramente econômica e contratual.

Passando-se, então, a esse segundo plano de análise do tema, tem-se, com Luigi Ferri, que "la autonomía privada no es expresión de una mera licitud o facultd, sino manifestación de poder y precisamente del poder de crear, dentro de los límites establecidos por la ley, normas jurídicas"[546]. Daí a fórmula corrente segundo a qual "l´autonomia sarebbe la potestà di darsi un ordinamento"[547]. Isso significa que, a partir da atividade negocial, os sujeitos criam normas jurídicas que passam a fazer parte do ordenamento jurídico em sentido amplo[548].

A partir daí a autonomia privada passa a ser encarada como um exercício de poder, assim como o negócio jurídico, o qual constitui manifestação da própria autonomia privada[549]. Isso, no entanto, não faz com que o poder jurídico que materializa a autonomia privada confunda-se com o direito subjetivo. Ferri deixa o ponto muito claro quando

---

face das modificações atuais na forma e no conteúdo dos contratos. Daí por que, atualmente, passe a se considerar a existência de uma autonomia da vontade reconstruída, fundada em uma autonomia racional em conformação com outros princípios contratuais. Neste sentido, a autonomia da vontade nos contratos é, antes de tudo, um exercício de razão, em face da opção de celebrar ou não o contrato, como igualmente de ter a adequada e plena informação sobre todas as questões relativas ao mesmo, desde seus pressupostos, riscos da contratação, assim como uma maior proteção quanto à execução de seus termos" (MIRAGEM, Bruno Nubens Barbosa. Função social do contrato, boa-fé e bons costumes: nova crise dos contratos e a reconstrução da autonomia negocial pela concretização das cláusulas gerais. In: MARQUES, Claudia Lima (coord.). *A nova crise do contrato:* estudos sobre a nova teoria contratual. São Paulo: Rev. dos Tribunais, 2007, p. 183).

546. FERRI, Luigi. *La autonomia privada.* Traducción y notas por Luis Sancho Mendizabal. Madrid: Editorial revista de derecho privado, 1969, p. 8.

547. PUGLIATTI, Salvatore. Autonomia privata (voce). *Enciclopedia del diritto.* IV. Atto – Banna. Milano: Giuffré editore, 1958, p. 367. Nesse mesmo sentido, Catalan entende que "a autonomia privada autoriza o indivíduo a criar normas jurídicas, detentoras de eficácia plena no ordenamento, atando os particulares que a elas se obrigarem" (CATALAN, Marcos Jorge. Autonomia privada: o poder jurígeno dos sujeitos de direito. *Scientia Iuris:* Revista do Curso de Mestrado em Direito Negocial da UEL, Londrina, v.5/6, p. 430-463, 2001/2002, p. 435).

548. FERRI, Luigi. *La autonomia privada.* Traducción y notas por Luis Sancho Mendizabal. Madrid: Editorial revista de derecho privado, 1969, p. 85. A partir daí "debe, por lo tanto, descartarse como incongruente la opinión tradicional según la cual la ley sería fuente de derecho objetivo, mientras que el negocio jurídico sería fuente únicamente de derechos subjetivos o de relaciones jurídicas" (FERRI, Luigi. *La autonomia privada.* Traducción y notas por Luis Sancho Mendizabal. Madrid: Editorial revista de derecho privado, 1969, p. 86).

549. FERRI, Luigi. *La autonomia privada.* Traducción y notas por Luis Sancho Mendizabal. Madrid: Editorial revista de derecho privado, 1969, p. 44.

afirma que "el poder jurídico no es más que el poder de crear normas jurídicas de las que después derivarán deberes y libertades; esto es, derechos subjetivos"[550]. Enquanto o direito subjetivo é o resultado de normas existentes, seu exercício não pode conduzir a nenhuma modificação do ordenamento jurídico. Trata-se, pois, de um atuar lícito (conforme o direito e por ele protegido). Somente ao exercitar um poder, estabelecendo ou modificando normas jurídicas é que se se altera o ordenamento jurídico[551].

Há um elemento comum entre autonomia privada e direito subjetivo, que é justamente a ideia de liberdade[552]. Ela é fundamento da autonomia privada e, ao mesmo tempo, materializa-se na ideia de direito subjetivo como limitação à esfera de atividade do outro[553]. Embora o direito subjetivo tenha sido construído a partir da ideia de *poder* e, já na pandectística alemã, de *vontade*[554], ele é, sem dúvida, uma categoria

550. FERRI, Luigi. *La autonomia privada*. Traducción y notas por Luis Sancho Mendizabal. Madrid: Editorial revista de derecho privado, 1969, p. 241.

551. FERRI, Luigi. *La autonomia privada*. Traducción y notas por Luis Sancho Mendizabal. Madrid: Editorial revista de derecho privado, 1969, p. 287. Essa noção de autonomia privada como instrumento normativa parece ter sido também adotada, no direito processual civil, por Leonardo Carneiro da Cunha, para quem a autonomia privada "é identificada como autodeterminação, autorregulação, autovinculação e, até mesmo, autarquia, sendo definida como um poder criador ou fonte de direito" (CUNHA, Leonardo Carneiro. Negócios jurídicos processuais no processo civil brasileiro. In: *Negócios processuais*. Coordenadores: Antonio do Passo Cabral, Pedro Henrique Nogueira. Salvador: JusPodivm, 2015, p. 23).

552. Conforme Ferri, "El derecho coordina, organiza, limita, para garantizar a cada uno un ámbito de libertad. Y este ámbito es el derecho subjetivo, el cual, a su vez, no sería concebible sin la persona, sin el sujeto" (FERRI, Luigi. *La autonomia privada*. Traducción y notas por Luis Sancho Mendizabal. Madrid: Editorial revista de derecho privado, 1969, p. 244).

553. PONTES DE MIRANDA, Francisco Cavalcanti. *Tratado das ações*. Campinas: Bookseller, 1998, p. 54.

554. A doutrina alemã do século XVIII e XIX alterna-se em conceber como nota do direito subjetivo os elementos *vontade* e *interesse*. Conforme Pontes de Miranda, "Windscheid aludia à 'dominação da vontade'. Sinete revelador da procedência: a filosofia de Hegel. Esquecia-lhe que a vontade não é necessária para a existência do direito subjectivo (*nondum concepti*, recém-nascidos, loucos). Demais, a vontade não valeria por si; seria, quando muito, a manifestação do direito subjectivo preexistente. Teríamos confusão entre um dos *meios* de actuação do direito subjectivo e o direito subjecctivo, entre a *titularidade do direito* e o *exercício do direito*. Às épocas despóticas agrada reduzir tudo a noções de força, de vontade, de mando. Na espécie, a noções de força individualista, de vontade do próprio titular do direito". Contudo, "deve-se a von Jhering ter substituído à *vontade* o *interêsse*. Não seriam vontades o que o direito tutela, mas interêsses. Direito subjectivo seria o interêsse juridicamente protegido: gôzo (substância) e proteção jurídica (forma) perfazem o direito subjectivo. É fora de dúvida que esvaziou de despotismo a concepção de Windscheid, que excluiu o sinal voluntarista, depois de o apontar à toda evidência, e que mostrou 'interêsses', portanto fenômenos tipicamente subjectivo, substância pessoal". Desse modo, "se estudarmos as duas noções, isentamente, fácil será vermos que Windscheid pôs os olhos no *meio* (vontade) e von Jhering no *fim* (interêsse). Ao voluntarismo de um sucedeu o finalismo do outro. Ora, se o meio impõe a existência do direito subjectivo, com maioria de razão o fim, que lhe é posterior. O interêsse só é direito subjectivo, só se assegura 'subjectivamente', porque o direito objectivo tornou assegurável, realizável, o interesse" (PONTES DE MIRANDA, Francisco Cavalcanti. *A acção rescisória contra as sentenças*. Rio de Janeiro: Jacinto, 1934, pp. 10-11).

estática que tem no seu cerne uma posição de vantagem atribuída ao sujeito pelo ordenamento jurídico[555]. Ainda que, dessa posição de vantagem atribuída ao sujeito possam emanar situações dinâmicas, como o seu exercício e a faculdade de defendê-lo em juízo, isso não faz com que o direito subjetivo materialize a noção de poder como aptidão para criar normas jurídicas. O direito subjetivo tem natureza estática, enquanto a autonomia privada possui uma perspectiva dinâmica, no sentido de que, a partir dela, o ordenamento continua em evolução[556].

1.7.3 Autonomia privada como um dos pilares do modelo constitucional de processo

A autonomia privada, portanto, é, em sentido largo, decorrência do princípio da liberdade e da própria dignidade da pessoa, entendida como corolário da autodeterminação do indivíduo. Nessa perspectiva, gozar de liberdade é atuar livremente tanto na sua própria esfera de interesses, quanto na esfera pública, participando desta para construir os próprios limites dessa mesma autonomia. A concepção da autonomia como manifestação de um poder de criar normas tem respaldo, desse modo, na própria ideia de democracia, que, nos atuais contornos do Estado Democrático de Direito, não se limita à veste restrita da democracia representativa, dando especial relevo para a participação (direta e indireta) dos indivíduos na criação e desenvolvimento da ordem jurídica.

Tem-se, com isso, um profícuo manancial teórico para desenvolver, no âmbito do direito processual civil, a noção de autonomia privada. O primeiro passo para tanto pode ser dado, numa perspectiva de evolu-

555. PONTES DE MIRANDA, Francisco Cavalcanti. *Tratado das ações*. Campinas: Bookseller, 1998, p. 47. SILVA, Ovídio A. Baptista da. Direito Subjetivo, Pretensão de Direito Material e Ação. In: *Polêmica sobre a ação*. Porto Alegre: Livraria do Advogado, 2006, p. 16.

556. FERRI, Luigi. *La autonomia privada*. Traducción y notas por Luis Sancho Mendizabal. Madrid: Editorial revista de derecho privado, 1969, p. 241. Registre-se que, apesar de seguirem caminhos distintos quanto ao caráter criador de normatividade da autonomia privada, Ferri e Betti não discoram em conceituar o direito subjetivo numa perspectiva estática e a autonomia privada numa perspectiva dinâmica. A propósito, Betti afirma que o direito e o negócio "estão ao serviço da liberdade e da autonomia privada, mas com finalidade essencialmente diferentes, visto cada um dos dois representar a solução jurídica de um problema prático diferente, embora correlativo. O direito subjectivo tem uma finalidade estática, de conservação e de tutela. O negócio jurídico tem, pelo contrário, uma finalidade dinâmica, de iniciativa e de renovação. Com o direito subjectivo, a ordem jurídica resolve o problema de proteger os interesses privados, tais como os encontra constituídos na ordem económico-social que tutela. Com o negócio jurídico, ela resolve o problema de dar à iniciativa individual um modo de se manifestar e de se mover, modificando a posição de tais interesses de acordo com as directrizes que os próprios particulares julguem mais conveniente. *Tanto o direito subjectivo privado, como o negócio jurídico, são dominados pelo princípio da liberdade e da consequente auto-responsabilidade privada*" (BETTI, Emilio. *Teoria geral do negócio jurídico*. Tomo I. Tradução de Fernando Miranda. Coimbra: Coimbra Editora, 1969, p. 96).

ção histórica, a partir da releitura de um texto comumente esquecido de Eduardo Couture, intitulado "o princípio da liberdade no sistema do processo civil", no qual o jurista *encara o processo como uma série de atos de vontade*, emanados do autor, parte demandada, terceiros e juiz.

Desse modo, como sujeitos processuais, as partes e o juiz são livres de querer validamente, desde que seja lícito o que querem. Nesse esquadro o fenômeno da *vontade* recebe proteção. Essa liberdade atribuída às partes e ao juiz recebe, no processo, disciplina própria[557]. Quanto às partes a questão pode ser dividida em (i) atos que o litigante pode livremente praticar, (ii) atos em que se exige a concordância do adversário e (iii) atos que os litigantes não podem praticar ainda que entre si estejam de acordo. Quanto ao juiz interessa saber (i) quais atos pode praticar de ofício e (ii) quais atos a vontade dos interessados põe um limite a sua ação[558].

Verifica-se aqui uma tentativa para (de)limitar a atuação do juiz no processo, tendo por contrapartida a vontade das partes. Não é por acaso que Eduardo Grasso considera a iniciativa do juiz – ainda que restrita aos casos previstos em lei – como uma limitação imposta à autonomia privada[559]. Essa dicotomia entre poderes do juiz e vontade das partes, no entanto, não é absoluta, mas, sem dúvida, constitui um sólido caminho tanto para fundamentar os limites impostos ao juiz no processo, quanto para construir um modelo de processo em que a vontade das partes é capaz de influenciar na construção do próprio procedimento, o que, certamente, atende à tríade liberdade, autonomia e democracia.

Voltando a atenção para o pensamento de Couture, cabe mencionar que ele entendia o processo como uma relação jurídica típica, com estatuto próprio, cujas normas se encontram na encruzilhada dos caminhos do direito público e do direito privado[560]. Essa ideia de que, no processo, entrecruzam-se o direito público e o privado não era uma novidade, uma vez que era defendido por Lodovico Mortara, antes mesmo da explosão do movimento de publicização do processo[561]. Todavia,

557. COUTURE, Eduardo Juan. *O princípio da liberdade no sistema do processo civil.* Lisboa: Jornal do fôro, 1948, pp. 9-10.

558. COUTURE, Eduardo Juan. *O princípio da liberdade no sistema do processo civil.* Lisboa: Jornal do fôro, 1948, pp. 10-11.

559. GRASSO, Eduardo. *La pronuncia d´ufficio.* Milano: Giuffrè, 1967, pp. 2-3.

560. COUTURE, Eduardo Juan. *O princípio da liberdade no sistema do processo civil.* Lisboa: Jornal do fôro, 1948, p. 17.

561. MORTARA, Lodovico. *Commentario del Codice e delle leggi di procedura civile.* 5 v. t. II (Biblioteca Giuridica Contemporanea). Milão: Vallardi, [19--], p. 536.

é sobremaneira original o modo como Couture irá trazer a vontade das partes para dentro dessa encruzilhada entre o público e o privado, dizendo que ela não é livre: é regulada pelas normas específicas de direito fixadas pelo legislador. Dentro do processo, nem todos os caminhos são transitáveis, mas apenas os expressamente permitidos pelo legislador, não bastando, todavia, que não tenham sido por ele proibidos[562]. Na verdade, quer-se com isso dizer que, no bojo do processo, também é possível falar em um espaço de autorregramento (autonomia privada) conferido às partes. E, a partir daí, mostra-se importante estabelecer qual a amplitude e quais os contornos do princípio da autonomia privada diante do processo e no processo.

Com efeito, a liberdade conferida ao autor quanto à iniciativa do processo e à delimitação do seu objeto, seara na qual encontra-se, também, a alegação dos fatos principais é uma decorrência direta do princípio da autonomia privada[563]. A vontade do autor é, com efeito, fator essencial na definição dos limites do objeto litigioso[564]. O outro lado da moeda, ou seja, o avesso da liberdade e autonomia das partes é a consequente limitação que se impõe ao juiz nessa mesma área. Como autonomia privada e direito subjetivo, em que pese sejam dois troncos de uma mesma árvore, não se confundem, a limitação dos poderes do juiz imposta pelo autor é uma decorrência da sua liberdade e autonomia, e não, simplesmente, corolário do próprio direito subjetivo[565].

---

562. COUTURE, Eduardo Juan. *O princípio da liberdade no sistema do processo civil*. Lisboa: Jornal do fôro, 1948, p. 19. Nessa perspectiva clássica, afirmava-se que o princípio da soberania das partes estaria, porém, atenuado em certas relações processuais. Assim, por exemplo, na sentença, o juiz pode ter em consideração os fatos notórios embora não enunciados pelas partes; pode e deve indicar se há algum impedimento, mesmo que as partes estejam de acordo em submeter o conflito à sua decisão; pode declarar a sua incompetência absoluta mesmo que o demandado não tenha arguido exceção; deve, de ofício, declarar as nulidades absolutas (COUTURE, Eduardo Juan. *O princípio da liberdade no sistema do processo civil*. Lisboa: Jornal do fôro, 1948, p. 26).

563. Segundo Guasp "la actividad privada condiciona los poderes del Juez, no sólo en cuanto a la puesta en marcha del proceso sino también en cuanto a la *amplitud* de la tutela jurídica solicitada. Si la existencia de una pretensión es un requisito esencial para que comience un proceso, los términos em que tal pretensión esté concebida delimitan tambiém la extensión de la material sobre la que el Juez debe pronunciar, y esto en un doble sentido: impidiendo que ei órgano jurisdiccional falle sobre puntos no sometidos a su competencia y prohibiendo igualmente que alguna de las cuestiones propuestas quede sin solución. Tal es significado de la regla "ne eat iudex ultra petita partim" de aplicación constante en nuestro procedimiento civil" (GUASP, Jaime. *Juez y hechos en el proceso civil*: una crítica del derecho de disposición de las partes sobre el material de hecho del proceso. Barcelo: Bosch, 1943, p. 35).

564. PINHO, Humberto Dalla Bernardina de. *Direito processual civil contemporâneo*: teoria geral do processo. v. 1. 5ª ed. São Paulo: Saraiva, 2013, p. 126.

565. Ainda que seguindo caminho diverso, Guasp também entende ser positiva a análise da iniciativa das partes como delimitadora dos poderes do juiz, na medida em que "permite restablecer en su justo sentido muchas cuestiones que la defensa del principio dispositivo obliga a deformar" (GUASP, Jaime. *Juez y hechos en el proceso civil*: una crítica del derecho de disposición de las partes sobre el material de hecho del proceso. Barcelo: Bosch, 1943, p. 103).

Ainda que se utilize a expressão princípio da demanda ou princípio dispositivo em sentido material, estas somente podem ser bem compreendidas se visualizadas a partir do direito à liberdade, da autonomia privada e, igualmente, da garantia da imparcialidade, e não como consequência das faculdades que o ordenamento jurídico atribui ao titular de um direito subjetivo[566]. Até porque, se a iniciativa de ir à juízo e o poder de delimitação do objeto do processo fossem consequências do direito subjetivo cair-se-ia na mesma aporia que dominou o pensamento das doutrinas concretistas da ação, incapazes de explicar o fenômeno da sentença improcedente, na medida em que, por diferentes modos, concebiam a ação como decorrência da violação do direito material[567]. No máximo, seria possível considerar que esse âmbito de liberdade atribuído ao autor se prende à titularidade do direito subjetivo à tutela jurisdicional, mas nunca à própria relação de direito material.

Encaradas as coisas desse modo, torna-se possível conjugar o direito à liberdade e a autonomia privada com outros standards dogmáticos que pautam a estruturação no procedimento civil no Estado Democrático de Direito, a fim de melhor delimitar o âmbito de liberdade e de

566. Essa concepção é bastante comum e pode ser visualizada em Carnacini quando este diz que "il *Dispositionsprinzip* in senso stretto (cioè in antitesi al *Verhandlungsprinzip*) non è altro che rispeto del diritto subbiettivo anche quando si ricorra alla tutela giurisdizionale" (CARNACINI, Tito. Tutela giurisdizionale e técnica del processo. *Studi in onore di Enrico Redenti.* Nel anno del suo insegnamento. Volume secondo. Milano: Dott. A. Giuffrè Editore, 1951, p. 752). Também Peyrando entende que o princípio dispositivo em sentido material "alude a la plena dispobibilidad de los derechos subjetivos derivados de la relación material; disponibilidade cuyo primer sintoma lo constituye la total libertad de que gozan sus titulares para peticionar o no la tutela jurisdicional del Estado em caso de que tales derechos no fueran resptados" (PEYRANO, Jorge W. *El processo civil*: princípios y fundamentos. Buenos Aires: Editorial Astrea de Alfredo y Ricardo Depalma, 1978, p. 51). De certo modo, também Calamandrei segue esse entendimento, na medida em que trata indistintamente o direito subjetivo e a autonomia da vontade, afirmando que o predomínio da iniciativa da parte no processo civil não é outra coisa que uma projeção sobre o sistema processual dos poderes de disposição que no campo do direito substancial privado se atribuem à vontade dos interessados" (CALAMANDREI, Piero. Lineas fundamentales del proceso civil inquisitorio. *Estudios sobre el proceso civil.* Traduccion de Santiago Sentís Melendo. Buenos Aires: Editorial bibliografica argentina, 1945, p. 228). Ainda conforme Calamandrei a disponibilidade da relação substancial por parte dos interessados seria o fundamento lógico do princípio dispositivo (CALAMANDREI, Piero. Lineas fundamentales del proceso civil inquisitorio. *Estudios sobre el proceso civil.* Traduccion de Santiago Sentís Melendo. Buenos Aires: Editorial bibliografica argentina, 1945, p. 231), entendimento que é seguido por Bedaque, para quem "a denominação princípio dispositivo deve expressar apenas as limitações impostas ao juiz, em virtude da disponibilidade do direito" (BEDAQUE, José Roberto dos Santos. *Poderes instrutórios do juiz.* 2ª ed. rev. e ampl. São Paulo: Revista dos Tribunais, 1994, p. 72).

567. Sobre a teoria civilista e as teorias concretas da ação, com suas respectivas críticas, ver ANCHIETA, Natascha Silva. *Direito à tutela jurisdicional efetiva, ação e pretensão processual*: uma análise da evolução das relações entre direito material e processo na perspectiva do estado democrático de direito. 2013. 301 f. Dissertação (Mestrado) - Universidade do Vale do Rio dos Sinos, Programa de Pós-graduação em Direito, São Leopoldo, RS, 2013. Disponível em <http://biblioteca.asav.org.br/vinculos/000008/00000890.pdf>. Acesso em: 26 fev. 2014

autonomia conferido às partes e ao juiz no tocante ao desenvolvimento do processo[568]. Não há dúvida que a autonomia e a liberdade das partes possam sofrer limitações, porém estas devem estar devidamente justificadas por normas constitucionais e infraconstitucionais.

Nessa perspectiva, a dicotomia princípio dispositivo em sentido material e princípio dispositivo em sentido processual (defendida por autores como Mauro Cappelletti), que visa a delimitar o âmbito de atuação das partes e do juiz, partindo de dois campos de atuação, em que prepondera o interesse das partes no primeiro e o interesse do Estado-juiz no segundo, perde sua razão de ser. O direito à liberdade e a correlata garantia da autonomia privada assume uma importância tão expressiva que atravessa os dois planos (do direito material e do processo). Não se trata, pois, de prestigiar a vontade das partes somente como reflexo do direito subjetivo, mas, principalmente, de elevá-la à condição de fundamento, também, do poder conferido às partes para contribuir à formação do provimento jurisdicional e à estrutura do próprio procedimento.

A ideia de um processo democrático exige superar a velha noção desenvolvida por Carnacini de que as partes se servem do processo para a tutela dos seus interesses e o processo se serve das partes, as quais devem se modelar às características do instrumento. Não que às partes tenham o absoluto domínio do processo (que não deixa de ter caráter público) e que o respeito à autonomia privada imponha um modelo de juiz inoperante e desprovido de poderes para efetivação da tutela jurisdicional. Obviamente, não se busca aqui defender uma retomada concepção clássica (liberal) do princípio dispositivo, em que as partes tinham a total disposição da relação jurídica material e do processo[569], como se este fosse *coisa das partes*. No entanto, estando o Estado De-

568. Em que pese utilize as expressões "princípio da iniciativa das partes" e "princípio dispositivo", Leonardo Greco é um dos raros autores que, na doutrina brasileira, faz de forma tão expressiva uma aproximação do tema à luz do princípio da autonomia das partes e da liberdade. Nesse sentido, afirma que "a iniciativa das partes é uma garantia da liberdade do cidadão de que nenhuma intromissão sofrerá na sua vida, nos seus negócios e no seu patrimônio, a não ser por provocação de outro particular que com ele alegue manter alguma relação jurídica que a autorize. É também uma garantia da imparcialidade do juiz". Do mesmo modo, refere que o princípio da iniciativa das partes "é um princípio importante que precisa ser preservado, na medida em que é uma consequência do respeito pelo Estado à liberdade das partes de fazerem uso ou não dos seus direitos. Se, de um lado, o autor pode ser lesionado pelo réu por toda a sua vida e não propor contra ele nenhuma ação, de outro, o réu também pode ter alguma matéria de defesa relevante que poderia alegar, mas não fazê-lo. O Estado deve respeitar a autonomia da vontade das partes" (GRECO, Leonardo. *Instituições de processo civil*. v. 1. 4ª ed. Rio de Janeiro: Forense, 2013, p. 450).

569. MACHADO, António Montalvão. O dispositivo e os poderes do tribunal à luz do novo código de processo civil. 2ª ed. Coimbra: Almedina, 2001, p. 153.

mocrático de Direito pautado por uma tentativa de conciliação dos dois conceitos de liberdade (negativa e positiva), deve-se reconhecer às partes, no seu âmbito de liberdade e autonomia, o poder de construir o procedimento – dentro de certos limites – de acordo o melhor modo de gerir seus interesses. Nessa perspectiva, pois, o *processo é coisa para as partes.*

Sendo assim, a ideia de um princípio dispositivo em sentido processual – utilizada como *slogan* para legitimar uma série de poderes de atuação de ofício do juiz notadamente no procedimento civil – cai por terra, na medida em que os limites da atuação de ofício do juiz no também serão pautados pelo direito à liberdade e, consequentemente, pela autonomia privada – que, por exemplo, tem o condão de limitar os fatos principais que irão formar o *thema probandum* – sem exclusão de outras garantias como a imparcialidade e do contraditório.

O direito à liberdade e, portanto, a garantia da autonomia privada, fundamenta, no plano do direito positivo, juntamente com outras garantias, como a legalidade[570], regras como as dos artigos 2.º, 141, 490 e 492 do Código de Processo Civil, as quais impõem limites à atuação de ofício do juiz no processo. Não se trata, aqui, de um mero jogo de palavras, em que "princípio da demanda" é trocado por autonomia privada, mas, sim, de reconhecer a dignidade constitucional do direito à liberdade no processo e do princípio da autonomia privada e, igualmente, um status de fundamentalidade capaz de servir de sustentação para os contornos dos negócios jurídicos processuais à luz do modelo garantista de processo.

Mesmo autores que trabalham em perspectiva distinta do garantismo processual, como é o caso de Fredie Didier Jr., reconhecem que a autonomia privada é um dos pilares da liberdade e dimensão inafastável da dignidade da pessoa humana[571], razão pela qual defende-se que inexistem para minimizar o papel da liberdade no processo, sobretudo quando se pensa a liberdade como fundamento de um Estado Democrático de Direito e se encara o processo como garantia da liberdade individual.

---

570. Nesse sentido, derivando da garantia arquifundamental da não-criatividade judicial e da garantia fundamental da legalidade, as limitações previstas nos mencionados artigos, ver COSTA, Eduardo José da Fonseca. As garantias arquifundamentais contrajurisdicionais: não-criatividade e imparcialidade. *Empório do Direito*. Disponível em https://emporiododireito.com.br/leitura/as-garantias-arquifundamentais-contrajurisdicionais-nao-criatividade-e-imparcialidade. Acesso em 20/04/2018.

571. DIDIER JR., Fredie. Princípio do respeito ao autorregramento da vontade no processo civil. Revista Páginas de Direito, Porto Alegre, ano 15, nº 1250, 01 de junho de 2015. Disponível em: <http://www.tex.pro.br/index.php/artigos/306-artigos-jun-2015/7187-principio-do-respeito-ao-autorregramento-da-vontade-no-processo-civil>. Acesso em 01 de junho de 2015.

Verifica-se, pois, uma tendência de ampliação dos limites da autonomia privada na regulamentação do procedimento civil[572].

É claro que a autonomia privada também sofre limites, mormente quando se ingressa no campo processual. Mas o fato de o processo ter caráter público não significa que ele seja capaz de consumir a liberdade e a autonomia das partes. No direito civil – que sempre foi o solo fértil do direito denominado privado – também a vontade das partes foi sendo gradualmente reduzida, sem que, com isso, ele se tornasse "direito público". Uma vez que o público e o privado e que a liberdade negativa e a liberdade positiva passam a assumir um caráter de co-originariedade torna-se imprescindível enxergar, no processo, também um espaço de concretização da autonomia privada a partir da tríade autonomia, liberdade e democracia.

O Código de Processo Civil brasileiro prestigia a tríade autonomia, liberdade e democracia em diversos dispositivos. Ao prescrever que "é permitida a arbitragem na forma da lei" (art. 3.º, §1.º, CPC), nada mais faz que reconhecer expressamente um âmbito de autonomia às partes para escolher submeter a controvérsia ao judiciário ou valer-se da arbitragem. Os diversos dispositivos legais que versam sobre a mediação e a conciliação também têm como pressuposto uma maior ênfase na autonomia das partes[573] e, em contrapartida, uma redução do âmbito de ingerência estatal[574]. Chega-se, inclusive, na mediação e conciliação, a

572. DIDIER JR., Fredie. Princípio do respeito ao autorregramento da vontade no processo civil. Revista Páginas de Direito, Porto Alegre, ano 15, nº 1250, 01 de junho de 2015. Disponível em: <http://www.tex.pro.br/index.php/artigos/306-artigos-jun-2015/7187-principio-do-respeito-ao--autorregramento-da-vontade-no-processo-civil>. Acesso em 01 de junho de 2015.

573. Afirma-se, nesse sentido, que um dos resultados esperados a partir do investimento na conscientização da necessidade de pacificação social e partir da qualificação dos serviços prestados à comunidade "é a construção de uma cultura de autonomia e responsabilização dos conflitantes" (SPENGLER, Fabiana Marion. *Mediação de conflitos*: da teoria à prática. Porto Alegre: Livraria do Advogado, 2016, p. 72).

574. Nessa linha, pode-se dizer que o atual Código de Processo Civil contribui para que se dê uma inversão dos paradigmas da justiça, na feliz expressão de Paula da Costa e Silva, para quem o direito de acesso ao Direito, pilar fundamental do Estado do Direito, vem sofrendo profundas transformações: "deixou de ser um direito de acesso ao Direito através do direito de acesso aos tribunais para passar a ser um direito de acesso ao direito, de preferência sem contacto ou sem passagem pelos tribunais" (COSTA E SILVA, Paula. *A nova face da justiça*: os meios extrajudiciais de resolução de controvérsias. Relatório sobre conteúdo, programa e métodos de ensino. Lisboa: Coimbra Editora, 2009, p. 19). Ademais, a ênfase dada pelo Novo Código a outros meios de acesso ao direito, dentro ou fora do processo, deixa bem claro que "o legislador, em boa hora, mostrou-se receptivo à tendência internacional: a resolução de conflitos de modo civilizado, fora das Cortes", o que pode contribuir para uma "transformação cultural, no sentido de que os 'players' se tornem menos adversariais, mais cooperativos e propensos a negociações de ganhos mútuos (*win-win*)" (JOBIM, Marco Félix; FREITAS, Juarez. Resolução alternativa de disputas: cláusula inovadora do CPC. Revista Brasileira de Direito Processual, Belo Horizonte , v.23, n.91, p. 97-112, jul./set. 2015, p. 110).

conferir à autonomia da vontade um papel decisivo para regê-las inclusive no que diz respeito às regras procedimentais (art. 166, §4.º, CPC)[575]. Além disso, tendo por norte a ideia que público e estatal não são sinônimos, o Código de Processo Civil desjudicializou alguns procedimentos especiais – na esteira do que já havia ocorrido com o divórcio e com o inventário – como a usucapião (art. 1.071, NCPC), a homologação do penhor legal (art. 703, §2º., NCPC) e a demarcação e divisão (art. 571), isso sem falar, é claro, no expresso reconhecimento da sentença homologatória de autocomposição extrajudicial como título executivo judicial (art. 515, III, NCPC).

Nessa mesma trilha, e partindo de uma concepção de autonomia privada como poder de dar a si um ordenamento, ou seja, de criar normas que melhor atendam aos interesses das pessoas, o Código de Processo Civil reconhece às partes não somente a possibilidade de participar ativamente do processo e de influenciar na solução do caso concreto, mas, também, confere-lhes a liberdade para construir o procedimento que melhor atenda aos seus interesses, ampliando, com isso, o seu feitio democrático. O art. 190 do CPC, ao atribuir às partes o poder de "estipular mudanças no procedimento para ajustá-lo às especificidades da causa e convencionar sobre os seus ônus, poderes, faculdades e deveres processuais, antes ou durante o processo" é, talvez, o maior símbolo de que a autonomia privada ingressou definitivamente no rol dos princípios fundantes do direito processual brasileiro.

Essa conquista de dignidade normativa à autonomia privada no processo não significa privatizá-lo. Trata-se, unicamente, de reconquistar territórios que, diante do exagero da publicização (estatalização) do processo tenham sido perdidos[576], retirando-se do Estado essa condição

575. A propósito do tema, referem Fernando Gama de Miranda Netto e Irineu Carvalho de Oliveira Soares: "também conhecido como 'autoridade dos mediados' ou princípio da autodeterminação, o princípio da autonomia da vontade consagra o poder concedido às partes de definirtodos os pontos a serem tratados no processo, desde o seu início até o final. Esse princípio afasta qualquer tentativa arbitrária de o mediador forçar o desenvolvimento do processo e a tomada de decisão das partes em qualquer nível. Com ele, o legislador tenta evitar condutas inadequadas dos mediadores, como, por exemplo, a imposição de certas decisões e acordos por meio de ameaças, mesmo que escondidas atrás de conselhos. A autonomia da vontade das pessoas mediadas abrange desde a escolha ou aceitação do mediador até o caminho segudio em busca de uma possível solução para o conflito" (NETTO, Fernando Gama de. SOARES, Irineu Carvalho de. Princípios procedimentais da mediação no novo código de processo civil. In: *A mediação no novo código de processo civil.* Coordenação Diogo Assumpção Rezende de Almeida, Ferndanda Medina Pantoja, Samantha Pelajo. Rio de Janeiro: Forense, 2015, p. 116).

576. A expressão "reconquista de territórios perdidos" é utilizada por César Fiuza e Luciana Costa ao reivindicarem, na mesma linha propugnada no presente trabalho, uma maior autonomia à pessoa em detrimento da exagerada regulamentação estatal, que, para os fins aqui propostos, também deve ser situada na esfera processual (FIUZA, César Augusto de Castro; POLI, Luciana Costa. Auto-

de protagonismo na estruturação do processo, de modo a substituí-la, na linha habermasiana, por procedimentos e mecanismos que permitam aos indivíduos regular, em primeira pessoa, seus interesses[577]. Em síntese, trata-se de reconhecer que o processo não é coisa das partes, nem coisa do juiz, mas, sim, coisa para as partes.

nomia privada e intervenção no estado democrático de direito: a (im)possibilidade de casamento entre homossexuais. Revista Brasileira de Estudos Políticos, Belo Horizonte, n.106, p. 95-131, jan./jun. 2013, p. 97).

577. FIUZA, César Augusto de Castro; POLI, Luciana Costa. Autonomia privada e intervenção no estado democrático de direito: a (im)possibilidade de casamento entre homossexuais. Revista Brasileira de Estudos Políticos, Belo Horizonte, n.106, p. 95-131, jan./jun. 2013, p. 103. Nessa linha César Fiuza e Luciana Poli referem que "nas sociedades atuais, os indivíduos têm buscado desprender-se dos vínculos normativos institucionais, das crenças e costumes arraigados e da intromissão do Estado em sua esfera íntima, em claro prestígio da autonomia privada que tem ganhado, assim, novas feições, como a luta pelo reconhecimento de diferentes modelos de família, da paternidade sócio-afetiva, da redesignação sexual etc" (FIUZA, César Augusto de Castro; POLI, Luciana Costa. Autonomia privada e intervenção no estado democrático de direito: a (im)possibilidade de casamento entre homossexuais. Revista Brasileira de Estudos Políticos, Belo Horizonte, n.106, p. 95-131, jan./jun. 2013, p. 98).

Capítulo 2

OS NEGÓCIOS JURÍDICOS PROCESSUAIS COMO INSTRUMENTO DE ADAPTAÇÃO PROCEDIMENTAL: FLEXIBILIZAÇÃO PROCEDIMENTAL PELAS PARTES VS. FLEXIBILIZAÇÃO PROCEDIMENTO PELO JUIZ DIANTE DO MODELO CONSTITUCIONAL DE PROCESSO

Conforme se verificou no capítulo precedente, o papel das partes direito processual sofreu um redimensionamento no bojo do Estado Democrático de Direito, de modo que o seu poder de autodeterminação passou a abranger, também, terrenos que outrora eram reservados somente ao Estado e, mais especificamente, à legislação. Tudo isso permite colocar em xeque o modelo procedimental rígido que alicerçou o direito processual brasileiro durante a vigência do Código Buzaid e, ao mesmo tempo, iniciar uma reflexão acerca de um outro modelo, no qual o poder de autodeterminação das partes - materializado no princípio da autonomia privada - sirva de elemento central para a reconstrução do procedimento de acordo com as nuances do caso concreto e para a própria limitação da atuação do juiz.

Nessa perspectiva, pretende-se fazer uma apresentação do modelo procedimental rígido do Código Buzaid e contrastá-lo com a proposta de adaptação procedimental alicerçada nos denominados procedimentos especiais. Referido modelo, ao pressupor uma prévia eleição pelo legislador em abstrato mostra-se inadequado para lidar com a complexidade do direito atual, razão pela qual se torna necessário pensar em outros modos de adaptação procedimental que estejam legitimados pelo poder de autodeterminação das partes, tendo em vista o papel a elas reivindicados na delimitação da atuação do juiz no direito processual contemporâneo. Diante desse panorama, será feita uma breve abordagem dos *negócios jurídicos processuais* e dos poderes de gestão da causa (*case management*) defendidos pela doutrina brasileira com base em experiência do direito comparado, a qual será analisada para que, em momento posterior, seja possível questionar quais os possíveis modelos de adaptação procedimental que guardam consonância como o modelo constitucional de processo.

2.1 DA RIGIDEZ À FLEXIBILIDADE PROCEDIMENTAL: EM TORNO DA SUPERAÇÃO DO MITO DA ORDINARIEDADE

O Código de Processo Civil de 1973 dividia-se, no que diz respeito ao seu plano organizacional das matérias, em cinco livros. O primeiro tratava do processo de conhecimento; o segundo, do processo de execução; o terceiro, do processo cautelar; o quarto, dos procedimentos especiais; e o quinto, das disposições gerais e transitórias. Com exceção do livro pertinente às disposições gerais e transitórias, cuja presença no Código prendia-se a questões de pura técnica legislativa, a distribuição das matérias operadas nos demais livros tinha sua razão de ser em opções teóricas e ideológicas que marcaram o projeto de Código subscrito por Alfredo Buzaid[1]. A exposição de motivos do projeto, por sinal, indicava

1. Pode-se dizer que "o Código de Processo Civil de 1973 teve origem no anteprojeto apresentado, em 1964, pelo então Ministro da Justiça Alfredo Buzaid. Os anos que antecederam a década de 70, mais precisamente a partir do golpe militar de 1964, foram os "anos de chumbo" do Brasil, que culminaram, em março de 1968, no AI-5, com o fechamento do Congresso, a autorização do Executivo para legislar, a suspensão de garantias constitucionais e legais como vitaliciedade, inamovibilidade ou estabilidade dos juízes, a permissão para o presidente demitir, remover, aposentar, transferir juízes, empregados e militares, e a suspensão das imunidades parlamentares. A linha adotada neste período foi tão dura que o AI-13 criou a pena de banimento do território nacional, a todo cidadão "inconveniente, nocivo ou perigoso à segurança nacional". Em nome da "Segurança Nacional" toda e qualquer arbitrariedade era permitida e "legalizada". Os poderes outorgados ao "executivo" foram de tamanha excepcionalidade que permitiram ao governo legislar sobre assuntos relevantes através de Decretos-Leis. A Constituição de 1967 foi a materialização desses poderes (BUENO, 2010, p. 392). Nesse contexto nascia o Código de Processo Civil de 1973: "instrumento jurídico eminentemente técnico, preordenado a assegurar a observância da lei" (BUZAID, 1964, p. 28). Diversamente de outros ramos da ciência jurídica, que traduziriam a índole do povo através de longa tradição, o processo civil deveria ser dotado exclusivamente de meios racionais, tendentes a obter a atuação do direito, notadamente a rapidez e a justiça (BUZAID, 1974, p. 9). Seria um resultado da técnica, que transcenderia as fronteiras do país, com validade, pois, para muitas nações (BUZAID, 1964, p. 28)" (RAATZ, Igor. SANTANNA, Gustavo da Silva. Elementos da história do processo civil brasileiro: do código de 1939 ao código de 1973. *Justiça & História*. v.9, n.17/18, Porto Alegre: Tribunal de Justiça do Estado do Rio Grande do Sul, 2009, p. 101).

claramente que a divisão das matérias em livros distintos estava relacionada ao pressuposto da separação entre conhecimento e execução, o que impulsionou a criação de um livro específico para agasalhar o processo cautelar, concebido como um terceiro gênero (*tertium genus*) de processo, em que atos de cognição e execução misturam-se, evitando-se, com isso, a possibilidade de "contaminação" do processo de conhecimento com atos materiais que seriam próprios do processo de execução[2]. Essa cisão entre conhecimento e execução era uma herança do direito romano, que, no bojo da modernidade, se fez absolutamente suficiente para servir de instrumento ao paradigma racionalista que gradualmente foi tomando corpo da ciência processual.

Não se pretende, nesta obra, aprofundar a questão desde a perspectiva do direito romano, nem analisar detidamente os influxos do racionalismo na construção do mito da ordinariedade[3]. O que importa destacar aqui é a estrutura que tomou corpo no procedimento civil brasileiro, fundamentalmente caracterizada por um ideal de rigidez procedimental aliado à plenariedade da cognição, tendo-se por pressuposto para tanto a ideia de que a função jurisdicional consistiria em declarar o direito com base num juízo de certeza próprio das matemáticas[4]. Trata-se, pois, de desvelar aquilo que Ovídio A. Baptista da Silva denominou de mito da ordinariedade.

Com efeito, o Código de Processo Civil de 1973 estruturou-se a partir da lógica da ordinariedade, seja na sua perspectiva formal, seja na sua perspectiva substancial. Ao prescrever que a todas as causas aplicava-se o procedimento comum, ordinário ou sumário, salvo disposições do próprio código ou de lei especial, o legislador buscou traçar uma divisão entre procedimento comum e procedimentos especiais, o que não chegava a obscurecer o papel central do procedimento ordinário,

---

2. Nesse sentido, a previsão do item 11 da exposição de motivos do Código Buzaid: "a matéria dos três primeiros livros corresponde à função jurisdicional de conhecimento, de execução e cautelar. A dogmática do processo civil moderno sanciona esta classificação. O processo cautelar foi regulado no Livro III, porque é um tertium genus, que contém a um tempo as funções do processo de conhecimento e de execução".

3. Para tanto, sugere-se a leitura de RAATZ, Igor. *Tutelas provisórias no processo civil brasileiro*. Porto Alegre: Livraria do Advogado, 2018.

4. Conforme Ovídio A. Baptista da Silva, "o chamado 'processo de conhecimento', na verdade processo somente 'declaratório, vocacionado para demandas *plenárias*, é o instrumento dessa ideologia [de que o processo seria um milagroso instrumento capaz de descobrir a 'vontade da lei'. É através do 'processo de conhecimento', *ordinário* por natureza, que o sistema retira do magistrado o poder de império de que se valia o pretor romano, ao conceder a tutela interdital. É por meio dele que o sistema pretende manter a neutralidade – melhor, a passividade – do juiz durante o curso da causa, par somente depois de haver descoberto a 'vontade da lei' (Chiovenda), autorizar-lhe a julgar, produzindo o sonhado juízo de certeza" (SILVA, Ovídio A. Baptista da. *Processo e ideologia*: o paradigma racionalista. Rio de Janeiro: Forense, 2004, p. 27).

até porque suas disposições gerais eram subsidiariamente aplicáveis aos demais procedimentos.

A estrutural formal do procedimento ordinário decorre da sua vocação para atingir a certeza nos mesmos moldes das ciências da natureza. Para tanto, ele é dividido em quatro fases bem demarcadas: fase postulatória, fase saneadora, fase instrutória e fase decisória. O critério definidor de cada uma delas é o da preponderância das atividades exercidas, já que as suas fronteiras nem sempre são muito nítidas[5].

Ainda na perspectiva formal do procedimento, é inexorável aos pressupostos da ordinariedade que ele seja rígido e, portanto, previsível. Um procedimento que permite adequações de acordo com as peculiaridades do caso concreto não se afeiçoa ao paradigma racionalista, fundado na busca de segurança jurídica através da utilização da metodologia das ciências da natureza ou matemática[6]. A geometrização do direito fez com que o processo abandonasse o caso concreto para se valer de generalidades e sistematizações, incapazes de lidar com as diferenças das imprevisíveis situações vindouras[7]. A rigidez procedimental apresenta-se, pois, como mais uma faceta da ordinariedade, que prima, desse modo, por uma concepção de processo *neutra e indiferente às necessidades do direito material.*

Para dar cabo a esse projeto de processo neutro e indiferente ao direito material, o procedimento ordinário assenta-se, igualmente, na *plenariedade* da cognição e no mito da "ampla defesa", o que, na gênese do Código Buzaid, trazia consigo a exclusão de todas as formas de contraditório que não fosse o contraditório prévio. Com isso, transformavam-se em *ordinárias* todas as demais formas de contraditório, "pois sem liminares de mérito todas elas tornam-se ordinárias, dada a relação essencial entre 'contraditório prévio e ordinariedade'"[8]. Desse modo, independente da realidade do direito material, somente

---

5. BARBOSA MOREIRA, José Carlos. *O novo processo civil brasileiro (exposição sistemática do procedimento)*. 25. ed. Rio de Janeiro: Forense, 2007, p. 5.

6. SILVA, Ovídio A. Baptista da. *Processo e ideologia*: o paradigma racionalista. Rio de Janeiro: Forense, 2004, p. 36.

7. Ainda com Ovídio, pode-se dizer que "a 'geometrização' do Direito, que teve em Leibniz, em Locke e nos demais filósofos racionalistas do século XVII seus representantes mais ilustres, foi depois reproduzida por Savigny na recomendação de que os juristas práticos abandonassem o exame dos casos concretos dada a extrema complexidade de que eles se revestem, a tornar impossível sistematizá-los, subordinando-os a 'regras gerais'. Segundo ele, não haveria remédio senão renunciar 'à sabedoria da experiência, como já haviam preconizado os filósofos do Iluminismo, afastando-se cada vez mais da realidade social" (SILVA, Ovídio A. Baptista da. *Processo e ideologia*: o paradigma racionalista. Rio de Janeiro: Forense, 2004, p. 38).

8. SILVA, Ovídio A. Baptista da. *Processo e ideologia*: o paradigma racionalista. Rio de Janeiro: Forense, 2004, p. 112.

seriam concebíveis decisões de mérito que descessem às minucias do caso concreto após a formalização do contraditório, numa espécie de universalização do procedimento ordinário, concebido "como a única forma de tutela processual compatível com os valores e padrões culturais da civilização moderna"[9].

Na medida em que o procedimento era estruturado para abarcar toda e qualquer situação de direito material, o seu pressuposto passa a ser, portanto, também um modelo de cognição plena e exauriente, o que levou Ovídio A. Baptista da Silva a dizer que ele seria mais que um procedimento (apenas formalmente) ordinário, consubstanciando-se, portanto, no "procedimento da 'cognição ordinária', como refere Chiovenda, que, conceitualmente, elimina as demandas *sumárias*"[10]. Em linhas gerais, o ideal de segurança jurídica impõe que o procedimento ordinário seja rígido e inflexível, com forma sólida[11], e, além disso, materialmente ordinário, vale dizer, avesso a qualquer espécie de juízo de cognição sumária[12].

Com isso, torna-se possível fazer com que a regra do procedimento ordinário seja a formação de decisões definitivas (verdadeiras e, portanto, imutáveis), o que pressupõe máxima amplitude tanto em relação às matérias que nele podem ser discutidas – impedindo-se, desse modo, que determinadas questões sejam pré-excluídas do conhecimento do juiz[13] –, quanto em relação à profundidade com que o juiz conhece tais matérias, vedando-se, por conseguinte, que a decisão da causa seja baseada em juízos de mera probabilidade (de cognição sumária)[14]. Afinal, como ensina Víctor Fairén Guillén, o "juízo ordinário" se baseia no desejo de acabar para sempre com o litígio entre as partes de maneira

9. SILVA, Ovídio A. Baptista da. *Curso de processo civil*. v.1. 7ª ed. Rio de Janeiro: Forense, 2005, p. 103.

10. SILVA, Ovídio A. Baptista da. *Processo e ideologia*: o paradigma racionalista. Rio de Janeiro: Forense, 2004, pp. 151-152.

11. SALDANHA, Jânia Maria Lopes. *Substancialização e efetividade do direito processual civil* – a sumariedade material da jurisdição: proposta de estabilização da tutela antecipada em relação ao projeto do novo CPC. Curitiba: Juruá, 2011, p. 191.

12. Não por acaso, Jânia Maria Lopes Saldanha utiliza a expressão "ordi(ple)nariedade" (SALDANHA, Jânia Maria Lopes. *Substancialização e efetividade do direito processual civil* – a sumariedade material da jurisdição: proposta de estabilização da tutela antecipada em relação ao projeto do novo CPC. Curitiba: Juruá, 2011, p. 190).

13. FAIREN GUILLEN, Victor. *El juicio ordinario y los plenarios rapidos (los defectos en la recepcion del derecho procesal comun; sus causas y consecuencias en doctrina y legislacion actuales)*. Barcelona: Bosch, 1953, p. 53.

14. Sobre o tema, ver a crítica formulada por Ovídio A. Baptista da Silva acerca da expressão "ampla defesa", utilizada pelo constituinte, conferido ao processo civil o mesmo tratamento conferido ao processo penal quanto à chamada "plenitude de defesa", em SILVA, Ovídio A. Baptista da. A "plenitude de defesa" no processo civil. In: *Da sentença liminar à nulidade da sentença*. Rio de Janeiro: Forense, 2002.

judicial, de tal modo que não seja possível um novo processo sobre o ponto resolvido. Por isso, é desejável a maior extensão e desenvolvimento das pretensões, de modo que todas as relações litigiosas sejam resolvidas. Daí permitir às partes completar do melhor modo possível seus sistemas de defesas, valendo-se de amplos meios de impugnação e de uma elevada gama de meios de prova. O conjunto de tudo isso justificaria uma copiosa série de formalismos, preclusões e providências jurisdicionais[15].

Desse modo, chega-se à ideia de que o mito da ordinariedade – que está na base do processo de conhecimento no Código de 1973 – assenta-se numa perspectiva formal e material. É possível, assim, falar tanto de ordinariedade atrelada ao procedimento quanto ao conhecimento da causa, designando-se, com isso, coisas distintas. Do mesmo modo, a noção de procedimento sumário (entendida como aceleração procedimental) e de "processo sumário" (cognição sumário) devem ser visualizadas em perspectivas distintas, não sendo adequado confundi-las.

Referida distinção, em sede doutrinária, deve-se à clássica obra de Hans Briegleb "Einleitung in die Theorie der Summarischen Processe". Trata-se uma obra fundamental na evolução do tema "tutela sumária", na medida em que oferece uma nítida distinção entre o chamado *"processo sumário" (summatim cognoscere)* – derivado das fontes oriundas do direito romano, do direito local produzido no tempo dos Glosadores e seus sucessores imediatos com suas respectivas lições sobre as características da decisão baseada em cognição incompleta na causa através da exclusão da pesada cognição ordinária e do imperfeito (provisório) vigor decorrente dessa decisão no direito – e as *acelerações dos procedimentos*, cuja característica central reside no fato de ser este procedimento curto, acelerado e simplificado nas formas, e não pela incompletude material da cognição[16]. A designação *procedimento sumário*, portanto, diz respeito a este último fenômeno, qual seja, da aceleração procedimental, não tendo relação direta e obrigatória com a sumariedade da cognição. Do ponto de vista formal, o procedimento sumário diferencia-se do ordinário por ser mais simples e concentrado. Ele é uma espécie de "processo plenário rápido ou acelerado" de que fala Fairen Guillén, na medida em que não representa nenhuma limitação material (de conteúdos que podem ser discutidos) no seu bojo, mas, somente, uma aceleração formal do

15. FAIREN GUILLEN, Victor. *El juicio ordinario y los plenarios rapidos (los defectos en la recepcion del derecho procesal comun; sus causas y consecuencias en doctrina y legislacion actuales)*. Barcelona: Bosch, 1953, p. 53.

16. BRIEGLEB, Hans Karl. *Einleitung in die Theorie der Summarischen Processe*. Leipzig: Tauchnitz, 1859, pp. 13-14.

procedimento, com simplificação e concentração dos atos processuais[17]. O que torna distinto o procedimento sumário do ordinário é apenas o aspecto da concentração e simplificação dos atos processuais, elemento que caracteriza o procedimento sumário, no qual se esfumam as linhas divisórias entre as fases do procedimento, sendo menos nítida a preponderância dos atos praticados em cada uma das etapas procedimentais[18].

Desse modo, repita-se, não é possível confundir o procedimento sumário – que era previsto no Código de 1973 ao lado do procedimento ordinário e tinha cabimento em razão de situações relativas ao valor da causa ou da matéria discutida[19] – e a amplitude com que o juiz pode conhecer as questões debatidas na causa (plenariedade ou sumariedade da cognição). O procedimento sumário do Código de 1973, assim como ocorre com o procedimento sumário e acelerado dos Juizados Especiais brasileiros, pautava-se pela simplificação e concentração procedimental, tanto que se exigia do autor e do réu, já na fase postulatória, que apresentassem o rol de testemunhas, formulassem quesitos e indicassem assistentes técnicos (arts. 276 e 278, CPC), admitindo-se, ainda, que a contestação fosse apresentada na forma oral (art. 278, CPC). No entanto, a plenariedade da cognição e a ausência de flexibilidade procedimental eram uma constante, o que era muito adequado diante da necessidade de manter o Código fiel ao paradigma da ordinariedade.

A questão central para superação da ordinariedade reside, portanto, em conferir uma maior valorização à "tutela de cognição sumária", admitindo-se que, no processo, o juiz possa decidir a respeito do mérito com base nas circunstâncias sumárias da causa, tal qual fazia o pretor romano. Isso faz com que o estudo da matéria seja direcionado para o tema da cognição no direito processual, que, ao fim ao cabo, busca discutir os limites conferidos ao juiz para a apreciação do mérito da causa.

Nessa perspectiva, a doutrina brasileira costuma-se dividir a cognição judicial em dois planos. Fala-se em plano horizontal da cognição

17. FAIREN GUILLEN, Victor. *El juicio ordinario y los plenarios rapidos (los defectos en la recepcion del derecho procesal comun; sus causas y consecuencias en doctrina y legislacion actuales)*. Barcelona: Bosch, 1953, especialmente os capítulos III e IV da primeira parte.

18. BARBOSA MOREIRA, José Carlos. *O novo processo civil brasileiro (exposição sistemática do procedimento)*. 25. ed. Rio de Janeiro: Forense, 2007, pp. 5-6.

19. Conforme o art. 275 do CPC/73, "observar-se-á o procedimento sumário: I – nas causas cujo valor não exceda a 60 (sessenta) vezes o valor do salário mínimo; II – nas causas, qualquer que seja o valor: a) de arrendamento rural e de parceria agrícola; b) de cobrança ao condomínio de quaisquer quantias devidas ao condomínio; c) de ressarcimento por danos em prédio urbano ou rústico; d) de ressarcimento por danos causados em acidente de veículo terrestre; e) de cobrança de seguro, relativamente aos danos causados em acidente de veículo, ressalvados os casos de processo de execução; f) de cobrança de honorários dos profissionais liberais, ressalvado o disposto em legislação especial; g) nos demais casos previstos em lei".

para tratar das matérias que podem ser conhecidas pelo juiz no processo. Com efeito, no que concerne ao plano horizontal da cognição, o procedimento comum é caracterizado por uma *cognição plena*, ou seja, cognição sem limitação acerca dos fundamentos e defesas pertinentes à situação de direito material deduzida. Aqui se está, pois, diante da extensão da cognição. Por outro lado, a cognição pode ser surpreendida também no plano vertical, referindo-se, então, à profundidade com que o juiz pode conhecer as matérias referentes ao processo, hipótese na qual o procedimento comum vale-se da *cognição exauriente*[20].

A definição conceitual do tema cobra precisão técnica, tarefa que, na doutrina brasileira, foi cumprida com perfeição por Ovídio A. Baptista da Silva[21], que, partindo das lições de Chiovenda, aprofundou o estudo da matéria. Nessa senda, é possível contrapor a *cognição plena* à *"cognição incompleta porque parcial"* e a *cognição exauriente* à *"cognição incompleta porque superficial"*[22]. Com efeito, a cognição no plano horizontal pode sofrer um corte vertical (sumarização vertical), vedando-se ao juiz *"conhecer de toda uma parcela de questões litigiosas que, não fosse uma determinação do direito material, poderiam ser suscitadas pelo demandado"*[23]. Trata-se de uma *sumariedade material*, o que significa dizer que a limitação da cognição abarca o plano do direito material, não se tratando de uma mera sumariedade procedimental. É o exemplo corriqueiro das ações possessórias, nas quais o conhecimento do juiz fica limitado à posse, sendo-lhe vedada a análise de questões relativas à propriedade[24]. Por outro lado, fala-se em *cognição incompleta porque super-*

20. A distinção da cognição em dois planos (horizontal e vertical) deve sua sistematização à obra de Kazuo Watanabe (WATANABE, Kazuo. Da cognição no processo civil. 2. ed. Campinas: Bookseller, 2000).

21. A obra de Ovídio é vasta no que diz respeito ao tema. A respeito, SILVA, Ovídio A. Baptista da. *Procedimentos especiais*. Rio de Janeiro: Aidê, 1989, p. 46. SILVA, Ovídio A. Baptista da. O contraditório nas ações sumárias. *Revista da Ajuris*. Ano XXVI. n. 80. Porto Alegre: Ajuris, 2000. SILVA, Ovídio A. Baptista da. *Do processo cautelar*. Rio de Janeiro: Forense, 1996.

22. CHIOVENDA, Giuseppe. Azioni sommarie: la sentenze di condanna con riserva. In: CHIOVENDA, Giuseppe. *Saggi di diritto processuale civile (1900-1930)*. v 2. Roma: Foro Italiano, 1930-1931, p. 122.

23. SILVA, Ovídio A. Baptista da. O contraditório nas ações sumárias. *Revista da Ajuris*. Ano XXVI. n. 80. Porto Alegre: Ajuris, 2000, p. 213. Conforme o doutrinador gaúcho, "nestes casos, haverá o que a doutrina passou a denominar 'cognição exauriente', porém aqui, essa exaustão cognitiva sobre as questões litigiosas, cujo exame lhe fora permitido, pode ser limitadíssima, como ocorre, por exemplo, na ação de anulação de títulos ao portador" (Idem. Ibidem). Interessante notar que Ovídio A. Baptista da Silva diverge sensivelmente de Kazuo Watanabe, na medida em que, para o autor gaúcho, haverá *sumarização* da demanda tanto no plano da horizontalidade, quanto da verticalidade.

24. Essa sumariedade da cognição no tocante ao plano horizontal, com exclusão de certas matérias da mesma causa, costuma estar presente em alguns procedimentos especiais, o que levou a doutrina a utilizar a terminologia tutelas jurisdicionais diferenciadas, cuja nota distintiva estaria justamente na sumariedade da cognição. Nesse sentido, LEONEL, Ricardo de Barros. *Tutela jurisdicional diferenciada*. São Paulo: RT, 2010.

ficial em todas as situações nas quais é dado ao juiz decidir com base em juízo de *probabilidade*, sem exaurir todas as possibilidades de conhecimento da matéria em apreço. Aqui, há um corte horizontal (sumarização horizontal) no plano vertical da cognição, tal como nos interditos pretorianos do direito romano e nas liminares do direito contemporâneo.

Não fosse isso, é possível pensar na "técnica de sumarização da demanda" em mais duas perspectivas. Por um lado, sumariza-se a demanda impedindo a utilização de certas espécies de prova. É o que ocorre nos chamados *processo documentais*, cujo exemplo mais atual é o do mandado de segurança. Por outro lado, é possível que a sumarização ocorra a partir da reserva de exceções, de modo que certas matérias de defesa ficam reservadas para uma fase posterior – ou até mesmo para um processo subsequente – à análise de parcela do mérito, como ocorre na ação de desapropriação[25].

O processo de conhecimento, devido ao fato de ter sido alicerçado a partir do paradigma da ordinariedade, na proibição de juízos sumários (tanto no plano horizontal quanto no plano vertical), mostrava-se indiferente às diferentes necessidades do direito material, até porque partia do pressuposto de que todos os direitos fossem iguais e passíveis de quantificação monetária. No entanto, na medida em que ilusório o mito de um procedimento padrão e universal capaz de lidar com todas as nuances do direito material[26], obrigou o legislador a fugir da rigidez do procedimento ordinário através da criação de *procedimentos especiais* tendentes a oferecer uma proteção adequada e efetiva, rente, pois, ao direito material, para determinados direitos.

A rigidez do procedimento ordinário era tão expressiva que o legislador brasileiro foi compelido a tratar desses *procedimentos especiais* em

25. SILVA, Ovídio A. Baptista da. *Procedimentos especiais*. 2ª ed. Rio de Janeiro: Aide, 1993, p. 47. Essas quatro técnicas de sumarização desenvolvidas por Ovídio, foram reestruturadas ao longo da sua obra, sem que isso representasse alguma mudança na sua essência. Em seu curso de processo civil, em edição lançada cerca de 15 anos após a 2ª edição do seu livro de procedimentos especiais, o professor gaúcho trata dos "processos interditais" como aqueles casos em que há um corte vertical no plano horizontal da cognição, da "antecipação da tutela" como espécie em que é autorizada a análise do mérito com base em cognição sumária a partir de um corte horizontal no plano vertical da cognição, dos "processos sumários documentais" e dos "processos monitórios e injuncionais" para fazer referência aos casos de inversão do contraditório e, consequentemente, de reserva de exceções (SILVA, Ovídio. A. Baptista da. *Curso de processo civil*: processo cautelar (tutela de urgência), volume 3. 2a ed. São Paulo: Revista dos Tribunais, 1998, pp. 112-120).

26. Nesse sentido, afirma Berizonce, "na verdade, a ideia de universalidade do processo ordinário atenta contra a necessidade de tratamento específico das várias situações de direito material. Como se tem dito, esta concepção se inspira na ilusão da *neutralidade* do processo em relação ao direito material, que chega a ser confundida com a autonomia do processo" (BERIZONCE, Roberto O. Fundamentos y confines de las tutelas procesales diferenciadas. *Revista de processo*. Ano 33. n. 165. nov./2008. São Paulo: Revista dos Tribunais, 2008, pp. 132-133).

um Livro próprio, não correndo, assim, o risco de infestar o processo de conhecimento e o procedimento ordinário com formas sumárias de tutela jurisdicional. Do mesmo modo, para tratar as situações urgentes que não estivessem contempladas nos procedimentos especiais, o Código de 1973 criou um terceiro Livro, em que acomodou o chamado processo cautelar. Nesse livro, agruparam-se as chamadas tutelas de urgência concebidas como espécies de tutela de cognição sumária e, portanto, sem aptidão para redundar na tão sonhada verdade matemática. Isso levou a uma enorme confusão conceitual e ao surgimento das chamadas cautelares satisfativas, pois o processo cautelar agasalhava atos de cognição e atos executivos, embora sem aptidão para a declaração do direito, ficando, desse modo, conhecido como um *tertium genus* de processo.

Em síntese, pode-se dizer que os procedimentos especiais e o processo cautelar – concebido como estrutura capaz de conferir tanto uma tutela genuinamente cautelar quanto uma tutela satisfativa de urgência – funcionavam com verdadeiras "válvulas de escape" frente à plenariedade da cognição do processo de conhecimento. Isso acabou gerando diversos inconvenientes, como, por exemplo, a criação das chamadas cautelares-satisfativas pela prática jurídica, que almejava obter uma tutela de natureza satisfativa sem os inconvenientes do tempo normal do procedimento ordinário, dada a situação de urgência apresentada *in concreto*. A única via para tanto era, no Código de 1973, valer-se do processo cautelar. Esse foi um dos motivos que impulsionou as reformas processuais a, gradualmente, derrubarem os muros divisores do processo de conhecimento e processo de execução no Código Buzaid, fazendo com que, aos poucos, ele fosse sendo desfigurado nas suas bases estruturais.

2.1.1 A crise da separação entre conhecimento e execução e a sua "superação" no curso das reformas do processo civil brasileiro

No direito brasileiro, Ovídio A. Baptista da Silva, na contramão da doutrina nacional e estrangeira, desde a entrada em vigor do Código de Processo Civil brasileiro, insurgia-se contra a forma equivocada com que o processo cautelar vinha inserido no Código[27]. A distinção entre provimentos assecuratórios, nitidamente cautelares, e provimentos satisfativos de cunho provisórios e, portanto, anteriores à sentença em que julgado o mérito de forma definitiva foi, sem dúvida, uma das grandes contribuições do professor gaúcho, que nitidamente distanciava-se das

27. SILVA, Ovídio A. Baptista da. *As ações cautelares e o novo processo civil*. Porto Alegre: Sulina, 1973.

lições italianas absorvidas no Brasil, na medida em que, desde o início da década de oitenta, já traçava os contornos do que posteriormente viria a se transformar no instituto da antecipação da tutela[28].

Já no início da década de noventa, Ovídio apresentou, no XVI Congresso Nacional de Derecho Procesal, realizado em Buenos Aires, o trabalho "decisões interlocutórias e sentenças liminares", no qual criticava os pressupostos da separação entre conhecimento e execução, principalmente o de que a satisfação do direito significaria uma sentença em que declarado existente de forma definitiva. O exemplo da liminar possessória, na qual o juiz, com uma decisão fundada em juízo de probabilidade, concedia ao autor o que este somente conseguiria pela sentença final de procedência era um notável indicador de que a função jurisdicional, na sua essência, devia ser encarada muito além da mera atividade declaratória de direitos. E mais, a proibição de juízos de probabilidade e a separação entre conhecimento e execução nada mais eram do que artificialismos impostos pela geometrização do direito e pela incorporação da separação romana entre *iurisdictio* e *imperium*[29].

Tais ensinamentos influenciaram a primeira grande reforma estrutural do Código de Processo Civil de 1973, levada a cabo com a lei 8.952/94. Com ela, introduziu-se no direito brasileiro o instituto da antecipação da tutela, caracterizado pela possibilidade de o juiz conceder, antes do final do processo de conhecimento, um provimento *satisfativo*, no sentido de realizar o direito, faticamente, no plano das relações humanas[30], e *provisório*, tendente a durar até que sobrevenha um provimento definitivo (sentença)[31]. Com isso, o processo de conhecimento

---

28. Registre-se que o instituto da antecipação da tutela, inserido no Código Buzaid em 1994 decorreu de uma proposta realizada pelo prof. Ovídio A. Baptista da Silva em 1983. Nesse sentido, referiu o professor gaúcho: "embora pouco tenha se escrito sobre 'antecipação da tutela', sabe-se que sua introdução em nosso sistema teve origem numa proposta feita por mim no já longínquo ano de 1983, no inesquecível Congresso, realizado em Porto Alegre, para comemorar os dez anos da promulgação do Código de Processo Civil. Embora sua concepção atual não seja fiel ao projeto original, costumo dizer que o novo instituto deverá ser compreendido como instrumento destinado a 'interditalizar' o processo civil brasileiro" (SILVA, Ovídio A. Baptista da. Prefácio da obra de GOMES, Luiz Fábio. *Responsabilidade objetiva e antecipação de tutela* (direito e pós-modernidade). 2ª ed. Porto Alegre: Livraria do Advogado, 2014).

29. SILVA, Ovídio A. Baptista da. Decisões interlocutórias e sentenças liminares. *AJURIS*: Revista da Associação dos Juízes do Rio Grande do Sul. v.18, n.51. mar. 1991. Porto Alegre: AJURIS, 1991, pp. 147-148.

30. SILVA, Ovídio. A. Baptista da. *Curso de processo civil*: processo cautelar (tutela de urgência), volume 3. 2a ed. São Paulo: Revista dos Tribunais, 1998, p. 84.

31. A antecipação da tutela impõe, portanto, a "realização provisória dos eventuais efeitos da sentença de procedência" (SILVA, Ovídio A. Baptista da. *Curso de processo civil*: processo de conhecimento. v. 1. 7a ed. Rio de Janeiro: Forense, 2005, p. 124), inserindo-se no terceiro grupo da classificação proposta por Calamandrei, formado pelas providências consistentes em uma decisão antecipada e provisória de mérito, os quais se aproximariam daqueles provi-

perdia sua pureza conceitual, na medida em que contaminado pela prática de atos capazes de alterar a realidade fática. Começavam a estremecer os muros que separavam o processo de conhecimento do processo de execução.

Com a Lei 10.444/02, foram inseridos os parágrafos 5.º e 6.º ao art. 461 do Código Buzaid, bem como criado o art. 461-A e seus respectivos parágrafos. Essa reforma trouxe os elementos necessários para que a doutrina reconhecesse a existência das sentenças *mandamentais* e *executiva real*[32], concebendo-se, portanto, cinco classes de sentenças (teoria quinária), viabilizando, pois, a tutela preventiva dos direitos, mediante uma *ordem judicial*, com a utilização de técnicas de indução ao cumprimento, como é o caso da multa diária (*astreinte*), e a tutela do direito à coisa (pretensões reais) e a entrega de coisa, mediante a prática de atos de *imperium* pelo juiz, como consequência da sentença de procedência. Tinha-se, com isso, abandonada a ideia de que as sentenças do processo de conhecimento somente poderiam operar no plano normativo e, quando muito, permitir a prática de atos executivos em outro processo[33]. Ao longe, não mais se enxergava a linha divisória entre conhecimento e execução.

---

mentos considerados por Chiovenda como "acertamentos com prevalente função executiva" (CALAMANDREI, Piero. *Introduzione allo studio sistematico dei provvedimenti cautelari*. Paodva: CEDAM, 1936, p. 39). Importante registrar que a provisoriedade inerente a antecipação da tutela diz respeito à estabilidade do provimento, e não necessariamente aos seus efeitos que, em algumas situações, poderão ser definitivos. Para aprofundar a questão, consultar, RAATZ, Igor. ANCHIETA, Natascha. Do conceito de tutela provisória no novo código de processo civil. *Paginas de direito*. Disponível em <http://www.tex.pro.br/index.php/artigos/317-artigos-set--2015/7362-do-conceito-de-tutela-provisoria-no-novo-codigo-de-processo-civil>. Acesso em 11/11/2015.

32. Embora a grande maioria da doutrina utilize a expressão sentença executiva ou sentença executiva lato-sensu, Ovídio A. Baptista da Silva a elas prefere a expressão sentença executiva real, contrariando a doutrina de Pontes de Miranda, "a partir de um pressuposto aceito pelo próprio jurista, para quem, se alguma forma de execução pudesse indicar como *lato sensu* executiva esta seria a execução por crédito do Livro II do CPC, pois 'a forma mais primitiva' de execução é a 'execução pura contra a qual o réu é que vinha a juízo com a sua 'ação' contrária'. A execução obrigacional já corresponde a um instrumento jurídico elaborado com algum refinamento conceitual, próprio de estágio mais evoluído no desenvolvimento histórico do Direito. Ações de execução (por créditos) e ações executivas (*execuções reais*) preenchem, portanto, o campo da atividade jurisdicional executória". Desse modo, Ovídio A. Baptista da Silva crê "que a denominação de *execuções reais* àquelas demandas que contêm em si mesmas a execução, guarda fidelidade à sua natureza e evita que se elabore um tipo de classificação em que elas seriam chamadas ações executivas *lato sensu*, por serem apenas *aproximadamente* executivas, reservando-se às execuções por crédito a condição de verdadeiras (*stricto sensu*) ações executivas. A suposição de que as execuções fundadas numa *pretensão real* sejam formas anômalas de demandas, apenas *lato sensu* executivas, seria uma ideia falsa, que não guarda fidelidade à história da função executiva. A execução que elas contêm é tão ou mais genuína do que a execução por créditos" (SILVA, Ovídio A. Baptista da. A ação condenatória como categoria processual. In: *Da sentença liminar à nulidade da sentença*. Rio de Janeiro: Forense, 2001, p. 234).

33. O fato de o processo de conhecimento ter sido pensado para prestar somente tutela jurisdicional declaratória do direito, limitada, portanto, a atuar no plano meramente normativo, influenciou grande parte da doutrina a enxergar somente três possíveis eficácias à sentença de procedên-

Em 2005, os muros que separavam o processo de conhecimento do processo de execução foram derrubados definitivamente. Com a lei 11.232/2005 os resquícios da separação entre processo de conhecimento e processo de execução aparentemente desapareciam do Código de Processo Civil. A partir daí deixou de ser necessário, diante da sentença condenatória, a propositura de uma nova ação e, consequentemente, de um processo de execução. O Código incorporou a ideia de um só processo – chamado processo sincrético – dividido em duas fases: uma, de conhecimento; outra, de execução. É verdade que a mudança legislativa se fundamentou muito mais em exigências sociais de maior *efetividade do processo*, do que no escopo de romper com o paradigma da ordinariedade próprio do processo de conhecimento. E, justamente por isso que, apesar de a separação estrutural, a olho nu, não mais se fazer presente no Código Buzaid, a força do paradigma permanecia oculta, reclamando um exame mais apurado da questão, de modo a aproximar o processo

cia. Essa classificação, que ficou conhecida como "classificação trinária", retira do processo de conhecimento toda e qualquer ação (de direito material) que, depois da sentença, apresentasse alguma atividade jurisdicional interna e inerente à demanda (SILVA, Ovídio Araújo Baptista da. *Curso de processo civil*: v.1, t.2. 6. ed. Rio de Janeiro: Forense, 2008, p. 115). O que há em comum entre as três classes de sentença, classicamente concebidas como próprias ao processo de conhecimento, é que todas elas se limitam a produzir efeitos somente no âmbito normativo. Fica evidente, por conseguinte, que a rígida separação entre conhecimento e execução, entre *iurisdictio* e *imperium*, obscureceu os olhos da doutrina processual, que não conseguia, na classificação trinária, enxergar outras classes de sentença que fossem voltadas a operar mudanças no plano dos fatos, como acontece com a sentenças mandamentais e executiva lato-sensu, cuja eficácia, e seus consequentes efeitos, representa, justamente, a satisfação do direito material alegado pelo autor. Desse modo, a doutrina clássica subsumia no conceito de condenação também as sentenças mandamentais e executivas lato-sensu, afirmado que, na verdade, a questão toda se resumiria na forma da realização da prestação contida na sentença. Desse modo, somente a superação da rígida separação entre conhecimento e execução, bem como da correlata máxima *nulla executio sine titulo* seria capaz de permitir o reconhecimento de outras classes de sentenças que não aquelas três (declaratória, constitutiva e condenatória) incapazes de operar no mundo dos fatos. Registre-se que, enquanto as sentenças declaratórias e constitutivas têm o condão de, por si só, satisfazer o direito do autor, na medida em que este, com elas, busca somente a produção de efeitos no mundo jurídico, as coisas não se operam do mesmo modo com a sentença condenatória. É que, embora a sua eficácia declare que o réu violou o direito do autor e que, por isso, deverá sofrer as consequências que lhe são impostas pela ordem jurídica, não tem aptidão para transformar o plano fático. O que faz com que o autor dependa da prática de atos posteriores à sentença, tornando bastante precisa a definição de Calamandrei para quem a sentença condenatória é "a chave indispensável para abrir as portas da execução, ou melhor, o bilhete de entrada sem o qual não é possível atravessar a porta do processo executivo" (CALAMANDREI, Piero. *El procedimiento monitorio*. Buenos Aires: EJEA, 1954, p. 20). Daí que, presos ao mito da ordinariedade e à cisão cognição-execução, por muito dempo diversos autores negaram a existência de sentenças capazes de, no próprio processo de conhecimento, alterar a realidade material. É o caso de Humberto Theodoro Junior, para quem "tanto as que se dizem executivas como as mandamentais realizam a essência das condenatórias, isto é, declaram a situação jurídica dos litigantes e ordenam uma prestação de uma parte em favor da outra. A forma de realizar processualmente essa prestação, isto é, de executá-la, é que diverge. A diferença reside, pois, na execução e respectivo procedimento. Sendo assim, não há razão para atribuir uma natureza diferente a tais sentenças" (THEODORO JÚNIOR, Humberto. *Curso de direito processual*. vol. I. Rio de Janeiro: Forense, 2003, nº 499, p. 70).

de conhecimento e a sua estrutura procedimental das necessidades do direito material.

Seguindo uma tendência de superação do mito da ordinariedade, o atual Código de Processo Civil (Lei 13.105/2015) rompeu com a estrutura do Código de 1973 e, em certa medida, com a divisão clássica entre conhecimento e execução. O sentido moderno de Código, por sinal, reivindica para si três elementos: a ab-rogação do direito anterior, sistematicidade e autossuficiência. O Novo CPC, em que pese não signifique do ponto de vista material uma ab-rogação total do direito anterior, uma vez que certos temas – como o processo de execução – em muito pouco foram modificados, importa um novo sistema e, por conseguinte, uma nova estrutura. Enquanto o Código Buzaid se estruturava nos termos dos cinco livros mencionados, o Novo CPC é dividido em duas partes: uma parte geral, composta por seis livros, e uma parte especial, composta por quatro livros, dentre eles o livro "disposições finais e transitórias". A parte geral, com efeito, trata "das normas processuais civis", "da função jurisdicional", "dos sujeitos do processo", "dos atos processuais", "da tutela provisória" e "da formação, da suspensão e da extinção do processo". Já a parte especial trata "do processo de conhecimento e do cumprimento da sentença", "do processo de execução", "dos processos nos tribunais e dos meios de impugnação das decisões judiciais", contando ainda com um livro complementar que versa sobre as disposições finais.

Dois pontos chamam atenção se cotejado o Novo Código com o anterior: o Livro I da parte especial, que trata tanto do processo de conhecimento quanto do cumprimento da sentença, e o Livro V da parte geral, que trata da tutela provisória. Essa disposição estrutural deixa bem claro que, para o Novo Código, o binômio cognição e execução, nos moldes em que construído no seio da modernidade, foi abandonado, permitindo que se possa pensar em um novo modelo de processo.

2.1.2 Dos procedimentos especiais às tutelas jurisdicionais diferenciadas como instrumentos de adequação (em abstrato) do processo ao direito material: da equivocada difusão do termo tutelas jurisdicionais diferenciadas, sua crise conceitual e a ênfase no modelo de elasticidade procedimental

Ainda que sem fugir totalmente do "mito da ordinariedade", o sistema processual brasileiro, antes mesmo do atual Código de Processo Civil, encontrou, nos procedimentos especiais, uma espécie de válvula de escape com a qual era possível fugir do esquema rígido do procedimento ordinário e da plenariedade. No fundo, essa tendência de revalorização dos procedimentos especiais e, posteriormente, das chamadas "tutelas jurisdicionais diferenciadas" tinha por pressuposto a necessidade de construir procedimento capazes de oferecer uma adequada tutela jurisdicional ao direito material. Embora nesse primeiro estágio as discussões sobre a adequação procedimental tenham sido relevante para tirar o procedimento civil do espaço de neutralidade que o processualismo científico tinha conferido a ele, isso foi insuficiente para que se pudesse construir um modelo de adaptação procedimental de acordo com as circunstâncias do caso concreto. O desenvolvimento dessa história e as confusões terminológicas dela advindas, constituem o cerne dos próximos itens deste livro.

Ponto de partida para a superação do "mito da ordinariedade" é o reconhecimento da necessidade de se pensar o *procedimento civil* e a *tutela jurisdicional* numa relação de adequação com direito material. Isso significa que a separação entre processo e direito material, que redundou na construção de uma disciplina processual totalmente autônoma, no sentido de se desenvolver de maneira independente do direito material afirmado em juízo, mostra-se ultrapassada, pois a autonomia científica do processo (*rectius*, do procedimento e da tutela jurisdicional) não pode significar neutralidade e indiferença em relação ao direito material, ao contexto social e ao caso concreto[34]. Contudo, na perspectiva aqui trabalhada, a relação de adequação se dá entre *ação de direito material, procedimento e tutela jurisdicional*. Não se dá entre *processo* e *direito material*, conforme, equivocadamente, se trabalhou na primeira edição deste livro. Isso porque *não é função do processo realizar o direito material*, tarefa esta que cabe à *jurisdição*. A chamada adequação *processual* é, na verdade, uma adequação do *procedimento construído tanto para corporificar garantias contrajurisdicionais quanto para permitir que as partes busquem do Estado-juiz a respectiva tutela jurisdicional do direito material.* Por isso, a diferenciação se dá, em sentido geral, entre *procedimento civil, penal, trabalhista etc., admitindo-se distinções mais profundas de acordo com as peculiaridades do direito material, e não entre processo (que, sob a perspectiva garantista, é uno).*

34. GÁLVEZ, Juan Monroy. PALACIOS, Juan José Monroy. Del mito del proceso ordinario a la tutela diferenciada. Apuntes iniciales. In: PALACIOS, Juan José Monroy. *La tutela procesal de los derechos*. Lima: Perú, 2004, pp. 42-43. O equívoco de que a autonomia do processo representaria verdadeira indiferença ao direito material foi bem sentido no Brasil, notadamente pelas críticas formuladas à inserção, no Código de 1973, do livro relativo aos procedimentos especiais. Alguns autores chegaram a afirmar que se tratava de uma indevida subordinação do processo ao direito material, que atentava contra a sua autonomia e que prestigiava a teoria civilista da ação (CAMPOS, Ronaldo Cunha. Processo, procedimento e direito material. *Revista Brasileira de Direito Processual*. v.1. Uberaba, vitoria, 1975, p.153-171).

Um dos pilares dessa neutralidade do processo (*rectius*, do procedimento e da tutela jurisdicional) em relação ao direito material é a universalização do procedimento ordinário, concebido "como a única forma de tutela processual compatível com os valores e padrões culturais da civilização moderna"[35]. Referido procedimento, na medida em que estruturado para abarcar toda e qualquer situação de direito material, pressupõe uma cognição plena e exauriente (sumariedade material), idealizada a partir de uma forma ordinária de contraditório prévio[36] e de uma pseudo-economia processual[37]. Trata-se de um procedimento vocacionado a atingir o ideal de segurança jurídica e que, portanto, deverá ser rígido e inflexível[38].

---

35. SILVA, Ovídio A. Baptista da. *Curso de processo civil*. v.1. 7ª ed. Rio de Janeiro: Forense, 2005, p. 103.
36. Ao contraditório prévio, que pressupõe a primazia da cognição sobre a execução, contrapõem-se o contraditório diferido e o contraditório eventual. A propósito, Ovídio A. Baptista da Silva refere que "tanto o contraditório *diferido*, quanto o *eventual* quebram a ordinariedade. O primeiro porque, ao inverter as fases do *ordo iudiciarum privatorum*, desfaz o procedimento ordinário, admitindo que se execute antes da sentença, consequentemente, antes da formação do título executivo; o *eventual*, porque elimina o contraditório do interior da demanda, transferindo-o seja para uma ação incidental, como nos embargos de devedor, seja para uma ação independente, como nas possessórias e nas ações cambiárias; seja, enfim, em ações particulares, como ocorre na ação de desapropriação e na busca e apreensão do Decreto-Lei 911, e de 1º de outubro de 1969" (SILVA, Ovídio A. Baptista da. *Processo e ideologia*: o paradigma racionalista. Rio de Janeiro: Forense, 2004, p. 155). Nessa linha, "o que torna significativa a distinção entre o contraditório *eventual* e as demais expressões do princípio é que nele haverá uma *inversão do contraditório*, em razão da autonomia que a lei empresta ao que seria apenas *fase* inicial de uma única demanda, se o contraditório fosse *diferido*. Se ao invés de *diferido* o contraditório for *eventual*, aquilo que fora 'fase inicial' irá transformar-se em 'demanda inicial', ou demanda sumária, tornando-se, porém, uma ação independente. Fracionaremos a primitiva ação, provavelmente *plenária*, em duas, sendo uma delas *sumária*. Ao desmembrar-se em duas a primitiva demanda única, o princípio provoca uma inversão do ônus de iniciativa do contraditório. Quem obtém a vantagem no *sumário*, fica dispensado de promover o *plenário*. Nele, o demandado tem sua defesa limitada a determinadas questões, cortando-se *verticalmente* uma parcela da primitiva lide *plenária*, como corre nas possessórias. A defesa que fora vedada no juízo possessório poderá alimentar a subsequente demanda petitória, porém com a condição de que aquele que, como réu sucumbira no possessório, torne-se autor da demanda fundada em direito, não mais no simples fato da posse (SILVA, Ovídio A. Baptista da. *Processo e ideologia*: o paradigma racionalista. Rio de Janeiro: Forense, 2004, p. 157).
37. Segundo Ovídio, "em geral, imagina-se que o princípio da economia processual seja uma arma contra a morosidade processual, quando, na verdade, ele contribui para que os processos se tornem mais lentos" (...) Na verdade, quem pretende fazer economia é o Estado, obrigando a que as partes controvertam logo, num único processo, tanto a causa principal quanto aquelas que lhe estariam ligadas por algum vínculo de conexão ou dependência (...) Para obter essa economia, o Estado dilata, até onde pode, as dimensões tanto objetivas quanto subjetivas da causa originária, estimulando, de um lado, as cumulações de duas ou mais lides, mesmo que elas não guardem entre si nenhum parentesco objetivo; e de outro, estimulando os litisconsórcios e intervenções de terceiros, de tal modo que a lide, já pressuposta em si mesma *plenária*, seja sobrecarregada com o peso, às vezes insuportável, das demandas a ela acrescidas. O resultado disso tudo, como fator de morosidade processual, pode ser facilmente avaliado" (SILVA, Ovídio A. Baptista da. *Processo e ideologia*: o paradigma racionalista. Rio de Janeiro: Forense, 2004, pp. 162-164).
38. SALDANHA, Jânia Maria Lopes. *Substancialização e efetividade do direito processual civil* – a sumariedade material da jurisdição: proposta de estabilização da tutela antecipada em relação ao projeto do novo CPC. Curitiba: Juruá, 2011, p. 191.

É certo, no entanto, que essa estrutura rígida e universalizante do procedimento ordinário não se afeiçoa à necessidade de que a tutela jurisdicional seja adequada ao direito material. Fala-se, nessa perspectiva, de uma adequação objetiva, no sentido de que a tutela jurisdicional/procedimento seja adaptada ao seu objeto, no caso, a relação jurídica de direito material, uma vez que, conforme Galeno Lacerda, "atuar sobre madeira ou sobre pedra exige instrumental diverso e adequado"[39]. Desse modo, como alternativa ao procedimento ordinário, sobreleva a importância atribuída aos procedimentos especiais, inspirados no objetivo de adequar a tutela jurisdicional às exigências particulares das diversas situações nas quais deve operar[40], de modo a atender à maior aderência dos mecanismos procedimentais às características de cada direito material e a promover o direito fundamental à igualdade[41].

Consequentemente, ao lado do procedimento comum ordinário, que constitui a regra geral, gradualmente foram sendo criados pelo legislador outros procedimentos, que, por fugirem em diversos aspectos da estrutura do procedimento ordinário, receberam o nome de procedimentos especiais[42]. A ideia comum, nessa matéria, sempre foi a inicial definição

39. LACERDA, Galeno. O Código como Sistema legal de adequação do processo. In: *Revista do Instituto dos Advogados do Rio Grande do Sul* — Comemorativa do Cinqüentenário. Porto Alegre: IARGS, 1976, p. 164. Galeno Lacerna, um dos precursores no tratamento do tema no direito brasileiro, trata do tema em três perspectivas: adequação subjetiva – pertinente aos sujeitos do processo, seara na qual podem ser mencionados os prazos processuais em favor da Fazenda Pública e a intervenção obrigatória do Ministério Público –, adequação objetiva – pertinente às relações entre o processo e o direito material – e a adequação teleológica – relativa ao à finalidade da função jurisdicional e o respectivo procedimento.

40. TROCKER, Nicolò. *Processo civile e costituzione*: problemi di diritto tedesco e italiano. Milano: Giuffrè, 1974, p. 701.

41. SILVA. Ovídio A. Baptista da. A "plenitude de defesa" no processo civil. In: *Da sentença liminar à nulidade da sentença*. Rio de Janeiro: Forense, 2002, p. 126. Nessa linha, adverte o autor que isso significa duas coisas igualmente importantes: a) na medida em que o processo oferece aos diferentes direitos materiais que lhe cabe tratar, procedimentos diferenciados e, tanto quanto possível, adaptados a suas exigências peculiares, fortalece-se o princípio da instrumentalidade do processo, tornando-o funcionalmente adequado e harmônico com sua finalidade de dispositivo realizador do direito material; b) significa também o reconhecimento da velha verdade, tão conhecida dos filósofos e juristas, de que a observância do princípio da igualdade - elemento essencial à ideia de direito - exige que se tratem desigualmente as coisas desiguais. E mais, obriga-nos a admitir que nenhuma organização política que se gabe de estruturar-se como Estado de Direito poderá abolir determinados privilégios, como se não houvesse, necessariamente, uma escala de valores que o direito material institui, invariavelmente, e que o processo civil deve reconhecer, levar em conta e instrumentalizar" (SILVA. Ovídio A. Baptista da. A "plenitude de defesa" no processo civil. In: *Da sentença liminar à nulidade da sentença*. Rio de Janeiro: Forense, 2002, p. 127).

42. Nesse sentido a clássica lição de Manuel Dias da Silva: *"processo comum* é o que se aplica à generalidade das causas, à defesa judicial de *qualquer direito* não expressamente exceptuado por lei; *processo especial*, ou antes *processos especiaes* são os que se destinam à defesa judicial de *certos e determinados direitos* expressamente designados por lei" (SILVA, Manuel Dias da. *Processos civis especiais*. 2ª ed. revista e actualizada pelo professor José Alberto dos Reis. Coimbra: França Amado, 1919, p. 14). Para uma profunda análise histórica do surgimento dos procedimentos especiais, ver

de um modelo procedimental básico, destinado à generalidade dos casos, e, posteriormente, a instituição de acréscimos, supressões ou modificações de atos para que se fossem construídos outros procedimentos[43]. Tais procedimentos, abstratamente previstos em lei, serviriam para promover uma maior adequação do processo à situação de direito material, na medida em que instituídos de modo específico e individualizado para o trato de determinadas causas[44]. No caso, a adequação do procedimento ao direito material é instituída pelo legislador, sem levar em conta as peculiaridades do caso concreto. Trata-se, pois, de uma adequação abstrata.

Não há consenso teórico acerca dos elementos que caracterizam os chamados procedimentos especiais. O ponto é decisivo para que se possa precisar se tais procedimentos, de fato, representam uma superação do mito da ordinariedade. Adroaldo Furtado Fabrício, por exemplo, entende que o problema de ser completa ou não a cognição é um dado apenas acidental nos processos de rito especial, de modo que a regra é que neles a cognição seja plena[45]. Em sentido diverso, Ovídio A. Baptista da Silva visualiza, na grande maioria dos procedimentos especiais, modalidades de processos materialmente sumários[46]. Diante dessa imprecisão terminológica, há quem prefira diferenciar os procedimentos especiais das, assim chamadas, tutelas jurisdicionais diferenciadas, como é o caso de Ricardo de Barros Leonel, para quem o critério da *"limitação da cognição realizada pelo magistrado no processo"* é o único efetivamente adequado para a construção do conceito de tutela jurisdicional diferenciada[47]. A proposta do professor paulista tem o mérito de destacar aquilo que é, essencialmente, o elemento decisivo do rompimento com a ordinariedade (entendida em sentido lato), que é justamente a sumariedade material. Porém, deve-se questionar em que medida o uso crescente do termo "tutelas jurisdicionais diferenciadas" mostra-se suficiente para, por si só, romper com as bases do procedimento ordinário. É o que se levará à discussão no próximo item.

LEONEL, Ricardo de Barros. *Tutela jurisdicional diferenciada.* São Paulo: Revista dos Tribunais, 2010, pp. 28-46.

43. FABRÍCIO, Adroaldo Furtado. *Comentários ao código de processo civil.* v. VIII, tomo III: arts. 890 a 945. Rio de Janeiro: Forense, 2008, p. 6.

44. FABRÍCIO, Adroaldo Furtado. Justificação teórica dos procedimentos especiais. In: FABRÍCIO, Adroaldo Furtado. *Ensaios de direito processual*, Rio de Janeiro: Forense, 2003, p. 38.

45. FABRÍCIO, Adroaldo Furtado. *Comentários ao código de processo civil.* v. VIII, tomo III: arts. 890 a 945. Rio de Janeiro: Forense, 2008, p. 7.

46. Nesse sentido, SILVA, Ovídio A. Baptista da. Procedimentos especiais. 2ª ed. Rio de Janeiro: Aide, 1993, *passim*. SILVA, Ovídio A. Baptista da. *Curso de processo civil.* v.1. 7ª ed. Rio de Janeiro: Forense, 2005, pp. 101-120.

47. LEONEL, Ricardo de Barros. *Tutela jurisdicional diferenciada.* São Paulo: Revista dos Tribunais, 2010, p. 78.

A difusão do termo "tutelas jurisdicionais diferenciadas" deve-se ao jurista italiano Andrea Proto Pisani, que escreveu sobre o tema na década de 70, mais precisamente no contexto das reformas legislativas pertinentes ao processo do trabalho, cuja importância política era bastante significativa. Basicamente, duas eram as perspectivas que levaram Proto Pisani a se debruçar sobre o tema das tutelas diferenciadas, inicialmente em um ensaio publicado em 1973[48]. Por um lado, Pisani defendia a constitucionalidade do novo procedimento para a tutela das relações laborais surgido com a Lei 533/73, o qual era pautado pela oralidade e pela concentração dos atos processuais, sendo, desse modo, capaz de conferir uma tutela jurisdicional mais rápida e efetiva aos trabalhadores se comparado ao procedimento ordinário de cognição plena. Por outro lado, a Lei 300/70 havia instituído uma tutela sumária para a repressão da conduta anti-sindical, que constituía a primeira intervenção do legislador republicano com vistas a munir com uma tutela jurisdicional efetiva um direito de liberdade, no caso, o direito de liberdade de associação sindical[49].

As duas situações tratadas por Proto Pisani sob o *nomen juris* "tutela jurisdicional diferenciada" eram tecnicamente distintas, o que, no entanto, passou despercebido da grande maioria da doutrina, como reconheceu posteriormente o próprio jurista italiano. Na verdade, a primeira situação versava sobre um rito especial de cognição plena (sumariedade formal), enquanto a segunda dizia respeito a um processo de cognição sumária não cautelar desatrelado do requisito do *periculum in mora* e voltado à tutela do direito à liberdade[50]. Posteriormente, em 1979, Pisani buscou deixar claro a *equivocidade* do termo "tutela jurisdicional diferenciada", advertindo que, entendida literalmente, a expressão conduziria a uma obviedade, qual seja a de que *"a bisogni diversi di tutela devono corrispondere forme diverse di tutela"*[51]. No entanto, é possível encontrar no referido ensaio duas acepções para a expressão tutela jurisdicional diferenciada, de modo que *uma coisa* é a tutela jurisdicional diferenciada como a predisposição de mais *procedimentos de cognição plena e exauriente* alguns dos quais modelados sob peculiaridades de determinadas situações de direito material; *outra coisa* é a tutela jurisdicional

48. Trata-se do artigo *Tutela giurisdizionale differenziata e nuovo processo del lavoro*, publicado na revista *Foro italiano*, v. 205.

49. PROTO PISANI, Andrea. Dai riti speciali ala differenziazione del rito ordinario. *Il foro italiano*. Roma: Il foro italiano, 2006, pp. 85-86.

50. PROTO PISANI, Andrea. Dai riti speciali ala differenziazione del rito ordinario. *Il foro italiano*. Roma: Il foro italiano, 2006, p. 86.

51. PROTO PISANI, Andrea. Sulla tutela giurisdizionale differenziata. *Rivista di diritto processuale*, n. 4, Padova: Cedam, 1979, pp. 537-538.

diferenciada como a predisposição de formas *típicas* de tutela sumária, seja de natureza cautelar, seja de natureza satisfativa[52]. Isso significa que, nas lições iniciais de Proto Pisani, tanto os procedimentos especiais (formalmente sumários) quanto as formas de tutela materialmente sumária enquadrar-se-iam no conceito "tutela jurisdicional diferenciada".

Porém, a ênfase que o jurista italiano objetivava conceder era para a segunda situação, vale dizer, à sumariedade material, e não à construção de ritos especiais de cognição plena. Tanto é assim que, em ensaio publicado em 2006, Pisani assume a culpa por não ter, na década de 70, evidenciado com o máximo de clareza a diferença – o "fosso", como diz ele – que se coloca entre os ritos especiais de cognição plena e os processos sumários não cautelares. Com isso, ele pretende atacar a proliferação de procedimentos especiais de cognição plena, os quais, para ele, cresceram muito em razão da lentidão do procedimento ordinário[53]. Nessa perspectiva, a expressão tutela jurisdicional diferenciada, em que pese no Brasil muitas vezes seja adotada em termos larguíssimos para designar tudo que não é "ordinário"[54], encontra, na linha das mais recentes lições de Proto Pisani, uma significação mais restrita, como sinônimo de tutela de cognição sumária, nos moldes defendidos pela doutrina de Ovídio A. Baptista da Silva e, mais recentemente, Ricardo de Barros Leonel.

Não se pode ignorar que a difusão teórica das "tutelas jurisdicionais diferenciadas" representou uma mudança no pensamento da doutrina processual, na medida em que se colocou em evidência a necessidade de que a tutela jurisdicional e o procedimento fossem adequados às necessidades do direito material. Trata-se, sem dúvida, de uma notável contribuição para o rompimento com a ideia de um procedimento único para todas as situações de direito material, na medida em que se dá ênfase a um modelo de adequação em abstrato do procedimento e da tutela jurisdicional ao direito material. Porém, é possível destacar três grandes críticas endereçadas a esse modo de lidar com o problema das relações de adequação entre processo em direito material.

Em primeiro lugar, é impossível que o legislador estabeleça tantos ritos especiais quantos sejam os direitos merecedores de tutela[55]. Cor-

52. PROTO PISANI, Andrea. Sulla tutela giurisdizionale differenziata. *Rivista di diritto processuale*, n. 4, Padova: Cedam, 1979, p. 538.

53. PROTO PISANI, Andrea. Dai riti speciali ala differenziazione del rito ordinario. *Il foro italiano*. Roma: Il foro italiano, 2006, p. 86.

54. WAMBIER, Luiz Rodrigues; WAMBIER, Teresa Arruda Alvim. Tutela diferenciada. *Revista de Processo*. v.35, n.180, fev. 2010. São Paulo: Revista dos Tribunais, 2010, pp. 42-54.

55. Conforme Marinoni e Arenhart, "se a técnica processual deve responder às diferentes situações substanciais, é impossível ao legislador instituir tantos procedimentos diferenciados quantas se-

re-se, desse modo, o risco de que ocorra uma indevida proliferação dos procedimentos especiais tão grande ao ponto de tornar o procedimento ordinário um procedimento residual[56].

Em segundo lugar, o intento de adequar o processo (*rectius*, procedimento) ao direito material mediante critérios abstratos, no caso dos procedimentos especiais, representa, sem dúvida, um fator de desigualdade, na medida em que alguns direitos recebem tratamento privilegiado, com proteção mais eficiente, ficando uma tutela ineficiente reservada ao cidadão comum que não é titular de alguma situação jurídica privilegiada[57]. Deve-se registrar que uma grande celeuma que surge aqui é a de determinar quais causas serão submetidas a um procedimento especial e, portanto, a um procedimento melhor e mais adequado à tipologia do direito material. Tecnicamente, a instituição de procedimentos especiais deveria estar atrelada "à natureza, à feição e à estrutura peculiar de determinados direitos substanciais"[58]. Dito de outro modo, a escolha das causas submetidas aos procedimentos especiais estaria relacionada ao próprio direito material[59]. No entanto, isso nem sempre acontece. Muitas vezes o legislador se apega ao peso da tradição histórica, a circunstâncias momentâneas[60], valendo-se do seu "supremo arbítrio"[61] para alocar,

jam as necessidades de direito material carentes de tutela jurisdicional" (MARINONI, Luiz Guilherme. ARENHART, Sérgio. MITIDIERO, Daniel. *Novo curso de processo civil*: tutela dos direitos mediante procedimentos diferenciados. São Paulo: Revista dos Tribunais, 2015, p. 49).

56. CARRATA, Antônio. *La "semplificazioni" dei riti e le nuove modifiche del processo civile.* Torino: Giappichelli, 2012, p. 10. DONZELLI, Romulo, La fase preliminare del nuovo processo civile inglese e l´attività di "case management" giudiziale. *Revista da faculdade de direito do sul de Minas.* Pouso Alegre, a. XXIV, n. 24, jan.jun/2007, p. 41).

57. TARUFFO, Michelle. Razionalità e crisi della legge processuale. *Sui confini*: scriti sulla giustizia civile. Bologna: Il Mulino, 2002, p. 53.

58. MARCATO, Antonio Carlos. *Procedimentos especiais.* 8ª ed. São Paulo: Malheiro, 1998, p. 38.

59. FABRÍCIO, Adroaldo Furtado. Justificação teórica dos procedimentos especiais. In: FABRÍCIO, Adroaldo Furtado. *Ensaios de direito processual*, Rio de Janeiro: Forense, 2003, p. 38.

60. Conforme Adroaldo Furtado Fabrício, "a verdade, pois, é que os legisladores não se orientam apenas por aquela diretriz. O peso da tradição histórica, com as complicações e incongruências decorrentes de múltiplas fontes de influência, bem sempre coevas e coerentes; a eventual interpenetração, o mesmo processo, de elementos de diversas modalidades de tutela jurisdicional (de cognição, de execução e cautelar); razões de conveniência momentânea e local, com caráter meramente emergencial; até mesmo a simples impaciência do legislador frente à morosidade do aparelhamento judiciário em contraste com a pressão da necessidade social – tudo influi no sentido de retirar da "vala comum" do rito ordinário um número crescente de "ações", em antagonismo com as recomendações da doutrina, está cada vez mais inclinada à redução numérica dos tipos procedimentais como imperativo da simplificação e da racionalização" (FABRÍCIO, Adroaldo Furtado. *Comentários ao código de processo civil.* v. VIII, tomo III: arts. 890 a 945. Rio de Janeiro: Forense, 2008p. 8).

61. Chega-se ao ponto de afirmar que "a escolha dos casos para que se estabelece processo especial, bem como o seu organismo, baseia-se, mais ou menos, em critérios de conveniência e de oportunidade prática, de que o legislador é árbitro supremo, e por isso não somente entre os códigos das diferentes nações e na mesma nação aparecem depois dos códigos diferentes processos especiaes avulsos, mas nos mesmos códigos nota0se uma grande diversidade de

injustificadamente, certas causas aos procedimentos especiais, muitas vezes por razões econômicas e ideológicas[62]. Esse fator de desigualdade presente nos procedimentos especiais levou Ovídio A. Baptista da Silva a chamá-los de "processos privilegiados" e a visualizar a formação de dois sistemas processuais, "um popular, plebeu, para aqueles que não disponham de um procedimento privilegiado" e outro "destinado a tutelar as várias estruturas de Poder, visível e invisível"[63].

Em terceiro lugar, o número excessivo de procedimentos especiais pode constituir um obstáculo ao acesso à justiça, pois torna complexo o manejo do instrumento processual, na medida em que cada procedimento é dotado de uma série de particularidades, como prazos diferenciados, inversão procedimental e regras acerca das quais muitas vezes os próprios advogados não dispõem de pleno conhecimento[64].

É certo que, se as tutelas diferenciadas, entendidas hoje a partir de limitações à cognição, também são alvos das mesmas críticas pertinentes aos procedimentos especiais, na medida em que elas são prestadas a partir de procedimentos especiais. Do ponto de vista prático, falar

---

fórmas" (SILVA, Manuel Dias da. *Processos civis especiais*. 2ª ed. revista e actualizada pelo professor José Alberto dos Reis. Coimbra: França Amado, 1919, pp. 16-17). Também no sentido de que "são, portanto, razões de conveniência política que traçam a *especialidade* de determinados procedimentos para o exercício da função jurisdicional à luz de determinadas situações de direito material conflituoso e outras não", ver BUENO, Cassio Scarpinella. Curso sistematizado de direito processual civil. v.1: teoria geral do direito processual civil. 8ª ed. São Paulo: Saraiva, 2013, p. 424.

62. O viés ideológico dos procedimentos especiais foi duramente critiado por Carlos Alberto Alvaro de Oliveira, segundo o qual "enquanto o comum dos mortais há de se contentar com o moroso e pouco eficiente procedimento comum; enquanto o pobre mortal, ou melhor, o mortal pobre, vê-se forçado ao procedimento sumaríssimo (muitíssimo ordinário, por sinal, segundo a conhecida 'blague' de J.J. Calmon de Passos), os donos do Poder estão a salvo dessas mazelas, reinando sobranceiros no Olimpo! As contendas mais sensíveis, que ponham em jogo os valores de maior interesse para as classes dominantes, essas escapam ao rito demorado e ineficiente, prolongado e desastroso. Para esses litígios criaram-se, simplesmente, procedimentos especialíssimos, geralmente com total desconhecimento de tão decantando princípio da igualdade das partes no processo, gerando-se, com isso, dupla desigualdade: desigualdade *de procedimento* e desigualdade *no procedimento* (ALVARO DE OLIVEIRA, Carlos Alberto. Procedimento e ideologia no direito brasileiro atual. In: TUBENCHLAK, James, 1939- (coord.). *Livro de estudos jurídicos*. v. 4. Rio de Janeiro: Instituto de Estudos Jurídicos, 1991, p.183). No mesmo sentido, MITIDIERO, Daniel Francisco. O processualismo e a formação do Código Buzaid. *Revista de Processo*, v. 35, n. 183. São Paulo: Revista dos Tribunais, 2011, p. 185

63. SILVA, Ovídio A. Baptista da. *Processo e ideologia*: o paradigma racionalista. Rio de Janeiro: Forense, 2004, p. 162.

64. NUNES, Dierle José Coelho. Novo enfoque para as tutelas diferenciadas no Brasil? Diferenciação procedimental a partir da diversidade de litigiosidades. *Revista de Processo*. v. 35, n. 184, jun. 2010, p. 114. Nessa mesma linha crítica, Teresa Wambier e Luiz Rodrigues Wambier defendem que os procedimentos especiais quando manejados de modo inadequado não podem prejudicar às partes, no sentido de inviabilizar a tutela jurisdicional (WAMBIER, Luiz Rodrigues; WAMBIER, Teresa Arruda Alvim. Tutela diferenciada. *Revista de Processo*. v.35, n.180, fev. 2010. São Paulo: Revista dos Tribunais, 2010, p. 44).

em tutela jurisdicional diferenciada significa tão-somente falar em um procedimento especial dotado de técnica de sumarização da cognição ou tão-somente de um procedimento que possua características mais próximas da relação jurídica de direito material. Daí a necessidade de se pensar na adequação da tutela jurisdicional independente da criação prévia de tantos procedimentos quantos forem as situações de direito material, até porque a tutela jurisdicional e o procedimento devem ser adequados não somente ao direito material em abstrato, mas às peculiaridades da situação concreta (do caso concreto). E, para tanto, não basta a instituição de ritos que permitam uma diferenciação pré-existente apenas.

Esse ideal de adaptabilidade procedimental que permita ir além da construção de estruturas abstratas prévias ao caso concreto constituía, por sinal, uma das principais reivindicações de Carnelutti quanto à reforma do processo civil italiano. *Não se trata, pois, de uma novidade.* O mestre italiano defendida a necessidade de "*adeguare, per quanto è possibile, la struttura del processo a quella della lite, costruendo, per così dire, un processo a* struttura ellastica"[65]. Essa exigência de um procedimento adaptável às necessidades da "lide" segundo Carnelutti, poderia ser alcançada diferenciando as normas que regulam o procedimento de acordo com o tipo de "lide", através dos *poderes do juiz*, substituindo a fórmula *ope legis* de regulamentação das formas do procedimento pela *ope judicis*, e dos *acordos das partes*, em que a vontade das partes coincide não propriamente para tutelar suas próprias razões, mas aquelas da justiça, regulando o desenvolvimento do processo[66]. Pode-se dizer que, no panorama atual do procedimento civil brasileiro e, também, do direito processual europeu, o pensamento de Carnelutti permanece vivo e potencializado pelo incremento dos negócios jurídicos processuais, bem como pelas ferramentas de adaptação procedimental introduzidas nos modelos de processo bifásico. A experiência do direito comparado por servir como guia para as discussões de dois grandes modelos de adaptação procedimental: um, centrado nas partes; outro, centrado na figura do juiz. A seguir, esses dois modelos serão aprofundados, trabalhando-se com a perspectiva de que, por ser o processo *coisa para as partes*, o modelo de adaptação procedimento mais adequado à luz da Constituição brasileira e da proposta dogmático-constitucional do garantismo processual é dos negócios jurídicos processuais.

---

65. CARNELUTTI, Francesco. Lineamenti della riforma del processo civile di cognizione. *Rivista di diritto processuale*. Ano 1929, I. Padova: Casa Editrice Dott. Antonio Milani, 1929, p. 55.
66. CARNELUTTI, Francesco. Lineamenti della riforma del processo civile di cognizione. *Rivista di diritto processuale*. Ano 1929, I. Padova: Casa Editrice Dott. Antonio Milani, 1929, p.40 e p. 56.

2.2 OS NEGÓCIOS JURÍDICOS PROCESSUAIS COMO INSTRUMENTO DE FLEXIBILIZAÇÃO PROCEDIMENTAL PELAS PARTES

Sem dúvida, um dos maiores sintomas da mudança no modelo de processo introduzido pelo atual Código de Processo Civil foi o modo como ele tratou dos chamados "negócios jurídicos processuais". É verdade que, realizando uma profunda pesquisa histórica, é possível verificar indícios de desenvolvimento do tema no direito alemão ainda no século XIX. No entanto, os ventos "hiperpublicistas" que dominaram o processo a partir da influência de Bülow acabaram por sufocar as engenhosas tentativas de dar às partes um amplo poder de autodeterminação no bojo do processo e, com isso, inclusive, adaptar o procedimento às suas necessidades concretas. Partindo, no entanto, de toda a construção teórica até aqui desenvolvida, é fácil enxergar com outros olhos o tema dos negócios jurídicos processuais e pensá-los como um importante instrumento de tutela da liberdade e da autonomia privada no direito processual. Animando-se por esse ponto de vista é que se passa ao desenvolvimento do tema.

2.2.1 Do conceito de negócio jurídico

O uso da expressão "negócio jurídico", para o direito moderno, aparece pela primeira vez em Nettelbladt, no ano de 1749, para designar a atividade do homem no mundo do direito. A sua formulação completa e harmônica somente veio a ser desenvolvida quase um século depois, por Savigny[67], em que pese alguns autores reivindiquem a originalidade no uso da expressão *Rechtsgeschaft* (negócio jurídico) à obra de Gustav Hugo[68]. Deve-se ressaltar, no entanto, que Savigny utiliza como sinô-

67. MIRABELLI, Giuseppe. Negózio giuridico. In: CALASSO, Francesco; SANTORO PASSARELLI, Francesco (Dir.). *Enciclopedia del diritto.* Volume XXVIII (Negozio-Nunzio). Varese: Giuffrè, 1958-1993, p. 1.

68. Nesse sentido, PONTES DE MIRANDA, Francisco Cavalcanti. *Tratado de direito privado.* Parte geral. Tomo I. Rio de Janeiro: Borsoi, 1954, p. 90. MELLO, Marcos Bernardes de. *Teoria do fato jurídico: plano da existência.* 20ª ed. São Paulo: Saraiva, 2013, p. 222, nota 199. No entanto, excelente pesquisa histórica realizada por Alejandro Guzman Brito, demostra que a utilização da expressão "negócio jurídico", iniciada com Nettelbladt, foi seguida por seus discípulos e, assim, "se la encuentra en Adolf Dietrich Weber (1753 - 1817), en una obra de 17849. También en Ernst Christian Westphal (1737 - 1792) en un trabajo de 1792. Lo propio ocurre en el célebre comentario a las Pandectas de Christian Friedrich Glück (1755 - 1831) iniciado en 1790. Asimismo en Christoph Christian Dabelow (1768 - 1830), en un libro de 1796, en donde el autor hace sinónimos *rechtliche Handlungen - rechtliche Geschäfte* y *negotia iuridica - actus iuridici*" (GUZMAN BRITO, Alejandro. Para la historia de la formación de la Teoría General del Acto o Negocio Jurídico y del Contrato, IV: Los orígenes históricos de la noción general de Acto o Negocio Jurídico. *Rev. estud. hist.-juríd.*, Valparaíso , n. 26, p. 187-245, 2004. Disponível em: <http://www.scielo.cl/scielo.php?script=sci_arttext&pid=S0716-54552004002600007&lng=es&nrm=iso>. Acesso em 30 de março de 2016). Sugere-se,

nimos os termos "negócio jurídico" e "declaração de vontade"[69], considerando, nessa perspectiva, que os fatos jurídicos podem proceder de atos livres cujo objeto imediato seja formar ou destruir uma relação de direito, recebendo, aí, a denominação de *manifestações de vontade*[70].

Nessa primeira aproximação conceitual, fica evidente que a expressão "negócio jurídico" nasce atrelada à *vontade*, sendo essa a concepção prevalente, ainda hoje, na doutrina brasileira[71]. Na doutrina estrangeira, também não é incomum que se considere a essência do negócio jurídico ser um "*manifestación o declaración de voluntad*" dirigira a produzir efeitos jurídicos que o ordenamento realiza "*en cuanto queridos*"[72]. Na verdade, na busca de uma definição do conceito de negócio jurídico, gradualmente foram sendo formadas duas grandes concepções: de um lado, a doutrina voluntarista (também denominada subjetivista), que dá ênfase à gênese do negócio jurídico e, de outro, a doutrina objetivista (preceptiva), que enxerga o negócio jurídico a partir da sua função, vale dizer, como meio para a produção de efeitos jurídicos[73]. Para a primeira

---

para um aprofundamento da história da terminologia *"negotium iuridicum"* a leitura do referido artigo de Alejandro Guzaman Brito.

69. CASTRO Y BRAVO, Federico de. *El negocio jurídico*. Madrid: Editorial Civitas S.A, 1985, p. 20.

70. SAVIGNY, Friedrich Carl von. de. *Sistema del derecho romano actual*. Tomo II. Vertido al castellano por Jacinto Mesía y Manuel Poley. Prólogo de D. Manuel Durán y Bas. 2ª ed. Madrid: Centro Editorial de Góngora, 1879, p. 151.

71. Conforme Antônio Junqueira de Azevedo "as definições voluntaristas são indubitavelmente dominantes na doutrina brasileira, na qual, aliás, com poucas exceções, nem sequer se cogita da concepção oposta; correspondem elas, grosso modo, à definição que o art. 81 no Código Civil brasileiro dá ao 'ato jurídico'. Deixando de lado as obras mais antigas, quando a concepção em pauta era a única existente, basta, para confirmar o estado atual da doutrina brasileira, examinarmos as definições dadas ao negócio jurídico (muitas vezes ainda chamado de ato jurídico) em alguns dos livros mais difundidos para o estudo do direito civil nas faculdades de direito do País" (AZEVEDO, Antônio Junqueira de. *Negócio jurídico*: existência, validade e eficácia. 4ª ed. São Paulo: Saraiva, 2002, pp. 4-5).

72. GALGANO, Francesco. *El negocio jurídico*. Traducción realizada por Francisco de P. Blasco Gascó y Lorenzo Prats Albentosa. Valencia: Tirant lo Blanch, 1992, p. 27. Em sentido similar, Messineo afirma que "negocio jurídico es una declaración de voluntad (*privada*), o un conjunto de declaraciones de voluntad (privdas), dirigdas a la *producción* de determinados *efectos jurídicos*" (MESSINEO, Francesco. *Manual de derecho civil y comercial*. Traducción de Santiago Sentis Melendo. Tomo II. Doctrinas generales. Buenos Aires: EJEA, 1971, p. 338).

73. Para uma análise crítica das duas concepções, ver AZEVEDO, Antônio Junqueira de. *Negócio jurídico*: existência, validade e eficácia. 4ª ed. São Paulo: Saraiva, 2002, pp. 4-14. Cabe registrar que no interior dessa disputa teórica, a teoria da vontade foi gradualmente sendo substituída pela teoria da declaração, a qual dá ênfase à manifestação exteriorizada pelo sujeito, e não à intenção que está na base do ato praticado. Segundo Antônio Junqueira de Azevedo, "embora se possa ver a teoria da declaração como uma fase para se chegar às concepções objetivas, convém insistir, porém, em que os partidários da teoria da declaração não se afastaram demasiado da concepção voluntarista tradicional, como a princípio poderia parecer. Basta pensar que a divergência entre eles e a corrente adversária (teoria da vontade) se colocou como: 'qual a *vontade* que deve prevalecer, a vontade interna ou a vontade declarada?', para se perceber que o ângulo é ainda voluntarista" (AZEVEDO, Antônio Junqueira de. *Negócio jurídico*: existência, validade e eficácia. 4ª ed. São Paulo: Saraiva, 2002, pp. 10-11, nota 18). No mesmo sentido, Marcos Bernardes de Mello refere que "ambas as teorias são, substancialmente, coincidentes, uma vez que nelas predomina o voluntarismo como

corrente, a ênfase está na vontade do sujeito para fazer nascer a vinculação contratual, sendo indispensável a concordância entre o elemento volitivo e a própria declaração[74]. Enquanto isso, para a segunda concepção, o negócio jurídico é considerado como um produtor de efeitos jurídicos, não exatamente enquanto querer, mas enquanto ato valorado como socialmente útil[75]. Desse modo, "a vontade, como fato interno e anteriormente determinado, esgota-se na declaração, que a absorve". Nessa linha, confunde-se com a própria pessoa da qual emana a declaração, enquanto o preceito da autonomia privada, dada a sua essência preceptiva, adquire vida exterior, destacando-se do seu autor[76]. Segue essa última linha, ainda que não o faça de modo absoluto, Emilio Betti, para quem o negócio jurídico *"é o acto pelo qual o indivíduo regula, por si, seus interesses, na relação com outros (acto de autonomia privada)"*[77].

O embate teórico entre as posturas voluntaristas e objetivas – que tem seu nascedouro na dicotomia entre codificação civil e comercial do direito alemão no início dos novecentos[78] – levou à distinção entre autonomia da vontade e autorregramento, na medida em que a autonomia da vontade estaria ligada ao momento inicial para praticar o ato jurídico, enquanto a segunda, ao momento final, vale dizer, aos efeitos que do ato resultam[79]. Com efeito, a autonomia da vontade estaria atrelada à teoria

---

fundamento do negócio jurídico. A divergência se cinge à prevalência quanto à vontade interna e a declarada, quando conflitantes. Em ambas, no entanto, não se dispensa, nem se poderia dispensar, a exteriorização da vontade como elemento material, objetivo, do negócio jurídico (MELLO, Marcos Bernardes de. *Teoria do fato jurídico: plano da existência.* 20ª ed. São Paulo: Saraiva, 2013, p. 225, nota 203).

74. PINTO, Paulo Cardoso Correia da Mota. *Declaração tácita e comportamento concludente no negócio jurídico.* Coimbra: Livraria Almedina, 1995, pp. 19-21.

75. MIRABELLI, Giuseppe. Negózio giuridico. In: CALASSO, Francesco; SANTORO PASSARELLI, Francesco (Dir.). Enciclopedia del diritto. Volume XXVIII (Negozio-Nunzio). Varese: Giuffrè, 1958-1993, p. 11.

76. RÁO, Vicente. *Ato jurídico*: noção, pressupostos, elementos essenciais e acidentais, o problema do conflito entre os elementos volitivos e a declaração. 3 ed. São Paulo: Saraiva, 1981, p. 49.

77. BETTI, Emilio. *Teoria geral do negócio jurídico.* Tomo I. Tradução de Fernando Miranda. Coimbra: Coimbra Editora, 1969, p. 107.

78. Sobre o ponto, é bastante precisa a lição de Galgano, no sentido de que, diante da duplicidade dos sistemas de direito privado e, consequentemente, do rompimento da unidade do sujeito jurídico, a categoria do negócio jurídico se introduz com a precisa função de reconduzir as desigualdades formais, introduzidas pela codificação, a um princípio de igualdade, na medida em que, como categoria abstrata, poderia dominar ambos os sistemas de direito privado, servindo, assim, como elemento unificador. Sucede que, ao englobar os traços dos contratos mercantis, a categoria do negócio jurídico sofreu uma modificação no seu conteúdo: "a la teoría de la vountad, dominante en la segunda mitad del siglo, se une la teoría de la declaración, que mantiene la preponderancia de la declaración sobre la voluntad divergente del declarante". Desse modo, om a teoria da declaração "comienza un proceso de objetivación del intercambio, el cual tiene a perder parte de sus caracteres originarios de voluntariedade" (GALGANO, Francesco. *El negocio jurídico.* Traducción realizada por Francisco de P. Blasco Gascó y Lorenzo Prats Albentosa. Valencia: Tirant lo Blanch, 1992, p. 44).

79. AZEVEDO, Antônio Junqueira de. *Negócio jurídico*: existência, validade e eficácia. 4ª ed. São Paulo: Saraiva, 2002, p. 2.

voluntarista do negócio jurídico, ao passo que o autorregramento ou autonomia privada estaria ligado à noção segundo a qual a declaração de vontade, como fato objetivo, é que conteria a aptidão para produção de efeitos jurídicos[80]. Nenhuma delas, porém, responde suficientemente à questão relativa à estrutura do negócio jurídico[81], vale dizer aos elementos que caracterizam determinado ato jurídico com um negócio jurídico.

Que o negócio jurídico seja um instrumento da autonomia privada, como afirmou Betti, não há dúvida. É certo dizer, como fez o jurista italiano, que ele serve para uma organização básica aos interesses próprios de cada um, nas relações recíprocas[82]. Indo mais além, tem-se, com Galgano, que o negócio jurídico é construído de modo a cobrir por inteiro *"la vasta area entro la quale la costituzione o la modificazione o l'estinzione dei rapporti giuridici è, in vario grado, rimessa alla libera determinazione dei privati"*, o que faz dele um conceito coextensivo ao de autonomia privada[83]. Essa perspectiva, por sinal, agasalha muito bem a ideia defendida anteriormente, com base em Ferri, no sentido de que a autonomia privada traduz um *poder* de criar normas jurídicas (dar para si um ordenamento)[84], sendo, pois, o negócio jurídico um meio adequado para o exercício desse poder. Isso não significa, obviamente, a construção de um sistema de multiplicidade de ordenamentos jurídicos coexistentes, como propagando pelas doutrinas institucionalistas[85]. A autonomia privada encontra limites no próprio ordenamento jurídico (compreendido em sentido *lato* para abarcar a ordem legal e constitucional). Porém, a existência desses limites não impeça que se possa atribuir aos sujeitos um poder de autorregramento, de conferir normas jurídicas para, no espaço de liberdade conferido pela ordem jurídica, criar normas jurídicas reguladoras das suas próprias relações.

Partindo para uma análise estrutural do negócio jurídico, deve-se ter por premissa que negócio jurídico é espécie do gênero fato jurídico. Fato jurídico pode ser concebido como aqueles *"eventos o circunstancias*

80. RÁO, Vicente. *Ato jurídico*: noção, pressupostos, elementos essenciais e acidentais, o problema do conflito entre os elementos volitivos e a declaração. 3 ed. São Paulo: Saraiva, 1981, pp. 44-45.

81. AZEVEDO, Antônio Junqueira de. *Negócio jurídico*: existência, validade e eficácia. 4ª ed. São Paulo: Saraiva, 2002, p. 2.

82. BETTI, Emilio. *Teoria geral do negócio jurídico.* Tomo I. Tradução de Fernando Miranda. Coimbra: Coimbra Editora, 1969, p. 102.

83. GALGANO, Francesco. Negozio giuridico (diritto privato). In: CALASSO, Francesco; SANTORO PASSARELLI, Francesco (Dir.). *Enciclopedia del diritto.* Volume XXVII (Morale-negozio). Varese: Giuffrè, 1958-1993, p. 934.

84. FERRI, Luigi. *La autonomia privada.* Traducción y notas por Luis Sancho Mendizabal. Madrid: Editorial revista de derecho privado, 1969, p. 8.

85. RÁO, Vicente. *Ato jurídico*: noção, pressupostos, elementos essenciais e acidentais, o problema do conflito entre os elementos volitivos e a declaração. 3 ed. São Paulo: Saraiva, 1981, p.46.

y situaciones de hecho de las que derivan consecuencias conforme a derecho o en contra del mismo"[86]. Partindo da noção de que o fato jurídico é aquele que recebe, do ordenamento jurídico, a aptidão para produzir efeitos jurídicos[87], vale dizer que determinada, por si só ou junto com outros um efeito jurídico[88], é possível dividi-lo, tendo em vista a origem do elemento fático, em fatos jurídicos em sentido estrito, atos-fatos jurídicos e atos jurídicos em sentido lato, os quais abarcam tanto os atos jurídicos em sentido estrito e os negócios jurídicos[89]. Não cabe, neste momento, fazer uma detida análise da teoria do fato jurídico, muito menos de todos os problemas advindos da dualidade entre o mundo dos fatos e o mundo jurídico que lhe é pressuposta[90]. Importa, no entanto, registrar que o ato jurídico se diferencia do fato jurídico em sentido estrito na

86. STOLFI, Giuseppe. *Teoría del negocio jurídico*. Traducción de Jaime Santos Briz. Madrid: Revista de Derecho Privado, 1959, p. 10.

87. Conforme Pontes de Miranda, *"fato jurídico* é, pois, o fato ou complexo de fatos sôbre o qual incidiu a regra jurídica; portanto, o fato de que dimana, agora, ou mais tarde, talvez condicionalmente, ou talvez não dimane, eficácia jurídica" (PONTES DE MIRANDA, Francisco Cavalcanti. *Tratado de direito privado*. Parte geral. Tomo I. Rio de Janeiro: Borsoi, 1954, p. 77). No mesmo sentido, Manuel A. Domingues de Andrade ensina que "facto jurídico é todo o facto (actuação ou simples ocorrência) da vida real (*maxime* da vida social) produtivo de efeitos jurídicos, ou – por outras palavras – todo o facto da vida real jurìdicamente relevante" (ANDRADE, Manuel A. Domingues. *Teoria geral da relação jurídica*. Vol. II. 8ª. reimpressão. Coimbra: Livraria Almedina, 1998, p. 1). No mesmo sentido, Franceco Galgano, para quem "se suele definir como hecho jurídico cualquier contecimiento, natural o homano, a cuya verificaci´n el ordenamiento jurídico liga cualquier efecto jurídico, constitutivo o modificativo o extintivo de relaciones jurídico" (GALGANO, Francesco. *El negocio jurídico*. Traducción realizada por Francisco de P. Blasco Gascó y Lorenzo Prats Albentosa. Valencia: Tirant lo Blanch, 1992, p. 21).

88. ENNECCERUS, Ludwig. *Tratado de derecho civil*. Traducción por Blas Pérez González y José Alguer. Volumen segundo. Primera Parte. Barcelona: Bosch, 1981, p. 7.

89. PONTES DE MIRANDA, Francisco Cavalcanti. *Tratado das ações*. Campinas: Bookseller, 1998, p. 24.

90. Não há um mundo jurídico separado do mundo dos fatos até porque o homem encontra-se no mundo como ser-no-mundo e não como que num outro plano (nem o dos fatos, nem o do direito) e de lá pudesse apreendê-los como se fossem realidades autônomas. O caso concreto não oferece apenas fatos, pois assume desde já um sentido jurídico problemático que lhe é constitutivo, que lhe unifica e individualiza como um certo caso jurídico (CASTANHEIRA NEVES, António. *Questão-de-facto – Questão-de-direito ou o Problema metodológico da juridicidade* (ensaio de uma reposição crítica). Coimbra: Livraria Almedina, 1967, p. 275). Também a norma não é apenas um dado pressuposto a ser convocado a resolver o caso. Ambos estão em permanente e dinâmica construção, o que impede que possam ser visualizados em termos meramente abstratos. A realização do direito, desse modo, se opera num todo unitário, que trabalha com fontes, fatos, interpretação e aplicação. Somente num esforço de análise é possível apontar várias operações (MENEZES-CORDEIRO, António. Os dilemas da ciência do direito no final do século XX. In: CANARIS, Claus-Wilhem. *Pensamento sistemático e conceito de sistema na ciencia do direito*. 2. ed. Lisboa: Fundação Calouste Gulbenkian, 1996, p. CIII). Isso significa que, embora seja possível numa perspectiva abstrata teorizar a respeito dos fatos e do direito como se fossem entidades autônomas, diante da complexidade do caso concreto essa separação perde toda a sua razão de ser. Trata-se de um artificialismo que, segundo Ovídio Araújo Baptista da Silva, tem inspiração nos dois mundos kantianos, o mundo do *ser* e o do *dever ser*, e que deita raízes nos filósofos do século XVII. Segundo ele, "o Direito, como *ciência da compreensão*, existe no 'fato', hermeneuticamente interpretado" (BAPTISTA DA SILVA, Ovídio A. *Processo e ideologia*: o paradigma racionalista. Rio de Janeiro: Forense, 2004, p. 36).

medida em que o elemento humano se faz presente nos atos jurídicos[91] estando ainda revestido pela vontade humana[92].

Com efeito, o ato jurídico é assim caracterizado na medida em que a norma jurídica considera relevante que ele tenha sido praticado pelo ser humano, ao passo que o elemento volitivo é imprescindível para diferenciá-lo do mero ato-fato, constituindo o cerne do seu suporte fático. Porém, na categoria dos atos jurídicos, é necessário distinguir os negócios jurídicos e os atos jurídicos *stricto sensu*. Nestes últimos, *"a vontade é sem escolha de categoria jurídica, donde certa relação de antecedente a consequente, em vez de relação escolha a escolhido"*[93]. No caso, a eficácia do ato é pré-determinada pela lei e se realiza necessariamente sem que a vontade do agente possa modificá-la (para ampliá-la, restringi-la ou limitá-la)[94].

O negócio jurídico, por sua vez, teria surgido exatamente para abranger os casos em que a vontade humana pode criar, modificar ou extinguir direitos, pretensões, ações ou exceções, tendo por fito esse acontecimento no mundo jurídico[95]. Na sua estrutura, tem-se a declaração de vontade[96] como característica primária à qual o direito, acompanhando a visão social, atribui os efeitos que foram manifestados como queridos, atribuindo a elas, pois, efeitos constitutivos de direito, o que

---

91. Refere Pontes de Miranda que "quando o ato humano entra no mundo jurídico como ato, ou temos atos jurídicos *stricto sensu*, ou negócios jurídicos, ou atos ilícitos" (PONTES DE MIRANDA, Francisco Cavalcanti. *Tratado de direito privado*. Parte Geral. Tomo II. Rio de Janeiro: Borsoi, 1954, p. 395).

92. Conforme Pontes de Miranda, "se o direito entende que é relevante essa relação entre o fato, a vontade e o homem, que em verdade é dupla (fato, vontade-homem), o ato humano é ato jurídico, *lícito* ou *ilícito*, e não ato-fato, nem fato jurídico *stricto sensu*" (PONTES DE MIRANDA, Francisco Cavalcanti. *Tratado das ações*. Campinas: Bookseller, 1998, p. 29).

93. PONTES DE MIRANDA, Francisco Cavalcanti. *Tratado das ações*. Campinas: Bookseller, 1998, p. 31. PONTES DE MIRANDA, Francisco Cavalcanti. *Tratado de direito privado*. Parte Geral. Tomo II. Rio de Janeiro: Borsoi, 1954, p. 447.

94. MELLO, Marcos Bernardes de. *Teoria do fato jurídico: plano da existência*. 20ª ed. São Paulo: Saraiva, 2013, p. 218.

95. PONTES DE MIRANDA, Francisco Cavalcanti. *Tratado de direito privado*. Parte geral. Tomo III. Rio de Janeiro: Borsoi, 1954, p. 3, §249. Em sentido similar, Manuel A. Domingues de Andrade refere que "o negócio jurídico constitui o meio posto pela ordem jurídica à disposição da pessoa privada (singular ou colectiva) para modelar como lhe aprouver as suas relações jurídicas, pondo-as de acordo com os seus interesses, tais como os entende e aprecia. A esta ordenação das relações jurídicas pela vontade dos particulares dá-se o nome de *autonomia privada*" (ANDRADE, Manuel A. Domingues. *Teoria geral da relação jurídica*. Vol. II. 8ª. reimpressão. Coimbra: Livraria Almedina, 1998, p. 27).

96. De acordo com Manuel A. Domingues de Andrade, deve-se entender por declaração de vontade "todo o comportamento que *exteriorize*, visto de fora, um certo conteúdo volitivo. O que constitui elemento do conceito de negócio jurídico é só esta *exterioridade* ou *aparência* da vontade negocial. A realidade ou interioridade correspondente só poderá ser requisito da validade do negócio, mesmo que a sua falta, porventura, ocasione nulidade absoluta" (ANDRADE, Manuel A. Domingues. *Teoria geral da relação jurídica*. Vol. II. 8ª. reimpressão. Coimbra: Livraria Almedina, 1998, p. 25). Nessa linha, tem-se uma junção das noções voluntaristas e objetivistas do negócio jurídico, convivendo ambas na configuração do negócio jurídico.

seria a sua característica secundária[97]. Daí a noção de negócio jurídico como declaração de vontade dirigida à produção de efeitos jurídicos[98]. O negócio jurídico, portanto, não é apenas declaração de vontade, mas, sim, declaração de vontade *"que el ordenamiento jurídico reconoce como base para producir el efecto jurídico calificado de efecto querido"*[99].

Para avançar no tema dos negócios jurídicos processuais é necessário realizar algumas reflexões a partir de críticas comumente realizadas a um possível engessamento que seria conferido ao fenômeno jurídico pela teoria do fato jurídico. Para Wilson Engelmann, por exemplo, a expressão regra jurídica em Pontes de Miranda tem a intenção de subordinar os fatos à regra e ordená-los, numa nítida pretensão de previsibilidade[100]. Trata-se de um tema que, no âmbito do direito processual, tem gerado uma série de problemas e controvérsias, notadamente pela utilização recorrente de "cláusulas gerais", as quais tem servido para conferir ao órgão julgadores uma gama de poderes sem critérios para que sejam limitados[101]. Em certa medida, a questão da flexibilização procedimento (pelo juiz *ou* pelas partes) encontra-se diante de semelhante dilema.

97. AZEVEDO, Antônio Junqueira de. *Negócio jurídico*: existência, validade e eficácia. 4ª ed. São Paulo: Saraiva, 2002, p. 16.

98. MESSINEO, Francesco. *Manual de derecho civil y comercial*. Traducción de Santiago Sentis Melendo. Tomo II. Doctrinas generales. Buenos Aires: EJEA, 1971, p. 338.

99. ENNECCERUS, Ludwig. *Tratado de derecho civil*. Traducción por Blas Pérez González y José Alguer. Volumen segundo. Primera Parte. Barcelona: Bosch, 1981, p. 64.

100. ENGELMANN, Wilson. Os avanços nanotecnológicos e a(necessária) revisão da Teoria do Fato Jurídico de Pontes de Miranda: compatibilizando "riscos" com o "direito à informação" por meio do alargamento da noção de "suporte fático". *Constituição, sistemas sociais e hermenêutica*: anuário do programa de Pós-graduação em Direito da UNISINOS: mestrado e doutorado. Orgs. André Luís Callegari, Lenio Luiz Streck, Leonal Severo Rocha. Porto Alegre: Livraria do Advogado; São Leopoldo: UNISINOS, 2011, p. 348. Nesse sentido, o problema da teoria pontiana, ao valer-se do artificialismo mundo dos fatos/mundo jurídico, consistiria em pressupor a possibilidade de respostas – dadas pelas regras jurídicas – antes das perguntas, como se o mundo jurídico (artificialmente criado pelo homem) fosse dotado de uma espécie de aptidão de futurologia capaz de prever todos os fatos. A propósito, adverte Engelmann, "o mundo jurídico não tem condições de prever tudo", razão pela qual propõe uma releitura da teoria do fato jurídico pontiana, a partir da "possibilidade de flexibilizar a construção do 'suporte fático' de tal forma que nele possam ser incluídos fatos futuros e imprevisíveis no momento de sua definição", que tem como ponto de partida "o conjunto das fontes do Direito e em observância dos contornos característicos de cada caso da vida" (ENGELMANN, Wilson. Os avanços nanotecnológicos e a(necessária) revisão da Teoria do Fato Jurídico de Pontes de Miranda: compatibilizando "riscos" com o "direito à informação" por meio do alargamento da noção de "suporte fático". *Constituição, sistemas sociais e hermenêutica*: anuário do programa de Pós-graduação em Direito da UNISINOS: mestrado e doutorado. Orgs. André Luís Callegari, Lenio Luiz Streck, Leonal Severo Rocha. Porto Alegre: Livraria do Advogado; São Leopoldo: UNISINOS, 2011, p. 359-360).

101. Um dos melhores exemplos de leitura crítica acerca do tema pode ser encontrado na tese de livre docência de Otavio Luiz Rodrigues Jr., na qual, em algumas passagens, faz-se menção ao chamado "mal de Hedemann", em alusão ao clássico *"A fuga para as cláusulas gerais: um perigo para o Direito e Estado"* de Justus Wilhelm Hedemann (RODRIGUES JR., Otavio Luiz. Direito civil contemporâneo: estatuto epistemológico, constituição e direitos fundamentais. 1 ed. Rio de Janeiro: Forense Universitária, 2019, p. 18).

Isso porque, no tocante à construção procedimental, há uma tensão entre previsibilidade e adaptação de acordo com o caso concreto. Embora seja verdade que um processo sem um mínimo de previsibilidade pode servir de palco para o arbítrio, também é verdade que a visão rígida do procedimento é, sem dúvida, um anacronismo e representa uma forma de encarar o procedimento de modo neutro e indiferente à realidade do direito material. Desse modo, a estrutura procedimental mínima do processo deve, em primeiro lugar, corporificar as garantias contrajurisdicionais de liberdade das partes frente ao Estado-juiz. Em segundo lugar, o procedimento deve ser estruturado de acordo com as nuances do direito material. Nessa segunda perspectiva, se apresentam algumas possibilidades: a construção de procedimentos especiais, a concessão de poderes jurisdicionais de adaptação da tutela jurisdicional ao direito material por meio de conceitos vagos, maleáveis às peculiaridades do caso concreto, a concessão de poderes jurisdicionais de adaptação do procedimento e, por fim, a possibilidade de que as partes possam realizar adaptações procedimentos por meio de negócios jurídicos processuais.

2.2.2 Negócio jurídico processual como espécie de fato jurídico processual: uma breve análise da evolução do tema

Linha comum das diversas concepções de processo é a ordem e o movimento. Mesmo para aqueles que concebem o processo como relação jurídica entre autor, juiz e réu, é impossível negar o caráter dinâmico do processo (movimento) e que tal dinamicidade segue uma determinada lógica (ordem)[102]. Daí a noção de processo como *conjunto* ou *complexo de atos*. Chiovenda, por exemplo, afirmava que o processo é um conjunto de atos: *porém, não se trata, naturalmente, de uma série de atos desligados e independentes, mas de uma sucessão de atos coligados para o fim comum de atuação da vontade da lei e procedendo ordenadamente até alcançar esse fim*[103]. É nesse contexto que se insere o conceito de ato

102. Conforme Carnelutti, "la palabra *procedimiento* (de *proceder*) denota no tanto una *sucesión* (de *suceder*) de actos como una *vinculación* entre actos sucesivos; en otras palabras, mientras sucesión implica una vinculación puramente temporal (un acto viene después de otro), procedimiento recuerda un vínculo más íntimo entre varios actos sucesivos (...) la coordinación se desarrola en una progresión, en virtud de la cual cada acto está no tanto en relación cronológica como en relación lógica con el precedente y el subsiguiente, de manera que se puede configurar prácticamente como el peldaño de una escalera (CARNELUTTI, Francesco. *Istituciones del proceso civil*. Traducción de la quinta edición italiana por Santiago Sentis Melendo. Volumen 1. Buenos Aires: EJEA, 1950, p. 420).

103. CHIOVENDA, Giuseppe. *Instituciones de derecho procesal civil* (istituzioni di diritto processuale civile). Volumen I: conceptos fundamentales la doctrina de la acciones. Traducción del italiano y

processual, na medida em que o movimento que se opera do início do processo até o seu fim tem como causa a atividade das pessoas que participam da relação jurídica processual, as quais praticam atos jurídicos das mais diversas naturezas e finalidades[104].

Partindo da classificação dos fatos jurídicos esboçada no item precedente, indaga-se a possibilidade de aplicá-la ao direito processual. Nessa perspectiva, a primeira questão que se impõe é saber o que autoriza um fato jurídico ser considerado um fato jurídico processual. Carnelutti, por exemplo, entende que *"la procesalidad del acto no se debe a su cumplimiento en el proceso sino a su valer para el proceso"*, de modo que mesmo o ato praticado fora do processo pode ser processual, como é o caso da convenção relativa à competência[105]. Em que pese a existência de entendimentos em sentido diverso, como é o caso de Liebman, que adota um critério topológico de ato processual, assim considerando somente os atos praticados dentro do processo[106], prevalece, na doutrina contemporânea, o posicionamento de Carnelutti desenvolvido, porém, a partir de versões muito mais sofisticadas.

Pode-se mencionar, nesse sentido, a concepção desenvolvida por Paula Costa e Silva, para quem o verdadeiro ponto problemático de qualquer conceito de ato processual que parta de uma visão procedimental é representado pelos atos que, tendo repercussão sobre o processo, não são atos integrados na cadeia procedimental, tal como prevista pelo legislador[107]. Nessa categoria, podem ser enquadrados tanto os *fatos jurídicos processuais*, quanto os *negócios jurídicos processuais*. Segundo a jurista portuguesa, os negócios processuais têm existência meramente eventual no processo e, por dependerem de um ato de autonomia privada da parte ou das partes, consoante sejam unilaterais ou bilaterais, não são previstos pelo legislador, quando este regula uma cadeia que tem de permitir a obtenção de um ato final, que ponha termo ao litígio. Assim, se a parte demandada confessar o pedido, evitará a prática de todos os atos de que depende o conhecimento da ação, mas, se esta confissão não existir, o tribunal terá de chegar a um resultado no processo. Pelo que o

---

notas de derecho español por E. Gómez ORbanjea. Madrid: Editorial Revista de Derecho Privado, 1948, p. 52.

104. SILVA, Ovídio A. Baptista da. *Curso de processo civil*. v.1. 7ª ed. Rio de Janeiro: Forense, 2005, p. 181.

105. CARNELUTTI, Francesco. *Istituciones del proceso civil*. Traducción de la quinta edición italiana por Santiago Sentis Melendo. Volumen 1. Buenos Aires: EJEA, 1950, p. 425.

106. LIEBMAN, Enrico Tulio. *Manual de Direito Processual Civil*. Vol. 1. 4.ed. Rio de Janeiro: Editora Forense, 1984, p. 192.

107. COSTA E SILVA, Paula. *Acto e processo*: o dogma da irrelevância da vontade na interpretação e nos vícios do acto postulativo. Coimbra: Coimbra editora, 2003, p. 172.

legislador tem de prever uma sequência que permita esse resultado, independentemente da confissão. Nessa linha, se as partes celebrarem uma convenção sobre a competência, esta, sendo alegada e válida, vinculará o tribunal a determinar aquele pressuposto processual de acordo com a convenção, modificando, se for o caso, a competência. Mas se não for celebrada semelhante convenção, se ela não for alegada ou se não puder considerar-se válida, o tribunal terá de conhecer da sua competência atendendo aos critérios previstos na lei.

Desse modo, não tendo existência necessária, os negócios não podem ser previstos como atos regulares da cadeia paradigmática estabelecida pelo legislador; porém, se vierem a ter existência, eles passarão a integrar a sequência processual concreta, que permitiu e justifica um dado resultado final. Assim, continua a professora portuguesa, se estes atos, ao invés do que acontece com os atos postulativos, podem adquirir existência fora do processo (as partes podem celebrar uma transação extrajudicialmente; as convenções sobre competência, com exceção da convenção de arbitragem, antecedem necessariamente a ação), no momento em que sejam feitos valer em processo têm de ser vistos como atos integrados no ato procedimento, sob pena de o ato final não poder, em concreto, justificar-se. Daí a conclusão de que a concepção do processo como "ato procedimento" permite incluir os negócios concretamente celebrados entre os atos preparatórios do ato final, ao qual aderirão os efeitos típicos que o ato produz[108].

Esse mesmo raciocínio pode ser aplicado aos fatos jurídicos processuais *stricto sensu*. Na doutrina brasileira, poucos foram os que defenderam o conceito de fato jurídico processual. Pode-se mencionar, nesse sentido, o ensaio de Paula Sarno Braga, que conceitua o fato jurídico processual em sentido estrito como "o fato natural que, sofrendo a incidência de regra processual, tem o condão de provocar consequências jurídicas no processo"[109]. Dois bons exemplos seriam a morte da parte, cuja consequência processual é a extinção do processo e o avançar da idade, que redunda no direito à tramitação preferencial do feito quando o sujeito atinge os sessenta anos de idade[110]. Nesses casos, não interessa se o fato ocorreu fora ou dentro do processo, mas, sim, "*sua previsão em*

108. COSTA E SILVA, Paula. *Acto e processo*: o dogma da irrelevância da vontade na interpretação e nos vícios do acto postulativo. Coimbra: Coimbra editora, 2003, p. 173.
109. BRAGA, Paula Sarno. Primeiras reflexões sobre uma teoria do fato jurídico processual: plano de existência. *Revista de Processo*. v. 32, n.148, jun. 2007. São Paulo: Revista dos Tribunais, 2007, p. 309.
110. BRAGA, Paula Sarno. Primeiras reflexões sobre uma teoria do fato jurídico processual: plano de existência. *Revista de Processo*. v. 32, n.148, jun. 2007. São Paulo: Revista dos Tribunais, 2007, p. 309.

hipótese normativa, juridicizando-o e potencializando a produção de efeitos jurídicos no processo"[111].

Assentando-se na premissa de que o conceito de fato jurídico processual *lato sensu* não é meramente topológico, mas, sim, relativo à repercussão que o fato praticado (fora ou dentro do processo) tem na cadeia procedimental, torna-se possível avançar no conceito de negócio jurídico processual. É certo, porém, que esse conceito, historicamente, pouca ou quase nenhuma atenção recebeu da doutrina italiana, não sendo possível dizer o mesmo da doutrina alemã.

Conforme Vittorio Denti, quando a doutrina alemã elaborou pela primeira vez o conceito de negócio jurídico processual dois eram fundamentalmente os tipos de atos que entravam no conceito: os atos processuais com eficácia dispositiva de natureza substancial e os atos extraprocessuais dirigidos a influir no desenvolvimento do processo. Nessa segunda categoria, Josef Kohler, cuja obra remonta ao ano de 1887[112], já fazia referência aos acordos relativos à competência ou aos pactos de não agir e de não exigir[113]. No direito italiano, Carnelutti praticamente foi uma voz isolada na defesa dos negócios processuais, embora seja importante registrar que o mestre italiano nunca deu a tais negócios a envergadura que eles recebiam no direito alemão. Sua visão acerca dos negócios processuais era ampla, na medida em que remetia tal espécie a tudo que, no processo, dependia da iniciativa das partes. A essência dos negócios processuais, no entanto, estaria no exercício do direito (subjetivo) processual, não já no exercício de um direito no processo[114], razão

111. CUNHA, Leonardo Carneiro. Negócios jurídicos processuais no processo civil brasileiro. In: *Negócios processuais*. Coordenadores: Antonio do Passo Cabral, Pedro Henrique Nogueira. Salvador: JusPodivm, 2015, p. 33.

112. Sobre a paternidade dos negócios jurídicos processuais em Josef Kohler, ver CABRAL, Antônio do Passo. *Convenções processuais*. Salvador: JusPodivm, 2016.

113. DENTI, Vittorio. Negozio processuale. In: CALASSO, Francesco; SANTORO PASSARELLI, Francesco (Dir.). *Enciclopedia del diritto*. Volume XXVIII (Negozio-Nunzio). Varese: Giuffrè, 1958-1993, p. 139. Com base na doutrina de Kohler, Dierle Nunes, Humberto Theodoro Junior, Alexandre Bahia e Flávio Pedron, referem que "a noção de negócios processuais (*processrechtliche Vertäge*) foi inicialmente dimensionada (na modernidade) pela pandectística alemã, com várias categorias de acordos entre as partes que poderiam gerar impactos no processo, como, exemplificativamente, pactos de exclusão de um grau de jurisdição e de exclusão de competência, relativas às regras de procedimento, de inversão de ônus da prova, entre outras, e seus limites em face da intervenção judicial" (THEODORO JÚNIOR, Humberto. Nunes, Dierle. BAHIA, Alexandre Melo Franco. PEDRON, Flávio Quinaud. *Novo CPC*: fundamentos e sistematização. 2ª ed. Rio de Janeiro: Forense, 2015, pp. 257-258). Para uma análise acerca das discussões a respeito da categoria dos negócios jurídicos processuais no direito alemão, ver COSTA E SILVA, Paula. *Acto e processo*: o dogma da irrelevância da vontade na interpretação e nos vícios do acto postulativo. Coimbra: Coimbra editora, 2003, pp. 175-192.

114. CARNELUTTI, Francesco. *Lezioni di diritto processuale civile*. Volume quarto. Padova: Cedam, 1926, p. 401.

pela qual seriam admissíveis acordos processuais celebrados fora do processo e sem que esse sequer viesse a existir[115].

Na doutrina brasileira, poucos foram os autores que se debruçaram sobre o tema dos negócios jurídicos processuais. Cronologicamente, o estudo mais profundo produzido pela doutrina nacional acerca do tema foi o de Barbosa Moreira, que, em 1982, com base em ampla pesquisa na doutrina alemã, abordou questões como a terminologia empregada ao tema (adotando a nomenclatura convenções processuais ao invés de contratos processuais), a atipicidade dos negócios processuais, a possibilidade de serem celebrados antes do processo e os seus requisitos de validade[116]. O tema passou quase 25 anos sem receber atenção da doutrina brasileira, que se limitava a analisá-lo quando tratava do conceito de ato processual, sem, todavia, dar-lhe a grande importância[117]. Somente em 2007 é que, por meio de um provocativo ensaio de Leonardo Greco, o tema dos negócios processuais voltou a receber a devida atenção no direito brasileiro. O ponto de partida do referido texto é, de certo modo, convergente com as premissas até aqui desenvolvidas, assentando-se na aceitação de que as partes, "como destinatárias da prestação jurisdicional, têm também interesse em influir na atividade-meio e, em certas circunstâncias, estão mais habilitadas do que o próprio julgador a adotar decisões sobre os seus rumos"[118]. Com base nessas colocações, o professor carioca se propõe a estudar, ainda que em um ambiente publicista de processo, os atos de disposição das partes, notadamente os seus limites, o momento da sua eficácia, o seu regime jurídico (processual ou de direito material) e a revogabilidade dos atos em que tal poder é exercido[119]. O tema dos negócios jurídicos processuais, que, até então, encontrava-se adormecido, a partir daí despertou, passando a ser objeto de alguns trabalhos de pesquisa, o que

115. CARNELUTTI, Francesco. *Lezioni di diritto processuale civile*. Volume quarto. Padova: Cedam, 1926, p. 401. No direito italiano, pode-se mencionar, também, o estudo de Giuseppe de Sfefano a respeito dos acordos processuais em tema de prova e dos acordos executivos (DE STEFANO, Giuseppe. *Studi sugli accordi processuali*. Milano: Giuffrè, 1959).

116. BARBOSA MOREIRA, José Carlos. Convenções das partes sobre matéria processual. *Temas de direito processual*: terceira série. São Paulo: Saraiva, 1984.

117. Pode-se mencionar, nesse sentido, a referência que Ovídio A. Baptista da Silva faz da doutrina de Carnelutti e da contraposição que ela recebe por parte de Chiovenda e Liebman (SILVA, Ovídio A. Baptista da. *Curso de processo civil*. v.1. 7ª ed. Rio de Janeiro: Forense, 2005, pp. 182-184).

118. GRECO, Leonardo. Os atos de disposição de disposição processual – primeiras reflexões. *Revista eletrônica de direito processual* - REDP. Ano I. v. I. Outubro a dezembro de 2007. Rio de Janeiro: UERJ, 2007, p. 8.

119. GRECO, Leonardo. Os atos de disposição de disposição processual – primeiras reflexões. *Revista eletrônica de direito processual* - REDP. Ano I. v. I. Outubro a dezembro de 2007. Rio de Janeiro: UERJ, 2007, p. 9.

cada vez mais tem se intensificado em razão da sua inserção expressa no Novo Código de Processo[120].

2.2.3 O panorama atual dos negócios jurídicos processuais

Superando as fronteiras do direito alemão, os negócios jurídicos processuais vêm ganhando força, nos últimos anos, também em outros ordenamentos jurídicos, o que, sem dúvida, tem servido de estímulo para que, também no direito brasileiro, eles ganhem uma nova roupagem. Na verdade, a importância atribuída aos negócios jurídicos processuais caminha lado a lado com o reconhecimento da autonomia privada como princípio fundamental do processo, que decorre diretamente da dignidade da pessoa humana e do princípio da liberdade. Como pano de fundo desse novo quadro, tem-se o rompimento das barreiras entre o interesse público e privado, na medida em que, diante da concepção democrática desenvolvida anteriormente, o espaço público deixa de ser identificado como espaço estatal. E isso, para o direito processual tem repercussões muito significativas, notadamente porque permite conceber o processo como *coisa para as partes.*

Loïc Cadiet refere que os negócios jurídicos processuais se inscrevem, na França, dentro de uma tendência muito clara da contratualização das relações sociais, que esta diretamente ligada à *decadência do centralismo estatal* e, consequentemente, do *legicentrismo*[121]. Trata-se, nesse contexto, da crescente emergência *"d'un ordre juridique négocié entre les acteurs sociaux, à côté de l´ordre juridique imposé par l´Etat"*[122]. Por outro lado, numa perspectiva mais particular, a utilização cada vez mais comum da técnica contratual aparece como uma das respostas possíveis à crise da justiça, à saturação dos Tribunais e à demora dos processos[123].

Conforme ampla pesquisa realizada por Maria Giulia Canella a respeito das convenções processuais no direito francês, "a partire dalla meta` degli anni ottanta si e` sviluppata in Francia una pratica di stipulazione di convenzioni collettive finalizzate a regolamentare i processi ed in particolare quelli che si svolgono innanzi ai Tribunals de Grande Instance ed alle Cours d'appel. Da un punto di vista soggettivo gli accordi

120. Boa parte desses trabalhos serão referidos nos itens seguintes.
121. CADIET, Loïc. Les conventions relatives au procès en droit français. *Quaderni della rivista trimestrale di diritto e procedura civile.* v.11 – Accordi di parte e processo. Milano: Giuffrè, 2008, pp. 8-9.
122. CADIET, Loïc. Les conventions relatives au procès en droit français. *Quaderni della rivista trimestrale di diritto e procedura civile.* v.11 – Accordi di parte e processo. Milano: Giuffrè, 2008, p. 9.
123. CADIET, Loïc. Les conventions relatives au procès en droit français. *Quaderni della rivista trimestrale di diritto e procedura civile.* v.11 – Accordi di parte e processo. Milano: Giuffrè, 2008, p. 10.

vengono conclusi tra i presidenti delle varie giurisdizioni da un lato e i Ba^tonniers (presidenti) dei locali ordini degli avvocati o i presidenti delle Chambres des avoue´s, dall'altro lato. Tali convenzioni sono per lo piu` volte a regolare in modo specifico la mise en e´tat (cio` che grosso modo potrebbe essere considerata l'istruzione della causa), fase processuale che caratterizza la forma piu`complessa del processo di cognizione di primo grado, vale a dire il cosiddetto circuit long ed il processo di appello"[124]. Nesses "acordos coletivos" que tinham por escopo regular a fase instrutória do processo identifica-se a primeira fase de sedimentação jurisprudencial das convenções processuais[125]. A segunda fase da contratualização do processo civil francês consagrou-se na prática do *contrat de procédure* individual, "firmado entre as partes de um processo singular e utilizado como instrumento flexível e funcionalmente direcionado à gestão eficaz do processo"[126].

Na Itália, Remo Caponi também desenvolve o tema dos negócios processuais a partir da superação da dicotomia público e privado, convocando uma libertação *"dei riflessi mentali di questa dicotomia per lavorare alla costruzione di un diritto intermedio e interstiziale"*[127]. Nessa perspectiva, refere que a disciplina dos negócios processuais constitui um *"angolo visuale privilegiato per osservare come la tensione tra diritti (e autonomia) delle parti e poteri del giudice, cioè autorità dello Stato, si profili ed evolva nell´epoca moderna, nel processo civile"*[128]. Também aqui a questão está atrelada à defesa de um poder maior de autodeterminação do indivíduo diante do declínio das estruturas estatais. Por isso ele considera que os acordos processuais se propõem a colher os sinais dos tempos, em que se assiste à diminuição da capacidade de regulação do Estado segundo o modelo tradicional, baseada na imposição unilateral da regra de conduta, a difusão de estruturas normativas cooperativas e consensuais, como tentativa de compensar a perda de poder de autoridade e de colocar ao lado do comando o acordo com outra forma originária de fundação do vínculo jurídico[129].

---

124. CANELLA, Maria Giulia. Gli accordi processuali francesi volti alla´regolamentazione colletiva´del processo civile. *Rivista trimestrale di diritto e procedura civile*. Anno LXIV, Fasc. 2, junho 2010, Milano: Giuffrè, 2010, pp. 549-550.

125. CABRAL, Antônio do Passo. *Convenções processuais*. Salvador: JusPodivm, 2016, p. 118

126. CABRAL, Antônio do Passo. *Convenções processuais*. Salvador: JusPodivm, 2016, p. 121.

127. CAPONI, Remo. Autonomia privata e processo civile: gli accordi processuali. *Quaderni della rivista trimestrale di diritto e procedura civile*. v.11 – Accordi di parte e processo. Milano: Giuffrè, 2008, p. 117.

128. CAPONI, Remo. Autonomia privata e processo civile: gli accordi processuali. *Quaderni della rivista trimestrale di diritto e procedura civile*. v.11 – Accordi di parte e processo. Milano: Giuffrè, 2008, p. 100.

129. CAPONI, Remo. Autonomia privata e processo civile: gli accordi processuali. *Quaderni della rivista trimestrale di diritto e procedura civile*. v.11 – Accordi di parte e processo. Milano: Giuffrè, 2008, pp.

Tanto na visão de Cadiet, quanto na de Caponi, os negócios jurídicos processuais aparecem como uma decorrência natural da feição que, no Estado Democrático de Direito, se dá à esfera pública, como espaço dialogal e democrático em que os cidadãos se veem como capazes de autodeterminar seus interesses. A noção de liberdade (positiva e negativa) abraça essa nova postura conferida ao Estado, não diretamente no sentido do seu fim, mas na retomada pelos cidadãos de espaços que gradualmente foram sendo perdidos diante de uma noção paternalista de Estado. Atualmente, no bojo da ciência política, tem-se preferido falar um pouco menos de Estado e um pouco mais de poder, cuidando-se dos efetivos deslocamentos das relações de poder que, no curso do acontecimento do *Welfare* se produzem em todos os níveis do sistema social[130]. Na medida em que o processo reflete as concepções acerca do Estado e, também, do poder, ele não fica infenso a essa mudança, que tem, na valorização dos negócios jurídicos processuais uma notável expressão.

Com efeito, na medida em que a autodeterminação do indivíduo se coloca frente ao Estado, torna-se possível pensar em um novo imaginário processual, pautado por estruturas cooperativa a despeito do dissenso que marca o antagonismo dos agentes processuais. Por essa vereda, Cabral aduz que "hoje o processo não é mais teorizado em torno do conflito ou da lide, mas a partir da agregação, da boa-fé, da conjugação entre interesses privados e interesses públicos"[131].

Tudo isso permite concluir que os negócios jurídicos processuais, na medida em que servem de instrumento para o incremento da autonomia privada e do direito à liberdade, justamente materializam um verdadeiro poder de conformação do procedimento, o que representa uma noção mais democrática de processo[132]. A atuação conjunta das partes

---

101-102. Registre-se que, na Itália, somente no final do século XX e início do século XXI a prática judiciária passou a receber de forma mais ampla instrumentos afeiçoados à "convencionalidade do processo", dentre os quais se pode destacar os *protocolli di procedura*, que muito se assemelham aos protocolos institucionais franceses. A respeito, ver CANELLA, Maria Giulia. Gli accordi processuali francesi volti alla´regolamentazione colletiva´del processo civile. *Rivista trimestrale di diritto e procedura civile*. Anno LXIV, Fasc. 2, junho 2010, Milano: Giuffrè, 2010, pp. 571-575. FICCARELLI, Beatrice. *Fase preparatoria del processo civile e case management giudiziale*. Napoli: Edizioni Schientifiche Italiane, 2011, pp. 177-181. CABRAL, Antônio do Passo. *Convenções processuais*. Salvador: JusPodivm, 2016, pp. 123.

130. MARRAMAO, Giacomo. *Dopo il Leviatano. Individuo e comunità*. Torino: Bollati Boringhieri, 2000, p. 319.

131. CABRAL, Antonio do Passo. Despolarização do processo e "zonas de interesse": sobre a migração entre os polos da demanda. *Revista da SJRJ*. n. 26. Rio de Janeiro: SJRJ, 2009, p. 30.

132. THEODORO JÚNIOR, Humberto. Nunes, Dierle. BAHIA, Alexandre Melo Franco. PEDRON, Flávio Quinaud. *Novo CPC*: fundamentos e sistematização. 2ª ed. Rio de Janeiro: Forense, 2015, p. 289. Note-se, portanto, que os negócios processuais trazem consigo o reconhecimento de que "os li-

a partir do manejo dos negócios processuais não significa que elas deixem de ter interesses contrapostos, mas que têm um interesse comum no sentido de que o procedimento seja o mais adequado possível às suas necessidades, servindo os negócios processuais *"comme un instrument de gestione de l'instance"*[133]. À rigidez procedimental (mito da ordinariedade) contrapõem-se a tendência de *flexibilização procedimental*. Os negócios jurídicos processuais são instrumentos da autonomia privada e, também, poderosos instrumentos de flexibilização procedimental (de gestão do procedimento pelas partes), na medida em que permite a elas, em diferentes perspectivas, construírem o procedimento adequado às necessidades do caso concreto[134].

2.2.4 Aspectos dogmáticos acerca dos negócios processuais

Antes de avançar no estudo dos negócios jurídicos processuais cabe enfrentar algumas questões de ordem dogmática a respeito do tema. A primeira delas é de cunho conceitual e terminológico. Conforme já se referiu anteriormente, no negócio jurídico, ao contrário do que ocorre no ato jurídico *stricto sensu*, é conferido ao agente o poder de autorregramento da sua vontade, permitindo-lhe escolher os efeitos jurídicos do ato negocial. O negócio processual é dotado dessas mesmas características com o acréscimo de que o poder conferido ao agente diz respeito ao processo. Fredie Didier e Pedro Henrique Nogueira definem o negócio jurídico processual como o "fato jurídico voluntário, em cujo suporte fático confere-se ao sujeito o poder de escolher a categoria jurídica ou estabelecer, dentro dos limites fixados no próprio ordenamento, certas situações jurídicas processuais"[135]. Desse conceito, que é uma derivação do conceito de negócio jurídico antes desenvolvido, pode-se sintetizar que, como instrumento da autonomia privada, o negócio jurídico processual constitui o poder de dar para si um ordenamento ju-

---

tigantes podem também desenhar regras do procedimento, adaptando-o às necessidades que desejam obter em termos de tutela jurisdicional e submetendo voluntariamente ao regulamento da convenção ao invés do regramento legal" (CABRAL, Antônio do Passo. *Convenções processuais*. Salvador: JusPodivm, 2016, p. 143).

133. CADIET, Loïc. Les conventions relatives au procès en droit français. *Quaderni della rivista trimestrale di diritto e procedura civile*. v.11 – Accordi di parte e processo. Milano: Giuffrè, 2008, p. 10.

134. Nesse mesmo sentido, Diogo Assumpção Rezende de Almeida defende que "as convenções processuais, que possibilitam a flexibilização do procedimento e a disposição de direitos processuais das partes, são, pois, uma forma útil e efetiva de diminuição de riscos, de incremento da segurança jurídica e de consequente melhoria da qualidade da atividade jurisdicional exercida pelo Estado" (ALMEIDA, Diogo Assumpção Rezende de. *A contratualização do processo: das convenções processuais no processo civil*. São Paulo: LTr, 2015, p. 228).

135. DIDIER, Fredie. *Curso de direito processual civil*. 17. ed. Salvador: JusPODIVM, 2015, p. 376. NOGUEIRA, Pedro Henrique Pedrosa. *Negócios jurídicos processuais*: análise dos provimentos judiciais como atos negociais. Tese (doutorado). Universidade Federal da Bahia. Salvador, 2011, p. 137.

rídico processual, o que, no entanto, não significa a ausência de limites ao referido poder.

Terminologicamente, fala-se em negócios jurídicos unilaterais, bilaterais (que podem ser divididos em contratos e convenções) e plurilaterais.

No *negócio jurídico unilateral* basta, para a sua existência, a manifestação de vontade suficiente à composição do suporte fático. É o caso clássico do testamento. Nessas espécies, basta a manifestação de vontade, não sendo necessária, para a existência do negócio que a manifestação seja dirigida e recebida por alguém (receptícia). No máximo, a receptividade constituirá requisito de eficácia do negócio, mas não de existência[136]. São exemplos de negócios jurídicos processuais unilaterais o reconhecimento jurídico do pedido, a escolha do juízo na execução, a desistência da penhora pelo exequente, a desistência do recurso, a renúncia ao direito de recorrer[137] e a escolha do procedimento a ser seguido realizado na petição inicial[138]. Talvez o mais emblemático exemplo de ato negocial unilateral é a petição inicial (o ato postulativo, nas palavras de Paula Costa e Silva), a qual, sem dúvida, é um ato de autorregulação, o que fez com que possa ser aproximado ao ato negocial[139].

136. MELLO, Marcos Bernardes de. Teoria do fato jurídico: plano da existência. 20ª ed. São Paulo: Saraiva, 2013, pp. 257-258. No âmbito do direito civil, podem ser mencionados como exemplos de negócios jurídicos unilaterais as seguintes situações: "a aceitação e a renúncia da herança, a instituição de fundação, a oferta, a aceitação, a promessa de recompensa, a emissão de título de crédito, o testamento, a renúncia, em geral, o exercício de direitos potestativos (embora haja situações que configuram atos jurídicos stricto sensu, como a interpelação para constituir o devedor em mora), entre outros" (MELLO, Marcos Bernardes de. Teoria do fato jurídico: plano da existência. 20ª ed. São Paulo: Saraiva, 2013, p. 259).

137. CUNHA, Leonardo Carneiro. Negócios jurídicos processuais no processo civil brasileiro. In: *Negócios processuais*. Coordenadores: Antonio do Passo Cabral, Pedro Henrique Nogueira. Salvador: JusPodivm, 2015, p. 44. BRAGA, Paula Sarno. Primeiras reflexões sobre uma teoria do fato jurídico processual: plano de existência. *Revista de Processo*. v. 32, n.148, jun. 2007. São Paulo: Revista dos Tribunais, 2007, p. 314.

138. NOGUEIRA, Pedro Henrique Pedrosa. Sobre os acordos de procedimento no processo civil brasileiro. In: *Negócios processuais*. Coordenadores: Antonio do Passo Cabral, Pedro Henrique Nogueira. Salvador: JusPodivm, 2015, p. 86. Registre-se que, conforme o mesmo autor, havia liberdade de pactuação de rito durante a vigência do Regulamento 737 de 1850, o qual expressamente autorizava a convenção das partes sobre a escolha do procedimento sumário para qualquer causa, nos termos do seu art. 245, que assim previa: "esta fórmula de processo é extensiva a qualquer acção, si as partes assim convencionarem expressamente" (NOGUEIRA, Pedro Henrique Pedrosa. Sobre os acordos de procedimento no processo civil brasileiro. In: *Negócios processuais*. Coordenadores: Antonio do Passo Cabral, Pedro Henrique Nogueira. Salvador: JusPodivm, 2015, p. 89).

139. Nesse sentido, Paula Costa e Silva leciona que, "não obstante os efeitos que o acto desencadeia no procedimento não dependerem de a parte manifestar qualquer vontade no sentido dessa produção, o acto postulativo é claramente um acto de auto-regulação. Toda a actuação processual da parte será destinada a conseguir que o tribunal profira uma decisão, cujos efeitos se confundem com a solução que a parte, se pudesse impor a sua vontade directamente à parte contrária, ditaria para o caso concreto. E, nessa solução, está implicada não apenas a parte contrária, mas também a

Os *negócios jurídicos bilaterais*, por sua vez, pressupõem *"manifestações de vontades distintas, porém coincidentes, recíprocas e concordantes sobre o mesmo objeto"*[140]. O conceito de negócio jurídico bilateral costuma ser desdobrado em duas possibilidades. Fala-se em contrato quando, no negócio jurídico, concorrem duas declarações de vontade com objetivos diversos. No caso dos negócios jurídicos bilaterais sobre matéria processual, as declarações de vontade emitidas pelo autor e pelo réu têm igual conteúdo, razão pela qual, nesse caso, é mais adequado falar em convenção processual[141]. Embora constituída por duas declarações de vontade, a convenção processual *é ato uno*, uma vez que emitidas fundem-se para formar uma entidade nova com capacidade para produzir efeitos específicos[142].

Por fim, cabe fazer referência aos *negócios jurídicos plurilaterais*, os quais *"se formam pela coincidência de vontades opostas sobre um mesmo objeto"*[143]. Neles vontades distintas convergem para um fim comum[144]. O grande exemplo acerca do tema no direito privado é o contrato de constituição de sociedade. No direito processual também é possível falar em negócios jurídicos plurilaterais, como é o caso da sucessão do alienante ou do cedente pelo adquirente ou cessionário da coisa litigiosa, hipótese na qual somente será admitida a sucessão processual se houver convergência de vontades entre o alienante ou cedente, o adquirente ou cessionário e à parte contrária (art. 109, §1.º, NCPC)[145]. Os negócios plurilaterais (*triangular procedural contracts*)[146] podem ser celebrados

parte autora do acto. Os efeitos que ela escolhe vinculá-la-ão a ela e a parte contrária. Seria pouco adequado aos fins do processo afirmar que estes efeitos se justificam independentemente da consideração das finalidades do autor do acto. Porque a solução final apenas pode decretar os efeitos nos exactos termos em que a parte os pede, porque é assim que os quer" (COSTA E SILVA, Paula. *Acto e processo*: o dogma da irrelevância da vontade na interpretação e nos vícios do acto postulativo. Coimbra: Coimbra editora, 2003, p. 319). Na doutrina brasileira, adere a esse entendimento Fredie Didier (DIDIER, Fredie. Curso de direito processual civil. 17. ed. Salvador: JusPODIVM, 2015, p. 377).

140. MELLO, Marcos Bernardes de. *Teoria do fato jurídico:* plano da existência. 20ª ed. São Paulo: Saraiva, 2013, p. 259).

141. BARBOSA MOREIRA, José Carlos. Convenções das partes sobre matéria processual. *Temas de direito processual*: terceira série. São Paulo: Saraiva, 1984, p. 88.

142. BARBOSA MOREIRA, José Carlos. Convenções das partes sobre matéria processual. *Temas de direito processual*: terceira série. São Paulo: Saraiva, 1984, p. 89.

143. MELLO, Marcos Bernardes de. *Teoria do fato jurídico:* plano da existência. 20ª ed. São Paulo: Saraiva, 2013, p. 261.

144. MELLO, Marcos Bernardes de. *Teoria do fato jurídico:* plano da existência. 20ª ed. São Paulo: Saraiva, 2013, p. 261.

145. CUNHA, Leonardo Carneiro. Negócios jurídicos processuais no processo civil brasileiro. In: *Negócios processuais*. Coordenadores: Antonio do Passo Cabral, Pedro Henrique Nogueira. Salvador: JusPodivm, 2015, p. 44.

146. Com expressa menção ao direito brasileiro, Christoph A. Kern refere: "taking into an account the triangular procedural relationship between the parties and the court, it could also be possible to

pelas partes e terceiros, bem como pelas partes e pelo juiz da causa. Os exemplos mais notáveis de negócios plurilateral previsto no Código de Processo Civil são o *calendário processual (art. 191, CPC)* e a *organização compartilhada da causa prevista no art. 357, §3.º, CPC.*

O negócio jurídico pressupõe manifestação de vontade, e não, necessariamente, vontade declarada. Isso significa que é admissível a existência de *negócios jurídicos processuais tácitos*. Nesses casos, a ação ou omissão do agente serve como manifestação de vontade suficiente para preencher o suporte fático do negócio processual[147]. O exemplo de mais fácil visualização a respeito do tema é o da ausência de alegação da convenção de arbitragem ou da incompetência relativa. No primeiro caso, a omissão constitui renúncia tácita à convenção de arbitragem, ao passo que, na segunda, há um consentimento tácito por parte do réu em ajustar o juízo competente nos termos em que proposta a ação pelo autor. Trata-se, em ambos os casos, de hipótese de omissão negocial, razão pela qual, em prestígio à autonomia privada, é vedado ao juiz atuar de ofício em relação àquilo que foi omitido pela parte. Esse mesmo raciocínio, inclusive, vale para o descumprimento, por uma das partes, de qualquer negócio jurídico processual bilateral celebrado antes ou durante o processo. Com efeito, "o descumprimento de uma convenção processual válida é matéria cujo conhecimento depende de requerimento"[148]. Por

conclude a procedural contract among all three players or to have a contract between two of them – in particular, the parties – ratified by the third one – then, the court. It seems to be logical that, absent further express qualification, in such case, the contract would immediately bind not only the parties, but also the court. An example for such a contract is provided by the new Brazilain Code of Civil Procedure: A timetable for the proceedings agreed upon by the parties and approved of by the court" (KERN, Christoph A. Procedural contracts in Germany. In: *Negócios processuais*. Coordenadores: Antonio do Passo Cabral, Pedro Henrique Nogueira. Salvador: JusPodivm, 2015, pp. 189-190).

147. Conforme Leonardo Carneiro da Cunha, "há dois tipos de omissão no processo: (a) a omissão contumacial e (b) a omissão negocial. Aquela é um ato-fato, esta um negócio jurídico. E tal diferença é importante. O assistente, por exemplo, não pode atuar contra a vontade do assistido. Significa que, no tocante a omissões, o assistente não pode atuar quando a omissão for negocial. Assim, se o assistido for réu e este não opuser exceção de incompetência ou não suscitar preliminar de convenção de arbitragem, o assistente não poderá fazê-lo, pois, se o fizer, estará a contrariar a vontade do assistido. Se, entretanto, o assistido não contesta ou não recorre, o assistente poderá fazê-lo, sem que esteja a contrariar sua vontade, pois a revelia e a ausência de recurso são atos-fatos, sendo irrelevante a vontade" (CUNHA, Leonardo Carneiro. Negócios jurídicos processuais no processo civil brasileiro. In: *Negócios processuais*. Coordenadores: Antonio do Passo Cabral, Pedro Henrique Nogueira. Salvador: JusPodivm, 2015, pp. 33-34).

148. Enunciado 252 do Fórum Permanente de Processualistas Civis. No mesmo sentido, Didier dá o seguinte exemplo: "imagine-se o acordo de instância única: as partes negociam que ninguém recorrerá. Se, por acaso, uma das partes recorrer, o órgão jurisdicional não pode deixar de admitir o recurso por esse motivo; cabe à parte recorrida e alegar e provar o inadimplemento, sob pena de preclusão. O não-cabimento do recurso em razão do negócio jurídico processual não pode ser conhecido de ofício pelo juiz" (DIDIER, Fredie. Curso de direito processual civil. 17. ed. Salvador: JusPODIVM, 2015, p. 391).

outro lado, também o ato comissivo pode constituir uma manifestação de vontade tácita. É o que ocorre quando o réu cumpre a sentença sem reservas e, depois, recorre[149]. Haverá, no caso, ato incompatível com a vontade de recorrer (art. 1.000, NCPC).

Os negócios jurídicos processuais podem dizer respeito tanto ao objeto litigioso, quanto ao próprio procedimento[150]. Em regra, não há grandes dificuldades em visualizar *negócios jurídicos acerca do objeto litigioso*, como o reconhecimento jurídico do pedido, a renúncia ao próprio direito discutido e a possibilidade de as partes convencionarem acerca da solução do litígio transacionando a seu respeito[151], hipóteses nas quais haverá resolução do mérito (art. 487, III, "b" e "c", NCPC). É que, em todos esses casos, o negócio jurídico (unilateral nos dos primeiros casos e bilateral, no segundo) redunda na resolução da questão de direito material.

O incremento da autonomia privada permite que se visualizem negócios jurídicos processuais cujo escopo é *delimitar o objeto litigioso*, o que pode ser feito entre as partes (negócio bilateral) ou entre elas e o juiz (negócio plurilateral). Em tais hipóteses, como será visto mais adiante, o negócio jurídico processual impõe uma adequação da própria cognição judicial em decorrência do caso concreto, o que não somente vem a limitar a atuação do juiz e das partes, mas também conferir a elas um procedimento mais rente ao direito material e mais previsível.

No entanto, é no âmbito "processual" que merece destaque a valorização da autodeterminação das partes, seja em razão da celebração de *negócios jurídicos processuais acerca do procedimento*, a fim de adequá-lo às necessidades do caso concreto, seja em razão da celebração de *negócios jurídicos sobre situações jurídicas processuais*, para redefinirem-se ônus, direitos e deveres dos sujeitos processuais[152]. Esse é, por sinal, o

149. DIDIER, Fredie. *Curso de direito processual civil.* 17. ed. Salvador: JusPODiVM, 2015, p. 378.

150. Caponi refere que o tema dos acordos processuais pode ser desenvolvido em pelo menos duas direções: a primeira, tem por objeto os acordos dirigidos à composição da lide e seus reflexos sobre o processo civil; a segunda, tem por objeto os acordos que, segundo uma primeira e genérica definição, incidem sobre o desenvolvimento do processo civil (CAPONI, Remo. Autonomia privata e processo civile: gli accordi processuali. *Quaderni della rivista trimestrale di diritto e procedura civile.* v.11 – Accordi di parte e processo. Milano: Giuffrè, 2008, p. 100).

151. É controversa a posição da transação como verdadeiro negócio jurídico processual, problemática que remete ao regime de impugnação da sentença prevista no art. 487, III, *b*, NCPC. Conforme Araken de Assis, a transação, a exemplo de outros negócios jurídicos, como o mandato judicial, a outorga da procuração e a vênia conjugal são negócios jurídicos privados mas que entram no processo revestindo-se de processualidade (ASSIS, Araken de. *Processo civil brasileiro.* Volume II: parte geral: institutos fundamentais: Tomo 1. São Paulo: Revista dos Tribunais, 2015, p. 1274).

152. Conforme Cabral, "na tradição doutrinária germânica, é comum a classificação que divide os acordos processuais em dois grupos: aqueles que impactom o rito processual, chamados de

sentido estrito dos *"prozessuale Verfügungsverträge"* do direito alemão, conforme a lição de Christoph A. Kern, para quem *"the effect of such contacts consists in amending or excluding the application of a specific rule or in creating a rule which does not exist in regular proceedings"*[153]. Também Remo Caponi parece dar ênfase a essa modalidade de *acordos processuais*, vale dizer, àqueles acordos que *"incidono sullo svolgimento del processo civile"*[154].

No direito brasileiro, Antônio do Passo Cabral limita a abrangência das denominadas *convenções processuais* ao defini-las como sendo "o negócio jurídico plurilateral, pelo qual as partes, antes ou durante o processo e sem necessidade de intermediação de nenhum outro sujeito, determinam a criação, modificação e extinção de situações jurídicas processuais, ou alteram o procedimento"[155]. O conceito propugnado por Cabral leva em conta a previsão do art. 190 do CPC, que confere às partes o poder "estipular mudanças no procedimento" bem como "convencionar sobre seus ônus, poderes, faculdades e deveres processuais", deixando-se de fora do conceito negócios jurídicos celebrados no curso do processo que tenham por objeto modificações pertinentes à relação de direito material. Ademais, Cabral também considera como elementar para a conceituação das convenções processuais o fato de "a criação, modificação e extinção de situações jurídicas processuais, ou a alteração do procedimento" serem "decorrentes diretamente da vontade dos convenentes, sem a necessidade de intermediação de nenhum outro sujeito", o que lhe permite diferenciá-las dos *atos conjuntos*, espécie de *declaração consensual* de ambas as partes direcionada ao juiz em um processo judicial[156]. Refere que, apesar de se tratar de atos consensuais não seriam convencionais, uma vez que dependem do *deferimento* do juiz para *produzirem efeitos*, tratando-se, assim, de atos postulativos, e não de atos determinantes, nos quais os efeitos se produzem independentemente da intermediação de outros sujeitos[157].

'acordos de disposição' ou 'acordos dispositivos' (*Verfügungsverträge),* e os que possuem efeitos abdicativos, chamados "acordos obrigacionais" ou "acordos de obrigação" (*Verpflichtungsverträge*)" (CABRAL, Antônio do Passo. *Convenções processuais*. Salvador: JusPodivm, 2016, p. 68).

153. KERN, Christoph A. Procedural contracts in Germany. In: *Negócios processuais*. Coordenadores: Antonio do Passo Cabral, Pedro Henrique Nogueira. Salvador: JusPodivm, 2015, p. 181.

154. CAPONI, Remo. Autonomia privata e processo civile: gli accordi processuali. *Quaderni della rivista trimestrale di diritto e procedura civile*. v.11 – Accordi di parte e processo. Milano: Giuffrè, 2008, p. 100.

155. CABRAL, Antônio do Passo. *Convenções processuais*. Salvador: JusPodivm, 2016, p. 68.

156. CABRAL, Antônio do Passo. *Convenções processuais*. Salvador: JusPodivm, 2016, p. 68.

157. CABRAL, Antônio do Passo. *Convenções processuais*. Salvador: JusPodivm, 2016, pp. 70-71.

No entanto, sem desmerecer a classificação mencionada, que, inegavelmente, tem relevância prática se pensada, principalmente, do ponto de vista do regime jurídico relativo à sua revogação[158], optou-se, no presente estudo, por uma concepção mais abrangente dos negócios jurídicos processuais, na medida em que, com exceção daqueles negócios que por si só impõe a resolução do mérito, todos os demais, de certo modo, influenciam no andamento da marcha processual, ainda que tenham por objeto versar sobre o direito material afirmado em causa, razão pela qual costumam ser tratados conjuntamente[159]. Desse modo, o que merece ser ressaltado, nesse propósito, é sempre o incremento da autonomia privada em setores relativos ao direito processual-procedimental (ainda que estes estejam em diálogo constante com o direito material) que, até então, eram pouco explorados nessa perspectiva.

Cabe destacar, ainda, que os negócios jurídicos processuais, em regra, produzem efeitos imediatos no processo, não dependendo, para tanto, de homologação judicial. Esse entendimento pode ser extraído expressamente do art. 200 do CPC, segundo a qual *"os atos das partes consistentes em declarações unilaterais ou bilaterais de vontade produzem imediatamente a constituição, modificação ou extinção de direitos processuais"*. A homologação judicial somente será condição de eficácia processual do negócio jurídico processual, portanto, quando expressamente exigida por lei.

Por fim, os negócios jurídicos processuais podem ser típicos ou atípicos. São típicos, quando previstos expressamente em lei. Atípicos, são os negócios jurídicos processuais que não se encaixam nos tipos legais, sendo estruturados de modo a atender às conveniências e necessidades das partes[160]. A análise detida dessas duas espécies de negócios jurídicos processuais será realizada no item seguinte.

---

158. O ponto é bem notado por Cabral, quando afirma que "para as convenções, como regra não é possível haver revogação unilateral, salvo se houver previsão na própria avença. Já no ato conjunto, pode haver revogaçaõ unilateral de cada uma das manifestações de vontade, desde que a revogação seja empreendida até a decisão do juiz a seu respeito, momento em que a manifestação de vontade primitiva chega ao sujeito condicionado pelo contraditório". No entanto, conforme o próprio autor, tal concepção não pode ser aplicada de modo absoluto, de modo a violar expectativas legítimas de manutenção daquele padrão de conduta" (CABRAL, Antônio do Passo. *Convenções processuais*. Salvador: JusPodivm, 2016, p. 71).

159. Parece seguir essa mesma linha Diogo Assumpção Rezende de Almeida, cujo estudo a respeito do tema "direcionou-se, pois, para a análise de convenções sobre o direito processual, e não para o tratamento da transação (relacionada com o direito material) e tampouco para atos unilaterais de disposição processual (como renúncia ao direito de recorrer, desistência de recurso, desistência da ação etc.)" (ALMEIDA, Diogo Assumpção Rezenda de. *A contratualização do processo:* das convenções processuais no processo civil. São Paulo: LTr, 2005, p. 17.

160. CUNHA, Leonardo Carneiro. Negócios jurídicos processuais no processo civil brasileiro. In: *Negócios processuais*. Coordenadores: Antonio do Passo Cabral, Pedro Henrique Nogueira. Salvador: JusPodivm, 2015, p. 44.

2.2.5 Dos negócios jurídicos processuais típicos

A previsão de negócios jurídicos processuais já existia no Código de Processo Civil de 1973. No entanto, não era comum que se traçassem os contornos dogmáticos dessa categoria jurídica, razão pela qual pouca atenção era dada aos seus aspectos conceituais. É emblemática a mudança dessa postura teórica no já mencionado ensaio do professor Leonardo Greco a respeito dos atos de disposição processual, publicado em 2007, no qual se chamou a atenção para os seguintes negócios jurídicos processuais previstos na legislação da época: o *pactum de foro prorrogando*, previsto no art. 111 do CPC/73, em que se prevê o acordo de eleição de foro[161], a *convenção de arbitragem* (art. 1.º, Lei 9.307/96), em que as partes se comprometem a estabelecer o juízo arbitral para a solução de litígios relativos a direitos patrimoniais[162], a *convenção sobre o ônus da prova* (art. 333, CPC/73)[163], a *suspensão do processo* (art. 265, II, CPC/73), a *modificação de prazos legais dilatórios* (art. 181, CPC/733), o *adiamento de audiência por convenção das partes* (art. 453, I, CPC/73)[164], a *possibilidade de substituição do réu na nomeação à autoria* (art. 65 e 66, CPC/73), o *requerimento conjunto de preferência no julgamento perante os tribunais* (art. 565, parágrafo único, CPC/73), as *convenções sobre alegações finais orais de litisconsortes* (art. 454, §1.º, CPC/73), a *liquidação por arbitramento por convenção das partes* (art. 475-C, I, CPC/73), a *escolha do juízo da execução* (art. 475-P, parágrafo único, CPC/73), a *escolha do meio executório pelo exequente* (art. 568, CPC/73), o *depósito nas mãos do executado com anuência do exequente* (art. 666, §1.º, CPC/73) a *desistência da penhora pelo exequente* (art. 667, III, CPC/73), dentre outros[165].

161. GRECO, Leonardo. Os atos de disposição de disposição processual – primeiras reflexões. *Revista eletrônica de direito processual* - REDP. Ano I. v. I. Outubro a dezembro de 2007. Rio de Janeiro: UERJ, 2007, p. 17.

162. GRECO, Leonardo. Os atos de disposição de disposição processual – primeiras reflexões. *Revista eletrônica de direito processual* - REDP. Ano I. v. I. Outubro a dezembro de 2007. Rio de Janeiro: UERJ, 2007, p. 19.

163. GRECO, Leonardo. Os atos de disposição de disposição processual – primeiras reflexões. *Revista eletrônica de direito processual* - REDP. Ano I. v. I. Outubro a dezembro de 2007. Rio de Janeiro: UERJ, 2007, p. 23.

164. GRECO, Leonardo. Os atos de disposição de disposição processual – primeiras reflexões. *Revista eletrônica de direito processual* - REDP. Ano I. v. I. Outubro a dezembro de 2007. Rio de Janeiro: UERJ, 2007, p. 23.

165. GRECO, Leonardo. Os atos de disposição de disposição processual – primeiras reflexões. *Revista eletrônica de direito processual* - REDP. Ano I. v. I. Outubro a dezembro de 2007. Rio de Janeiro: UERJ, 2007, p. 27. Esses exemplos também são referidos por diversos outros autores que vêm se ocupado no tema atualmente. A menção exclusiva ao ensaio de Leonardo Greco deve-se ao fato de ter sido ele, depois de Barbosa Moreira, o primeiro autor brasileiro a ter dado relevância ao tema dos atos de disposição das partes do processo. Deve-se registrar que, paralelamente, o tema dos

Com o advento do atual Código de Processo Civil houve uma sensível ampliação dos negócios jurídicos processuais típicos, de modo que, sem prejuízo daqueles que já existiam no Código Buzaid, foram criados outros negócios jurídicos processuais típicos. Destacam-se, nesse sentido, os seguintes negócios processuais: (i) a *redução convencional dos prazos peremptórios*, que pode ser realizada pelo juiz com a concordância das partes (art. 222, §1.º, NCPC), tratando-se, pois, de um negócio jurídico plurilateral; (ii) a *ampliação convencional dos prazos*; (iii) a *convenção para a escolha do perito pelas partes*, hipótese que rompe com o jargão segundo o qual o perito seria propriedade do juízo[166]; (IV) a organização consensual dos pontos controvertidos (art. 375, §2.º, NCPC) e, por fim, (v) a calendarização do processo (art. 191). Além desses novos casos, dentre os quais destacam-se os dois últimos, o Código de Processo Civil passou a permitir a criação de negócios jurídicos processuais atípicos, o que, sem dúvida, representa uma mudança de paradigma bastante significativa, no sentido de colocar a autonomia privada no papel de elemento norteador do procedimento civil, como uma espécie de reforço à tutela da liberdade individual na esfera processual.

2.2.6 Dos negócios jurídicos processuais atípicos

Embora estivesse potencialmente consagrada, no art. 158 do Código de Processo Civil de 1973[167], a existência de negócios jurídicos processuais atípicos, raramente eles eram reconhecidos pela doutrina como passíveis de serem celebrados[168]. Pode-se dizer que o entendimento pre-

---

negócios jurídicos processuais também foi ganhando relevância no direito brasileiro muito em razão dos esforços da escola baiana de processo, notadamente a partir das pesquisas realizadas pelo grupo de pesquisa "teoria contemporânea da relação jurídica processual: fato, sujeitos e objeto", formado em 2006, sob a liderança do professor Fredie Didier (http://dgp.cnpq.br/dgp/espelhogrupo/7958378616800053). Ainda a respeito dos negócios processuais típicos previstos no Código Buzaid, consultar CUNHA, Leonardo Carneiro. Negócios jurídicos processuais no processo civil brasileiro. In: *Negócios processuais*. Coordenadores: Antonio do Passo Cabral, Pedro Henrique Nogueira. Salvador: JusPodivm, 2015, pp. 42-43

166. Conforme Diogo Assumpção Rezenda de Almeida, "essa espécie de convenção afigura-se assaz proveitosa, especialmente nas demandas que envolvam questões técnico-científicas complexas, nas quais as partes conhecem melhor do que o juiz os profissionais capacitados à realização da perícia" (ALMEIDA, Diogo Assumpção Rezenda de. As convenções processuais na experiência francesa e no Novo CPC. In: *Negócios processuais*. Coordenadores: Antonio do Passo Cabral, Pedro Henrique Nogueira. Salvador: JusPodivm, 2015, p. 266).

167. O art. 158 do Código Buzaid, sendo o qual "os atos das partes, consistentes em declarações unilaterais ou bilaterais de vontade, produzem imediatamente a constituição, a modificação ou a extinção de direitos processuais" foi reproduzido no art. 200 do Novo Código de Processo Civil.

168. Excepciona-se, nesse sentido, ainda à luz do Código Buazid, a dissertação de mestrado de Bruno Garcia Redondo, publicada em 2013, na qual se defende a existência implícita de uma cláusula geral de atipicidade negocial no art. 158 do Código de 1973 (REDONDO, Bruno Garcia. *Flexibilização do procedimento pelo juiz e pelas partes no Direito Processual civil brasileiro*. Dissertação de

ponderante por muitos anos no direito brasileiro foi o da inexistência de negócios jurídicos processuais cuja pactuação exigisse expressa autorização legislativa[169]. Com certeza, essa barreira à liberdade negocial além das hipóteses abstratamente previstas em lei consistia num empecilho ao reconhecimento do *status* normativo da autonomia privada no direito processual e a vocação deste para a tutela da liberdade individual. Por isso, é acertado dizer que o Novo Código de Processo Civil ao admitir expressamente a celebração de negócios jurídicos processuais atípicos abre o caminho para uma mudança paradigmática no direito processual brasileiro, no sentido de prestigiar a autonomia das partes como elemento central da noção de processo democrático. Democrático é o processo em que as partes não somente têm direito de participar ativamente da formação dos provimentos jurisdicionais (*roupagem contemporânea do contraditório*), mas também de participar da estruturação do procedimento, de modo a torná-lo mais adequado às suas necessidades concretas. É inegável, pois, que o atual Código de Processo Civil deu maior estatura ao domínio das partes[170], o que, por sinal, é outro sintoma da prevalência, no âmbito infraconstitucional, de um modelo garantista de processo.

Com efeito, o art. 190 do atual Código de Processo Civil permite que as *partes plenamente capazes* possam *estipular mudanças no procedimento para ajustá-lo às especificidades da causa* e *convencionar sobre os seus ônus, poderes, faculdades e deveres processuais, antes* ou *durante* o processo, desde que o processo verse sobre *direitos que admitam autocomposição*. O dispositivo em questão, sobremaneira inovador[171], inse-

---

mestrado. Orientação Teresa Wambier. São Paulo: PUC-SP, 2013). Também Leonardo Carneiro da Cunha refere que "os negócios jurídicos atípicos estão autorizados pelo disposto no art. 158 do CPC de 1973" (CUNHA, Leonardo Carneiro. Negócios jurídicos processuais no processo civil brasileiro. In: *Negócios processuais*. Coordenadores: Antonio do Passo Cabral, Pedro Henrique Nogueira. Salvador: JusPodivm, 2015, p. 44).

169. Nesse sentido, refere Redondo que "o entendimento que, na época, prevaleceu no plano doutrinário, sustentava que o Código de 1973 teria sido silente quanto à possibilidade de celebração de convenções atípicas pelas partes (sem prévia regulamentação específica), concluindo-se no sentido de sua impossibilidade, não obstante, curiosamente, o art. 158 guardar um significativo potencial de interpretação no sentido de ali estar consagrada, implicitamente, uma cláusula geral de atipicidade de negócios jurídicos processuais" (REDONDO, Bruno Garcia. Negócios processuais: necessidade de rompimento radical com o sistema do CPC/73 para a adequada compreensão da inovação do CPC/2015. In: *Negócios processuais*. Coordenadores: Antonio do Passo Cabral, Pedro Henrique Nogueira. Salvador: JusPodivm, 2015, p. 271).

170. ASSIS, Araken de. *Processo civil brasileiro*. Volume II: parte geral: institutos fundamentais: Tomo 1. São Paulo: Revista dos Tribunais, 2015, p. 1275.

171. Conforme Paula Costa e Silva, "a regra é absolutamente inovadora ao admitir, *apertis verbis* e no seu segundo trecho – o primeiro, ordenado a admitir as convenções sobre o procedimento, consistirá numa possível mitigaçao da supressão da projectada regra que atribuía amplos poderes de adequação formal ao juiz, indo, porém, muito mais longe do que fora já proposto – a celebração

re-se na tendência do que vem sendo chamado de "*contratualização do processo*"[172], conceito mais restrito que se insere na expressão francesa, mais ampla e geral, "*contractualisation des modes de règlement des litiges*", a qual abarca tanto os "*modes de règlement judiciaire*" quanto os "*modes de règlement extra judiciaire des litiges*"[173].

A "contratualização do processo" é considerada, no direito francês, como uma consequência lógica "*du principe de coopération du juge et des parties*"[174] e serve como um importante elemento de *flexibilização procedimental* (*déformalisation*)[175], na medida em que permite às partes (entre elas ou em conjunto com o juiz) adequarem o processo às peculiaridades do caso concreto, pela definição de "*normes génératrices de compartaments procéduraux (ex: modalitès de mise en état) ou d'application même du droit (ex: institution du juge comme amiable compositeur)*"[176]. Essa perspectiva adotada no direito francês, em que se trata da *contratualização* como instrumento de *flexibilização*, está atrelada à concepção presente naquele ordenamento de contratualização como gestão processual[177]. O tema, no entanto, será abordado com maiores temperamentos a seguir.

---

de negócios jurídicos sobre situações processuais" (COSTA E SILVA, Paula. Pactum de *non petendo:* exclusão convencional do direito de acção e exclusão convencional da pretensão material. In: *Negócios processuais*. Coordenadores: Antonio do Passo Cabral, Pedro Henrique Nogueira. Salvador: JusPodivm, 2015, p. 299).

172. ANDRADE, Érico. As novas perspectivas do gerenciamento e da 'contratualização' do processo. *Revista de Processo*, São Paulo, v. 36, n. 193, mar. 2011. São Paulo: Revista dos Tribunais, 2011, p. 188.

173. CADIET, Loïc. La qualification juridique des accords processuels. In: *Negócios processuais*. Coordenadores: Antonio do Passo Cabral, Pedro Henrique Nogueira. Salvador: JusPodivm, 2015, p. 93.

174. CADIET, Loïc. Case management judiciaire et déformalisation de la procédure. *Revue française d'administration publique*. n. 125, 2011, p. 141. Disponível em <http://www.cairn.info/revue-francaise-d-administration-publique-2008-1-page-133.htm>. Acesso em 29/10/2015.

175. CADIET, Loïc. Case management judiciaire et déformalisation de la procédure. *Revue française d'administration publique*. n. 125, 2011, p. 139. Disponível em <http://www.cairn.info/revue-francaise-d-administration-publique-2008-1-page-133.htm>. Acesso em 29/10/2015.

176. GILLET, Jean-Louis. La contractualisation de la justice. In: PIGACHE, Christian. *Les évolutions du droit (contractualisation et procéduralisation)*. Rouen: Universitè de Rouen, 2004, p. 83.

177. No direito inglês, como será melhor abordado adiante, dá-se ênfase para a expressão *case management* pois a mudança lá ocorrida dá ênfase à postura do juiz no gerenciamento do processo. Nesse sentido, "no direito inglês prefere-se a nomenclatura gerenciamento, porque o juiz se torna o gerente do processo e gestor das vontades das partes, aliadas à vontade do próprio órgão jurisdicional. No direito francês, a decorrência destas reformas como reflexos de contratualização do direito levaram a doutrina a valer-se deste nome para indicar o mesmo instituto. Tudo isto porque, no direito francês, as reformas não se resumiram a entregar ao juiz mais poderes na condução do processo, mas, mais que isso, possibilitaram ao juiz que, juntamente com as partes, firmasse as normas de condução do processo, em cooperação" (COSTA, Thais Mendonça Aleluia da. *A contratualização do processo civil francês*: um novo horizonte para a adequação processual. (Dissertação de mestrado). Orientador Fredie Didier. UFBA. Salvador, 2012, p. 62). Também Érico Andrade visualiza a "contratualização" do processo surgida no direito francês como um mecanismo de gestão processual (ANDRADE, Érico. As novas perspectivas do gerenciamento e da 'contratualização' do processo. *Revista de Processo*, São Paulo, v. 36, n. 193, mar. 2011. São Paulo: Revista dos Tribunais, 2011, p. 187).

Tem-se, com isso, a passagem de uma ordem jurídica imposta para uma ordem jurídica negocial[178], na qual o dissenso entre os agentes processuais a respeito do direito material não pode ser visto como empecilho para que possam acordar acerca dos rumos do processo[179]. O direito francês é prenhe de exemplos de negócios processuais, os quais, a despeito de não estarem previstos de forma típica na legislação processual brasileira, podem servir de parâmetro para a criação de negócios atípicos em conformidade com a previsão aberta do art. 190 do Código de Processo Civil.

Loïc Cadiet, ao tratar dos acordos processuais no direito francês, vem a dividi-los em acordos relativos à ação, ao processo e à prova. Porém, nem todas essas cláusulas seriam aplicáveis ao direito brasileiro. A cláusula que reduz ou prolonga a prescrição, por exemplo, tem assento no art. 2254 do Código Civil francês, segundo o qual a duração da prescrição pode abreviar-se ou ampliar-se por acordo das partes, desde que não seja reduzida por menos de um ano ou ampliada por mais de dez anos[180]. Essa regra é incompatível com o direito brasileiro, uma vez que aqui há dispositivo expressamente vedando a alteração dos prazos prescricionais pelas partes (art. 192, CC).

O direito francês permite que se convencione acerca do direito aplicável (*clauses d´electi juris*). Desse modo, as partes podem condicionar o poder do juiz prevendo o direito que deverá ser aplicado no caso concreto. O art. 12, alinéa 3, do *nouveau code de procédure civil*, estabelece "*[Le juge] ne peut changer la dénomination ou le fondement juridique lorsque les parties, en vertu d´un accord exprès et pour les droits dont elles ont la libre disposition, l´ont lié par les qualifications et points de dorit euxquels elles entendent limiter le débat*"[181]. Isso quer dizer que as partes podem vincular o juiz quanto às qualificações e questões jurídicas, dispositivo que, de certo modo, se assemelha à previsão do art. 357, §2.º, CPC.

Também se admite, no direito francês, a criação de cláusulas que preveem a obrigação de informar sobre o processo existente com um

178. CADIET, Loïc. Propos introductifs: faire lien. In: CHASSAGNARD-PINET, Sandrine. HIEZ, David. *La contractualisation de la production normative* (Actes du colloque), 2007, p. 93. Disponível em <http://www.gip-recherche-justice.fr/wp-content/uploads/2014/07/05-13-RF.pdf>. Acesso em 15/10/2015.

179. CADIET, Loïc. Construire ensemble des débats utiles. In: *Mélanges Jean-Buffet – La Procedure en tous ses états*. Paris: Petites Afiches, 2004, p. 107.

180. CADIET, Loïc. Los acuerdos procesales en derecho francés: situación actual de la contractualización del proceso y de la justicia en Francia. Civil Procedure Review, v.3, n.3: 3-35, aug.-dec., 2012. Disponível em <http://www.civilprocedurereview.com/>. Acesso em 11-06-2015, p. 14.

181. CADIET, Loïc. Les conventions relatives au procès en droit français. *Quaderni della rivista trimestrale di diritto e procedura civile*. v.11 – Accordi di parte e processo. Milano: Giuffrè, 2008, p. 17, nota 31.

terceiro (*clausules de révélation d'instance*) ou também de intervenção obrigatória em processo em curso. Igualmente é possível a criação de cláusulas de reembolso dos gastos do processo ou de repartição de despesas com arbitragem ou mediação, as quais se inserem nas modalidades das chamadas *clauses financières*[182]. Desse modo, é possível estabelecer que na hipótese de litígio a parte vencida deverá indenizar a parte contrária pelos gastos do processo, como, por exemplo, os gastos com advogado. Seria possível também estabelecer que as despesas do processo serão repartidas de modo igual independente do seu resultado. Há, portanto, um número considerável de cláusulas financeiras que poderão ser pensadas para o direito brasileiro.

Por outro lado, nos termos do *article 41, alinéa 2, du nouveau code de procédure civile*, é possível que as partes, após o litígio, venham a convencionar uma renúncia conjunta ao direito de recorrer (*"convenir en vertu d'un accord exprès que leur différend sera jugé sans appel même si e montant de la demande est supérieur au taux du dernier ressort"*)[183]. Por outro lado, seria possível a criação de acordos com o objetivo de restringir ou ampliar a atividade do juiz[184], limitando-se, por acordo, o debate processual, ou ampliado os poderes do juiz para julgar o litígio também por equidade. Essa última possibilidade é prevista no direito brasileiro somente para a arbitragem (art. 2.º, Lei 9.307/96), e não significa uma limitação ao poder do árbitro, mas, sim, uma ampliação, na medida em que *poderá* afastar o direito positivo quando entender mais adequado julgar por equidade[185].

Diversos doutrinadores brasileiros responsáveis por trabalhar a temática dos negócios jurídicos processuais, destacando-se, no ponto, aqueles que foram citados neste livro, mencionam uma série de exemplos de negócios jurídicos processuais atípicos. É verdade que, eventualmente, há dissenso sobre a legalidade de tais negócios jurídicos processuais. A título exemplificativo, no entanto, cabe mencionar os seguintes: o pacto de impenhorabilidade, o acordo de ampliação de prazos das

---

182. CADIET, Loïc. Les conventions relatives au procès en droit français. *Quaderni della rivista trimestrale di diritto e procedura civile*. v.11 – Accordi di parte e processo. Milano: Giuffrè, 2008, p. 18.

183. CADIET, Loïc. Les conventions relatives au procès en droit français. *Quaderni della rivista trimestrale di diritto e procedura civile*. v.11 – Accordi di parte e processo. Milano: Giuffrè, 2008, 27.

184. CADIET, Loïc. Les conventions relatives au procès en droit français. *Quaderni della rivista trimestrale di diritto e procedura civile*. v.11 – Accordi di parte e processo. Milano: Giuffrè, 2008, 28.

185. Conforme Leonardo Faria Beraldo, "equidade não significa julgar sempre contrariamente ao direito positivo, mas, sim, a possibilidade de o árbitro decidir, opostamente ao direito posto, na busca da decisão mais justa possível. Para tanto, deverá o árbitro se valer de sua experiência, sapiência e sensibilidade na busca da justiça no caso concreto" (BERALDO, Leonardo de Faria. *Curso de arbitragem*: nos termos da Lei nº 9.307/96. São Paulo: Atlas, 2014. p. p. 20).

partes de qualquer natureza, o acordo de rateio de despesas processuais, a dispensa consensual de assistente técnico, o acordo para retirar o efeito suspensivo de recurso, o acordo para não promover execução provisória, o pacto de mediação ou conciliação extrajudicial prévia obrigatória, com a correlata previsão de exclusão da audiência de conciliação ou de mediação prevista, pacto de disponibilização prévia de documentação, a previsão de meios alternativos de comunicação das partes entre si, o acordo de produção antecipada de prova, a escolha consensual de depositário-administrador, a convenção que permita a presença da parte contrária no decorrer da colheita de depoimento pessoal, o acordo para a realização de sustentação oral, o acordo para ampliação do tempo de sustentação oral, o julgamento antecipado do mérito convencional, a convenção sobre prova, a redução de prazos processuais, o pacto de inexecução parcial ou total de multa coercitiva, o pacto de alteração de ordem de penhora, a pré-indicação de bem penhorável preferencial, a pré-fixação de indenização por dano processual, dentre outros.

Doutrinariamente, tem-se mencionado alguns negócios processuais atípicos. Um deles é o *pactum de non petendo*, através do qual o credor "fica obrigado a não exercer uma posição jurídica emergente de uma relação jurídico-privada", vale dizer, "a exigibilidade (judicial ou extrajudicial) do direito de credito"[186]. Outro exemplo é a *legitimação extraordinária negocial*, que decorre da previsão do art. 18 do CPC, segundo o qual "ninguém poderá pleitear direito alheio em nome próprio, salvo quando autorizado pelo *ordenamento jurídico*", expressão mais ampla que a palavra "lei", sendo permitido, pois, que um negócio jurídico processual seja a fonte normativa da legitimação extraordinária[187]. Igualmente, tem-se explorado a possibilidade de as partes celebrarem convenções processuais em matéria probatória. Não se trata, no ponto, de uma *verdade negociada*[188], mas, sim, de uma limitação negociada à

186. COSTA E SILVA, Paula. Pactum de *non petendo:* exclusão convencional do direito de acção e exclusão convencional da pretensão material. In: *Negócios processuais*. Coordenadores: Antonio do Passo Cabral, Pedro Henrique Nogueira. Salvador: JusPodivm, 2015, p. 311.

187. DIDIER, Fredie. Fonte normativa de legitimação extraordinária no novo Código de Processo Civil: a legitimação extraordinária de origem negocial. *Revista de Processo*, v.39, n.232, jun. 2014. São Paulo: Revista dos Tribunais, 2014, p. 72. Com efeito, "a partir do texto do art. 18, em consonância com o contexto do CPC de 2015 e com a finalidade e valores que lhe são subjacentes, chega-se à conclusão de que o sistema jurídico processual decorrente do novo Código deixou aos sujeitos o espaço para o autorregramento da vontade no que concerne à legitimidade *ad causam*. É possível, assim, haver negócio jurídico processual que tenha como objeto a atribuição de legitimidade extraordinária a um determinado sujeito que, em princípio, não a teria" (BOMFIM, Daniela Santos. A legitimidade extraordinária de origem negocial. In: *Negócios processuais*. Coordenadores: Antonio do Passo Cabral, Pedro Henrique Nogueira. Salvador: JusPodivm, 2015, p. 352).

188. Expressão cunhada por Michele Taruffo, que faz uma aguda crítica aos negócios processuais em matéria probatória (TARUFFO, Michele. Verità negoziata?. *Quaderni della rivista trimestrale di diritto*

atividade probatória[189]. Diante desse quadro, podem ser mencionadas algumas possíveis convenções em matéria de prova tendo por objeto a exclusão ou inclusão de meios de prova, a permissão ou proibição de certas provas atípicas, o testemunho por escrito, a exclusão da prova testemunhal, a hierarquização de provas e a colheita de provas orais de maneira extrajudicial[190].

Um ponto que merece ser destacado na construção procedimental pelas partes é a possibilidade de adaptação, ao procedimento comum, de regras já previstas no próprio Código de Processo Civil ou em outros instrumentos normativos. Um bom exemplo disso, é a regra do art. 274, parágrafo único, do CPC, segundo a qual "presumem-se válidas as intimações dirigidas ao endereço constante dos autos, ainda que não recebidas pessoalmente pelo interessado, se a modificação temporária ou definitiva não tiver sido devidamente comunicada ao juízo, fluindo os prazos a partir da juntada aos autos do comprovante de entrega da correspondência no primitivo endereço". Referido dispositivo, que no âmbito do procedimento do cumprimento da sentença tem ampla aplicação quando o devedor não tem procurador constituído nos autos (art. 513, §3º., NCPC), assemelha-se a previsão do art. 19, §2º., da Lei 9099/95, segundo a qual "as partes comunicarão ao juízo as mudanças de endereço ocorridas no curso do processo, reputando-se eficazes as intimações enviadas ao local anteriormente indicado, na ausência da

e procedura civile. v.11 – Accordi di parte e processo. Milano: Giuffrè, 2008, pp. 69-98. Bastante contundente é a crítica formulada por Beclaute Oliveira Silva ao texto de Tarrufo: "algo deve ficar registrado. Não se está a dispor sobre a verdade, mas dos meios para estabelecer o fato, enquanto antecedente da norma de decisão. Se o critério de aferição for a verdade, que esta seja medida pelo meio adequado fixado em lei ou pelas partes. Estipular, por exemplo, que a quitação de um débito deve ser demonstrada por documento escrito em nada fere a cláusula do devido processo legal. Pelo contrário, tal critério de prova irá compor o antecedente da norma jurídica. No caso, o fato é o pagamento demonstrado através de documento. O modo de demonstrar constitui o fato. Este é que irá ter por consequência a quitação. Se o indivíduo alega que pagou mas traz outro tipo de prova para demonstrar o alegado, tem-se que o fato não se deu conforme o previamente estipulado, logo, é outro fato, no caso, inapto a funcionar como antecedente da norma de decisão" (BECLAUTE, Oliveira Silva. Verdade como objeto do negócio jurídico processual. In: *Negócios processuais*. Coordenadores: Antonio do Passo Cabral, Pedro Henrique Nogueira. Salvador: JusPodivm, 2015, p. 402).

189. De acordo com Robson Renault Godinho, "a atividade probatória é, portanto, essencialmente limitada, de modo que o estabelecimento de limitações consensuais é apenas mais uma possibilidade autorizada pelo ordenamento. O rechaço aos acordos probatórios enseja na realidade uma recusa a admitir o autorregramento da vontade no processo e revela a exacerbação do protagonismo judicial" (GODINHO, Robson Renault. A possibilidade de negócios jurídicos processuais atípicos em matéria probatória. In: *Negócios processuais*. Coordenadores: Antonio do Passo Cabral, Pedro Henrique Nogueira. Salvador: JusPodivm, 2015, p. 413).

190. Esses e outros exemplos podem ser encontrados em GODINHO, Robson Renault. A possibilidade de negócios jurídicos processuais atípicos em matéria probatória. In: *Negócios processuais*. Coordenadores: Antonio do Passo Cabral, Pedro Henrique Nogueira. Salvador: JusPodivm, 2015, pp. 415-416.

comunicação". No entanto, seria possível estendê-lo também à citação, criando, para o possível réu, uma espécie de *dever de informação acerca do seu endereço* e sancioná-lo, no caso de descumprimento do referido dever, com a eficácia da citação no endereço anteriormente indicado? Ao que tudo indica, o prestígio à autonomia privada que decorre do art. 190 do CPC é totalmente compatível com essa espécie de construção, a qual nada mais faz do que maximizar o dever de boa-fé e cooperação processual que deve pautar o modelo de processo consagrado pelo Novo CPC. Desse modo, seria plenamente possível que, antes do processo, as futuras partes convencionassem um *dever de informação* relativo à mudança de endereço, estabelecendo que, caso este não venha a ser atendido, será considerada eficaz a citação que nele vier a ser realizada.

Como se vê, a possibilidade de serem instituídos negócios jurídicos processuais com o objetivo de manejar os ônus, direitos (faculdades e poderes) e deveres das partes no processo é muito ampla, assim como a possibilidade de serem realizadas mudanças procedimentais pelas vontades das partes. Os negócios jurídicos processuais atípicos, sem dúvida, constituem o exemplo emblemático da consagração do princípio da autonomia privada no processo civil brasileiro. A questão que daí surge, porém, é a dos limites desses negócios. Até onde vai a liberdade das partes no estabelecimento de mudanças no procedimento? Qual o tratamento jurídico que deverá ser dado a essas questões? No próximo item será feita uma breve análise do tema, sem pretensão nenhuma de esgotá-lo tendo em vista a sua complexidade.

2.2.7 A questão da validade (e dos limites) dos negócios jurídicos processuais

Tema sobremaneira complexo é o da questão da validade e dos limites dos negócios jurídicos processuais. O Código de Processo Civil brasileiro cuida do tema no parágrafo único do seu art. 190, o qual prescreve que o juiz, de ofício ou a requerimento, controlará a validade das convenções processuais, recusando-lhes aplicação somente nos casos de nulidade ou de inserção abusiva em contrato de adesão ou em que alguma parte se encontre em manifesta situação de vulnerabilidade. O dispositivo é bastante amplo e isso não é algo negativo, uma vez que os limites dos negócios processuais não podem ser estabelecidos de maneira estanque. Afinal, como já dizia Betti, "a linha de delimitação das respectivas esferas, entre competência dispositiva (autonomia) e competência normativa (soberania), não se mantém rigidamente imóvel e fixa, uma vez para sempre, mas apresenta-se historicamente variável através das fases de uma mesma ordem jurídica"[191].

Seguindo uma ordem lógica a respeito das questões abordadas no parágrafo único do art. 190 do NCPC, cumpre, primeiramente, descortinar o significado do poder atribuído ao juiz para *recusar aplicação*, inclusive *de ofício*, aos negócios jurídicos processuais. Conforme referido anteriormente, os negócios jurídicos processuais somente terão a homologação como condição de eficácia quando a lei assim estabelecer. Do mesmo modo, o descumprimento do negócio processual é matéria que o juiz não pode conhecer de ofício. Consequentemente o juiz somente poderá recusar a aplicabilidade do negócio processual quando este for nulo.

O negócio jurídico processual submete-se às regras de validade dos negócios jurídicos em geral, aplicando-se a eles as hipóteses de nulidade do art. 166 do Código Civil. Por outro lado, cabe ao juiz conhecer da nulidade do negócio jurídico processual de ofício, seja por força do que estabelece o art. 190, parágrafo único, do CPC, seja em face da previsão do art. 168, parágrafo único, do Código Civil, o que "deverá ocorrer incidentalmente no processo em que o conteúdo do negócio for apresentado ao magistrado, isto é, do processo que deveria ser regido pelo ato das partes"[192]. A anulabilidade do negócio jurídico processual, a exemplo do que ocorre nos negócios jurídicos regidos exclusivamente pelo direito civil, razão pela qual o seu conhecimento dependerá de provocação do interessado[193] em ação desconstitutiva autônoma[194].

A nulidade do negócio jurídico processual é tema que se desdobra em vários aspectos, como a capacidade dos agentes, a forma do ato, a natureza do direito sobre o qual versa o processo e a licitude do objeto. A questão da licitude do objeto e, pois, dos seus limites é o ponto mais sensível e indefinido na dogmática da negociação processual atípica, razão pela qual será abordado ao final deste tópico.

---

191. BETTI, Emilio. *Teoria geral do negócio jurídico.* Tomo I. Tradução de Fernando Miranda. Coimbra: Coimbra Editora, 1969, pp. 184-185.

192. Conforme Yarshell, "a vida autônoma é necessária porque o objeto do processo enseja cognição própria, que dificilmente se coordenaria com a cognição do objeto de outra demanda (essa última fundada na controvérsia de direito material" (YARSHELL, Flávio Luiz. Convenção das partes em matéria processual: rumo a uma nova era? In: *Negócios processuais.* Coordenadores: Antonio do Passo Cabral, Pedro Henrique Nogueira. Salvador: JusPodivm, 2015, p. 77. Ao tema, portanto, aplica-se o art. 177 do Código Civil, que assim estabelece: "a anulabilidade não tem efeito antes de julgada por sentença, nem se pronuncia de ofício; só os interessados a podem alegar, e aproveita exclusivamente aos que a alegarem, salvo o caso de solidariedade ou indivisibilidade".

193. DIDIER, Fredie. *Curso de direito processual civil.* 17. ed. Salvador: JusPODIVM, 2015, p. 390.

194. YARSHELL, Flávio Luiz. Convenção das partes em matéria processual: rumo a uma nova era? In: *Negócios processuais.* Coordenadores: Antonio do Passo Cabral, Pedro Henrique Nogueira. Salvador: JusPodivm, 2015, p. 77.

O art. 190 do NCPC atribui às *partes plenamente capazes* a possibilidade de celebrar negócios processuais atípicos. Questiona-se o conceito de capacidade previsto no referido artigo: seria a capacidade civil ou a capacidade processual? Sobre o tema, ainda não há consenso doutrinário. Flávio Luiz Yarshell entende que se trata da capacidade civil, razão pela qual se excluiria a possibilidade do absolutamente incapaz ou do relativamente incapaz celebrar negócio jurídico processual, ainda que, respectivamente, representado ou assistido[195]. Diogo Assumpção Rezende de Almeida adota uma posição intermediária, ao considerar que a capacidade é regida pelo direito material quando a convenção é pré-processual, sendo regida pelo direito processual quando celebrada no curso do processo[196]. Fredie Didier fala em uma *capacidade processual negocial* indistintamente aplicável aos negócios celebrados antes ou durante o processo. Assim, uma pessoa casada não pode regular uma futura ação real imobiliária sem a participação do seu cônjuge, em que pese seja materialmente capaz[197]. Nessa mesma linha, também o incapaz poderá celebrar negócio jurídico processual desde que devidamente representado ou assistido, conforme for o grau de incapacidade[198]. A presença obrigatória no Ministério Público no feito, sem dúvida, servirá para evitar que o menor venha a ser prejudicado em decorrência do negócio processual. Igualmente, admite-se que o Poder Público celebre negócio jurídico processual[199], assim como o Ministério Público, nos termos do que expressamente é previsto pela resolução 118 do CNMP[200].

Importante caso de *incapacidade processual negocial* é o da *manifesta vulnerabilidade*[201]. Tal elemento, inserido no parágrafo único do

---

195. YARSHELL, Flávio Luiz. Convenção das partes em matéria processual: rumo a uma nova era? In: *Negócios processuais*. Coordenadores: Antonio do Passo Cabral, Pedro Henrique Nogueira. Salvador: JusPodivm, 2015, p. 73.

196. ALMEIDA, Diogo Assumpção Rezende de. *A contratualização do processo: das convenções processuais no processo civil*. São Paulo: LTr, 2015, p. 228.

197. DIDIER, Fredie. *Curso de direito processual civil*. 17. ed. Salvador: JusPODIVM, 2015, p. 385. CABRAL, Antônio do Passo. *Convenções processuais*. Salvador: JusPodivm, 2016, p. 278.

198. DIDIER, Fredie. *Curso de direito processual civil*. 17. ed. Salvador: JusPODIVM, 2015, p. 385. CABRAL, Antônio do Passo. *Convenções processuais*. Salvador: JusPodivm, 2016, p. 277.

199. Sobre o tema, ver CIANCI, Mirna. MENGA, Bruno Lopes. Fazenda pública e negócios jurídicos processuais no novo CPC: pontos de partida para o estudo. In: *Negócios processuais*. Coordenadores: Antonio do Passo Cabral, Pedro Henrique Nogueira. Salvador: JusPodivm, 2015, pp. 481-506. Ainda sobre a possibilidade celebração de negócios processuais pela Fazenda, ver SANTOS, Tatiana Simões dos. Negócios processuais envolvendo a Fazenda Pública. In: *Negócios processuais*. Coordenadores: Antonio do Passo Cabral, Pedro Henrique Nogueira. Salvador: JusPodivm, 2015, pp. 507-520.

200. Sobre o tema, ver CABRAL, Antônio do Passo. A resolução nº 18 do Conselho Nacional do Ministério Público e as convenções processuais. In: *Negócios processuais*. Coordenadores: Antonio do Passo Cabral, Pedro Henrique Nogueira. Salvador: JusPodivm, 2015, pp. 541-558.

201. Conforme Didier, "a vulnerabilidade é caso de *incapacidade processual negocial* (...) que a princípio não atinge a *capacidade processual geral* – um consumidor é processualmente capaz, embora

art. 190 do NCPC como balizador da validade dos negócios jurídicos processuais, decorre da premissa de que a definição dos limites entre os poderes do juiz e a autonomia das partes está diretamente vinculada, dentre outros fatores, "ao respeito ao equilíbrio entre as partes e à paridade de armas, para que uma delas, em razão de atos de disposição seus ou de seu adversário, não se beneficie de sua particular posição de vantagem em relação à outra quanto ao direito de acesso aos meios de ação e de defesa"[202]. Tem-se, com isso, que a tutela da parte *vulnerável* no processo é uma imposição direta do princípio da igualdade[203], o qual tem assento no art. 5.º da CF e é consagrado no art. 7.º do Novo CPC. O problema da tutela da igualdade no processo, no entanto, é extremamente complexo e esbarra na problemática da identificação normativa de situações de igualdade e no estabelecimento de critérios normativos de igualação[204].

Por vulnerabilidade entende-se a suscetibilidade que alguém tem de ser atingido em razão de ser a parte mais fraca em determinada relação[205]. No processo, a vulnerabilidade consiste na "suscetibilidade do litigante que o impede de praticar os atos processuais em razão de uma limitação pessoal involuntária ensejada por fatores de saúde e/ou de ordem econômica, informacional, técnica ou organizacional de caráter permanente ou provisório"[206]. É importante deixar claro que, no tocante aos negócios jurídicos processuais, a vulnerabilidade é um conceito vago, que deve, portanto, ser aferido no caso concreto. Admite-se, contudo, que seja presumida diante de outros critérios normativos, como no

---

possa ser um *incapaz processual negocial*" (DIDIER, Fredie. *Curso de direito processual civil*. 17. ed. Salvador: JusPODIVM, 2015, p. 385).

202. GRECO, Leonardo. Os atos de disposição de disposição processual – primeiras reflexões. *Revista eletrônica de direito processual* - REDP. Ano I. v. I. Outubro a dezembro de 2007. Rio de Janeiro: UERJ, 2007, p. 11.

203. Também vinculando a vulnerabilidade à tutela da igualdade, porém no âmbito do direito do consumidor, MORAES, Paulo Valério Dal Pai. *Código de defesa do consumidor*: o princípio da vulnerabilidade no contrato, na publicidade, nas demais práticas comerciais: interpretação sistemática do direito. 3ª ed. Porto Alegre: Livraria do Advogado, 2009, p. 125.

204. Sobre o tema, ver COSTA, Eduardo José da Fonseca. A igualdade processual como probema normativo. *Empório do direito*. Disponível em https://emporiododireito.com.br/leitura/abdpro-34-a-igualdade-processual-como-problema-normativo. Acesso em 12.07.2019.

205. Conforme Paulo Valério Dal Pai de Moraes "vulnerabilidade, sob o enfoque jurídico, é, então, o princípio pelo qual o sistema jurídico positivado brasileiro reconhece a qualidade ou condição daquele(s) sujeito(s) mais fraco(s) na relação de consumo, tendo em vista a possibilidade de que venha(m) a ser ofendido(s) ou ferido(s), na sua incolumidade física ou psíquica, bem como no âmbito econômico, por parte do(s) sujeito(s) mais potente(s) da mesma relação" (MORAES, Paulo Valério Dal Pai. *Código de defesa do consumidor*: o princípio da vulnerabilidade no contrato, na publicidade, nas demais rpáticas comerciais: interpretação sistemática do direito. 3ª ed. Porto Alegre: Livraria do Advogado, 2009, p. 125).

206. TARTUCE, Fernanda. *Igualdade e vulnerabilidade no processo civil*. Rio de Janeiro: Forense, 2012, p. 184.

caso do incapaz, do consumidor e do empregado. Ademais, a previsão do atual CPC é no sentido da recusa da aplicação de negócio jurídico processual em que uma das partes encontre-se em *manifesta situação de vulnerabilidade*, o que significa dizer que a análise da vulnerabilidade não somente deverá ser aquilatada *in concreto*, mas, também, que deverá pressupor uma situação em que é nítido que uma das partes é suscetível de ser atingida em razão da sua desigualdade frente a outra.

Nada impede, pois, que negócios jurídicos processuais sejam celebrados no âmbito consumerista ou trabalhista[207]. Igualmente, é plenamente cabível a celebração de negócio jurídico pré-processual sem o acompanhamento de advogado. É claro que, aqui, entra em jogo a questão da *vulnerabilidade técnica*, uma vez que o conteúdo dos negócios jurídicos processuais diz respeito a matérias de natureza processual cuja compreensão pressupõe conhecimento jurídico. Para um leigo, por exemplo, é incompreensível uma cláusula que retira dos recursos interpostos no processo o efeito suspensivo. A ausência de advogado redunda na presunção de vulnerabilidade, que, certamente, não é absoluta, uma vez que dependerá da natureza da cláusula e dos sujeitos por ela atingidos[208]. Uma cláusula que somente gera benefícios à parte que celebrou o negócio jurídico sem a presença de advogado não poderá ser considerada nula, assim como a ausência de advogado não poderá induzir à presunção de vulnerabilidade de alguém que, a despeito de não exercer a advocacia, presume-se conhecedor das questões jurídicas, como um juiz ou promotor que vem a celebrar negócio jurídico processual na condição de trabalhador ou consumidor.

Por outro lado, o conteúdo do negócio poderá até ser prejudicial a uma parte e favorável a outra, sem que isso importe em violação ao princípio da igualdade. Uma cláusula que visa a facilitar a citação

207. Conforme Fredie Didier "nada impede, em tese, a celebração de negócios processuais no contexto do processo consumerista ou trabalhista. Caberá ao órgão jurisdicional, em tais situações, verificar se a negociação foi feita em condições de igualdade; se não, recusará eficácia ao negócio" (DIDIER, Fredie. *Curso de direito processual civil*. 17. ed. Salvador: JusPODIVM, 2015, p. 386). Em profundo estudo sobre o tema, refere Antônio do Passo Cabral que "é errado pensar que todo consumidor é inabilitado para compreender o ter das cláusulas contratuais, ou supor que toda parte em uma relação de consumo não aderiu às cláusulas voluntariamente". Segundo o autor, "não se pode reduzir a capacidade negocial do consumidor como se este fosse um incapaz. Devem ser consideradas *circunstâncias concretas* para avaliar a vulnerabilidade. Não se trata de uma questão de inadmissibilidade, mas sim do controle a respeito das convenções inseridas nestes tipos de contrato" (CABRAL, Antônio do Passo. *Convenções processuais*. Salvador: JusPodivm, 2016, p. 323).

208. Daí a advertência de Cabral no sentido de que, "embora não seja necessário sempre, o patrocínio por advogado é *recomendável*, até para que se assegure que o consentimento seja livre e esclarecido, para que exista previsibilidade sobre o vínculo assumido e para neutralizar as desigualdades que se possam verificar quando da formação da avença" (CABRAL, Antônio do Passo. *Convenções processuais*. Salvador: JusPodivm, 2016, p. 280).

do réu, estabelecendo que ele deverá informar qualquer mudança de endereço por carta registrada, sob pena de ser considerado citado no endereço indicado no contrato, não será nula por beneficiar apenas o autor e onerar o réu. Embora seja prejudicial ao réu, a referida cláusula prestigia o princípio da boa-fé processual, a qual assim como deveres processuais dela decorrente, não pode ser afastada por negócio processual[209]. Se o réu está, por exemplo, acompanhado de advogado e tem ciência dos riscos que essa cláusula lhe impõe, dificilmente poderá sustentar a sua nulidade posteriormente em razão de ter lhe acarretado um prejuízo processual[210].

Muito similar à problemática da vulnerabilidade é a *inserção de negócios processuais em contratos de adesão.* Não é por acaso que os dois temas são tratados em sequência no parágrafo único do art. 190 do CPC. Regra geral, quando se pensa num negócio jurídico processual celebrado no âmbito do direito do consumidor, pensa-se em contratos de adesão, vale dizer, naqueles contratos em que as partes deixam de negociar as cláusulas contratuais, as quais são preestabelecidas por uma das partes e impostas a outra[211]. Certamente, a legislação consumerista deverá servir como um importante instrumento para delimitar o regramento dos negócios processuais em contratos de adesão, sem prejuízo, quando for o caso, da aplicação da legislação civil sobre a matéria (art. 423 e 424, CC). Entende-se, nesse sentido, que tais contratos, quando estipularem convenções processuais, deverão fazê-lo com destaque, de maneira a permitir a fácil e imediata compreensão pela outra parte (art. 54, §4º., CDC).

---

209. Cabe registrar, no ponto, que a impossibilidade de serem celebrados negócios jurídicos processuais tendentes a afastar deveres processuais não significa que seja vedada a celebração de convenções processuais que deliberem a respeito de deveres processuais. Como bem destaca Antônio do Passo Cabral, "o acordo das partes pode *criar novas obrigações* processuais para além daqueles deveres legalmente disciplinados. Os acordos podem também forçar os deveres previstos na legislação, p. ex. ampliando as sanções para a prática da conduta indesejada" (CABRAL, Antônio do Passo. *Convenções processuais*. Salvador: JusPodivm, 2016, p. 293).

210. Registre-se que "a igualdade que se pretende tutelar é aquela no momento do conhecimento dos riscos inerentes ao negócio e a sua lavratura (mas não a igualdade após o insucesso da estratégia traçada). Isso significa que o controle dos negócios processuais deve levar em conta a plena capacidade das partes em exercitar o contraditório, mantendo-se como hígidas as manifestações de vontade que derivem de estratégias processuais (ainda que mal sucedidas) nas quais se permitiu a compreensão dos riscos. O tão só fato de que tenha resultado em desequilíbrio entre sujeitos processuais em termos de desempenho futuro de suas posições processuais não significa que a manifestação de vontade seja inválida. Se as partes podem, por meio de omissões, não desempenhar certas posições processuais durante o processo, igualmente podem abdicar dessas posições por meio de negócios processuais, sem que isso signifique qualquer afronta aos direitos fundamentais processuais. Omissões conscientes não devem ser tuteladas pelo judiciário apenas porque significam más escolhas estratégicas" (ABREU, Rafael Sirangelo de. A igualdade e os negócios processuais" (In: *Negócios processuais*. Coordenadores: Antonio do Passo Cabral, Pedro Henrique Nogueira. Salvador: JusPodivm, 2015, pp. 210-211).

211. DENSA, Roberta. *Direito do consumidor*. 9. São Paulo: Atlas 2014, p. 171.

Nessa ótica, sequer é vedado que o contrato de adesão limite direitos processuais, desde que não venha a fazê-lo onerando excessivamente uma das partes. Segue-se daí o parâmetro para verificar a nulidade da inserção de negócios processuais em contratos de adesão[212].

Não há dúvida que o atual CPC, ao regulamentar os negócios processuais, dá muito mais ênfase à autonomia privada do que ao poder regulamentador do Estado. Tanto é assim que, da análise do art. 190 do Novo CPC e do seu parágrafo único, a regulamentação dos negócios processuais (e, consequentemente, as limitações à autonomia privada) fica adstrita aos seguintes elementos: *partes plenamente capazes, casos de nulidade, inserção abusiva em contrato de adesão, manifesta situação de vulnerabilidade* e *processo que versa sobre direitos que admitam autocomposição*. Na verdade, em sentido *lato*, todos esses elementos inserem-se no conceito de nulidade do negócio jurídico processual, sendo que, em todos esses casos, poderá o juiz recusar-lhe aplicação. Para avançar no tema, pois, é preciso verificar em quais casos se admite a negociação e processual e, posteriormente, os limites do seu objeto.

O Código de Processo Civil admite a celebração de negócios processuais – antes ou depois do processo – quando estes versarem sobre direitos que admitam autocomposição. O legislador teve o cuidado na escolha na expressão "direitos que admitam autocomposição", a qual não deve ser confundida com direitos indisponíveis, uma vez que estes também podem ser objeto de transação[213]. É certo que as convenções processuais, a despeito de não terem por objeto o direito material, poderão impactar na solução final do processo em relação a ele[214]. Daí que a "indisponibilidade sobre o direito material não leva necessariamente à indisponibilidade sobre as situações jurídicas processuais"[215]. Isso por-

212. Nesse mesmo sentido, refere Fredie Didier que "é possível inserir negócio processual em contrato de adesão, mas ele não pode ser abusivo. Não pode, por exemplo, onerar excessivamente uma das partes. Se abusivo, será nulo. Generaliza-se aqui o raciocínio desenvolvido para o foro de eleição e para a distribuição convencional do ônus da prova, negócios processuais típicos. É por isso que o parágrafo único do art. 190 fala em nulidade por 'inserção abusiva em contrato de adesão'" (DIDIER, Fredie. *Curso de direito processual civil*. 17. ed. Salvador: JusPODIVM, 2015, p. 389).

213. A Lei da Mediação (Lei 13.140/2015) utiliza o conceito "direitos indisponíveis que admitem transação", com o objetivo de deixar claro que também esses podem ser objeto de autocomposição. Nesse sentido, reza o art. 3º da referida lei que "pode ser objeto de mediação o conflito que verse sobre direitos disponíveis ou sobre direitos indisponíveis que admitam transação".

214. CABRAL, Antônio do Passo. A resolução nº 18 do Conselho Nacional do Ministério Público e as convenções processuais. In: *Negócios processuais*. Coordenadores: Antonio do Passo Cabral, Pedro Henrique Nogueira. Salvador: JusPodivm, 2015, p. 551.

215. CABRAL, Antônio do Passo. A resolução nº 18 do Conselho Nacional do Ministério Público e as convenções processuais. In: *Negócios processuais*. Coordenadores: Antonio do Passo Cabral, Pedro Henrique Nogueira. Salvador: JusPodivm, 2015, p. 551.

que, em que pese seja indisponível o direito material[216], é possível que o negócio jurídico processual venha a reforçar o âmbito de proteção conferido processualmente àquele afirmado direito[217].

Conforme já referido, o tema mais complexo no tocante à nulidade dos negócios processuais é o do seu objeto e, por conseguinte, dos limites da autonomia privada no âmbito da negociação processuais. O Código de Processo Civil confere ampla margem de liberdade às partes para estabelecerem negócios processuais, deixando de traçar precisamente os seus limites.

Remo Caponi, ao tratar do tema no direito italiano, refere que os negócios processuais encontram limites nas normas imperativas, nas normas de ordem pública e dos bons costumes, todos eles colocados em defesa de uma alocação proporcional dos recursos estatais, de modo a assegurar a todos um serviço de Justiça Civil eficiente[218]. De modo mais específico, tem-se falado numa limitação da *autonomia privada no processo pelo que se denomina "ordem pública processual"*, vale dizer, por um conjunto de "princípios indisponíveis, porque impostos de modo absoluto"[219], que materializam, no processo, "*interesses públicos inafastáveis*, seja pela vontade do juiz, seja pela vontade das partes"[220]. Essa pauta

216. Deve-se, no entanto, registrar que é muito difícil precisar conceitualmente os direitos indisponíveis e, mais ainda, aqueles que não admitem transação ou os limites para tanto. Sobre o tema a excelente tese de doutoramento de Letícia Campos Velho Martel procura deixar claro que "os direitos não são, estruturalmente, nem disponíveis, nem indisponíveis", sendo, pois, *normativa* a indisponibilidade (MARTEL, Letícia de Campos Velho. *Direitos fundamentais indisponíveis* – os limites e os padrões do consentimento para a autolimitação do direito fundamental à vida. Tese (doutoramento). UERJ. Orientador Luís Roberto Barroso. Rio de Janeiro, 2010, 420.

217. CABRAL, Antônio do Passo. A resolução nº 18 do Conselho Nacional do Ministério Público e as convenções processuais. In: *Negócios processuais*. Coordenadores: Antonio do Passo Cabral, Pedro Henrique Nogueira. Salvador: JusPodivm, 2015, p. 551. No mesmo sentido, DIDIER, Fredie. *Curso de direito processual civil*. 17. ed. Salvador: JusPODIVM, 2015, p. 387. De forma ainda mais detida, refere Antônio do Passo Cabral que "os interesses materiais em disputa podem ser indisponíveis, mas ainda assim as partes podem acordar sobre inúmeros aspectos processuais, como a eleição do foro, redistribuição de ônus da prova, suspensão do processo, dilação de prazos, preclusões e formalidades dos atos do processo. Pensemos em um litígio envolvendo um incapaz: seria inadmissível uma convenção processual que alterasse prazos para ampliá-los em favor do incapaz? Ou uma cláusula de eleição de foro ou um contrato sobre os custos que alterassem as regras legais de maneira a facilitar o acesso à justiça de uma parte hipossuficiente econômica? Parece certo que sim" (CABRAL, Antônio do Passo. *Convenções processuais*. Salvador: JusPodivm, 2016, pp. 298-299).

218. CAPONI, Remo. Autonomia privata e processo civile: gli accordi processuali. *Quaderni della rivista trimestrale di diritto e procedura civile*. v.11 – Accordi di parte e processo. Milano: Giuffrè, 2008, p. 1189.

219. GRECO, Leonardo. Os atos de disposição de disposição processual – primeiras reflexões. *Revista eletrônica de direito processual* - REDP. Ano I. v. I. Outubro a dezembro de 2007. Rio de Janeiro: UERJ, 2007, p. 11.

220. ALMEIDA, Diogo Assumpção Rezende de. *A contratualização do processo: das convenções processuais no processo civil*. São Paulo: LTr, 2015, p. 153.

mínima de direitos visa a garantir justamente que o processo atinja na melhor medida os resultados esperados sem deixar, com isso, de ser um processo *devido*. Afinal, conforme Cadiet, "l'efficience processuelle ne peut donc pas se faire au prix de l'équité procédurale"[221]. Eis, portanto, uma das possíveis chaves de leitura para o tema: direitos fundamentais processuais não podem ser solapados em favor de uma suposta *eficiência juridicional.*

Indo além, no entanto, o garantismo processual proporciona algumas abordagens capazes de iluminar a resolução da questão atinente aos limites dos negócios jurídicos processuais. Conforme mencionado anteriormente, o garantismo processual enxerga o processo como *coisa para as partes*, na medida em que a sua natureza jurídica constitucional é a garantia da liberdade individual[222], uma garantia voltada, portanto, a evitar excessos e arbítrios por parte do detentor do poder jurisdicional. Parte-se daí para a relação que se dá entre processo e procedimento, a qual pode ser sintetizada pela metáfora da relação entre alma e corpo: "o *corpo-procedimento* está para o plano da imanência, ao passo que a *alma-processo* está para o plano da transcendência". Assim, "*o procedimento corporifica, imanentiza, concretiza a garantia do processo, sua alma, seu transcendente, seu abstrato*"[223].

O processo, posto que instituição de garantia estabelecida no plano do direito positivo-constitucional, interpõe-se entre o Estado-juiz e o indivíduo, funcionando como garantia contrajurisdicional, a qual é formada por um complexo de garantias (comumente denominadas de direitos fundamentais processuais). Do ponto de vista normativo, essas garantias são estabelecidas por conceitos vagos e muitas vezes imprecisos, sendo necessário resgatar seu sentido historicamente construído e corporificá-las, no plano da legislação infraconstitucional, em procedimentos capazes de conferir a elas maior densidade normativa. Um bom exemplo disso é a relação que se estabelece entre o art. 93, IX, da Constituição

221. CADIET, Loïc. Pour une "théorie générale du procès". *Ritsumeikan Law Review*. n. 28. Kyoto: Ritsumeikan University, 2011, p.144. Nesse sentido, "une justice de qualité, qui est au coeur de la mission d'évaluation des systèmes judiciaires confiée, en Europe, à la Commission européenne pour l'efficacité de la justice, la CEPEJ, est une justice qui parvient à combiner ces deux exigences" (CADIET, Loïc. Pour une "théorie générale du procès". *Ritsumeikan Law Review*. n. 28. Kyoto: Ritsumeikan University, 2011, p.144).

222. A gênese dessa visão pode ser encontrada em COSTA, Eduardo José da Fonseca. O processo como instituição de garantia. *Consultor jurídico*. Disponível em https://www.conjur.com.br/2016-nov-16/eduardo-jose-costa-processo-instituicao-garantia. Acesso em 20/04/2019.

223. SILVEIRA, Marcelo Pichioli; SOUSA, Diego Crevelin. Entre alma e corpo: o que diz o garantismo processual sobre as competências legislativas dos arts. 22, I, e 24, XI, CRFB. *Empório do direito*. Disponível em https://emporiododireito.com.br/leitura/abdpro-65-entre-alma-e-corpo-o-que-diz-o-garantismo-processual-sobre-as-competencias-legislativas-dos-arts-22-i-e-24-xi-crfb. Acesso em 03/01/2019.

Federal, e o art. 489, §1.º, com seus respectivos incisos, do CPC. A mesma relação é estabelecida entre o art 5.º, LV, da CF, que prevê a garantia do contraditório, e os artigos 9.º e 10, do CPC. Por isso, a "garantia do processo se corporifica num *procedimento rígido em contraditório, estruturado numa divisão equilibrada e bem delimitada de tarefas entre juiz e partes e funcionalizado a protegê-las do arbítrio, resguardando-lhes um juiz imparcial e a liberdade de debate*"[224]. Aqui, se está a tratar da relação entre processo (norma jurídica constitucional) e procedimento (norma jurídica infraconstitucional). Nessa perspectiva, o procedimento é elemento limitador da atuação jurisdicional, por isso qualquer ingerência do órgão jurisdicional (aquele que é controlado) sobre o procedimento (aquele que controla) afigura-se inconstitucional.

Porém, quando o legislador infraconstitucional constrói o procedimento no qual partes e juiz atuam, e que se conecta à prestação da tutela jurisdicional (serviço público prestado pelo Estado-juiz ao indivíduo), também deve levar em consideração as peculiaridades do direito material, as quais, em sua maioria, são estabelecidas também no plano infraconstitucional. Aqui a relação se dá entre o plano do direito material (essencialmente consubstanciado em normas jurídicas infraconstitucionais) e procedimento (norma jurídica infraconstitucional). Por isso, nessa vereda se admite uma maior maleabilidade procedimental pelas partes e, eventualmente, a concessão de poderes jurisdicionais voltados à tutela do direito material com base em conceitos vagos, como ocorre, por exemplo, com a utilização dos termos "probabilidade do direito" e "perigo de dano", empregados no âmbito das tutelas provisórias. Sob esse último aspecto, deve o legislador, na maior medida possível, estabelecer critérios tendentes a permitir o controle da atuação jurisdicional, tarefa com a qual cabe à doutrina contribuir. No entanto, nada disso permite concluir que o juiz possa manipular o procedimento e nem que as partes possam flexibilizá-lo ao ponto que venha a tornar-se coisas *das* partes ou mesmo um procedimento incapaz de tornar imanente as garantias constitucionais construídas *para* as partes. Por óbvio que, nesse aspecto, à inexistência de poderes de disposição para o juiz contrapõe-se um amplo espaço (porém limitado) de disposição para as partes.

Com efeito, não é possível que, por um negócio jurídico processual, as partes desnaturem a própria concepção constitucional-democrática de processo, sepultando garantias contrajurisdicionais como, por exem-

224. COSTA, Eduardo José da Fonseca. A natureza jurídica do processo. *Empório do direito*. Disponível em https://emporiododireito.com.br/leitura/9-a-natureza-juridica-do-processo. Acesso em 12.07.2019.

plo, as garantias do contraditório, da fundamentação, da publicidade, do juiz natural dentre outras. As partes têm ampla margem de liberdade para regrar o procedimento desde que não venham a reestruturá-lo de modo desconforme ao núcleo de garantias que fundamenta a concepção constitucional e democrática de processo com base na qual o processo é garantia da liberdade individual[225].

Avançando no tema, deve-se deixar claro que, embora a autonomia das partes quanto ao procedimento encontre sua primeira limitação nas garantias constitucionais do processo, isso não significa que as partes não possam renunciar, conjuntamente, às faculdades que esses princípios – os quais assumem as vestes de direitos fundamentais – conferem às partes[226]. A propósito, é exatamente importante a lição de Luis María Díez-Picazo, para quem, enquanto a renúncia em geral dos direitos fundamentais é inadmissível, mostra-se possível renunciar ao exercício, em um caso concreto, das faculdades que são outorgadas por um determinado direito fundamental[227]. Isso tem levado inclusive alguns autores a sugerirem o abandono do termo "renúncia à direi-

225. Essa proposição, de certo modo, não destoa do posicionamento doutrinário segundo o qual o limite dos negócios jurídicos processuais é estabelecido pela *ordem pública processual*. Tal conceito, no entanto, é sobremaneira amplo e volátil. Basta ver, nesse sentido, que os elementos da ordem pública processual trazidos por Diogo Assumpção Rezende de Almeida não são idênticos àqueles mencionados por Leonardo Greco. No entanto, estamos de acordo com Diogo Assumpção Rezende de Almeida, quando este diz que "no Estado democrático de direito, no qual se objetiva assegurar aos litigantes direitos e garantias fundamentais no processo, esses interesses públicos preservados encontram-se na lei constitucional" (ALMEIDA, Diogo Assumpção Rezende de. *A contratualização do processo: das convenções processuais no processo civil*. São Paulo: LTr, 2015, p. 153).

226. Dogmaticamente, para melhor compreensão do ponto, deve-se ter presente que os poderes e faculdades compõe o conteúdo dos direitos processuais conferidos às partes ao longo do processo. Como bem notou Araken de Assis, "as partes desenvolvem atividades interligadas no curso do processo. Essas atividades geram situações jurídicas ativas e passivas. As partes adquirem direitos processuais. O conteúdo desses direitos engloba uma ou mais faculdades (ou poderes), por sua vez dotados de pretensão (v.g., a pretensão recursal, aludida no art. 1.109, I), e, correlatamente, exaustivos e rígidos deveres" (ASSIS, Araken de. *Processo civil brasileiro*. Volume II: parte geral: institutos fundamentais: Tomo 1. São Paulo: Revista dos Tribunais, 2015, p. 892). É possível encontrar, em sede doutrinária, autores que estabelecem uma distinção mais rigorosa entre os termos. Antônio do Passo Cabral, por exemplo, entende que os *poderes jurídicos*, assim como os direitos subjetivos, são atributos da vontade, porém implicam domínio da vontade alheia, sendo, de alguma forma, contrários à liberdade de outrem, que se encontra na correlata situação de sujeição. A *faculdade*, por sua vez, seria uma situação jurídica neutra, "definida como a possibilidade de agir no campo da autonomia, através de condutas cuja prática encontra total liberdade no sujeito legitimado. O ato facultativo é permitido, no sentido de que não é obrigatório ou devido". Nessa senda, "a distinção dos direitos para as faculdades reside no fato de que estas não se colocam em dualidade num conflito de interesses, não fazem referência a um determinado sujeito 'devedor', e até por esa razão são qualificadas de situações 'neutras'" (CABRAL, Antônio do Passo. *Convenções processuais*. Salvador: JusPodivm, 2016, pp. 291-292).

227. DÍEZ-PICAZO, Luis María. Notas sobre la renuncia a los derechos fundamentales. *Persona y derecho*. Revista de fundamentación de las Instituciones Jurídicas y de Derechos Humanos. v. 45. Universidad de Navarra: Servicio de publicaciones, 2001, p. 134.

tos fundamentais" na medida em que ela, ao contrário do que ocorre no direito civil, não se traduz, normalmente, na extinção do próprio direito, mas no comprometimento do indivíduo em não invocar temporariamente uma determinada posição jurídica tutelada por uma norma de direito fundamental[228]. Consequentemente, não podem as partes renunciar ao direito fundamental ao contraditório ou ao direito fundamental à prova de um modo geral, mas podem, *conjuntamente*, renunciar à determinado meio de prova ou à interposição de determinados recursos. Nesses casos, desde que ambas as partes renunciem a essas posições jurídicas que lhe são outorgadas pelos direitos fundamentais processuais, não haverá nenhuma espécie de nulidade. Para resolver a questão, deve-se perguntar se era lícito à parte, no curso do processo, fazer igual renúncia. Caso positiva a resposta, não há óbice a que ela seja feita antes do processo, mediante negócio jurídico processual, desde que a parte contrária, do mesmo modo, renuncie. Fora das hipóteses em que a renúncia a certas faculdades decorrentes de direitos fundamentais processuais se dê de modo paritário, a questão deve ser analisada com extremo cuidado, exigindo-se, no mínimo, que a renúncia em questão tenha ocorrido de maneira livre, esclarecida e inequívoca[229].

Essa solução, todavia, não serve para aquelas faculdades processuais que, no bojo do processo, cabem somente ao autor ou ao réu. Por exemplo, somente o réu pode reconvir e somente o autor pode requerer a concessão de uma tutela provisória. Diante desse quadro, seria lícito um negócio processual cujo objeto fosse limitar as matérias de defesa do réu? Parece que aqui a resposta, em princípio, será negativa, pois a limitação dos poderes e faculdades conferidos pelo direito ao contraditório e pelo direito à tutela jurisdicional adequada e efetiva estariam sendo renunciados unilateralmente, de modo que, por outro lado, o princípio da igualdade restaria violado. Especificamente, nada impede que certo negócio jurídico processual limite as matérias que poderiam ser deduzidas em determinado processo, garantindo, por outra via, que possam ser discutidas em outra demanda. Seria possível, por exemplo, que se vedasse a reconvenção em prol da razoável duração do processo, desde que aquela matéria pudesse ser deduzi-

228. Conforme relata CRORIE, Benedita Mac. *Os limites da renúncia a direitos fundamentais nas relações entre particulares*. Coimbra: Almedina, 2013, p. 25.

229. Nesse último ponto, segue-se a linha adotada por Antônio do Passo Cabral com base na jurisprudência da Corte Europeia de direitos Humanos, a qual "decide reiteradamente que as partes podem sempre renunciar aos seus direitos processuais desde que o façam de maneira livre e esclarecida" (CABRAL, Antônio do Passo. *Convenções processuais*. Salvador: JusPodivm, 2016, pp. 178-179).

da em outro feito em que o réu anterior viesse a figurar como autor. Igualmente, não é adequado que se possa estipular, via negócio processual, a vedação do requerimento de tutela provisória de urgência em futura demanda, pois embora seja certo que o autor pode deixar de requerê-la em juízo, não há como antever a inexistência de eventual situação de urgência capaz de justificar que, numa futura demanda, tal pedido torne-se imprescindível para assegurar a tutela do direito afirmado pelo autor.

Do mesmo modo, a autonomia privada encontra limites na impossibilidade de as partes disporem sobre a obrigatoriedade ou não de pressupostos processuais cujo afastamento possa redundar na violação de alguma garantia constitucional, os quais, na maioria das vezes, já são impostos por regras imperativas. Não é possível que um negócio processual afaste a exigência de advogado em futura demanda, ainda que para ambas as partes - salvo no juizado especial nos limites em que a lei assim admite - pois se estaria afastando um pressuposto processual imprescindível para garantir a igualdade entre as partes. O mesmo raciocínio vale para as hipóteses em que a intervenção do Ministério Público é obrigatória, as quais não podem ser modificadas por negócio jurídico processual. Nesses casos, o afastamento de certas regras procedimentais é vedado por redundar indiretamente no enfraquecimento de princípios que devem ser respeitados para garantir um processo democrático. Do mesmo modo, não podem as partes negociar sobre regras de competência absoluta, pois estariam, com isso, violando diretamente a garantia do juiz natural.

Por fim, os negócios processuais encontram limites naquelas matérias cuja regulamentação está exclusivamente reservada à lei. A legislação processual, por exemplo, estabelece um rol taxativo de recursos, de modo que as partes não poderiam convencionar a criação de novos recursos[230]. Na verdade, os casos em que há reserva legal podem ser amoldados num padrão mais amplo que é o da vedação de negócios processuais que modifiquem as atribuições funcionais do órgão julgador. Isso significa que as partes não podem criar recursos novos nem atribuir novas hipóteses de cabimento para recursos existentes, ampliando, por exemplo, a utilização do agravo de instrumento para qualquer decisão interlocutória. Os negócios processuais devem ser criados para uma melhor adequação procedimental, e não para tornar para o contrário. Afinal, o processo é coisa para as partes, e não coisa das partes. Nessa linha, é questionável a validade de convenção processual

230. DIDIER, Fredie. *Curso de direito processual civil*. 17. ed. Salvador: JusPODIVM, 2015, p. 388.

que, por exemplo, amplia o tempo para a sustentação oral, uma vez que ela interferirá diretamente na atividade jurisdicional – inclusive entendemos que este seja um dos piores exemplos possíveis para ilustrar o tema. Nesse caso, a liberdade das partes depende da concordância do órgão jurisdicional, devendo ainda ser justificada a ampliação do tempo da sustentação oral em face da complexidade do caso concreto. Ao que tudo indica, situações como essa trazem consigo uma limitação ao objeto dos negócios processuais na medida em que interferem diretamente na prestação da tutela jurisdicional pelo Estado. Isso não significa negar que a jurisdição estatal consiste num serviço à disposição das partes, mas, sim, reconhecer que existem limites à autonomia privada, pois, do contrário, haveria um regresso ao modelo liberal clássico de processo.

Em certa medida, concorda-se com a ideia defendida por autores como Remo Caponi, Fredie Didier Jr. e Antônio do Passo Cabral, no sentido de prestigiar a autonomia privada a partir da máxima *in dubio pro libertate*[231]. No entanto, não podemos esquecer do outro lado da moeda, ou seja, que a liberdade das partes somente é possível se não significar desrespeito ao modelo democrático-constitucional de processo, que se alicerça nos direitos fundamentais processuais consagrados na Constituição. Eis o limite à liberdade e à autonomia das partes no âmbito dos negócios jurídicos processuais.

2.3 FLEXIBILIZAÇÃO PROCEDIMENTAL EM PERSPECTIVA COMPARADA: DO MODELO CENTRADO NA FIGURA DO JUIZ AO MODELO CENTRADO NAS PARTES

As insuficiências do modelo de adaptação procedimental por meio de procedimentos especiais levaram à teorização de novos parâmetros para equalizar a relação entre direito material, procedimento e tutela jurisdicional. O caso dos negócios jurídicos processuais é, nessa perspectiva, um excelente exemplo de adaptação procedimental.

231. DIDIER, Fredie. *Curso de direito processual civil*. 17. ed. Salvador: JusPODIVM, 2015, p. 387. A expressão foi cunhada por Peter Schlosser conforme indicado por Remo Caponi, em CAPONI, Remo. Autonomia privata e processo civile: gli accordi processuali. *Quaderni della rivista trimestrale di diritto e procedura civile*. v.11 – Accordi di parte e processo. Milano: Giuffrè, 2008, p. 1183. Antônio do Passo Cabral chega a afirmar que "Schlosser estabeleceu uma *preferência normativa* do ordenamento em favor da liberdade de conformação do processo à vontade das partes. Para inverter essa prioridade sistêmica, tem o juiz o 'ônus argumentativo' em sentido contrário, exigindo-se dele uma fundamentação mais intensa e específica, à luz das circunstâncias concretas, que pudesse infirmar a liberdade e autonomia dos sujeitos do processo para convencionar" CABRAL, Antônio do Passo. *Convenções processuais*. Salvador: JusPodivm, 2016, p. 115.

No entanto, na experiência do direito comparado, tem-se verificado reformas legislativas tendentes a permitir adaptações procedimentais pelo próprio juiz, o que, normalmente, vem associado à figura do *judicial case management* e às noções de *eficiência* e de *cooperação processual*.

Compreender as tendências do direito comparado constitui uma empreitada extremamente importante para que se possa verificar as suas possibilidades de incorporação no direito brasileiro. Contudo, na doutrina brasileira, esse diálogo com o direito comparado costuma ser realizado sem grandes reflexões. O caso do *active case management* é, por sinal, um ótimo exemplo disso.

Enquanto na Inglaterra os termos cooperação, eficiência e *case management* surgiram tendo como pano de fundo ideológico o "liberalismo social", numa tentativa de romper com um modelo considerado por muitos excessivamente adversarial, no Brasil o problema que se apresenta é o de combater um modelo processual excessivamente inquisitorial. Ao contrário do direito processual inglês e americano, no caso do direito processual brasileiro o reforço dos poderes do juiz é algo que advém, pelo menos, do Código de Processo Civil de 1939 – responsável por incorporar em sede legislativa doutrinas instrumentalistas como as de Franz Klein, Chiovenda e José Alberto dos Reis. Por isso, a utilização irrefletida de experiências do direito comparado em solo brasileiro, ao invés de representar ganhos democráticos, poderá oferecer resultados nefastos e bastante distintos daqueles obtidos em outros países. Tal afirmação, que longe está de significar um enclausuramento cultural, visa a chamar atenção para a realidade em que está inserido o direito brasileiro, bem como para um resgate dos elementos que permeiam a tradição processual luso-brasileira.

Na primeira edição deste livro, destacou-se a importância de compatibilizar o ideal de adaptação procedimento com o poder de autodeterminação das partes e com as garantias fundamentais processuais, buscando, nessa perspectiva, oferecer soluções para o problema da divisão de trabalho entre o juiz e as partes no procedimento civil. Todavia, verificou-se posteriormente a necessidade de fazer algumas considerações críticas às tendências que de lá para cá arvoraram no direito brasileiro com base na eficiência processual, no slogan do processo justo, no *active case management* e na flexibilização procedimental. Por isso, além de apresentar as características do *case management*, também serão apresentadas críticas ao referido modelo, bem como incompatibilidades entre ele e o que, no Brasil, vem sendo associado a uma noção de flexibilização procedimental centrada na figura do juiz.

2.3.1 *Case management*, elasticidade procedimental e a proposta de uma fase preparatória no direito comparado: a tensão entre o papel do juiz e o papel das partes na construção do procedimento adequado ao caso concreto

A partir do final dos anos noventa os principais sistemas processuais europeus foram alvo de profundas reformas processuais, fruto de uma espécie de *"dialogo a distanza tra legislatori attenti a cogliere ciò che avviene altrove e ad utilizzare l´esperienza altrui in vista di una risposta ai propri problemi"*[232]. Esse diálogo entre os diversos sistemas jurídicos europeus mostrou-se decisivo para que, no âmbito das reformas, fossem abandonadas as contraposições entre modelo *adversarial* e *inquisitorial* bem como entre as contraposições ideológicas que ora consideravam o processo como coisa das partes, ora como coisa do juiz[233]. Nesse quadro de equilíbrio, a primeira grande tendência que perpassou o panorama das reformas processuais europeias, segundo Trocker, foi a constatação de que o objetivo de garantir a efetividade da tutela jurisdicional através de um processo capaz de se desenvolver em tempo razoável sem sacrificar a exigência de um adequado debate da causa não pode ser perseguido de maneira eficaz desenhando um esquema rígido de procedimento concebido como universalmente válido para todos os tipos de controvérsias, exigindo-se *uma estrutura elástica*, no interior da qual houvesse espaço para *"la differenziazione dei modelli di trattazioni delle cause in funzione dei loro caratteri peculiari"*[234].

Nota-se que tal "proposta de adequação procedimental" não se confunde com a perspectiva abstrata presente nos procedimentos especiais. Aqui, cuida-se da *"possibilità di modellare il procedimento sulle controversies in virtû delle caratteristiché peculiari di ciascuna"*[235]. Não se trata, pois, de predispor um rito abstratamente idôneo a oferecer

232. TROCKER, Nicólo. Poteri del giudice e diritti delle parti nel processo civile: gli insegnamenti di Calamandrei e le riforme processuali in Europa. In: SCARSELLI, Giuliano (*a cura di*). *Poteri del giudice e diritti delle parti nel processo civile*. Collana Quaderni de "Il Giusto processo civile" 4. Napoli: Edizioni Scientifiche Italiane, 2010, p. 175.

233. TROCKER, Nicólo. Poteri del giudice e diritti delle parti nel processo civile: gli insegnamenti di Calamandrei e le riforme processuali in Europa. In: SCARSELLI, Giuliano (*a cura di*). *Poteri del giudice e diritti delle parti nel processo civile*. Collana Quaderni de "Il Giusto processo civile" 4. Napoli: Edizioni Scientifiche Italiane, 2010, p. 176.

234. TROCKER, Nicólo. Poteri del giudice e diritti delle parti nel processo civile: gli insegnamenti di Calamandrei e le riforme processuali in Europa. In: SCARSELLI, Giuliano (*a cura di*). *Poteri del giudice e diritti delle parti nel processo civile*. Collana Quaderni de "Il Giusto processo civile" 4. Napoli: Edizioni Scientifiche Italiane, 2010, p. 178.

235. FICCARELLI, Beatrice. *Fase preparatoria del processo civile e case management giudiziale*. Napoli: Edizioni Schientifiche Italiane, 2011, p. 29.

uma tutela efetiva para uma determinada classe de direitos subjetivos[236], mas, sim, de predispor um modelo procedimental formalmente disciplinado de forma elástica e, portanto, capaz de adaptar-se às características *concretas* de cada controvérsia, independentemente do tipo de direito afirmado[237]. Tudo muito parecido com as observações que Ovídio A. Baptista da Silva fazia ao que ele denominou de mito da ordinariedade.

Com efeito, enquanto nos procedimentos especiais a diferenciação de rito ocorre *antes* do processo e, consequentemente, de maneira rígida e indiferente às circunstâncias do caso concreto, o modelo de *elasticidade procedimental* desenvolvido nas reformas do processo civil europeu permite uma diferenciação ritual *durante* o desenvolvimento do processo[238]. Esse ideal de adequação e elasticidade há muito era reivindicado por Carnelutti, o qual já defendida um processo com uma *struttura elastica*, que permitisse *adequar a estrutura do processo à estrutura da "lide"*, tendo em vista uma espécie de "princípio" da *elasticità*[239]. Não se trata, portanto, de um conceito novo na história do direito processual[240]. Po-

236. TROCKER, Nicólo. Poteri del giudice e diritti delle parti nel processo civile: gli insegnamenti di Calamandrei e le riforme processuali in Europa. In: SCARSELLI, Giuliano (*a cura di*). *Poteri del giudice e diritti delle parti nel processo civile*. Collana Quaderni de "Il Giusto processo civile" 4. Napoli: Edizioni Scientifiche Italiane, 2010, p. 180.

237. TROCKER, Nicólo. Poteri del giudice e diritti delle parti nel processo civile: gli insegnamenti di Calamandrei e le riforme processuali in Europa. In: SCARSELLI, Giuliano (*a cura di*). *Poteri del giudice e diritti delle parti nel processo civile*. Collana Quaderni de "Il Giusto processo civile" 4. Napoli: Edizioni Scientifiche Italiane, 2010, p. 181.

238. DONZELLI, Romulo. La fase preliminare del nuovo processo civile inglese e l´attività di "case management" giudiziale. *Revista da faculdade de direito do sul de Minas*. Pouso Alegre, v. XXIV, n. 24, jan.jun/2007, p. 43. TROCKER, Nicólo. Poteri del giudice e diritti delle parti nel processo civile: gli insegnamenti di Calamandrei e le riforme processuali in Europa. In: SCARSELLI, Giuliano (*a cura di*). *Poteri del giudice e diritti delle parti nel processo civile*. Collana Quaderni de "Il Giusto processo civile" 4. Napoli: Edizioni Scientifiche Italiane, 2010, p. 181. Conforme Ficcarelli, "ciò che importa non è tanto predisporre un rito che si presenti come astrattamente idoneo ad offrire una tutela giurisdizionale effettiva per una data classe di diritti soggettivi, quanto stabilire un modello di processo dalla disciplina formale particolarmente elastica, ovvero capace di adattarsi alle caratteristiche concrete della singola controversia, anche indipendentemente dalla tipologia del diritto fatto valere, con la conseguenza che la differenziazione del rito avviene *durante* lo svolgimento del porcesso e non prima che esso inizi" (FICCARELLI, Beatrice. *Fase preparatoria del processo civile e case management giudiziale*. Napoli: Edizioni Schientifiche Italiane, 2011, p. 171).

239. CARNELUTTI, Francesco. Lineamenti della riforma del processo civile di cognizione. Rivista di dirito processuale civile. *Rivista di diritto processuale civile*. Anno 1929, I. Padova: Casa Editrice Dott. Antonio Milani, 1929, p. 55. Para uma análise do pensamento de Carnlutti acerca do tema, consultar NICORA, Attilio. *Il principio di oralità nel diritto processuale civile italiano e nel diritto processuale canonico*. Roma: Università Gregoriana Editrice, 1977, pp. 105-107.

240. BIAVATI, Paolo. Flexibilidade, simplificação e gestão do processo civil: a perspectiva italiana. Traduzido por Gabriela Kazuel Ferreira Eberhardt Francisco. In: *I Colóquio Brasil-Itália de Direito Processual Civil*. Coordenadores: Camilo Zufelato, Giovanni Bonato, Heitor Vitor Mendonça Sica e Lia Carolina Batista Cintra. 2014. Disponível em <http://www.direitoprocessual.org.br/index.php?novo-cpc-2>. Acesso em 14/06/2015.

rém, é certo que a tendência do processo civil contemporâneo parece ser a de prestigiá-lo como jamais antes se viu.

Diferentemente do direito brasileiro, nas legislações processuais estrangeiras que dão ênfase à elasticidade procedimental costuma-se adotar, *de forma clara e precisa*, um esquema procedimental bifásico, o qual se divide em uma fase destinada à preparação da causa e outra destinada à assunção da prova e à decisão[241]. Tal modelo, conforme tem mostrado a experiência do direito comparado, "possibilita a melhor compreensão dos contornos do litígio e facilita a definição do que se quer ver provado, maximizando a atividade na fase instrutória e afastando-se o ir e vir que a atual fragmentação possibilita"[242]. Isso se dá, principalmente, pelo modo como se organiza o processo através da importância conferida à chamada "fase preparatória"[243], cuja disciplina tem sido o centro das reformas processuais tanto nos países de *civil law* quanto naqueles de *common law*[244]. É na fase preparatória que se abrem as portas para adaptação do procedimento às exigências do caso concreto, de modo a atingir o ideal de elasticidade na gestão da controvérsia por parte do juiz[245].

Verifica-se, nesse sentido, uma nítida associação entre *flexibilização procedimental* e *case management*, embora a doutrina cuide de destacar a diferenciação entre os termos, uma vez que *case management* teria abrangência ainda maior. Nesse sentido, Camilo Zufelato refere que o termo flexibilização procedimental "conecta-se com a ideia de alterações, adaptações ou até mesmo criações de *modelos procedimentais* previamente estabelecidos em lei", ao passo que o termo *case management* "se volta a uma atuação judicial do próprio processo, englobando as flexibilizações de rito, mas abarcando também outras soluções não necessariamente procedimentais *stricto sensu*, como por exemplo o re-

---

241. TROCKER, Nicólo. Poteri del giudice e diritti delle parti nel processo civile: gli insegnamenti di Calamandrei e le riforme processuali in Europa. In: SCARSELLI, Giuliano (*a cura di*). *Poteri del giudice e diritti delle parti nel processo civile*. Collana Quaderni de "Il Giusto processo civile" 4. Napoli: Edizioni Scientifiche Italiane, 2010, p. 183.

242. ARAUJO, José Aurélio. Procedimento probatório extrajudicial. Capítulo VI do Anteprojeto do grupo de pesquisa "Observatório das reformas processuais" da faculdade de direito da Universidade do Estado do Rio de Janeiro, intitulado "a reforma do direito probatório no processo civil brasileiro", coordenado pelo professor Leonardo Greco. *Revista Eletrônica de Direito Processual – REDP*. Volume XIII. Rio de Janeiro: UERJ, 2014, p. 393.

243. Sobre o tema, no direito brasileiro, ver ARAÚJO, José Aurélio de. A eficácia epistêmica da fase preparatória do processo bifásico. *Revista de Processo*, v.40, n.241, p. 369-410, mar. 2015. São Paulo: Revista dos Tribunais, 2015.

244. FICCARELLI, Beatrice. *Fase preparatoria del processo civile e case management giudiziale*. Napoli: Edizioni Schientifiche Italiane, 2011, p. 12.

245. FICCARELLI, Beatrice. *Fase preparatoria del processo civile e case management giudiziale*. Napoli: Edizioni Schientifiche Italiane, 2011, p. 171.

forço às medidas ditas alternativas de solução de conflitos ou mesmo a valorização de atividades cartorárias e de gerenciamento planejado de feitos"[246].

Sobre o tema, a experiência do direito inglês e do direito francês é bastante rica, na medida em que a centralidade conferida à fase preparatória para uma adequada flexibilidade procedimental e gestão da causa pressupõe uma participação ativa do juiz, sem, contudo, desprezar a participação das partes. Porém, há, nessas duas propostas, características muito distintas daquilo que, no Brasil, vem se constituindo como uma espécie de *modelo jurisprudencial de flexibilização procedimental* – no modelo inglês e francês a adaptação procedimental se a partir de alocação do caso a procedimentos previamente estabelecidos em lei. Além disso, é necessário perquirir as razões que levaram ao surgimento do *active case mangament* no direito inglês, as quais estão atreladas a uma mudança de postura judiciária diante de um sistema que era considerado pela doutrina *excessivamente adversarial*; outra diferencia crucial em comparação com o caso brasileiro.

2.3.1.1 O modelo de fase preparatória no processo civil inglês

A organização de uma fase preparatória é estabelecida, no direito inglês, no bojo de uma série de mudanças introduzidas pela *Civil Procedure Rules* de 1998, a qual é considerada *"l'evento più spettacolare"* do movimento de reformas processuais no processo civil europeu[247]. O "passo decisivo" para a reforma do processo civil inglês foi dado em 1994, quando o Lord Chancellor[248], Lord Mackay of Clashfern, incumbiu o futuro *Master of Rolls*[249],

---

246. ZUFELATO, Camilo. Flexibilização procedimental e gestão processual no direito brasileiro atual e projetado. In: I Colóquio Brasil-Itália de Direito Processual Civil. Coordenadores: Camilo Zufelato, Giovanni Bonato, Heitor Vitor Mendonça Sica e Lia Carolina Batista Cintra. 2014. Disponível em <http://www.direitoprocessual.org.br/index.php?novo-cpc-2>. Acesso em 14/06/2015.

247. TROCKER, Nicóló. Poteri del giudice e diritti delle parti nel processo civile: gli insegnamenti di Calamandrei e le riforme processuali in Europa. In: SCARSELLI, Giuliano (*a cura di*). *Poteri del giudice e diritti delle parti nel processo civile*. Collana Quaderni de "Il Giusto processo civile" 4. Napoli: Edizioni Scientifiche Italiane, 2010, p. 173.

248. Até a reforma constitucional de 2005, o Lord Chancellor era a "cabeça" do judiciário na Inglaterra, Wales e Irlanda do Norte, membro do gabinete e presidente da House of Lords. Trata-se de um posto que tem origem na idade média, quando o Lord Chancellor era uma espécie de secretário do Rei. Para uma consulta mais profunda acerca do papel do Lord Chancellor na história constitucional inglesa, ver HORNE. Alexander. *The role of Lord Chancellor*. Disponível em <http://researchbriefings.files.parliament.uk/documents/SN02105/SN02105.pdf>. Acesso em 15/06/2015.

249. Conforme informações obtidas diretamente do site do judiciário inglês, "the Master of the Rolls was originally responsible for the safe-keeping of charters, patents and records of important court judgments written on parchment rolls. He still has responsibility for documents of national importance, being Chairman of the Advisory Council on Public Records and Chairman of the Royal

Lord Woolf[250], a empreender uma pesquisa relativa à situação da Justiça civil inglesa[251] e oferecer sugestões para melhorar o acesso à justiça, reduzir o custo do processo, bem como remover a sua desnecessária complexidade[252]. Um ano depois foi produzido um relatório interino e, no ano seguinte, o relatório final, nos quais Lord Woolf identificou alguns princípios que o sistema de justiça civil deveria satisfazer para assegurar o acesso à justiça. Desse modo, o sistema deveria ser (a) justo nos resultados que ele oferece; (b) justo na forma com trata os litigantes; (c) oferecer procedimentos adequados com custos aceitáveis; (d) tratar os casos com duração razoável; (e) ser compreensível para àqueles que o utilizam; (f) dar respostas às necessidades dos jurisdicionados; (g) fornecer tanta certeza quanto a natureza do caso concreto permitir e (h) ser eficaz, devidamente organizado e estruturado[253].

Em 1997, Sir Peter Middleton elaborou um novo relatório em que se recomendava a adoção das soluções propostas por Lord Woolf, com algumas modificações, o que acabou redundando na *Civil Procedural Rules (CPR)*[254], a mais ampla fonte das regras processuais na Inglaterra em 26 de Abril de 1999, quando entrou em vigor[255]. Trata-se de um

Commission on Historical Manuscripts. The Master of the Rolls is, by virtue of his office, a judge of the Court of Appeal and is the President of its Civil Division. He is responsible for the deployment and organisation of the work of the judges of the division as well as presiding in one of its courts. He normally sits with two Lords Justices of Appeal and there is occasionally a third member such as a retired Lord Justice. The most complex cases traditionally come before the Master of the Rolls. The Master of the Rolls is second in judicial importance to the Lord Chief Justice. He is consulted on matters such as the civil justice system and rights of audience". Disponível em <https://www.judiciary.gov.uk/about-the-judiciary/who-are-the-judiciary/judicial-roles/judges/profile-mor/.>. Acesso em 15/10/2015.

250. Harry Kenneth Woolf foi *master of rolls* de 1996 a 2000 e *Lord Chief Justice* da Inglaterra e de Wales de 2000 a 2005. A reforma constitucional de 2005 fez dele o primeiro Chief Justice a presidir as cortes da Inglaterra e de Wales. Desde 2003 ele também tem sido juiz não permanente da corte final de apelação de Hong Kong. Conforme informações disponíveis em <http://worldjusticeproject.org/bio/honorary-chair/right-honorable-harold-woolf>. Acesso em 15/10/2015.

251. BARBOSA MOREIRA, José Carlos. Uma novidade: o código de processo civil inglês. *Temas de direito processual*: sétima série. São Paulo: Saraiva, 2001, p. 180.

252. ZUCKERMAN, Adrian. Lord Woolf´s access to justice: plus a change... *The modern law review*. v. 59. n. 6. November 1996. Oxford: Blackwell Publishers, 1996, p. 773. Conforme Gerlis e Loughlin, os objetivos da reforma eram especificamente os seguintes: "to improve the access to justice and reduce the cost of litigation; to reduce the complexity of rules and modernize technology; and to remove unnecessary distinctions of practice and procedure" (GERLIS, Stephen M. LOUGHLIN, Paula. *Civil procedure*. London: Cavendish publishing, 2001, p. 1).

253. *Acess to justice (final report) Lord Woolf*. Julho de 1996. Disponível em <http://webarchive.nationalarchives.gov.uk/+/http://www.dca.gov.uk/civil/final/overview.htm>. Acesso em 15/06/2015.

254. BARBOSA MOREIRA, José Carlos. Uma novidade: o código de processo civil inglês. *Temas de direito processual*: sétima série. São Paulo: Saraiva, 2001, p. 180.

255. ANDREWS, Neil. *O moderno processo civil*: formas judiciais e alternativas de resolução de conflitos na Inglaterra. Orientação e revisão da tradução Teresa Arruda Alvim Wambier. São Paulo: Revista dos Tribunais, 2009, p. 41. Como destaca Neil Andrews, "até abril de 1999, havia dois conjuntos de

verdadeiro código de processo civil[256], como indica textualmente o item 1.1. das *CPR* – "these Rules are a new procedural code", pautado pelos seguintes objetivos (*overriding objective*) para lidar com os casos de forma justa e com custos proporcionais: (a) garantir que as partes estejam em pé de igualdade; (b) economizar despesas; (c) lidar com os casos de modo proporcional relativamente às quantias envolvidas, a importância da causa, a complexidade das questões e a posição financeira de cada parte; (d) assegurar que o caso seja tratado de forma célere e justa; (e) atribuindo a ele uma parte adequada dos recursos dos tribunais levando em conta a necessidade de distribuir os recursos em outros casos e (f) fazer respeitar as regras, instruções práticas e ordens[257]. O conceito de *objetivos fundamentais* foi recebido com entusiasmo, sendo rotineiramente invocado pelos juízes ao interpretar as normas das *CPR*[258].

No mesmo sentido, Lord Woolf apontava em seus *reports* que um dos principais problemas do sistema inglês residia no fato de ser "*too adversarial*", com os casos conduzidos pelas partes com desprezo às regras do tribunal[259]. Frente a isso, no modelo da justiça implementado pelas

regras: o RSC (do inglês *Rules of the Supreme Court*), lidando com assuntos da *High Court of Appeal*, e o CCR (do inglês *County Court Rules*). Porém, desde 26 de abril de 1999, passou a existir um único conjunto de regras, as CPR, aplicáveis à *High Court*, às *county courts* e à *Court of Appeal*" (ANDREWS, Neil. *O moderno processo civil*: formas judiciais e alternativas de resolução de conflitos na Inglaterra. Orientação e revisão da tradução Teresa Arruda Alvim Wambier. São Paulo: Revista dos Tribunais, 2009, p. 41).

256. ANDREWS, Neil. *O moderno processo civil*: formas judiciais e alternativas de resolução de conflitos na Inglaterra. Orientação e revisão da tradução Teresa Arruda Alvim Wambier. São Paulo: Revista dos Tribunais, 2009, p. 45.

257. *Civil procedure rules.* Disponível em <https://www.justice.gov.uk/courts/procedure-rules/civil/rules/part01>. Acesso em 15/06/2015. A letra "f" foi acrescentada em 2013 em virtude da Civil Procedure (Amendment) Rules 2013.

258. LEGG, Michael. HIGGINGS, Andrew. Responding to cost and delay through overriding objectives – successful innovation? In: PICKER, Colin B. SEIDMAN, Guy I. *The dynamism of civil procedure* – global trends and developments, Ius Gentium: Comparative perspectives on law and justice. Switzerland: Springer International Publishing, 2016, p. 160.

259. *Acess to justice (final report) Lord Woolf.* Julho de 1996. Disponível em: <http://webarchive.nationalarchives.gov.uk/+/http://www.dca.gov.uk/civil/final/overview.htm>. Acesso em 15/06/2015. Conforme Gerlis e Loughlin, "Lord Woolf concluded that the unrestrained adversarial culture of the former civil justice system was largely to blame for the fact that system did not conform with the basic principles he believed were necessary to ensure access to justice. Under the operation of the old civil procedure rules, our adversarial system placed responsability for the conduct of proceedings with the parties to the case. The judge acted solely in the role of umpire adjudicating on the issues selected by the parties when they chose to present them to the court. Lord Woolf believed that where only the parties are in control of the pace and conduct of litigation, 'the litigation process is too often seen as a battlefield where no rules apply. In this environment, questions of expense, delay, compromise and fairness may have only low priority The consequence is that expense is often excessive, disproportionate and unpredictable; and delay is frequently unreasonable'. Examples cited of the resulting evils were the failure to establish the real issues in dispute in the case, excessive and inefficient disclosure of documents and the exertion of partisan pressure on experts" (GERLIS, Stephen M. LOUGHLIN, Paula. *Civil procedure*. London: Cavendish publishing, 2001, p. 3).

CPR, *"litigation will be less adversarial and more co-operative"*[260], cenário no qual tanto o papel das partes quanto o papel do juiz deveria ser redimensionado a partir de uma mudança cultural[261].

É assim que ingressa no modelo inglês o *case management*, fórmula geral com a qual são indicados os poderes de intervenção atribuídos à autoridade judiciária, a fim de reduzir a duração da causa e estabelecer a estrita proporcionalidade entre os instrumentos processuais e as despesas, de um lado, e o valor e a complexidade da causa, de outro[262]. Trata-se, nas palavras de Woolf, de um meio de promover o que deve ser o objetivo de qualquer sistema processual, que é lidar com os casos com justiça[263]. O *judicial case management* constitui uma resposta à cultura adversarial inglesa[264] e impõe ao juiz uma *postura ativa*, a fim de alcançar os objetivos fundamentais (*overriding objective*) da CPR. Nesse intento, o *active case management* inclui os deveres de (a) encorajar as partes a *cooperar* umas com as outras na condução do processo; (b) identificar as questões do caso num estágio inicial do processo, decidindo prontamente quais necessitam uma investigação completa, excluindo sumariamente as demais, decidindo, ainda, a ordem em que serão resolvidas; (c) encorajar as partes a utilizar meios alternativos de solução de conflitos sempre que entenderem apropriados, facilitando o seu uso; (d) ajudar as partes a resolver a totalidade ou parte do caso; (e) fixar calendário pro-

---

260. *Acess to justice (final report) Lord Woolf*. Julho de 1996. Disponível em: <http://webarchive.nationalarchives.gov.uk/+/http://www.dca.gov.uk/civil/final/overview.htm>. Acesso em 15/06/2015. Conforme Ficcarelli, "il legislatore inglese è consapevole che la semplice attribuzione al giudice del potere di direzione del processo non è uno strumento sufficiente. Il processo deve essere l´attuazione di un progetto razionale basato sulla condivisione di reponsabilità di tutti gli operatori delle giustizioa in riferimento alla efficienza del servizo". Desse modo, "anche nell´ordinamento in questione, pertanto, la *cooperazione* tra le *parti* e tra queste ed il *giudice* è considerato l´elemento essenziale per il buon funzionamento del processo e, di conseguenza, per il perseguimento degli obiettivi che tramite lo stesso ci si ripropone di conseguire" (FICCARELLI, Beatrice. *Fase preparatoria del processo civile e case management giudiziale*. Napoli: Edizioni Schientifiche Italiane, 2011, p. 95).

261. Nesse propósito, Lord Woolf tem plena ciência que o sucesso da reforma processual inglesa depende de uma mudança cultural, o que deixa bem claro em seus *reports*. A propósito, referem Gerlis e Loughlin que "in order to give full effect to the reforms, Lord Woolf believed it was necessary not only to reform the rules and procedures, but also to bring about a fundamental change in the culture civil litigation. In place of the tradicional adversarial approach to litigation, there would be an expectation of traditional adversarial approach to litigation, there would be an expectation of openness and co-peration between the parties from the outset and a principle that litigation would be a last resort for the resolution of a dispute" (GERLIS, Stephen M. LOUGHLIN, Paula. *Civil procedure*. London: Cavendish publishing, 2001, p. 7).

262. GIORGIANTONIO, Cristina. Le riforme del processo civile italiano tra adversarial system e case management. *Questione giustizia*. Fascicolo 1/2010. Roma: Associazione Magistratura Democratica, 2010, p. 10.

263. *Acess to justice (final report) Lord Woolf*. Julho de 1996. Disponível em: <http://webarchive.nationalarchives.gov.uk/+/http://www.dca.gov.uk/civil/final/overview.htm>. Acesso em 15/06/2015.

264. GERLIS, Stephen M. LOUGHLIN, Paula. *Civil procedure*. London: Cavendish publishing, 2001, p. 5.

cessual ou outros meios de controle do progresso do caso; (f) considerar se os prováveis benefícios de um passo determinado no caso justifica o custo de dá-lo; (g) lidar com diversos aspectos do caso, sempre que possível, na mesma ocasião; (h) lidar com o caso sem que as partes precisem ir até a corte; (i) fazer uso das tecnologias e (j) dar instruções para que o julgamento do caso ocorra de modo rápido e eficiente[265].

A "*allocation*" é um dever da autoridade judiciária que é desenvolvido com base em informações fornecidas pelas partes, mediante uma espécie de questionário (*allocation questionnaire*)[266], no qual as partes

---

265. *CPR 1.4 (1) e (2)*. Neil Andrews agrupa esses deveres de gestão atribuídos ao juiz do seguinte modo: "9.11 *Maintaining Impetus*: The court must fix (in consultation with the parties and their lawyers) timetables. More generally, it should control the progress of the case. It must give directions which will bring the case to trial as quickly and efficiently as possible. 9.12 *Co-opertion and Settlement*: The courts should: encourage the parties to co-operate; help them to settle all or part of the case; and promote alternative dispute resolution, where it is appropriate. For this last purpose, the court has power to stay the action to enable such extra-curial negotiations or discussions to be pursued. 9.13 *Determining Relevance and Priorities*: The court must help to identify the issues in the case. This includes power to exclude issues from consideration because they are irrelevant. The court should decide the order in which the issues are to be resolved. It must try to determine as early as possible which issues need a full trial and which can be dealt with summarily" (ANDREWS, Neil. *Andrews on civil processes*. Volume I. Court Proceedings. Cambridge: Intersentia Publishing, 2013, p. 200). As CPR fazem referência aos deveres que englobam o *active case management* na regra 1.4, os quais tem por escopo implementar os objetivos fundamentais das *CPR*. Porém, também em outras regras são encontrados poderes de gestão atribuídos ao juiz. Merece destaque, nesse sentido, a parte 3 das *CPR* trata dos poderes gerais de gestão, que não exclui aqueles previstos em outras regras, prevendo que a corte pode "(a) extend or shorten the time for compliance with any rule, practice direction or court order (even if an application for extension is made after the time for compliance has expired); (b) adjourn or bring forward a hearing; (c) require a party or a party's legal representative to attend the court; (d) hold a hearing and receive evidence by telephone or by using any other method of direct oral communication; (e) direct that part of any proceedings (such as a counterclaim) be dealt with as separate proceedings; (f) stay(GL) the whole or part of any proceedings or judgment either generally or until a specified date or event; (g) consolidate proceedings; (h) try two or more claims on the same occasion; (i) direct a separate trial of any issue; (j) decide the order in which issues are to be tried; (k) exclude an issue from consideration; (l) dismiss or give judgment on a claim after a decision on a preliminary issue; (m) take any other step or make any other order for the purpose of managing the case and furthering the overriding objective". Além disso, quando a corte emite uma ordem, pode "(a) make it subject to conditions, including a condition to pay a sum of money into court; and (b) specify the consequence of failure to comply with the order or a condition". Outros poderes de gestão podem ser encontrados espalhados por toda a terceira parte das *CPR*.

266. Conforme Gerlis e Loughlin, "the allocation questionnaire consists of 8 sections designed to provide the court with enough information to allocate the claim to a track. The information that a party must provide is as follows: tether a party would like a stay of proceedings in order to attempt to settle the case by ADR or other means; which track the party considers is most suitable for the case (...), whether the party has complied with any applicable pre-action protocol and if not, why not, and if no pre-action protocol applies to the claim whether the party has exchanged information and documents in order to assist in settling the claim; whether the party intends to make any application, for example, for summary judgment or permission to join another party (...), the identity of the party´s witnesses of fact and the facts they will give evidence of (...), whether a party would like permission to use expert evidence at trial, and if so whether that should be oral or written evidence, if oral the reason why such evidence is necessary and whether the party considers the case suitable for a single joint expert, a figure for the amount of the claim in dispute, whether the

devem informar todos os elementos relevantes para a escolha do percurso adequado para a causa[267], cooperando com o juiz, para que seja escolhido o caminho mais adequado para o caso concreto[268]. É possível, no entanto, que seja designada uma audiência para realizar a alocação da causa a um determinado procedimento (*allocation hearing*), sempre que for necessário[269].

De modo geral, a abrangência de cada um dos três *management tracks* é baseada no valor financeiro do pedido[270]. Porém, diversas outras circunstâncias podem ser relevantes para a escolha do percurso mais adequado ao caso concreto, como (a) a natureza do remédio pretendido, (b) a complexidade provável dos fatos, do direito ou das provas, (c) o número de litigantes, (d) a quantidade de provas orais que podem ser exigidas, (e) a importância do crédito para pessoas que não são parte no litígio, (f) as opiniões das partes e (g) as circunstâncias das partes[271]. A diversidade ritual prende-se, desse modo, ao ideal de proporcionalidade e de elasticidade, na medida em que as características estruturais de cada controvérsia, notadamente o seu valor e a sua complexidade, tornam-se decisivas para estabelecer o rito mais adequado para resolvê-la[272]. Busca-se, com isso, atender aos objetivos fundamentais das *CPR*, notadamente tratando o caso com justiça e com custos proporcionais, atribuindo a ele uma parte adequada de recursos do tribunal, tendo em conta a necessidade de alocar recursos a outros casos[273].

---

party would like the case heard at a court in a particular location (...), an estimate of the length of the trial and trial dates to avoid, an estimate of costs incurred to date and to be incurred, a copy of suggested directions and an indication whether they are agreed, other information which may assist the court to manage the claim" (GERLIS, Stephen M. LOUGHLIN, Paula. *Civil procedure*. London: Cavendish publishing, 2001, pp. 156-157).

267. FICCARELLI, Beatrice. *Fase preparatoria del processo civile e case management giudiziale*. Napoli: Edizioni Schientifiche Italiane, 2011, p. 114.

268. GERLIS, Stephen M. LOUGHLIN, Paula. *Civil procedure*. London: Cavendish publishing, 2001, p. 157.

269. *CPR 26.5 (4)*. Conforme Gerlis e Loughlin, "the circumstances when the court is likely to hold an allocation hearing are if, for example, one of the parties has failed to file an allocation questionnaire or failed to provide further information after being ordered to do so by the court, or if the parties have requested the case be allocated to different tracks and it is no clear which track is the most appropriate" (GERLIS, Stephen M. LOUGHLIN, Paula. *Civil procedure*. London: Cavendish publishing, 2001, p. 158).

270. VORASSI, Kenneth M. England´s reform to alleviate the problems of civil process: a comparision of judicial case management in England and the United States. *Journal of legislation*. v. 30: Iss. 2, Article 8. University of Notre Dame, p. 372. Disponível em: <http://scholarship.law.nd.edu/jleg/vol30/iss2/8/?utm_source=scholarship.law.nd.edu%2Fjleg%2Fvol30%2Fiss2%2F8&utm_medium=PDF&utm_campaign=PDFCoverPages>. Acesso em 16/06/2015.

271. *CPR 26.8 (1)*

272. DONZELLI, Romulo. La fase preliminare del nuovo processo civile inglese e l´attività di "case management" giudiziale. *Revista da faculdade de direito do sul de Minas*. Pouso Alegre, v. XXIV, n. 24, jan./jun. 2007, pp. 28-29.

273. Ao tratar da elasticidade procedimental no direito inglês, Ficcareili refere que "una gestione efficiente della lite consiste, in altre parole, prima di tutto, nell´economia ed efficiente allocazione

O *small claims track* é projetado para disputas simples, que não requerem um grande esforço probatório e de preparação, podendo ser resolvidas em uma única audiência[274]. Ele constitui o primeiro caminho para aumentar o acesso à justiça para as pessoas comuns[275], abarcando controvérsias cujo valor financeiro não supera 5.000 libras[276]. Trata-se de um procedimento no qual se desenvolve um processo rápido e informal, desprovido de tecnicismo e que pode ser iniciado sem a presença de um advogado[277].

O *fast track* consiste num percurso rápido para controvérsias com valor não superior a 15.000 libras, suscetíveis de serem tratadas em uma audiência de debates cuja duração não seja superior a um dia[278]. Quando atribuído um caso ao *fast track*, o tribunal deverá dar instruções sobre a condução do caso e definir um calendário para os passos a serem tomados entre a entrega das instruções (*directions*)[279] e o julgamento (*trial*)[280], cuja data poderá ser desde já definida ou, pelo menos, definido o pe-

---

delle risorse processuali. L´idea che sta alla base dell´obiettivo dominante della normativa inglese è che l´investimento delle risorse in una data controversia non deve essere superiore a quanto una giusta e celere risoluzione della questione richieda. Il procedimento adottato per la risoluzione delle controversie, deve essere proporzionato alle *esigenze* della causa e, l´esigenza di un´adeguata trattazione delle cause non può essere efficacemente perseguita disegnando uno schema rigido di processo concepito come universalmente valido per tutti i tipi di controversie. Quell´obiettivo esige strutture elastiche al cui interno vi sia spazio per la differenziazione dei modelli di trattazione delle cause in funzione dei loro caratteri peculiari. L´estalticità dunque come strategia (o scelta) fondamentale per avere un processo che funzioni" (FICCARELLI, Beatrice. *Fase preparatoria del processo civile e case management giudiziale*. Napoli: Edizioni Schientifiche Italiane, 2011, p. 112).

274. VORASSI, Kenneth M. England´s reform to alleviate the problems of civil process: a comparision of judicial case management in England and the United States. *Journal of legislation*. v. 30: Iss. 2, Article 8. University of Notre Dame, p. 372. Disponível em: <http://scholarship.law.nd.edu/jleg/vol30/iss2/8/?utm_source=scholarship.law.nd.edu%2Fjleg%2Fvol30%2Fiss2%2F8&utm_medium=PDF&utm_campaign=PDFCoverPages>. Acesso em 16/06/2015.

275. *Acess to justice (interim report) Lord Woolf*. Junho de 1995. Disponível em: <http://webarchive.nationalarchives.gov.uk/+/http://www.dca.gov.uk/civil/interfr.htm>. Acesso em 16/06/2015.

276. Mais especificamente, a regra 27.1, prescreve que "the small claims track will be the normal track for the small claims track will be the normal track for any claim which has a financial value of not more than £5,000 subject to the special provisions about claims for personal injuries and housing disrepair claims; any claim for personal injuries which has a financial value of not more than £5,000 where the claim for damages for personal injuries is not more than £1,000; and any claim which includes a claim by a tenant of residential premises against his landlord for repairs or other work to the premises where the estimated cost of the repairs or other work is not more than £1,000 and the financial value of any claim for damages in respect of those repairs or other work is not more than £1,000)".

277. FICCARELLI, Beatrice. *Fase preparatoria del processo civile e case management giudiziale*. Napoli: Edizioni Schientifiche Italiane, 2011, p. 112.

278. FICCARELLI, Beatrice. *Fase preparatoria del processo civile e case management giudiziale*. Napoli: Edizioni Schientifiche Italiane, 2011, p. 113.

279. As questões que poderão ser tomadas incluem "(a) disclosure documents; (b) service of witness statements; and (c) expert evidence" (*CPR* 28.3).

280. *CPR* 28.2 (1).

ríodo (*trial window*) dentro do qual deverá ser realizado[281]. O período que medeia as *directions* e o *trial* não poderá ser nunca superior a 30 semanas[282]. É justamente nesse ínterim que serão desenvolvidas as várias atividades preparatórias da causa previstas nas *directions*. A fim de atender aos *overriding objective*, tanto no que diz respeito ao princípio da proporcionalidade e ao bom andamento da causa, quanto no que diz respeito ao dever de colaboração das partes, elas devem ser envolvidas na maior medida possível nas atividades de preparação da causa[283]. A última fase do procedimento é dada pela *listing questionaire* também denominada de *pre-trial check list*, que deve ser depositado em até 8 semanas antes do *trial* ou do início do *trial period*[284]. Sua função consiste em oferecer ao juiz informações sobre o estado de maturação alcançado pelo caso até aquele momento a fim de que possa determinar ou confirmar definitivamente a data do *trial*[285].

O *multi-track* é previsto para os casos de maior valor, complexidade ou importância que, em relação às variáveis que se deve ter em conta para a alocação do percurso, não poderiam ser tratados com justiça em qualquer um dos percursos inferiores[286]. Desse modo, o *multi-track* tem caráter residual, sendo aplicável àqueles casos cujo valor financeiro é superior a 15.000 libras e que não podem ser adequadamente resolvidos no *small claims track* e no *fast track*[287]. É nele que se verifica o maior grau de amplitude da atividade de *case management*[288], permitindo-se que o tribunal discricionariamente decida o quanto de *case management* o caso requer[289]. Desse modo, fala-se que o *multi-track* confirma uma característica do processo civil inglês consistente numa relação de progressão

281. *CPR* 28.2 (2).

282. *CPR* 28.2 (4).

283. DONZELLI, Romulo. La fase preliminare del nuovo processo civile inglese e l´attività di "case management" giudiziale. *Revista da faculdade de direito do sul de Minas*. Pouso Alegre, a. XXIV, n. 24, jan./jun. 2007, p. 34. No mesmo sentido, FICCARELLI, Beatrice. *Fase preparatoria del processo civile e case management giudiziale*. Napoli: Edizioni Schientifiche Italiane, 2011, p. 11.

284. *CPR 28.5* – (1) The court will send the parties a listing questionnaire for completion and return by the date specified in the notice of allocation unless it considers that the claim can be listed for trial without the need for a listing questionnaire. (2) The date specified for filing a listing questionnaire will not be more than 8 weeks before the trial date or the beginning of the trial period.

285. FICCARELLI, Beatrice. *Fase preparatoria del processo civile e case management giudiziale*. Napoli: Edizioni Schientifiche Italiane, 2011, p. 120.

286. FICCARELLI, Beatrice. *Fase preparatoria del processo civile e case management giudiziale*. Napoli: Edizioni Schientifiche Italiane, 2011, p. 113.

287. *CPR 26.6* (6) The multi-track is the normal track for any claim for which the small claims track or the fast track is not the normal track.

288. DONZELLI, Romulo. La fase preliminare del nuovo processo civile inglese e l´attività di "case management" giudiziale. *Revista da faculdade de direito do sul de Minas*. Pouso Alegre, a. XXIV, n. 24, jan./jun. 2007, p. 35.

289. GERLIS, Stephen M. LOUGHLIN, Paula. *Civil procedure*. London: Cavendish publishing, 2001, p. 167.

geométrica entre, de um lado, a complexidade da causa e, de outro, a articulação e a elasticidade do *case management*. Assim, quanto maior a complexidade das questões relevantes para a decisão da causa, maior o número de instrumentos abstratamente previstos de gestão e maior a sua utilização[290].

Com efeito, uma vez alocada a controvérsia ao *multi-track* a corte poderá dar as direções (*directions*) para a gestão do caso e fixar um calendário com os passos que serão tomados entre as *directions* e o julgamento, tal qual ocorre no *fast track*[291]. No entanto, é possível que a corte venha a fixar uma *Case Management Conference – CMC*, uma *pre-trial review* ou ambas e ainda dar as direções para a gestão da causa[292]. Pressupõe-se, aqui, que o juiz não esteja em condições de desenvolver de modo suficiente o próprio papel de direção do processo sem a fixação de uma audiência. Merece destaque no ponto a *Case Management Conference*, a qual, segundo Ficcarelli, "consiste in un 'incontro' tra le parti ed il giudice durante il quale le questioni principali della controversia vengono identificate e il giudice impartisce le direttive per lo svolgimento della fase pre-dibattimentale"[293]. Tão importante é essa audiência para o sucesso das *CPR* que ela vem sendo considerada a chave para tornar os litígios menos complexos, tendo em vista o seu aparente sucesso[294]. Também os custos dos litígios têm sido reduzidos no contexto do *CMC*. Isso levou o Lord Justice Jackson a afirmar que "both costs and time are saved by good case management", vale dizer, pelo juiz que, com relevante expertise, "takes a grip on the case, identifies the issues and gives direc-

290. Nesse sentido, refere Donzelli: "in altri termini ciò che emerge chiaramente dall´esame di queste due *species* di tracks è che sussiste, nella disciplina della fase preliminare del nuovo processo civile inglese, un rapporto di progressione geometrica tra, da un lato, la 'complessità' del caso e, dall´altro, l´'articolazione' e l´'elasticità' del *managament*: 'complessità', nel significato chiarito addietro, ovvero non solo elevato valore della controversia, ma innazitutto complessità delle questione rilevanti ai fini della decisione; 'articolazione', intesa nel senso di numero astrattamente previsto di strumenti di gestione; ed 'elasticità', intesa nel senso di graduazione del loro utilizzo, sia per quanto attiene all´*an* sia per quanto attiene al *quomodo*" (DONZELLI, Romulo. La fase preliminare del nuovo processo civile inglese e l´attività di "case management" giudiziale. *Revista da faculdade de direito do sul de Minas*. Pouso Alegre, a. XXIV, n. 24, jan.jun/2007, p. 36). Em similar perspectiva, C.H. van Rhee afirma que a reforma inglesa está pautada numa relação de equilíbrio entre a importância e a complexidade do caso, de um lado, e as técnicas processuais aplicadas e os custos, de outro (RHEE, C.H. van. The development of civil procedural law in twentieth century europe: from party autonomy to judicial case management and efficiency. In: RHEE, C.H. van. *Judicial case management and efficiency in civil litigation*. Oxford: Intersentia Antwerpen, 2007, p. 21).

291. *CPR 29.2* (1) (a).

292. *CPR 29.2* (1) (b) (i) e (ii).

293. FICCARELLI, Beatrice. *Fase preparatoria del processo civile e case management giudiziale*. Napoli: Edizioni Schientifiche Italiane, 2011, p. 120.

294. Lord Chancellor´s departament. Further Findings: A continuing evaluation of the Civil Justice Reforms. August 2002. Disponível em: <http://webarchive.nationalarchives.gov.uk/+/http://www.dca.gov.uk/civil/reform/ffreform.htm>. Acesso em 18/10/2015.

tions which are focused upon the early resolution of those issues"[295]. A *Case Management Conference* assume um papel importantíssimo nesse sentido, uma vez que o seu "*vero scopo*" consiste em "*individuare le questioni effettivamente controverse rilevanti per la decisione della causa*"[296].

Após a realização da *Case Management Conference* o percurso *mult-track* permanece bastante flexível, sendo possível que o tribunal, caso entenda necessário, envie às partes um questionário (*listing questionnaire*), cujo objetivo é fornecer ao juiz os elementos necessários para designar as atividades preparatórias do *trial*[297]. No entanto, em razão da complexidade da causa ou da omissão das partes, o juiz também poderá designar uma audiência (*listinng hearing*) para a prática dos atos previstos no questionário[298]. Admite-se, ainda, a designação de uma outra audiência, a *pre-trial review*, em que se verificará se as partes delimitaram as questões controvérsias, preparando a causa para o *trial*.

De tudo isso, pode-se dizer que, no direito inglês, reconhece-se ao juiz e às partes uma ampla gama de poderes para, em colaboração, flexibilizar o procedimento, adequando-o às necessidades do caso concreto, tendo em vista, principalmente, o seu valor financeiro, a sua complexidade e outras circunstâncias que poderão se apresentar no caso concreto. Nesses termos, o processo civil inglês tem sido considerado, para muitos, "un bell´esempio di *processo flessibile*"[299], pautado, notadamente, na complexidade e no valor da causa.

2.3.1.2 O modelo de fase preparatória no processo civil francês

A incorporação do case management no direito francês não se apresenta com ares tão revolucionários como na Inglaterra[300]. Antes

295. JACKSON, Rupert (Lord Justice). *Review of civil litigation*: final reports. United Kingdon: Crown, 2009, p. 394.

296. FICCARELLI, Beatrice. *Fase preparatoria del processo civile e case management giudiziale*. Napoli: Edizioni Schientifiche Italiane, 2011, p. 120.

297. *CPR 29.6* (1).

298. *CPR 29.6* (3).

299. Conforme Ficcarelli, "il processo inglese rappresenta così un bell´esempio di *processo flesibile*, un processo cioè che non persegue l´idea di un sentiero processuale, unico, rigido e predeterminato ma che consente al giudice, fin dal suo inizio – segnatamente dopo lo scambio degli atti introduttivi – di modellare, in collaborazione con le parti, il procedimento *sulla* controversia in dipendenza delle sue caratteristiche strutturali, tra cui, anzitutto, l´importanza economica della causa stessa e la sua complessità" (FICCARELLI, Beatrice. Fase preparatoria del processo e ruolo del giudice civile: principi ed esperienze a confonto. In: SCARSELLI, Giuliano (*a cura di*). *Poteri del giudice e diritti delle parti nel processo civile*. Collana Quaderni de "Il Giusto processo civile" 4. Napoli: Edizioni Scientifiche Italiane, 2010, p. 85).

300. Nesse sentido, refere De Cristofaro que "il *case management* – pur rivoluzionario allínterno di una concezione *adversarial* del processo – non appare uno strumento particolarmente inovativo

mesmo da CPR inglesa, o direito francês conheceu uma variedade de percursos estabelecidos em razão da complexidade do caso[301]. Conforme Cadiet, as atividades de gestão do processo são preocupações conhecidas no sistema judiciário francês há bastante tempo, assim como uma série de elementos introduzidos no direito inglês a partir dos relatórios de Lord Woolf, como o dever de colaboração do juiz e das partes, que corresponde exatamente à filosofia dos princípios diretivos do code de procédure civile francês[302]. Na verdade, a codificação processual civil francesa constitui um trabalho de composição, por não se tratar de uma legislação adversarial, nem inquisitorial, qualificações que não traduzem o que é o processo civil francês, que, nas palavras de Cadiet, "it is a work in composition, because it must conciliate the liberal principles of French tradition which make parties the owners of the lawsuit, and the affirmation of the powers of the judge", o qual deve realizar a missão de buscar a solução mais justa (fairest) para a disputa, de acordo com um interesse público, o que significa dizer que a justiça é um serviço público e imparcial, mas não é passivo[303].

Afirma-se, nesse sentido, que a gestão do processo – o qual, cada vez mais, encontra-se sujeito a pressões econômicas e a uma retórica da qualidade – vem renovando a tradicional questão dos papeis das partes e do juiz com base em um princípio da cooperação, o qual aparece como resultado da preocupação por um equilíbrio permanente entre eficiência e exigência de equidade[304]. Isso fica bastante evidente nos três primeiros artigos do code de procédure civile, os quais, ao mesmo tempo em que incumbem às partes o ônus de conduzir o processo, com responsabilidade pela prática de todos os atos, na forma e tempo necessário, atribuem ao juiz o dever de garantir o bom andamento do processo, gerindo o

nella prospettiva del diritto continentale" (DE CRISTOFARO, Marco. *Case management* e riforma del processo civile, tra effettività della giurisdizione e diritto costituzionale al giusto processo. *Rivista di diritto processuale*. Anno LXV (seconda serie). N. 2. Marzo-Aprile 2010. Padova: CEDAM, 2010, p. 297).

301. DE CRISTOFARO, Marco. *Case management* e riforma del processo civile, tra effettività della giurisdizione e diritto costituzionale al giusto processo. *Rivista di diritto processuale*. Anno LXV (seconda serie). N. 2. Marzo-Aprile 2010. Padova: CEDAM, 2010, p. 298. Nesse sentido, CADIET, Loïc. Complessità e riforme del processo civile francese. DONDI, Angelo. *Elementi per una definizione di complessità processuale*. Milano: Giuffrè Editore, 2011, p. 118.

302. CADIET, Loïc. Case management judiciaire et déformalisation de la procédure. *Revue française d'administration publique*. n. 125, 2011, p. 134. Disponível em <http://www.cairn.info/revue-francaise--d-administration-publique-2008-1-page-133.htm>.

303. CADIET, Loïc. The new french code of civil procedure (1975). In: RHEE, C.H. van. *European traditions in civil procedure*. Oxford: Intersentia Antwerpen, 2005, pp. 57-58.

304. CADIET, Loïc. Quelle procédure civile pour quelle société civile? Point de vue français. In: RHEE, C.H. van. HERBAUT, D. STORME, Marcel. The French Code of civil procedure (1806) after 200 years. The civil procedure tradition in France and abroad. Mechelen, Belgium: Kluwer, 2008, 369.

tempo e ordenando as medidas necessárias[305]. Nesse sentido, Loïc Cadiet refere que o elemento definidor das disposições dos artigos 1 e 24 do Code de procédure civile – os quais estão localizados no capítulo intitulado "les principes directeurs du procès" – "c'est un principe de coopération du juge et des parties"[306]. De tudo isso, pode-se afirmar que, no direito francês, nem tanto foram aumentados os poderes do juiz, mas redimensionada a divisão de trabalho entre o juiz e as partes numa linha de equilíbrio pautada por um ideal de colaboração entre todos os sujeitos processuais para o bom andamento do processo.

Insere-se, nesse contexto, a questão envolvendo o papel do juiz e do processo na preparação da causa, temática que está no coração dos atuais debates a respeito de qualquer concepção de processo civil e na tão sonhada "outra justiça possível", deixada inteiramente nas mãos das partes[307]. O direito francês concilia essas duas perspectivas: ao mesmo tempo em que, historicamente, tem valorizado os denominados contrat de procédure[308], prevê um modelo elástico de processo, capaz de se adap-

305. Nesse sentido, refere Ficcarelli que "si, di conseguenza, i tradizionali orientamenti della procedura civile francese appaiono rispettati, la nuova fisionomia del processo è tuttavia facilmente delineata: il potere di iniziativa delle parti rimane sostanzialmente inalterato ma, dopo la fase della messa in moto iniziale, la prospettiva muta rispetto all'impulso originario. Determinante non è più l'iniziativa privata, bensì l'adempimento degli oneri gravanti sulle parti ed il concreto esercizio dei porteri attribuiti al giudice per il "buon" svolgimento del processo" (FICCARELLI, Beatrice. *Fase preparatoria del processo civile e case management giudiziale*. Napoli: Edizioni Schientifiche Italiane, 2011, p. 67).

306. CADIET, Loïc. Quelle procédure civile pour quelle société civile? Point de vue français. In: RHEE, C.H. van. HERBAUT, D. STORME, Marcel. The French Code of civil procedure (1806) after 200 years. The civil procedure tradition in France and abroad. Mechelen, Belgium: Kluwer, 2008, 370.

307. CADIET, Loïc. The new french code of civil procedure (1975). In: RHEE, C.H. van. *European traditions in civil procedure*. Oxford: Intersentia Antwerpen, 2005, p. 65.

308. O calendário processual, que será mencionado posteriormente, está no germe da contratualização do processo civil francês, sendo possível visualizar a utilização da expressão *contrat de procédure* em pelo menos três momentos, referindo-se, conforme Diogo Assumpção Rezende de Almeida, a mecanismos semelhantes, mas não idênticos: "surgiu primeiramente, na década de 1980, com (i) a possibilidade de acordos entre advogados para a fixação de um calendário processual. Mais tarde, no início dos anos 2000, os contratos de procedimento serviram para nomear (ii) os protocolos estabelecidos entre os tribunais e a ordem dos advogados, elaborados com o intuito de solucionar questões pontuais no processamento dos casos em cada corte. A expressão é, ainda, encontrada na doutrina quando são tratados (iii) os negócios jurídicos travados entre as partes e que contêm cláusulas atinentes ao procedimento – futuro ou já instaurado –, como a modificação de regra de ônus da prova, a eleição de perito, a previsão de cláusula de foro, a determinação de mediação prévia ou incidental obrigatória etc." (ALMEIDA, Diogo Assumpção Rezende de. *A contratualização do processo: das convenções processuais no processo civil*. São Paulo: LTr, 2015, pp. 41-42). Registre-se, no entanto, que os protocolos coletivos para a regulamentação da fase instrutória, embora não fossem nominados como *contrat de procédure*, já estavam presentes no direito francês desde a década de 1980. Nesse sentido, ver CANELLA, Maria Giulia. Gli accordi processuali francesi volti alla'regolamentazione colletiva'del processo civile. *Rivista trimestrale di diritto e procedura civile*. Anno LXIV, Fasc. 2, junho 2010, Milano: Giuffrè, 2010, pp. 549-550. CABRAL, Antônio do Passo. *Convenções processuais*. Salvador: JusPodivm, 2016, pp. 118-120.

tar às circunstâncias do caso concreto, o que pressupõe um juiz com poderes de gestão da causa.

Um bom exemplo disso é a introdução formal do calendrier du procès no código de processo civil francês a partir do Décret n. 2005-1678 de 208 de dezembro de 2005[309], espécie de contrat de procédure, cuja utilização já vinha ocorrendo na prática judiciária francesa desde a década de 80[310] e que tem por escopo conferir às partes a possibilidade de prever os estágios temporais do processo até a sentença, em atenção à lógica de que uma duração previsível, recortada de acordo com as peculiaridades causa, é uma duração mais bem aceita pelas partes[311].

Por outro lado, a fase preparatória no direito francês, a semelhança do que ocorre no direito inglês, desenvolve-se no sentido de permitir que se possa, ao seu final, adaptar o processo a um dos três percursos (circuits) possíveis, de acordo com a complexidade da controvérsia[312]: o circuit court ou ultracourt, o circuit moyen e o circuit long. A alocação da causa a um desses circuitos é realizada numa audiência preliminar e preparatória, comumente denominada Conférence du Président, em que o presidente da câmara ou seção para qual a causa foi distribuída, examina o seu estado em colaboração com as partes[313].

---

309. O calendário processual está previsto nos prágrafos 3, 4 e 5 do art. 764 do *code de procédure civile*, nos seguintes termos: "Il peut, après avoir recueilli l'accord des avocats, fixer un calendrier de la mise en état. Le calendrier comporte le nombre prévisible et la date des échanges de conclusions, la date de la clôture, celle des débats et, par dérogation aux premier et deuxième alinéas de l'article 450, celle du prononcé de la décision. Les délais fixés dans le calendrier de la mise en état ne peuvent être prorogés qu'en cas de cause grave et dûment justifiée".

310. A propósito, refere Ficcarelli que "nel contesto collaborativo che si è venuto a delineare in ordine alla conduzione dell´*iter* processuale si inserisce anche la figura del *'calendrier du procès'*. Fruto della prassi emersa introno agli anni ottanta in alcuni tribunali e corti d´appello consistente nell´elaborare *in limine* un 'programa' delle attività processuali, mediante un cd. *'contrat de procédure'* avente ad oggetto la gestione temporale del processo, il *calendrier du procès'* costituisce la fase piû recente dell´evoluzione della disciplina francese in tema di scansione temporale del rito; una fase caratterizzata dall´intento di giungere, mediante un dialogo costruttivo fra tutti gli 'attori' principali del processo, a una determinazione condivisa del tempi del processo stesso, pianificando *ex ante* la collocazione temporale di un´ampia seria di attività processuali. Di qui l´efficace riferimento a una nozione di tempo processuale di origine negoziale o, più prcisamente, a un tempo negoziato" (FICCARELLI, Beatrice. *Fase preparatoria del processo civile e case management giudiziale*. Napoli: Edizioni Schientifiche Italiane, 2011, pp. 69-70).

311. FICCARELLI, Beatrice. *Fase preparatoria del processo civile e case management giudiziale*. Napoli: Edizioni Schientifiche Italiane, 2011, p. 71.

312. CADIET, Loïc. Complessità e riforme del processo civile francese. DONDI, Angelo. *Elementi per una definizione di complessità processuale*. Milano: Giuffrè Editore, 2011, p. 118. O mesmo texto pode se encontrado na *rivista trimestrale di diritto e di procedura civile*: CADIET, Loïc. Complessità e riforme del processo civile francese. *Rivista Trimestrale di Diritto e Procedura Civile*, v.62, n.4, p. 1303-1326, dez. 2008. Milano: Giuffrè, 2008, p. 1314-1315.

313. BONATO, Giovani. I poteri i provvedimenti del juge de la mise en état nel processo civile francese alla luce della riforma del 2004-2005. In: CARRATA, Antonio. *La tutela sommaria in europa* – studi. Napoli: Jovene Editore, 2012, p. 291. Nesse sentido, prescrevem os parágrafos 1º. e 2º. do art. 759 do Code de

Com efeito, caso se verifique, após as explicações dos advogados, e levando em consideração as conclusões apresentadas, que a causa está pronta para julgamento, ou ainda nos casos em que o réu não se defende, o Président considera encerrada a instrução e designa uma audiência para julgamento, que poderá ocorrer ainda no mesmo dia. Trata-se, aqui, do denominado circuit court[314]. Há, porém, um caminho intermediário, chamado circuit moyen, a ser tomado sempre que o juiz entender necessária mais uma audiência – na qual as partes apresentarão novos arrazoados e elementos probatórios – para que a causa esteja madura para julgamento[315]. Por fim, é previsto um circuit long para as causas mais complexas, em que o Président remete o andamento do processo a um juiz instrutor (juge de la mise en état), encarregado de velar pelo andamento leal do processo, estando munido de todos os poderes necessários para tanto[316].

O juge de la mise en état[317] dispõe, dentre os seus variados poderes, competência para decidir incidentes processuais, exceções processuais e

procédure civile: Au jour fixé, l'affaire est obligatoirement appelée devant le président de la chambre à laquelle elle a été distribuée. Celui-ci confère de l'état de la cause avec les avocats présents.

314. Nesse sentido, prescreve o art. 760 do *code de procédure civile*: "le président renvoie à l'audience les affaires qui, d'après les explications des avocats et au vu des conclusions échangées et des pièces communiquées, lui paraissent prêtes à être jugées sur le fond. Il renvoie également à l'audience les affaires dans lesquelles le défendeur ne comparaît pas si elles sont en état d'être jugées sur le fond, à moins qu'il n'ordonne la réassignation du défendeur. Dans tous ces cas, le président déclare l'instruction close et fixe la date de l'audience. Celle-ci peut être tenue le jour même".

315. No *circuit moyem* "continua a non aversi la nomina di un giudice istruttore ed il Presidente, in considerazione della probabile utilità di ulteriori scambi difensivi, alla prima udiena ne fissa una seconda per eventuali repliche sul merito e per la formulazione di nuove istanze istruttorie; ivi la causa viene avviata all´udienza conclusiva, salva la possibilità di un trsaferimento al percorso più articolato ove la controversai si riveli più complessa del previsto" (DE CRISTOFARO, Marco. *Case management* e riforma del processo civile, tra effettività della giurisdizione e diritto costituzionale al giusto processo. *Rivista di diritto processuale*. Anno LXV (seconda serie). N. 2. Marzo-Aprile 2010. Padova: CEDAM, 2010, p. 298).

316. DE CRISTOFARO, Marco. *Case management* e riforma del processo civile, tra effettività della giurisdizione e diritto costituzionale al giusto processo. *Rivista di diritto processuale*. Anno LXV (seconda serie). N. 2. Marzo-Aprile 2010. Padova: CEDAM, 2010, p. 298. Nesses termos, dispõe o art. 763 do *code de procédure civile*: "l'affaire est instruite sous le contrôle d'un magistrat de la chambre à laquelle elle a été distribuée. Celui-ci a mission de veiller au déroulement loyal de la procédure, spécialement à la ponctualité de l'échange des conclusions et de la communication des pièces. Il peut entendre les avocats et leur faire toutes communications utiles. Il peut également, si besoin est, leur adresser des injonctions. Il peut ordonner le retrait du rôle dans les cas et conditions des articles 382 et 383".

317. Conforme Ficcarelli, "in ogni camera (o sezione) del *Tribunal de grande istance* è designato almeno un giudice de *la mise en état* (abitualmente denominato *JME*) incaricato di presidere all´istruzione delle cause che gli vengono assegnate dal presidente. Il *JME* ha anzitutto, conformemente al dettato dell´art. 763 che riprendere quasi testualmente la disposizione dell´art. 3 delle *dispositions liminaires*, il dovere generale di vigilare sul leale andamento del processo e in parciolare sul puntuale scambio delle memorie tra avvocati e sulla comunicazione dei documenti" (FICCARELLI, Beatrice. *Fase preparatoria del processo civile e case management giudiziale*. Napoli: Edizioni Schientifiche Italiane, 2011, pp. 76-77).

para proferir provimentos cautelares ou sumários[318]. Há, no incremento dos poderes do juiz instrutor uma clara opção legislativa no sentido de liberar o processo, na fase da mise en état de l'affaire das questões processuais para concentrar a fase decisória somente nas questões mais relevantes[319]. Toda essa gama de atribuições conferida ao juge de la mise état somente confirma a opção francesa por um processo elástico, que não é rígida e abstratamente cadenciado, mas que permite uma constante adequação à realidade mutável das situações controversas e da complexidade da causa[320].

2.3.2 Da crítica ao *active case management* às possibilidades de flexibilização procedimental no direito brasileiro: o processo como coisa para as partes, e não para o Estado-juiz

No direito brasileiro, propostas de flexibilização procedimental têm sido comumente associadas ao aumento dos poderes do juiz. Há, nessa perspectiva, uma grande confusão entre flexibilização do procedimento e concessão de poderes-deveres ao juiz com base em textos normativos dotados de vagueza, o quais, ao invés de servirem para que a tutela jurisdicional conferida às partes seja mais rente à específica situação de direito material, tem sido utilizados para deturpar o procedimento

---

318. DE CRISTOFARO, Marco. *Case management* e riforma del processo civile, tra effettività della giurisdizione e diritto costituzionale al giusto processo. *Rivista di diritto processuale*. Anno LXV (seconda serie). N. 2. Marzo-Aprile 2010. Padova: CEDAM, 2010, p. 298. É o que prevê o art. 771 do *code de procédure civile*: Lorsque la demande est présentée postérieurement à sa désignation, le juge de la mise en état est, jusqu'à son dessaisissement, seul compétent, à l'exclusion de toute autre formation du tribunal, pour: 1. Statuer sur les exceptions de procédure, les demandes formées en application de l'article 47 et sur les incidents mettant fin à l'instance ; les parties ne sont plus recevables à soulever ces exceptions et incidents ultérieurement à moins qu'ils ne surviennent ou soient révélés postérieurement au dessaisissement du juge; 2. Allouer une provision pour le procès; 3. Accorder une provision au créancier lorsque l'existence de l'obligation n'est pas sérieusement contestable. Le juge de la mise en état peut subordonner l'exécution de sa décision à la constitution d'une garantie dans les conditions prévues aux articles 517 à 522; 4. Ordonner toutes autres mesures provisoires, même conservatoires, à l'exception des saisies conservatoires et des hypothèques et nantissements provisoires, ainsi que modifier ou compléter, en cas de survenance d'un fait nouveau, les mesures qui auraient déjà été ordonnées; 5. Ordonner, même d'office, toute mesure d'instruction.

319. BONATO, Giovani. I poteri i provvedimenti del juge de la mise en état nel processo civile francese alla luce della riforma del 2004-2005. In: CARRATA, Antonio. *La tutela sommaria in europa* – studi. Napoli: Jovene Editore, 2012, pp. 307-308. Conforme Bonato, "tale ripartizione di poteri decisori tra il JME e il collegio del tribunale deriva dall'idea di scomporre, ancora più nettamente, il processo in due fasi: la prima dedicata all'istruzione della causa e alla decisione delle questioni pregiudiziali di rito, di sola competenza del JME; la seconda, affidata al collegio, destinata esclusivamente alla decisione del merito in senso stretto della controversia" (BONATO, Giovani. I poteri i provvedimenti del juge de la mise en état nel processo civile francese alla luce della riforma del 2004-2005. In: CARRATA, Antonio. *La tutela sommaria in europa* – studi. Napoli: Jovene Editore, 2012, p. 307).

320. FICCARELLI, Beatrice. *Fase preparatoria del processo civile e case management giudiziale*. Napoli: Edizioni Schientifiche Italiane, 2011, p. 78.

pré-estabelecido em lei, bem como para solapar garantias contrajurisdicionais das partes. Isso fica ainda mais grave no bojo do procedimento executivo, conforme será destacado na sequência.

Na mesma linha, a doutrina vem construído uma versão brasileira do *active case management*, sem, contudo, refletir sobre a necessidade de incorporar, no direito pátrio, institutos que foram construídos no direito comparado a partir de pressupostos e características bastante específicas; para dizer mais, diferentes das nossas. Não é por acaso, pois, que o discurso em favor do *case management* é associado, no Brasil, não somente à flexibiliação procedimento, mas também ao aumento dos poderes do juiz e a uma noção de processo pensado para o Estado-juiz, e não para as partes.

Por tudo isso que a flexibilização do procedimento deve ser pensada para as partes e pelas partes, dando-se ênfase a sua realização pela via dos negócios jurídicos processuais. A experiência do direito comparado, no ponto, serve principalmente para indicar que novas "rotas procedimentais" devem ser previamente estabelecidas pelo legislador, com a possibilidade de alocação do caso concreto a elas, não se admitido, portanto, que o juiz crie ou flexibilize o procedimento em detrimento de garantias fundamentais das partes.

Partindo dessas observações, serão desenvolvidas as páginas finais deste livro. Pretende-se demonstrar a inadequação da incorporação do *case management* no direito brasileiro, bem como que legislação procedimental civil carece de elementos suficientes para que se possa falar em flexibilização procedimental pelo juiz, a qual, diante do direito positivo brasileiro, vem se apresentando como uma nítida forma de violação do devido processo legal. Por isso, são os negócios jurídicos processuais a forma, por excelência, de flexibilização procedimental no direito brasileiro.

2.3.2.1 Uma crítica ao case management brasileiro como forma de flexibilização procedimental

No brasil, a figura do active case management comumente vem associada às noções de cooperação e de eficiência, as quais podem ser extraídas dos artigos 6.º e 8.º do Código de Processo Civil, em que pese a falta de clareza legislativa acerca da aplicação desses dois standards. Porém, ao contrário da "cooperação" e da "eficiência", a figura do juiz "gestor" não foi positivada no Código de Processo Civil brasileiro, fato que, obviamente, não impediu a doutrina brasileira de utilizá-lo como justificativa do incremento dos poderes do juiz, notadamente para que possa flexibilizar procedimentos instituídos pelo legislador infraconstitucional.

Enquanto na Inglaterra os termos cooperação, eficiência e *case management* surgiram – tendo como pano de fundo ideológico o "liberalismo social" – como uma espécie de romper com um modelo considerado por muitos excessivamente adversarial, no Brasil o problema que se apresenta é o de combater um modelo processual excessivamente inquisitorial. Ao contrário do direito processual inglês e americano, no caso do direito processual brasileiro o reforço dos poderes do juiz é algo que advém, pelo menos, do Código de Processo Civil de 1939 – responsável por incorporar em sede legislativa doutrinas instrumentalistas como as de Franz Klein, Chiovenda e José Alberto dos Reis. Por isso, a utilização irrefletida de experiências do direito comparado em solo brasileiro, ao invés de representar ganhos democráticos, poderá oferecer resultados nefastos e bastante distintos daqueles obtidos em outros países.

Mas não é só isso. O estudo das origens do *case management*, que remontam ao direito americano, demonstra que também lá o gerencialismo judicial sofreu uma série de críticas, as quais costumam ser sonegadas pela doutrina responsável por defendê-lo no direito brasileiro.

Há longa data, no direito americano, é possível verificar a adoção de técnicas de gerenciamento no âmbito da atividade de juízes e Tribunais. No ano de 1978, Alvin B. Rubin, em artigo voltado a oferecer sugestões práticas sobre como obter uma decisão justa, rápida e econômica, no qual já se falava numa espécie de "calendário processual", defendia que o juiz não deveria ter um papel passivo, sendo seu dever intervir em qualquer fase do litígio quando tal intervenção se mostrasse necessária no interesse da justiça[321]. O início da década de 80 marcou uma série de artigos em que as expressões "*case management*", "*case manager*" e "*managerial judges*" eram apresentadas como sintomas de uma mudança no papel dos juízes. Robert Peckham, em 1981, advertia para que juízes utilizassem a fase inicial da "*status conference*" para cedo intervir, moldado o procedimento da *discovery*, programando os procedimentos do *pre-trial* e, principalmente, adaptando esses procedimentos para que não fossem mais onerosos que o necessário[322]. No ano de 1982, Judith Resnik apontava para a mudança no papel dos juízes, cunhando a expressão "*managerial judges*" para identificar um novo modelo de juiz que negociava com as partes sobre o curso, o tempo e o escopo do litígio, com amplos poderes. O artigo de Judith Resnik oferece uma crítica que muito

321. RUBIN, Alvin B. The managed calendar: some pragmatic suggestions about achieving the just, speedy, and inexpensive determination of civil cases in federal courts. *The Justice System Journal*, vol. 4, no. 2, 1978, pp. 135–146. *JSTOR*, JSTOR, www.jstor.org/stable/20877553.

322. PECKHAM, Robert. The federal judge as a case manager: the new role in guiding a case from filing to disposition. *California law review.* Volume 69. Issue 3, 1981, p. 805.

bem poderia ser utilizada para o Direito brasileiro atual, notadamente por apontar uma série de riscos de um juiz seduzido por calendários controlados, estatísticas e outras armadilhas da era da eficiência frente às garantais do *devido processo legal*[323].

Com o *Civil Justice Reform Act* de 1990 passou-se a exigir que Tribunais americanos adotassem medidas para um melhor gerenciamento dos litígios, assegurando, assim, decisões "justas, rápidas e baratas". Um bom inventário das técnicas de gerenciamento utilizadas no Direito americano pode ser encontrado no *Civil Litigation Management Manual* (cuja primeira edição é de 2001), aprovado pela Conferência Judicial dos Estados Unidos. Outra fonte importante para a compreensão do *case management* no Direito Americano é o "guia de bolso para juízes" denominado *"Elements of Case Management"*, publicado em 2006 pelo *Federal Judicial Center*.

Verifica-se que, no Direito Americano, o *active case management* constitui um empreendimento sedimentando a partir de uma mudança de postura por parte de juízes e Tribunais, a qual, posteriormente, veio a influenciar as normas jurídicas pertinentes ao procedimento civil. Ainda assim, o *active case management* americano não ficou imune a críticas e resistências por parte da doutrina e de advogados, questão que deixaremos de explorar com maior profundidade neste estudo. Nosso objetivo, ao tratar do modelo americano, cingiu-se basicamente ao descortinamento das raízes históricas do *active case management*, as quais foram solidificadas no contexto inglês, conforme explanado no item 2.3.1.1.

Por óbvio, há muito a aprender com experiência inglesa e americana do *active case management*. O que não se pode é admitir é uma tentativa doutrinária e irrefletida de incorporar a figura do juiz gestor no direito brasileiro.

Contudo, parcela considerável da doutrina, que vê com entusiasmo a mudança operada no processo civil inglês, busca justificá-la na tentativa de conciliação entre um modelo liberal e social de processo. É o caso, por exemplo, de C.H. van Rhee, processualista holandês que, em seus textos, costuma demonstrar grande admiração pelo pensamento de Franz Klein[324]. Talvez, para juristas que não estão habituados com um

---

323. RESNIK, Judith. Managerial judges. *Harvard law review*, vol. 96, 1982.

324. Nesse sentido, "case-management and co-operation might well currently be called the 'common core' of civil procedural law in Europe and, perhaps, they may be viewed as an attempt to reach a compromise between liberal and social conceptions of civil litigation. The changes in English civil procedure have made the English system the focus of attention in many Continental European States. This development does not, of course, mean that case-management and co-operation are understood in the same way in Europe; to the contrary, there are different understandin-

sistema jurídico excessivamente inquisitorial, de matriz hiper-publicista e com fortes traços instrumentalistas, o discurso "socializante", aliado ao correspondente abrandamento do "princípio dispositivo", possa soar como algo positivo. Porém, as ideias de Franz Klein, no sentido se reforçar os poderes do juiz na gestão da causa, com vistas a abrir a jurisdição para perspectivas metajurídicas (sociais e econômicas)[325], não é uma novidade entre nós brasileiros. Afinal, desde o Código de Processo Civil de 1939 que convivemos com o pensamento de Franz Klein, Giuseppe Chiovenda e José Alberto dos Reis, ferrenhos defensores da superação do modelo liberal do processo[326]. Ademais, o discurso instrumentalista é um dos grandes responsáveis pelo protagonismo judicial e pela visão antigarantista do processo[327]. Não por acaso que, atualmente, boa parte da doutrina brasileira está preocupada em controlar e limitar os poderes do juiz, e não em ampliá-los.

A cooperação processual, na Inglaterra, surge como um *modus* de aumentar a participação do juiz no processo. É uma resposta àquilo que os reformistas ingleses chamaram de um sistema *"too adversarial"*, e não uma forma de conferir às partes maior participação no processo. Por isso, o termo "cooperação processual" tem significados distintos em diferentes sistemas processuais[328]. A "cooperação processual" dos

---

gs of the practical meaning of, for example, the principle of the active judge: the English judge´s power are mainly procedural ones while the French judge´s powers focus on both procedure and the substance of the case (facts and law). Isso tudo, inclusive, tem reduzido de tamanho "the gap between the Civil Law and Common Law countries". (RHEE, C.H. van. Introduction. In: RHEE, C.H. van. *European traditions in civil procedure*. Oxford: Intersentia Antwerpen, 2005, p. 22). Em sentido similar, falando de uma convergência dos sistemas processuais modernos em razão dos problemas comuns de complexidade das causas, ver HAZARD JR., Geoffrey C. DONDI, Angelo. Responsibilities of Judges and Advocates in Civil and Common Law: Some Lingering Misconceptions Concerning Civil Lawsuits. *Cornell international law journal*. v. 39. New York: Cornell University, 2006, p. 68.

325. A proposta de reforço dos poderes do juiz em prol de perspectivas metajurídicas a que o processo vem a cumprir foi defendida por Klein na famosa conferência de Dresda em 1901, conforme menciona Nicola Picardi em profunda análise do pensamento de Franz Klein. A respeito, ver PICARDI, Nicola. Le riforme processuali e sociali di Franz Klein. Historia et ius – *Rivista di storia giuridica dell´età medievale e moderna*, n. 2., nov. 2012. Disponível em: <http://www.historiaetius.eu/num-2.html>.

326. O que fica bastante claro da simples leitura da exposição de motivos do Código de Processo Civil brasileiro de 1939, na qual os três autores mencionados figuram como suas principais bases teóricas.

327. Para uma profunda crítica ao instrumentalismo processual, ver CARVALHO FILHO, Antônio. Precisamos falar sobre o instrumentalismo processual. *Empório do direito*. Disponível em: <http://emporiododireito.com.br/leitura/abdpro-2-precisamos-falar-sobre-o-instrumentalismo-processual-por--antonio-carvalho-filho>. Acesso em 31-10-2018.

328. Para uma aguda crítica da cooperação processual e seus vínculos com o instrumentalismo processual, ver CREVELIN, Diego. O caráter mítico da cooperação processual. *Empório do Direito*. Disponível em <http://emporiododireito.com.br/leitura/abdpro-10-o-carater-mitico-da-cooperacao-processual-por-diego-crevelin-de-sousa>. Acesso em 31-10-2018. Também sobre o tema, em viés crítico, ver DELFINO, Lúcio. *Revista brasileira de direito processual*. Ano 24. Número 93. Jan./mar. 2016.

ingleses e franceses não é a mesma dos alemães e portugueses, embora possam encontrar eventuais pontos de conexão. O importante é que se desnude o contexto em que o termo veio a ser utilizado nesses sistemas jurídicos para que possamos aprender com outras experiências jurídicas. Ao contrário do Brasil, em que a cooperação processual foi enxertada no Código sem muita clareza a respeito do seu significado normativo, na Inglaterra a opção legislativa é bastante clara: dar ao juiz mais poderes para gestão da causa e, por isso, no Direito inglês, cooperação é sinônimo de interferência naquilo que até então era patrimônio exclusivo das partes.

Por outro lado, o apelo à eficiência como justificativa do *case management* inglês relaciona-se ao custo do processo e a necessidade de que os recursos dos Tribunais sejam alocados de modo proporcional à complexidade dos litígios. Além disso, tanto no Direito inglês quanto no direito americano há uma preocupação com a prática de atos desnecessários e com o maior aproveitamento dos atos processuais. Verifica-se, pois, que as intenções normativas reveladas pela eficiência no âmbito do direito processual, também no direito estrangeiro limitam-se às noções de eficiência jurisdicional como *aproveitamento* e como *rendimento*. Vale dizer, "o juiz deve maximizar a entrega da tutela jurisdicional praticando um mínimo de atos processuais, reputando se válidos os que, não realizados na forma prescrita em lei, lhe alcançar a finalidade, salvo cominação de nulidade" e "deve realizar a entrega da tutela jurisdicional de modo efetivo e em tempo razoável"[329].

No entanto, a tríade eficiência, cooperação e *active case management* tem servido como subterfúgio para uma espécie de reconstrução jurisdicional do procedimento legalmente instituído. Fala-se, nessa linha, da superação de um procedimento *prêt-à-porter* por um procedimento *taylor made*. O procedimento pré-estabelecido em lei cede lugar para um procedimento customizado, numa espécie de alfaiataria judicial. Nesse sentido, van Rhee e Verkerk, entusiastas do *case management* e da *cooperação processual* como modelos de um processo civil europeu, referem que "à proposta de reduzir os custos e a demora do processo tem-se acrescentado a noção de customizar (tailoring) o procedimento de acordo com a complexidade da causa"[330].

329. COSTA, Eduardo José Fonseca da. As garantias arquifundamentais contrajurisdicionais: não-criatividade e imparcialidade. *Empório do direito*. Disponível em: <http://emporiododireito.com.br/leitura/as-garantias-arquifundamentais-contrajurisdicionais-nao-criatividade-e-imparcialidade>. Acesso em 20/04/2018.

330. RHEE, C.H. van Rhee, VERKERK, Remme. Civil procedure. In: J.M. Smits (ed.), *Elgar Encyclopedia of Comparative Law*, Cheltenham etc., 2006, p. 126.

No Brasil, a flexibilidade procedimental vem sendo empregada como fórmula transformadora do devido processo *legal* em *indevido processo judicial*, desconsiderando o caminho procedimento previamente estabelecido em lei. Há, de início, uma sensível diferença entre o modelo brasileiro e o modelo inglês. O *allocation case management* inglês não confere ao juiz o poder de criar um procedimento *praeter legem*, mas, sim, de alocar o caso concreto a procedimentos pré-estabelecidos mediante uma série de critérios objetivos relacionados ao valor, à complexidade e a outros elementos específicos da causa. Adaptabilidade procedimental, no Direito inglês, longe está de ser sinônimo de criatividade procedimental como ocorre no Brasil. Daí que, mesmo para quem considera virtualmente possível a incorporação das técnicas do *active case management* ao Direito brasileiro, é no mínimo exagerada a defesa de uma "gestão processual eficiente mediante flexibilização procedimento pelo juiz às peculiaridades do caso concreto e às necessidades do direito material"[331].

Nem mesmo os pressupostos ideológicos do *active case management* costumam ser relevados pela nossa doutrina, que, por sinal, é bastante receosa em tomar partido nessa seara. Antes de simplesmente comprar novidades oriundas do Direito inglês e americano é crucial que a doutrina brasileira identifique e se posicione a respeito das correntes ideológicas que pautaram o *active case management* e se elas são compatíveis com o modelo de processo albergado pela nossa Constituição. Conforme referido anteriormente, tem-se combatido no Brasil uma postura *ativista* (*rectius*, instrumentalista) fundada em uma mixagem entre um modelo autoritário e social de processo (que pelos dois caminhos redunda num modelo hiperpublicista, instrumentalista e centrado na figura do juiz). A pergunta a ser feita, portanto, é se o *active case management* está mais próximo dessas posturas instrumentalistas ou do modelo constitucional de processo. Em ensaio pioneiro sobre o tema, Eduardo José da Fonseca Costa cuidou de revelar que o *active case management* é fruto de um modelo *liberal-social* de processo e representa uma espécie de "neo-ativismo gerencial"[332].

Ademais, a identificação do *active case management* com o *New Public Management* dos ingleses e com o *Global Public Management* dos

331. REDONDO, Bruno Garcia. Eficiência da prestação jurisdicional e flexibilização do procedimento pelo juiz e pelas partes. *Revista jurídica UNIGRAM*. v. 15. n. 30. jul./dez. 2013. Dourados: UNIGRAM, 2013, p. 108.

332. COSTA, Eduardo José da Fonseca. Los criterios de la legitimación jurisdiccional según los activismos socialista facista y gerencial. *Revista Brasileira de Direito Processual*. Belo Horizonte, n. 82, 2013, p. 205-216.

americanos, também foi notada pelo *chief justice* australiano J.J. Spigelman, para quem o *active case management* representa a incorporação no âmbito das Cortes judiciais dos três "es" da nova gestão pública: economia, eficiência e efetividade[333]. Talvez se o debate brasileiro sobre o *active case management* caminhasse nesse sentido, fosse possível pensá-lo como forma de dar mais eficiência à organização Judiciária, e não como tentativa de mascarar ou reforçar um protagonismo judicial que se mostra cada vez mais inaceitável.

Por isso tudo, tem razão Eduardo José da Fonseca Costa quando vê no gerencialismo processual liberal social mais uma espécie de instrumentalismo processual ao lado dos modelos socialistas e fascistas[334]. No final das contas, a adoção do *active case management* no Direito brasileiro não representaria nenhuma ruptura com o modelo instrumentalista inaugurado pelo Código de Processo Civil de 1939, mas, sim, somente um renovado critério de legitimação do combatido protagonismo judicial.

2.3.2.2 *Uma crítica ao slogan do "processo justo" como forma de flexibilização procedimental*

Outro subterfúgio para a flexibilização procedimental no Brasil tem sido a substituição da cláusula do devido processo legal pela expressão processo justo[335]*, bastante utilizada pelos adeptos do formalismo-valorativo. No entanto, também autores fortemente identificado com o instrumen-*

333. SPIGELMAN, James. The 'new public management' and the courts. *Australian law journal*. vol. 75, 2001. Disponível em: <https://papers.ssrn.com/sol3/papers.cfm?abstract_id=1800452>.

334. COSTA, Eduardo José da Fonseca. Los criterios de la legitimación jurisdiccional según los activismos socialista facista y gerencial. *Revista Brasileira de Direito Processual*. Belo Horizonte, n. 82, 2013, p. 205-216.

335. Conforme Antônio Carvalho Filho, "pela influência flagrante do desenvolvimento teórico do direito processual brasileiro pela doutrina italiana, os adeptos da visão do '*justo processo*' tomaram, como numa tradução literal, a cláusula '*giusto processo*', constante do art. 111 da Constituição Italiana, e passaram a utilizá-la como se prevista na Constituição Brasileira com o conteúdo que eles bem entenderam. Ignoraram as limitações previstas no nosso texto constitucional e também no italiano. Tanto isso é verdade que as referências à cláusula italiana sequer são completas, esquecendo-se que o texto respectivo se refere à submissão da jurisdição ao '*giusto processo regolato dalla legge*'. A tradução do termo sem a devida adequação linguística prega peças com efeitos práticos gravíssimos. A expressão "*giusto*" na língua italiana possui significado polissêmico, sem que o significante '*justo*' em língua portuguesa atenda de modo correspondente. Como demonstra Nelson Nery Jr., a partir da lição de Vincenzo Vigoriti, o art. 111 da Constituição italiana inspirou-se diretamente na cláusula do *due process of law* anglossaxão, sendo que o termo '*due*' sugere as ideias de processo *regular* ou *correto*, razão pela qual deveria ser traduzido para o italiano como '*giusto*' (CARVALHO FILHO, Antônio. Pequeno manual prático para o debate instrumentalistas (e afins) vs garantistas processuais. *Empório do direito*. Disponível em https://emporiododireito.com.br/leitura/7-pequeno-manual-pratico-para-o-debate-instrumentalistas-e-afins-vs-garantistas-processuais. Acesso em 13.07.2019).

talismo processual, como é o caso de José Roberto dos Santos Bedaque, vem defendendo a possibilidade de que o juiz realize flexibilizações procedimentais com base no slogan do processo justo, o seguinte: "desde que observado o contraditório e não sejam prejudiciais a qualquer das partes, adaptações do procedimento às necessidades do caso concreto atendem à ideia do processo justo, tal como regulado pela Constituição"[336].

A proposta de uma flexibilização procedimental pelo juiz com base em valores e sem qualquer intermediação legislativa lembra muito bem a crítica realizada por Carl Schmitt à jurisprudência alemã do segundo pós-guerra, a qual teria se utilizado de uma fundamentação baseada na filosofia dos valores, compreendida como uma espécie de substituto científico do direito natural, capaz, portanto, de superar a mera legalidade e conquistar uma espécie de legitimidade sem respaldo na lei[337]. Em seu trabalho intitulado "tirania dos valores"[338], Schmitt cuidou de denunciar – com base na *Ethik* de Nicolai Hartmann – que todo valor, ao ganhar poder sobre uma pessoa, teria a tendência de erigir-se como tirano do *ethos* humano à custa de outros valores, inclusive daqueles aos quais não se opõe diametralmente[339]. Por isso, a crítica à apropriação da filosofia do valor pelo Tribunal Constitucional alemão, o qual teria passado a fundamentar suas decisões com base na referida filosofia[340]. No entanto, para Schmitt, o valor teria se oferecido como um substituto da virtude – palavra esta que, conforme a lição de Forsthoff, conservava um sentido na doutrina do Estado do príncipe absolutista, mas que com

336. BEDAQUE, José Roberto dos Santos. Efetividade do processo e técnica processual. São Paulo: Malheiros, 2006, p. 63. Incorrem no mesmo reducionismo Luiz Guilherme Marinoni e Daniel Mitidiero ao afirmarem que "O processo deve ser justo para que a decisão seja justa. A justiça do processo é condição inafastável, embora não suficiente, para que se possa alcançar a justiça da decisão. É claro, contudo, que a justiça do processo é algo que não pode ser definido *a priori*, dependendo sempre das necessidades do caso concreto", razão pela qual, com base na doutrina de Luigi Paolo Comoglio, defendem que o processo justo tem uma abertura flexível para patrocinar a efetiva adequação do processo ao direito material e assim realizar a justiça processual (MARINONI, Luiz Guilherme. MITIDIERO, Daniel. Direito de ação, contraditório e motivação das decisões judiciais. In: *Direitos fundamentais no Supremo Tribunal Federal:* balanço e crítica. Coordenação Daniel Sarmento e Ingo Wolfgang Sarlet. Rio de Janeiro: Lumen Juris, 2011, p. 558).

337. SCHMITT, Carl. Reflexiones de un jurista sobre la filosofía del valor (La edición privada de 1960). In: *La tiranía de los valores* / con prólogo de Jorge E. Dotti la ed. - Buenos Aires: Hydra, 2009, p. 107-108.

338. Em 1959, durante o encontro de Ebrach, na Alemanha, Carl Schmitt apresentou o trabalho "A Tirania dos Valores", que veio a ser publicado, no ano seguinte, como uma espécie de edição privada de duzentos exemplares distribuída exclusivamente para os participantes do referido encontro. Em 1967, o mesmo ensaio veio a ser publicado numa coletânea em homenagem aos sessenta e cinco anos de Ernst Forsthoff, a qual reunia palestras proferidas em dois dos seminários de Ebrach, sendo acompanhado, ainda, de uma introdução escrita pelo próprio Schmitt.

339. SCHMITT, Carl. Reflexiones de un jurista sobre la filosofía del valor (La edición privada de 1960). In: *La tiranía de los valores* / con prólogo de Jorge E. Dotti la ed. - Buenos Aires: Hydra, 2009, p. 140-141.

340. SCHMITT, Carl. Introducción (1967). La tiranía de los valores. In: *La tiranía de los valores* / con prólogo de Jorge E. Dotti la ed. - Buenos Aires: Hydra, 2009, p. 92.

a qual não se sabia o que fazer no sistema de legalidade do Estado de Direito[341].

A atualidade do texto de Schmitt é inegável, notadamente quando se leva em conta o direito brasileiro, no qual os temas propostos pelo jurista alemão – reinterpretação dos direitos fundamentais, Constituição como uma ordem de valores e eficácia dos direitos fundamentais perante terceiros – foram recepcionados sem o devido cuidado teórico. Cabe, para a doutrina brasileira, pelo menos o alerta de Schmitt acerca da transformação da execução da Constituição em uma execução imediata de valores, o que deveria, no mínimo, levar em conta, segundo ele, que a lógica do valor justifica pretensões não suscetíveis de cálculo e atribuições de menos valia (o que tornaria o tão propagado sopesamento racional de valores um recurso falacioso); que a execução imediata do valor destrói a execução juridicamente significativa (que a resolução de casos com base em valores corrompe o direito legislado) e que somente tem lugar em ordens concretas sob a base de disposições fixas e claras (dito de outro modo, que a execução de valores deve ser dada pela lei, e não pelos juízes)[342]. Com isso, pretendia Schmitt acentuar a incompatibilidade entre os juízos jurídicos e valorativos, de modo a prevenir uma assimilação entre o jurídico e o axiológico que poderia ocorrer sobre os seus efeitos[343].

No fundo, as críticas de Schmitt são endereçadas a uma execução imediata de valores pelos juristas, principalmente pelos juízes. Para ele, em uma comunidade cuja Constituição prevê um legislador, este seria o responsável por criar leis que determinam a mediação de valores através de regras calculáveis e executáveis, evitando-se, assim, o terror da execução imediata e automática do valor[344]. Dito de outro modo, não caberia a juízes e Tribunais a "execução imediata de valores" e, muito menos, a correção da lei com base em valores[345].

Por sinal, é sempre bom lembrar que os efeitos nefastos de uma execução imediata dos valores pelos tribunais foram bastante impactan-

341. SCHMITT, Carl. Introducción (1967). La tiranía de los valores. In: *La tiranía de los valores* / con prólogo de Jorge E. Dotti la ed. - Buenos Aires: Hydra, 2009, p. 91.

342. SCHMITT, Carl. Introducción (1967). La tiranía de los valores. In: *La tiranía de los valores* / con prólogo de Jorge E. Dotti la ed. - Buenos Aires: Hydra, 2009, p. 110.

343. DOTTI, Jorge E. Filioque. Uma tenaz apologia de la mediación teológico-política. In: In: *La tiranía de los valores* / con prólogo de Jorge E. Dotti la ed. - Buenos Aires: Hydra, 2009, p. 19.

344. SCHMITT, Carl. Reflexiones de un jurista sobre la filosofía del valor (La edición privada de 1960). In: *La tiranía de los valores* / con prólogo de Jorge E. Dotti la ed. - Buenos Aires: Hydra, 2009, p. 146-147.

345. Questão que, há muito, é denunciada no Brasil por Lenio Streck. A respeito, ver STRECK, Lenio. *Precisamos falar sobre Direito e Moral:* os problemas da interpretação e da decisão judicial. 1. ed. Rio de Janeiro: Tirant lo Blanch, 2018.

tes no direito civil, conforme demonstrado por Otávio Luiz Rodrigues Jr. em sua tese de livre docência[346]. No Brasil, a questão da execução imediata de valores tem sido uma constante também para os processualistas. Um dos grandes exemplos disso, é o pensamento de Carlos Alberto Alvaro de Oliveira, pai do chamado "formalismo-valorativo", para quem "se o processo, na sua condição de autêntica ferramenta de natureza pública indispensável para a realização da justiça e da pacificação social, não pode ser compreendido como mera técnica mas, sim, como instrumento de realização de valores e especialmente de valores constitucionais, impõe-se considerá-lo como direito constitucional aplicado"[347]. Nesse sentido, diante de uma normatividade essencialmente principiológica outorgar-se-ia competência para a livre investigação jurisdicional do direito, facultando-se expressamente a criação do direito pelos juízes[348], com subterfúgio na "correção da lei pelo órgão judicial com vistas à salvaguarda do predomínio do valor do direito fundamental na espécie em julgamento"[349]. Sob essa perspectiva, dizia Alvaro que "garantismo e eficiência devem ser postos em relação de adequada proporcionalidade, por meio de uma delicada escolha dos fins a atingir e de uma atenta valoração dos interesses a tutelar (...) em suma, com a ponderação desses dois valores fundamentais – efetividade e segurança jurídica – visa-se idealmente a alcançar um processo tendencialmente justo". Referia, ainda, que "à vista do caráter essencialmente principiológico dos direitos fundamentais, que só se pode determinar o que se entende por processo justo levando-se em conta as circunstâncias peculiares do caso"[350].

---

346. Conforme Otávio Luiz Rodrigues Jr., "a 'entrada' dos direitos fundamentais (e seus valores) para o Direito Civil dar-se-á *principaliter* (embora não exclusivamente) pelas 'cláusulas gerais' no campo jurídico privado. Eventualmente, e esse é um ponto que merece atenção no julgado Lüth, pode-se recorrer a critérios extrajurídicos, dentre os quais os 'bons costumes'. O recurso a elementos metajurídicos em uma ordem jurídica positiva não deixa de ser perigoso. O tribunal fez uma concessão arriscada a algo que, em outros tempos, poderia ter sido denominado de Direito Natural. Esse tipo de argumentação poderia conduzir ao surgimento de um cavalo de Troia no sistema interno: quem define o conteúdo desses valores metajurídicos? Esse apelo a 'critérios extrajurídicos' não seria uma forma de se introduzir no sistema um fator de correção externo? Essa crítica acompanharia o TCF desde então. Assim como no Brasil, há críticas na Alemanha quanto aos excessos do TCF na interpretação do Direito (não somente o ordinário). Comparativamente ao que ocorreu no Brasil, porém, não é incorreto dizer que o TCF se comporta com excessiva timidez (RODRIGUES JR., Otavio Luiz. *Direito civil contemporâneo:* estatuto epistemológico, constituição e direitos fundamentais / Otavio Luiz Rodrigues Jr. – 1. ed. – Rio de Janeiro: Forense Universitária, 2019, p. 261).

347. ALVARO DE OLIVEIRA, Carlos Alberto. O processo civil na perspectiva dos direitos fundamentais. In: *Do formalismo no processo civil.* 2 ed. São Paulo: Saraiva, 2003, p. 261.

348. ALVARO DE OLIVEIRA, Carlos Alberto. O processo civil na perspectiva dos direitos fundamentais. In: *Do formalismo no processo civil.* 2 ed. São Paulo: Saraiva, 2003, p. 264-265.

349. ALVARO DE OLIVEIRA, Carlos Alberto. O processo civil na perspectiva dos direitos fundamentais. In: *Do formalismo no processo civil.* 2 ed. São Paulo: Saraiva, 2003, p. 268.

350. ALVARO DE OLIVEIRA, Carlos Alberto. O processo civil na perspectiva dos direitos fundamentais. In: *Do formalismo no processo civil.* 2 ed. São Paulo: Saraiva, 2003, p. 274.

Seguidores de Alvaro de Oliveira, como é o caso de Luiz Guilherme Marinoni e Daniel Mitidiero, têm sugerido uma substituição da expressão *devido processo legal*, contida no art. 5.º, LIV, da CF, pela expressão *processo justo*. Um dos motivos dessa transformação alquímica seria o fato da expressão devido processo legal remeter "ao contexto cultural do Estado de Direito (Rechtsstaat, État Légal), em que o processo era concebido unicamente como um anteparo ao arbítrio estatal, ao passo que hoje o Estado Constitucional (Verfassungsstaat, État de Droit) tem por missão colaborar na realização da tutela efetiva dos direitos mediante a organização de um processo justo"[351]. Sob essa ótica, o que parecem querer dizer os referidos autores é que deveríamos abandonar o elemento central da noção de *devido processo legal* – ou seja, a contenção do arbítrio – pela expressão *processo justo*, pois, ao que tudo indica, o tal "Estado Constitucional" seria um Estado cordial e colaborativo, no qual, frente ao exercício do poder jurisdicional, nenhum escudo seria necessário ao cidadão.

Mas não é só isso. Com a expressão "processo justo", constrói-se um "modelo variável" que "pode assumir formas diversas, moldando-se às exigências do direito material e do caso concreto". Desse modo, "o direito ao processo justo constituí cláusula geral" e "visa a assegurar a obtenção de uma decisão justa". Nesse ponto de vista, "a atuação da administração judiciária tem de ser compreendida como uma forma de concretização do direito ao processo justo"[352].

A subtração do termo *legal*, componente da cláusula do *devido processo*, representa uma tentativa doutrinária e jurisdicional de execução imediata de valores. Representa, com efeito, uma porta de entrada para a "tirania dos valores". A subversão do *direito infraconstitucional* por um *pseudodireito jurisdicional* se dá capturando a *garantia do indivíduo contra o poder jurisdicional*, para transformá-la em *instrumento do poder jurisdicional*. A expressão "processo justo" é um subterfúgio hermenêutico para conferir ao juiz maiores poderes, "plasmando extralegalmente o procedimento". Como bem destacou Eduardo José da Fonseca Costa, diante de tal perspectiva "o processo deixa de ser garantia de liberdade do cidadão e transmuda em ferramenta oficial do Estado para a consecução de finalidades extragarantísticas

351. MARINONI, Luiz Guilherme. MITIDIERO, Daniel. Direitos fundamentais processuais. In: INGO, Sarlet. MARINONI, Luiz Guilherme. MITIDIERO, Daniel. *Curso de direito constitucional.* 2 ed. São Paulo: Revista dos Tribunais, 2013, p. 704.

352. MARINONI, Luiz Guilherme. MITIDIERO, Daniel. Direitos fundamentais processuais. In: INGO, Sarlet. MARINONI, Luiz Guilherme. MITIDIERO, Daniel. *Curso de direito constitucional.* 2 ed. São Paulo: Revista dos Tribunais, 2013, p. 705-706.

(igualdade, solidariedade cooperativista, 'verdade real', justiça material etc.)"[353].

Com a expressão "processo justo" esconde-se uma visão antigarantista do processo, o qual passa a ser "informado pelos valores da efetividade e da segurança jurídica e voltado para a realização da justiça do caso concreto e a pacificação social", tomados como verdadeiros *escopos do processo*[354]. Como, para essa corrente, segurança e efetividade são valores concorrentes[355], não há nenhum problema em conferir maior prestígio à efetividade e à eficiência (da jurisdição) em desabono das garantias constitucionais contrajurisdicionais. Legitima-se, desse modo, um discurso baseado em valores a favor de um "processo justo" comandado pelo próprio órgão jurisdicional, ao qual são outorgados amplos poderes para manipular o próprio procedimento instituído pelo legislador mediante uma espécie de execução imediata de valores. O devido processo legal transforma-se, assim, em *indevido processo jurisdicional.*

O *"processo justo" configura-se, portanto, como uma pauta de valores nas mãos de doutrinadores-legisladores e juízes-legisladores, os quais, a seu bel prazer, fazem prevalecer determinados valores.* Normalmente, valores que conspiram em desfavor da garantia contrajurisdicional do indivíduo – que é o processo – e que atendem a escopos pró-jurisdicionais (justiça, verdade, paz social etc.). No entanto, conforme ressaltou Antônio Carvalho Filho, em aguda crítica à noção de "processo justo", "visões plasticizantes do procedimento por inciativa judicial são flagrantemente autoritárias, pois desrespeitam a constituição e a lei"[356]. Trata-se da tirania do "valor jurisdição", que se sobrepõe à lei e ao processo.

Por isso tudo é que as críticas de Schmitt continuam atual. O mesmo vale para a sua advertência, no sentido de que "o jurista que se aventura a executar valores de maneira imediata deveria saber o que faz. Deveria refletir sobre a procedência e estrutura dos valores e não se permitir tomar levemente o problema da tirania dos valores, da execução

353. COSTA, Eduardo José da Fonseca. Breves meditações sobre o devido processo legal. *Empório do direito.* Disponível em <http://emporiododireito.com.br/leitura/abdpro-15-breves-meditacoes-sobre-o-devido-processo-legal>. Acesso em 15 de janeiro de 2018.

354. MATTOS, Sérgio Luís Wetzel de. *Devido processo legal e proteção de direitos.* Porto Alegre: Livraria do Advogado, 2009, p. 134.

355. MATTOS, Sérgio Luís Wetzel de. *Devido processo legal e proteção de direitos.* Porto Alegre: Livraria do Advogado, 2009, p. 135.

356. CARVALHO FILHO, Antônio. Pequeno manual prático para o debate instrumentalistas (e afins) vs garantistas processuais. *Empório do direito.* Disponível em https://emporiododireito.com.br/leitura/7-pequeno-manual-pratico-para-o-debate-instrumentalistas-e-afins-vs-garantistas-processuais. Acesso em 13.07.2019.

não mediada do valor"[357]. Lamentavelmente, o caso do "processo justo" é somente mais um, dentre tantos, exemplos da "tirania dos valores" que assola o direito brasileiro.

Por isso, propostas de flexibilização procedimental alicerçadas na noção de processo justo deturpam a garantia do devido processo legal e conspiram contra o direito à liberdade. Trata-se, portanto, de uma postura teórica voltada a legitimar uma inconstitucional flexibilização procedimental pró-jurisdicional em desabono das garantias fundamentais das partes.

2.3.2.3 A noção de fase preparatória no procedimento civil brasileiro e a ausência de possibilidades legais de flexibilização procedimental

A compreensão das exigências de uma fase preparatória do processo realizada a partir da experiência do direito comparado se apresenta como um excelente ponto de partida para a exploração do tema no direito brasileiro. Na medida em que essa fase preparatória se presta para adequar o procedimento às vicissitudes do caso concreto, torna-se possível enxergá-la como uma alternativa robusta para superar tanto a rigidez procedimental própria daquilo que Ovídio chamou de "ordinariedade", quanto a insuficiência dos procedimentos especiais (e das tutelas diferenciadas), historicamente concebidos como uma espécie de válvula de escape diante da ordinariedade.

O grande problema da *fase preparatória* e da *flexibilização procedimental* no direito brasileiro reside no fato de que, ao contrário do que ocorre no modelo inglês e francês supramencionados, o atual Código de Processo Civil não desenhou ritos aos quais a causa possa ser alocada após à fase preparatória. Vale dizer, não há, no direito brasileiro, um rito pré-desenhado pelo legislador ao qual, a partir de critérios determinados, possa o juiz *adaptar o procedimento.* Na contramão da experiência do direito comparado, no Brasil, a flexibilização procedimental se tornou sinônimo de *construção jurisdicional do procedimento*, e não de adaptação *do caso* a um procedimento, dentre tantos outros, previsto em lei.

O problema da preparação da causa e, consequentemente, dos desvios percorridos no procedimento-padrão, pode ser solucionado, segundo Barbosa Moreira, a partir de dois "*métodos*", quais sejam, o método

357. SCHMITT, Carl. Reflexiones de un jurista..., SCHMITT, Carl. Reflexiones de un jurista sobre la filosofía del valor (La edición privada de 1960). In: *La tiranía de los valores* / con prólogo de Jorge E. Dotti la ed. - Buenos Aires: Hydra, 2009, p. 146-147.

"concentrado" e o método "difuso"[358]. No primeiro, destaca-se um momento ou uma fase do procedimento para a prática de atos relativos à preparação da causa, como a solução de preliminares, o esclarecimento de pontos obscuros e a determinação de provas a serem produzidas, dentre outros; no segundo, tal atividade é exercida de maneira descontínua ao longo do *iter* processual, sem prejuízo de fixação de oportunidades específicas para a apreciação de certas matérias[359]. Partindo-se da premissa de que a tendência moderna é o predomínio do método "concentrado"[360], cabe referir que ele pode se desenvolver adotando tanto a técnica escrita quanto a técnica oral, prevendo-se, respectivamente, a prática de um ato ou de uma série de atos por escrito ou a realização de uma audiência especial[361].

O direito brasileiro, que sempre foi pautado pelo modelo normativo luso-brasileiro do "despacho saneador"[362], foi alvo de uma notável

---

358. Registre-se, no entanto, que "a oposição entre os dois métodos não deve ser superestimada. Como bem se compreende, os critérios do legislador não costumam apresentar rigidez absoluta: assim um ordenamento que opte pelo sistema 'concentrado', não ficará de todo excluída, em geral, a possibilidade de que se pratiquem atos do gênero de que estamos cogitando, eventualmente, fora do momento (ou da fase) que em princípio se reserva para tal fim. Feita essa ressalva, parece-nos legítimo e útil insistir na distinção, relevante por mais de um aspecto" (BARBOSA MOREIRA, José Carlos. Saneamento do processo e audiência preliminar. *Revista de Processo*. São. v.10, n.40, out. 1985. São Paulo: Revista dos Tribunais, 1985, p. 112).

359. BARBOSA MOREIRA, José Carlos. Saneamento do processo e audiência preliminar. *Revista de Processo*. São. v.10, n.40, out. 1985. São Paulo: Revista dos Tribunais, 1985, pp. 111-112.

360. BARBOSA MOREIRA, José Carlos. Saneamento do processo e audiência preliminar. *Revista de Processo*. São. v.10, n.40, out. 1985. São Paulo: Revista dos Tribunais, 1985, p. 120.

361. Conforme Barbosa Moreira, "para atingir os fins a que se visa, pode a lei prever um ato (ou uma série de atos) praticado (s) por escrito; ou pode ordenar a realização de uma audiência especial. A primeira técnica acha expressão vigorosa – sem prejuízo do que se vai expor no item subsequente sobre a evolução do Direito português – no modelo normativo luso-brasileiro, conhecido principalmente pelo *nomen* iuris 'despacho saneador', com que a tradição, já larga, e em certa medida diferente a objeções de índole terminológica, designa uma das figuras de pronunciamentos judiciais passíveis de emissão nesse contexto. A outra, que tem na *erste* Tagsatzung' do Direito austríaco sua mais conhecida versão, acaba de ver-se assimilada pelo ordenaemnto espanho" (BARBOSA MOREIRA, José Carlos. Saneamento do processo e audiência preliminar. *Revista de Processo*. São. v.10, n.40, out. 1985. São Paulo: Revista dos Tribunais, 1985, pp. 113).

362. Segundo lição de Celso Barbi, "êsse despacho foi introduzido no Brasil pelo art. 19 do decreto-lei n. 960, de 17 de novembro de 1938, que regulou os executivos fiscais. Apesar de não lhe dar nome, o decreto determinou que, após a fase de defesa, o juiz deveria proferir despacho sôbre as nulidades e decidir qualquer matéria estranha ao mérito da causa. Outras funções tinham ainda o despacho, como a determinação de provas e o julgamento do mérito, se o réu fôsse revel ou a defesa tivesse sido apresentada fora do prazo. Pouco tempo após, o Código de Processo Civil de 1939, nos arts. 293 e 294, ao tratar do processo ordinário, inscreveu o despacho em exame, com o nome de despacho saneador, a ser proferido após a fase da defesa, com as finalidades descritas no art. 294, ns. I a V" X". Ainda conforme o referido autor, a origem do despacho saneador está no decreto n. 3, de 29 maio de 1907, que "criou em Portugal, para certos processos, um despacho destinado a conhecer das nulidades, o qual deveria ser proferido após a fase dos articulados, mas antes da colheita das provas. A jurisprudência e a doutrina lusitanas lhe deram o nome de despacho regulador do processo, e o legislador o aplicou, posteriormente, em vários decretos, a outras causas" (BARBI, Celso Agrícola. Despacho saneador e julgamento do mérito. *Revista dos tribunais*. v. 391. São Paulo: 1968,

ruptura quando, em 1994, inseriu-se, ao lado da previsão "do despacho senador"[363] a previsão de uma audiência de conciliação[364], símbolo principal da técnica oral no modelo concentrado de preparação da causa. O nome audiência de conciliação, equivocadamente atribuído ao ato processual em questão, foi um dos fatores do seu insucesso na época. Muito mais do que uma audiência de conciliação, prestava-se a audiência então prevista no art. 331 do Código de 1973 para a preparação da causa, na medida em que nela, diante da infrutífera a tentativa de conciliação, deveriam ser praticados outros atos, notadamente a fixação dos pontos controvertidos, a resolução das questões processuais pendentes e a determinação das provas a serem produzidas, com a designação de audiência de instrução quando necessária[365]. Esse equívoco terminológico foi

---

pp. 9-10). Araken de Assis vai ainda mais longe na pesquisa histórica acerca do tema, referindo que a origem genuinamente portuguesa do despacho saneador tem como antecedente próximo a "recomendação feita aos magistrados portugueses do Ministério Público, em 1841, que cuidassem de evitar ou de suprir nulidades, sob pena de responsabilidade, antes de o Procurador Régio, oficiando na apelação, delas tomasse conhecimento". Nesses termos, "o Decreto n.º 3, de 19.05.1907, adotou o então chamado 'despacho regulador' no processo sumário português. Posteriormente, o art. 24 do Decreto n.º 12.353, de 22.09.1926, introduziu a novidade no procedeiento comum. Esses diplomas alteraram o CPC português de 1876 – o movimento reformista é tão antigo, quanto retardada a respectiva eficácia -, e seus frutos foram considerados suficiente maduros para consagrar a figura definitivamente no art. 514 do CPC luso de 1939" (ASSIS, Araken de. *Processo civil brasileiro*. Volume III: parte especial: procedimento comum: (da demanda à coisa julgada). São Paulo: Revista dos Tribunais, 2015, pp. 427-428). Fiel à tradição, a redação original do art. 331 do Código de 1973 assim previa: "se não se verificar nenhuma das hipóteses previstas nas seções precedentes, o juiz, ao declarar saneado o processo: I - deferirá a realização de exame pericial, nomeado o perito e facultando às partes a indicação dos respectivos assistentes técnicos; II - designará a audiência de instrução e julgamento, determinando o comparecimento das partes, perito, assistentes técnicos e testemunhas".

363. Fala-se na instituição de uma audiência preliminar ao lado do despacho saneador pois, a despeito de não ser dito no texto normativo como proceder na hipótese de não caber a audiência de conciliação porque indisponível o direito "na prática do foro, continuou-se a observar, em tal hipótese, a 'técnica escrita': o órgão judicial proferia nos autos o 'despacho saneador', à semelhança do que se fazia antes da reforma" (BARBOSA MOREIRA, José Carlos. Vicissitudes da audiência preliminar. *Revista forense*. v. 374. Julho/Agosto de 2004. Rio de Janeiro: Forense, 2004, p. 143).

364. A redação do art. 331 e dos seus parágrafos 1º e 2º após a Lei 8.952/94 passou a ser a seguinte: "art. 331. Se não se verificar qualquer das hipóteses previstas nas seções precedentes e a causa versar sobre direitos disponíveis, o juiz designará audiência de conciliação, a realizar-se no prazo máximo de trinta dias, à qual deverão comparecer as partes ou seus procuradores, habilitados a transigir. § 1º Obtida a conciliação, será reduzida a termo e homologada por sentença. § 2º Se, por qualquer motivo, não for obtida a conciliação, o juiz fixará os pontos controvertidos, decidirá as questões processuais pendentes e determinará as provas a serem produzidas, designando audiência de instrução e julgamento, se necessário".

365. Conforme Luiz Rodrigues Wambier, "a denominação equivocada - audiência de conciliação – 'colaborou' para o insucesso do novo momento de aproximação das partes no processo, pois favoreceu a que se formulassem interpretações no sentido de empobrecer seu conteúdo, como se apenas de momento para a tentativa de conciliação se tratasse. Isso, todavia, nunca correspondeu à interpretação que devesse ser tida como correta, nem mesmo antes da reforma de 2002. Mesmo em sua redação original, inserida no Código de Processo Civil em 1994, a audiência 'de conciliação' já se prestava, além de se constituir no momento oportuno para a tentativa de

sanado em 2002, pela Lei 10.444, que substituiu o termo audiência de conciliação por audiência preliminar. Além disso, na redação conferida pela Lei 8.952/94 o cabimento da referida audiência era restrito aos direitos disponíveis, equívoco que também foi corrigido em 2002, quando se passou a falar em "direitos que admitam transação" ao invés de "direitos disponíveis".

Todas essas mudanças não foram suficientes para uma efetiva implementação da audiência preliminar na prática jurídica brasileira. Para isso, muito contribuiu também a falta de técnica legislativa na redação do art. 331 do Código de 1973, cujo teor foi insuficiente. O emprego do verbo "poder" no §3.º do dispositivo passou a ser uma fonte de perplexidades, na medida em que dava margem ao entendimento de que constituía uma *faculdade* do juiz designar a audiência, o que foi defendido por parte da doutrina[366] e acabou se confirmando na jurisprudência[367]. Na verdade, o sucesso da audiência preliminar dependia de uma "mudança de postura"[368] e de um novo panorama cultural em que alguns requisitos fossem implementados, como, por exemplo, o conhecimento da causa antes do início da audiência[369].

O atual Código de Processo civil remodelou a fase preparatória do processo estabelecendo um método concentrado mais flexível a fim de permitir que a organização do procedimento ocorra de acordo com as circunstâncias do caso concreto. No ponto, mais importante ainda é a mudança da atmosfera trazida pelo novo código, exigência essencial, segundo Barbosa Moreira, para o sucesso do modo concentrado de saneamento e organização do processo, o qual, para vingar, reclamaria "oxigênio espiritual"[370]. A ênfase dada à autonomia privada com uma ativa participação das partes – em termos semelhantes ao dos sistemas inglês

conciliação, a ser a sede de uma série de atos tendentes a facilitar o curso do procedimento, desse momento em diante. Essa circunstância, todavia, foi extremamente mal compreendida, especialmente por aqueles que da nova audiência deveriam extrair o maior rendimento possível, ou seja, os próprios magistrados" (WAMBIER, Luiz Rodrigues. A audiência preliminar como fator de otimização do processo: o saneamento 'compartilhado' e a probabilidade de redução da atividade recursal das partes. *Revista de Processo*. n. 118, nov/dez, 2004. São Paulo: Revista dos Tribunais, 2004, p. 138).

366. BARBOSA MOREIRA, José Carlos. Vicissitudes da audiência preliminar. *Revista forense*. v. 374. Julho/Agosto de 2004. Rio de Janeiro: Forense, 2004, p. 145-147.

367. AgRg no Ag 693.982/SC, Rel. Ministro JORGE SCARTEZZINI, QUARTA TURMA, julgado em 17/10/2006, DJ 20/11/2006, p. 316.

368. RIBEIRO, Darci Guimarães. Audiência preliminar e oralidade. In: *Da tutela jurisdicional às formas de tutela*. Porto Alegre: Livraria do Advogado, 2010, p. 169.

369. RIBEIRO, Darci Guimarães. Audiência preliminar e oralidade. In: *Da tutela jurisdicional às formas de tutela*. Porto Alegre: Livraria do Advogado, 2010, p. 171.

370. BARBOSA MOREIRA, José Carlos. Saneamento do processo e audiência preliminar. *Revista de Processo*. São. v.10, n.40, out. 1985. São Paulo: Revista dos Tribunais, 1985, p. 129.

e francês – afiguram-se decisivos para o êxito do seu novo modelo de organização do procedimento.

Nesse caminho, buscou-se deixar claro que o momento processual em questão não tem por objetivo, unicamente, o saneamento do processo. Fala-se, pois, do saneamento e *organização do processo*[371], objetivo que já estava contemplado, ainda que de modo implícito, nos escopos da audiência preliminar do Código Buzaid[372]. Com efeito, sempre que, após o prazo para o réu oferecer sua defesa tiverem sido adotadas as providências preliminares e, ato contínuo, não seja o caso de extinção ou de resolução do mérito, passar-se-á à fase de saneamento e organização do processo, cuja finalidade principal é justamente preparar a causa para que ela se desenvolva num prazo razoável e sem surpresas – o que, sem dúvida, é um elemento decisivo para que o direito fundamental à razoável duração do processo e ao contraditório não sejam violados na futura sentença[373].

371. A seção IV do capítulo X do título I do livro I da parte especial do Código é designada "do saneamento e da organização do processo". Como bem adverte Araken de Assis, "evitou o NCPC a designação dessa audiência pelo nome próprio: audiência preliminar. Concentrou-se, ao invés, no conteúdo – dever de cooperação (*retro*, 955) – e nos fins da audiência" (ASSIS, Araken de. *Processo civil brasileiro*. Volume III: parte especial: procedimento comum: (da demanda à coisa julgada). São Paulo: Revista dos Tribunais, 2015, p. 389).

372. Nesse sentido, WAMBIER, Luiz Rodrigues. A nova audiência preliminar (art-331 do cpc). *Revista de Processo*. n.80, outubro/dezembro de 1995. São Paulo: Revista dos Tribunais, 1995, p. 31.

373. Pode-se dizer que o sucesso da fase de saneamento e organização do processo repercute diretamente no possível equilíbrio entre os princípios da razoável duração do processo e do contraditório, nos moldes em que foram preconizados pelo NCPC. Isso porque, se é verdade que a decretação da invalidade de uma sentença surpresa, apesar de prestigiar o respeito ao contraditório, constitui um fator nefasto à razoável duração do processo, também é verdade que uma boa e adequada organização da causa evitará futuras decisões surpresas e permitirá que o processo se desenvolva em prazo razoável, na medida em serão evitadas discussões desnecessárias sobre fatos e questões jurídicas incontroversas, bem como a fase instrutória ficará adstrita aos fatos controvertidos. A propósito, refere Araken de Assis: "a qualificação do material de fato alegado e debatido pelas partes integra o ofício do órgão judiciário. Exprime-se essa atividade, todavia mais complexa, porque a seleção e interpretação da norma porventura aplicável ao litígio envolve operações mentais delicadas e, em boa medida, inescrutáveis, no velho adágio *iura novit curia*. Eventualmente, no momento de proferir a sentença definitiva, após a formulação do juízo de fato, a motivação do pronunciamento surpreendia as partes, embora o deleite do vencedor, apresentando questão de direito inédita e, nessa perspectiva, decidindo o litígio. Aos formuladores do NCPC essa dimensão dos poderes do órgão judicial pareceu pouco harmonizável com a melhor interpretação do direito fundamental ao contraditório. Portanto, o art. 357, IV, impõe ao órgão judiciário, em contato direto com os procuradores das partes, na audiência preliminar, ou na decisão de saneamento e de organização do processo, explicitar claramente os rumos do seu pensamento, ha hipótese desta ou daquela questão de fato, anteriormente delimitada, confirmar-se à luz da produção da prova (...) Logo se percebe a antecipação do trabalho mental da pessoa investida na função judicante, em geral relegado à oportunidade da decisão da causa, para o momento da decisão de saneamento e de organização do processo. Eis o motivo por que na decisão do art. 357 localiza-se o núcleo do procedimento comum, exigindo profundas mudanças no método de trabalho do juiz, atualmente inclinado a ignorar até mesmo a fixação do tema da prova (*infra*, 1.819.3)" (ASSIS, Araken de. *Processo civil brasileiro*. Volume III: parte especial: procedimento comum: (da demanda à coisa julgada). São Paulo:

Três são os métodos organização do procedimento adotados pelo Código de Processo Civil. brasileiro. *Em todas eles a participação das partes é fator decisivo para a sua legitimação.*

Na medida em que o fraco desempenho prático da audiência preliminar prevista no art. 331 do Código Buzaid tinha como um dos seus principais fatores a aposta na oralidade, modelo cuja preponderância se tornou impraticável em razão do exacerbado número de processos no Brasil[374], o atual Código de Processo Civil passou a prever uma *decisão de saneamento e organização do processo*, a qual, sem obnubilar a efetiva participação das partes, deverá constituir um espaço de construção do caso concreto e preparação da causa. Com efeito, na referida decisão, deverá o juiz (i) resolver as questões processuais pendentes, (ii) delimitar as questões sobre as quais recairá a atividade probatória, especificando os meios de prova admitidos, (iii) definir a distribuição do ônus da prova, (iv) delimitar as questões de direito relevantes para a decisão de mérito e (v) designar, se necessário, audiência de instrução e julgamento. Após a decisão, as partes têm o *direito de pedir esclarecimentos ou solicitar ajustes*, o qual deverá ser exercido no prazo de cinco dias. Embora nesse caso a participação das partes não se apresente de modo tão expressivo como na audiência – em que o diálogo entre o juiz e as partes é ampliado – ainda assim não se pode dizer que a organização e o saneamento do procedimento seja uma atividade isolada a ser praticada pelo juiz. Pelo contrário, a previsão de um *direito* à solicitação de ajustes e esclarecimentos na decisão, faz-se com que as partes tenham um verdadeiro

---

Revista dos Tribunais, 2015, p. 423). Em sentido semelhante, Fredie Didier refere que a decisão de saneamento "é uma das mais importantes decisões proferidas pelo órgão jurisdicional. A boa organização do processo interfere diretamente na duração razoável do processo e na proteção ao contraditório" (DIDIER, Fredie. *Curso de direito processual civil*. 17. ed. Salvador: JusPODIVM, 2015, p. 691).

374. É de se registrar que o saneamento oral esbarra em alguns obstáculos, como o congestionamento das pautas de audiência, a falta de conhecimento do debate escrito pelo juiz e pelos advogados e o tempo excessivo no deslocamento das partes e dos advogados à sede do juízo, o que levou Araken de Assis a compará-lo "ao piano de cauda que ornamenta a sala de estar e no qual um dos cônjuges, ou ambos, nos saraus domésticos executam sofríveis dotes musicais adquiridos na juventude: estimula o imaginário, mas ocupa muito espaço físico, surte efeitos modestos, e o uso acontece em ocasiões especiais" (ASSIS, Araken de. *Processo civil brasileiro*. Volume III: parte especial: procedimento comum: (da demanda à coisa julgada). São Paulo: Revista dos Tribunais, 2015, pp. 390-391). Com bastante otimismo, pode-se acreditar na superação dos referidos obstáculos, num futuro talvez não muito distante, em duas frentes: de um lado, a redução do movimento forense e, consequentemente, das pautas, hoje congestionadas e da falta de tempo dos juízes para se prepararem para as audiências, através dos mecanismos vinculantes tendentes a resolver o problema da litigiosidade em massa; de outro, a implementação cada vez mais veloz do processo eletrônico e, por sua vez, a possibilidade de serem realizadas audiências por meio eletrônico (art. 236, § 3.º, art. 334, § 7.º, NCPC), tende a reduzir as distâncias geográficas, acabando, com isso, com o problema da perda de tempo decorrente do tráfego, notadamente nas grandes cidades, imputado às partes e advogados para comparecerem à audiência.

direito de participar na organização do procedimento e, consequentemente, na construção do caso concreto, mormente no que tange à delimitação das questões sobre as quais recairá a atividade probatória e à delimitação das questões de direito relevantes para a decisão de mérito.

Por sinal, aqui é importante deixar claro que a *delimitação do objeto litigioso* é atribuição exclusiva das partes. Qualquer entendido em sentido contrário, estaria em desconformidade com o direito à liberdade e com a autonomia privada, chancelados pelas regras dos artigos 2.º, 141 e 492 do Código de Processo Civil. A questão que se impõem, na fase de organização do procedimento, é a delimitação das *questões*, vale dizer, dos pontos de fato e de direito controversos e que deverão ser objeto da instrução probatória.

O direito de participação das partes na construção do caso concreto pode, por outro lado, ganhar uma amplitude muito maior se pensado à luz do direito à liberdade e da autonomia privada, hipótese, para a qual, o novo Código de Processo Civil reserva outro método de organização do processo, que é a sua parcial realização por meio de um *negócio jurídico processual*. Nessa perspectiva, o §2º. do art. 357 do novo Código de Processo Civil permite que as partes apresentem ao juiz, para homologação, "delimitação consensual das questões de fato e de direito a que se referem os incisos II e IV, a qual, se homologada, vincula as partes e o juiz". Justamente por se encontrar vinculado à convenção de organização procedimento é que cabe ao juiz homologá-la. Isso não significa que ele possa se sobrepor à autonomia privada das partes, impondo outras questões jurídicas ou fatos a servir de objeto da fase instrutória. Na verdade, a homologação torna-se necessária para que o juiz possa, de antemão, verificar que é possível julgar a causa dentro das limitações impostas pelas partes[375].

Além dessas duas modalidades de organização do procedimento, o Código de Processo Civil admite uma terceira alternativa, na qual o juiz irá designar uma audiência para que o saneamento e a organização do procedimento sejam realizados em "cooperação com as partes" (vale dizer, com a efetivação participação das partes), hipótese que, de certo modo, se afeiçoa ao modelo da *Conférence du Président* do direito francês. Embora o art. 357, §3º., do Novo CPC estabeleça que referida audiência tem vez nas causas complexas, nada impede que ela venha a ser designada em outras circunstâncias. Afinal, é sempre preferível que a organização da causa ocorra a partir do diálogo entre as partes

375. Em sentido similar, DIDIER, Fredie. Curso de direito processual civil. 17. ed. Salvador: JusPODIVM, 2015, p. 695.

e o juiz de modo que a adequada construção do caso concreto possa contribuir para uma futura sentença sem vícios ou surpresas para as partes[376].

Nas três possíveis modalidades de saneamento e organização do procedimento, ficam as partes e o juiz vinculados ao que restou decidindo, seja no tocante ao que estritamente pode ser designado de saneamento, seja no que diz respeito propriamente à organização do procedimento. Assim, a decisão de saneamento se torna estável após o prazo para o exercício do pedido de ajustes e esclarecimentos (art. 357, §1º., CPC), e a convenção de organização do processo vincula as partes e o juiz (art. 357, §2º., CPC). No caso de ser designada audiência de saneamento e organização do procedimento, os ajustes e esclarecimentos pertinentes serão realizados em audiência, de modo que também se tornará estável o que nela for decidido (art. 357, §3º., CPC). O alto grau de estabilidade da fase de saneamento e organização do procedimento não somente enfatiza a adoção do método concentrado, mas também faz surgir algumas questões extremamente importantes.

A primeira delas está na possibilidade de enxergar a adequada organização do procedimento como um mecanismo voltado a evitar uma futura violação à garantia do contraditório. Isso porque, uma vez encarado o contraditório como proibição de decisões surpresa, o modo mais eficaz de evitar a sua violação na futura sentença é delimitar, antes da fase instrutória, quais são os pontos controvertidos. Assim, tanto o juiz quanto as partes sabem quais serão as questões a serem decididas na sentença e quais os possíveis caminhos a serem seguidos na decisão da causa. Consequentemente, o esforço comum das partes e do juiz será, até a sentença, em prol do caso concreto, e não de um possível "caso secreto" a ser desvendado pelo juiz na sentença. Dito de outro modo, a introdução de questões novas na sentença – salvo aquelas decorrentes de fatos supervenientes e que, portanto, não poderiam ter sido decididas na fase de saneamento a organização do processo[377].

---

376. Não é por acaso que Araken de Assis prefere dar primazia à forma oral de saneamento e organização do processo (audiência preliminar), ao invés de desenvolver o tema pensando, primeiramente, na modalidade escrita. Segundo o autor, "no plano ideal, sem prejuízo da ojeriza da pessoa investida na função judicante ao contato com os advogados das partes, as atividades do art. 357, I a V, só realizar-se-ão de modo satisfatório na audiência preliminar. É o contato do juiz com os advogados, a troca de opiniões acerca do debate prévio, a única maneira de fixar o tema da prova e delimitar as questões de direito sem desvios e surpresas ulteriores" (ASSIS, Araken de. *Processo civil brasileiro*. Volume III: parte especial: procedimento comum: (da demanda à coisa julgada). São Paulo: Revista dos Tribunais, 2015, p. 389).

377. Nesse sentido, o art. 493 do CPC estabelece que "se, depois da propositura da ação, algum fato constitutivo, modificativo ou extintivo do direito influir no julgamento do mérito, caberá ao juiz tomá-lo em consideração, de ofício ou a requerimento da parte, no momento de proferir a decisão".

A segunda questão diz respeito à eficácia preclusiva do juízo de admissibilidade positivo e negativo do processo realizado na decisão de saneamento e organização do processo. Sob a ótica do Código Buzaid, que não fazia expressa menção à estabilidade da decisão de saneamento, parcela significativa da doutrina defendia que o juízo de admissibilidade positivo do processo, por versar sobre questões de ordem pública (condições da ação e pressupostos processuais) não seria objeto de preclusão para o juiz, o qual, poderia revê-la na sentença[378]. Inclusive, defendia-se a inaplicabilidade da vetusta súmula 424 do STF, cujo verbete enuncia que "transita em julgado o despacho saneador de que não houve recurso, excluídas as questões deixadas, explícita ou implicitamente, para a sentença". Porém, esse não parece ser o melhor entendimento à luz da sistemática do atual Código de Processo Civil, o qual empresta grande relevância à estabilização das posições jurídicas processuais. O sucesso da fase preparatória – concentrada no saneamento e organização do procedimento – está na sua aptidão para gerar previsibilidade às partes acerca dos caminhos e ritos a serem percorridos.

Além dos cinco itens previstos no art. 357 do Novo CPC, que vão desde o saneamento do processo à delimitação do caso concreto, passando pela distribuição do ônus da prova e designação da audiência de instrução e julgamento, é neste momento que, caso determinada a produção de prova testemunhal, será fixado prazo de quinze dias para a apresentação do rol de testemunhas, isso se não for realizada audiência de saneamento e organização do processo, hipótese em que o rol deverá ser apresentado em audiência (art. 357, §§4º. e 5º., CPC).

Também é este um momento propício – embora não seja o ideal[379] – para que seja estabelecido o calendário procedimental, técnica

Nesse caso, porém, o juiz ouvirá as partes sobre o fato novo antes de sobre ele decidir (art. 493, parágrafo único).

378. LACERDA, Galeno Vellinho de. *Despacho saneador*. 2. ed. Porto Alegre: Fabris, 1985, p. 161. No mesmo sentido, José Rogério Cruz e Tucci fazia uma defesa veemente do entendimento de Galeno Larceda, afirmando que "a matéria relativa aos pressupostos processuais e às condições de admissibilidade da ação extravasa do poder de disposição das partes e subordina-se à 'investigação de ofício pelo Estado, como uma das conseqüências de ser a ação um direito contra ele exercitável que, por isso, lhe dá o poder, correspectivo, de examinar de ofício os pressupostos do processo e as condições da ação, mesmo que ocorra a revelia do réu' (CRUZ E TUCCI. Sobre a eficácia preclusiva da decisão declaratória de saneamento. *Revista dos tribunais*. v. 640. São Paulo: Revista dos Tribunais, 1989, p. 24). Em sentido contrário, pode-se mencionar os seguintes doutrinadores: BARBOSA MOREIRA, José Carlos. *O novo processo civil*. O novo processo civil brasileiro (exposição sistemática do procedimento). 28. ed. Rio de Janeiro: Forense, 2010, pp. 54-55. PONTES DE MIRANDA, Francisco Cavalcanti. *Comentários ao código de processo civil*. Tomo V. Rio de Janeiro: Forense, 1974, p. 211).

379. Conforme Eduardo José da Fonseca Costa, "em caso de calendarização por *acordo*, é importante que ele seja tentado em uma audiência colocada entre a distribuição da petição inicial e o início do

de governança judicial adotada pelo Código de Processo Civil brasileiro com base na experiência positiva da sua utilização no direito inglês e francês[380]. A exemplo do que ocorre no direito francês, o calendário processual brasileiro é um negócio jurídico processual plurilateral, que depende, para a sua celebração, da concordância das partes e do juiz. Nesse sentido, o art. 191 do Novo CPC estabelece que o calendário será fixado "de comum acordo" pelas partes e pelo juiz, ficando todos eles vinculados ao modo de gestão do tempo do processo estabelecido no calendário, somente podendo ser modificados os prazos nele fixados em casos excepcionais devidamente justificados (art. 191, §1º., CPC). Uma vez fixado o calendário, é dispensada a intimação das partes acerca da prática de ato processual ou de audiência cuja data tiver sido designada no calendário (art. 191, §2º., CPC), o que evita as chamadas etapas mortas do processo ou "buracos negros" (black holes), vale dizer, "lapsos inúteis de tempo perdidos com juntada de petição, conclusão dos autos ao juiz para despacho em gabinete, lavratura e assinatura do despacho pelo juiz, despacho dos autos pelo gabinete à serventia" [381] etc., etc., os quais consomem cerca de 70% do tempo do processo[382].

O calendário procedimental brasileiro é um frutífero exemplo de *gestão da causa* atribuído ao juiz, que, além de estar expressamente previsto em lei, pressupõe a ativa participação das partes e não importa em adaptações procedimentais violadoras do *devido processo leal*. No modelo brasileiro de calendarização, verifica-se uma importância muito maior às partes que no direito italiano, no qual o calendário é determinado pelo juiz sem a participação delas[383]. *Talvez aqui, com a ativa participação das*

---

prazo para resposta (embora possa o juiz homologar acordo de calendarização já celebrado pelas partes *antes* da propositura da ação). COSTA, Eduardo José da Fonseca. Calendarização processual. *Negócios processuais*. Coordenadores Antônio do Passo Cabral, Pedro Henrique Nogueira. Salvador: JusPodivm, 2015, p. 357.

380. No direito italiano, o calendário processual foi inserido em 2009 através da Lei 69 de junho de 2009, sendo previsto no art. 81-bis do *Códice de Procedura italiano*. Sobre o tema, consultar FONSECA, Elena Zucconi Galli. Il calendario del processo. *Rivista trimestrale di diritto e procedura Civile*. v. 66. Milano: Giuffré, 2009. PICOZZA, Elisa. Il calendario del processo. *Rivista di diritto processuale*. v. 64, n. 6. nov. /dez. 2009. Padova: CEDAM, 2009. No direito italiano, ao contrário do que ocorre no direito francês, o calendário processual não tem natureza contratual, consistindo na adoção de um "protocolo", vale dizer, numa espécie de codificação de práticas autorregulamentadas e compartilhadas que visam a promover a eficiência na gestão do processo. Nesse sentido, ver CANELLA, Maria Giulia. Gli accordi processuali francesi volti alla´regolamentazione colletiva´del processo civile. *Rivista trimestrale di diritto e procedura civile*. Anno LXIV, Fasc. 2, junho 2010, Milano: Giuffrè, 2010, p. 553.

381. COSTA, Eduardo José da Fonseca. Calendarização processual. *Negócios processuais*. Coordenadores Antônio do Passo Cabral, Pedro Henrique Nogueira. Salvador: JusPodivm, 2015, p. 356.

382. A respeito, consultar CALHAO, Antônio Ernani Pedroso. *Justiça célere e eficiente*: uma questão de governança judicial. São Paulo: LTr, 2010, p. 260-261.

383. BARROZO, Thaís Aranda. O calendário processual no direito francês e no italiano: reflexos no novo cpc brasileiro. In: *I Colóquio Brasil-Itália de Direito Processual Civil*. Coordenadores: Camilo Zufelato,

partes, seja possível imaginar possíveis adaptações procedimentais construídas em conjunto com o juiz. Ainda assim, se estará diante de um negócio jurídico processual, pressupondo-se, portanto, a vontade das partes, tudo na perspectiva de que o processo é coisa para as partes, e não para o juiz.

Embora o Código não tenha previsto nenhuma sanção ao juiz pelo descumprimento do calendário, tal deficiência na prestação da tutela jurisdicional poderá ensejar representação à corregedoria do tribunal ou ao CNJ contra o juiz por exceder os prazos previstos no calendário (art. 235, CPC). Espera-se do juiz que ele seja fiel em cumprir o calendário, uma vez que se trata de um mecanismo procedimental novo no direito brasileiro, cuja confiança nele depositada pelos jurisdicionados e advogados dependerá muito do seu bom uso pelo próprio Poder Judiciário.

O calendário processual do art. 191 não se confunde com o calendário para a realização da prova pericial previsto no art. 357, §8º., do NCPC. Referido calendário, por não contar com a efetiva participação das partes na fixação das suas datas não tem efeito vinculante. O ideal é que ele seja ajustado dentro do próprio calendário de procedimento, com a concordância das partes, de modo a vinculá-las, dispensando-se, com isso, a intimação para o acompanhamento da perícia, do seu resultado, da apresentação de quesitos, de esclarecimentos e manifestação a respeito do laudo pericial. A prática judiciária brasileira vem se valendo, ainda que sem regulamentação legal, da calendarização da prova pericial, especialmente na Justiça do Trabalho, porém sem a participação efetiva das partes na fixação das suas datas, mas, ainda assim, vinculando-as e dispensando-se a intimação acerca dos atos pré-determinados.

Feito esse breve panorama acerca da fase preparatória no Código de Processo Civil brasileiro, cabe contrastá-la com as propostas de flexibilização procedimental previstas no direito inglês e francês, antes mencionadas. O modelo brasileiro não dispõe de percursos procedimentais previamente estabelecidos para que neles seja encaixada a causa. A previsão do art. 139, VI, do CPC – segundo o qual incumbe ao juiz "dilatar os prazos processuais e alterar a ordem de produção dos meios de prova, adequando-os às necessidades do conflito de modo a conferir maior efetividade à tutela do direito" – apresenta-se, por sinal, muito mais ampla em relação à previsão genérica de um percurso a ser seguido de acordo com a complexidade e o valor da causa. Desse modo, ao lado de poderes processuais conferidos ao juiz com base em conceitos extremamente vagos, um possível modelo de flexibilidade procedimental pelo juiz, no

Giovanni Bonato, Heitor Vitor Mendonça Sica e Lia Carolina Batista Cintra. 2014, pp. 18-19. Disponível em <http://www.direitoprocessual.org.br/index.php?novo-cpc-2>. Acesso em 14/06/2015.

Código de Processo Civil brasileiro, mostrar-se-ia de grande latitude, justamente por não ser fundado em esquemas legalmente preestabelecidos.

Diante dessa *crucial diferença entre o modelo brasileiro e o modelo inglês e francês*, defendeu-se, na primeira edição deste livro, que o sucesso da fase preparatória (pensada como antecedente para a adaptação procedimental) dependeria de um fator muito consistente de legitimação, no caso, participação das partes na escolha dos caminhos a serem seguidos após a fase preparatória do procedimento. Do contrário a flexibilidade procedimental poderia redundar em arbítrio judicial. O diálogo entre o juiz e as partes em tal momento do processo afigura-se, pois, imprescindível, na medida em que, do contrário, estar-se-ia conferindo ao juiz um poder muito amplo para flexibilizar o procedimento sem o devido controle como contrapartida. Ademais, na medida em que as partes podem flexibilizar o procedimento pela via dos negócios jurídicos processuais não seria crível admitir que, na flexibilização operada pelo juiz, a sua participação fosse simplesmente ignorada. Desse modo, afirmou-se que a flexibilização procedimental por ato do juiz – sem a participação das partes – deveria ser visualizada como uma exceção, tendo vez somente quando a própria lei instituísse previamente alternativas a serem seguidas ou conferir ao órgão jurisdicional técnicas que possam servir para adaptar o procedimento às necessidades do caso concreto.

Após melhor ponderar sobre o tema, verificou-se a necessidade de fazer maiores ressalvas acerca das possibilidades de flexibilização procedimental pelo juiz, avançando-se, portanto, na linha de pensamento inaugurada na primeira edição deste livro. Mantém-se o entendimento de que a *flexibilização do procedimento depende, no modelo brasileiro, da vontade das partes*, justamente porque o *legislador não estabeleceu critérios mínimos de adaptação da causa e muito menos procedimentos (circuitos ou traks) a serem percorridos após a fase preparatória.* Por isso, no Brasil, *flexibilização procedimental acabou se transformando em criação jurisdicional de procedimento.*

Portanto, não seduz o argumento de que a flexibilização procedimental poderia se dar tanto com base em procedimentos previamente estabelecidos de adaptação (que, no caso brasileiro, são raríssimos e em nada se confundem com os modelos de direito comparado estudados), quanto com base em poderes diretivos e de gestão da causa, que lhe autorizariam a criar procedimento[384]. Em que pese a legislação conceda

---

384. Nesse sentido, Trícia Navarro Xavier Cabral refere que "a flexibilização por ato do juiz pode ocorrer em duas situações: a) quando a lei fixa previamente alternativas ao magistrado, ficando a

ao juiz poderes para prestar tutela jurisdicional com base em conceitos vagos (como ocorre no âmbito da tutela provisória e das obrigações de fazer, não fazer e entrega de coisa), eles não significam poderes para criar procedimento à margem da lei. Inclusive, um dos grandes desafios da processualística contemporânea é fornecer subsídios para limitar e dar contornos à concessão de poderes ao juiz por meio de conceitos indeterminados. A respeito, o emblemático caso do art. 139, IV, do CPC, fala por si só.

É bem verdade que a flexibilidade procedimental deve ser pensada como uma alternativa ao modelo abstrato de adequação procedimental, até porque, como bem destacou Paolo Biavati, "na realidade, o objetivo de um direito processual moderno é fazer com que o julgamento seja o mais apropriado para a lide concreta singular, a única real e a única em que estão em jogo os direitos e bens das pessoas"[385]. Para tal finalidade, não é suficiente a previsão de um direito de acesso aos tribunais desconectado da realidade própria do direito material. Por isso, tem-se afirmado ser necessário que o processo "non sia indifferente alla natura dei bisogni dei quali viene chiesta soddisfazione e assicurare meccanismi in grado di modulare e adeguare la tutela in corrispondenza dei bisogni stessi, o quanto meno, forme di tutela non ancorate in schemi troppo rigidi"[386]. No entanto, afirrmar que o processo (*rectius*, procedimento e tutela jurisdicional) deve se adequar às necessidades do direito material è apenas uma face da moeda quando se pensa em *adequação procedimental*[387]; a outra face, que, conforme

critério deste escolher o procedimento a seguir, citando-se como exemplos a faculdade da audiência preliminar (art. 331, §3º, do CPC), o julgamento monocrático dos recursos (arts. 527, II, e art. 544, §1º e §1º-A, do CPC), e a conversão legal dos recursos (ars. 527, II, e art. 544, §3º., do CPC); e b) quando o juiz, em razão de seus próprios poderes diretivos e de gestão, tem a autonomia de adaptar o procedimento, mesmo na falta de previsão legislativa específica, como acontece no caso dos direitos difusos e coletivos, nos procedimentos diferenciados, na fungibilidade entre procedimentos liquidatórios, na fungibilidade entre as cautelares típicas e atípicas, etc." (CABRAL, Trícia Navarro Xavier. Reflexos das convenções em matéria processual nos atos judiciais. In: *Negócios processuais*. Coordenadores: Antonio do Passo Cabral, Pedro Henrique Nogueira. Salvador: JusPodivm, 2015, p. 219).

385. BIAVATI, Paolo. Flexibilidade, simplificação e gestão do processo civil: a perspectiva italiana. Traduzido por Gabriela Kazuel Ferreira Eberhardt Francisco. In: *I Colóquio Brasil-Itália de Direito Processual Civil*. Coordenadores: Camilo Zufelato, Giovanni Bonato, Heitor Vitor Mendonça Sica e Lia Carolina Batista Cintra. 2014. Disponível em <http://www.direitoprocessual.org.br/index.php?novo-cpc-2>. Acesso em 14/06/2015.

386. DALFINO, Domenico. Acesso alla giustizia, principio di effettività e adeguatezza della tutela giurisdizionale. *Rivista trimestrale di diritto e procedura civile*. Settembre 2014. Anno LXVIII. n. 3. Milano: Giuffré, 2014, p. 913.

387. Nessa linha, afirma-se que o obscurecimento da importância do procedimento em razão do incremento da noção de relação jurídica processual fez com que fosse "rompido o vínculo entre direito e processo por desprezo à característica processual mais relacionada ao direito material" (MACHADO, Fábio Cardoso. *Jurisdição, condenação e tutela Jurisdicional*. Rio de Janeiro: Lumen Juris, 2004.

já referido, diz respeito à relação processo-procedimento (ou direito constitucional-direito infraconstitucional) impõe que o procedimento esteja voltado à corporificar o devido processo. Este procedimento, instituído por lei e voltado a controlar o detentor do poder jurisdicional não pode, portanto, estar à disposição daquele que por ele é controlado, ou seja, o órgão julgador.

A experiência inglesa e francesa bem aponta para a necessidade de pensar o procedimento não somente em via de adequação á tipologia do direito material, mas também a necessidade de adequá-lo às necessidades também do caso concreto, a fim de que a tutela jurisdicional seja não somente efetiva e adequada ao direito material, mas também eficiente, vale dizer, capaz de atingir os seus objetivos da melhor forma – respeitando, assim, os direitos fundamentais processuais que compõe o modelo constitucional de processo – e com o menor custo possível. Uma adequada gestão da causa pressupõe um procedimento que se desenvolva em um prazo razoável e que seja capaz de oferecer uma tutela adequada e efetiva ao direito material, sem, com isso, desprezar os direitos fundamentais processuais das partes, mas que também não seja revestido de atos inúteis e com custos além do necessário para tanto[388]. Porém, nada disso significa – e não parece ser esse o mote do *case management* no direito comparado – a concessão de plenos poderes ao juiz para se tornar

---

p. 87). Eis o ponto mal compreendido acerca da doutrina do garantismo processual, que vê o processo como garantia contrajursidicional de liberdade individual e exernga no procedimento o elo de ligação entre tutela jurisdicional e direito material.

388. Esse necessário equilíbrio entre efetividade e adequação da tutela jurisdicional e eficiência na gestão da causa foi bem notado por Leonardo Greco, nos seguintes termos: "já tive a oportunidade de sustentar que um procedimento legal, previsível e flexível constitui uma garantia fundamental do processo contemporâneo. O *case management system* propugna o planejamento do processo pelo juiz, com a colaboração das partes e dos advogados, definindo as suas etapas para predeterminar o seu fim, mas não exclui a legalidade do procedimento, propondo apenas regras legais menos detalhadas, que abram espaço à flexibilização, a fim de que o juiz possa disciplinar a marcha do processo do modo mais adequado a atingir a meta da solução do litígio com justiça, eficiência e celeridade. O desvirtuamento do espírito do *case management system* se dissemina no Judiciário, criando a coqueluche da eficiência, que atrai o interesse dos especialistas em gestão pública e empresarial, e passa a influenciar a definição de supostos parâmetros de qualidade a serem uniformemente adotados, criados a partir da visão dos próprios juízes, sem a consulta e a colaboração dos jurisdicionados e dos advogados. Os certificados ISO 9.000 são ostentados em certos cartórios do Rio de Janeiro como atestados de qualidade da prestação jurisdicional, mas ninguém perguntou aos jurisdicionados o que eles acham da justiça que lhes é prestada. As supostas metas de qualidade são também impostas pelo Conselho Nacional de Justiça com resultados desastrosos, como o cerceamento do direito de defesa ou a interdição de produção de provas já deferidas. Esvaziam-se as prateleiras e são atingidas metas exclusivamente quantitativas, apontadas como sintomáticas da melhoria da qualidade da administração da Justiça. Já comentamos esse desvirtuamento em linhas acima" (GRECO, Leonardo. Novas Perspectivas da Efetividade e do Garantismo Processual. In: *Processo Civil – estudos em homenagem ao Professor Doutor Carlos Alberto Alvaro de Oliveira*, São Paulo: Atlas, 2012, pp. 273-308).

dono do procedimento e moldá-lo a fim de buscar a verdade, a justiça ou outros "valores"[389].

Da ênfase na adequação procedimental em abstrato – típica dos procedimentos especiais – à adaptação procedimental realizada de acordo com o caso concreto, notadamente pela via dos negócios jurídicos processuais, tem-se cogitado a possibilidade de superar, em grande medida, a necessidade da criação de procedimentos especiais[390]. Na primeira edição deste livro, defendeu-se tal perspectiva, inclusive no âmbito daquilo que marca – do ponto de vista material – os procedimentos especiais, ou seja, a questão da sumariedade da cognição no plano horizontal. Esse fator – da limitação da cognição – foi o que levou à utilização, no Brasil, do termo "tutela jurisdicional diferenciada" como sinônimo de procedimento em que há certa limitação na cognição[391]. Por sinal, o termo "ordinariedade" difundido a partir da obra de Ovídio A. Baptista da Silva sempre esteve atrelado à noção de plenariedade, vale dizer, à cognição plena e exauriente[392], cujas marcas mantiveram-se presentes mesmo após a inserção de mecanismos de sumarização vertical no ordenamento brasileiro[393].

Nessa linha, a fase de saneamento e organização do procedimento seria o momento adequado para que se possa preparar a causa e delimitar o objeto litigioso, com ampla participação das partes, preservando-se, pois, o direito à liberdade e sua autonomia privada, de modo a estabelecer eventuais limitações na cognição judicial[394]. Tem-se, com isso,

389. Essa parecia ser a tônica da doutrina de Alvaro de Oliveira, embora na passagem a seguir citada, o autor fizesse referência à "vontade das partes" ao tratar de uma espécie de norma geral de adequação: "o estabelecimento, como princípio geral do processo, do princípio da adequação formal, facultando ao juiz, obtido o acordo das partes, e sempre que a tramitação processual prevista na lei não se adapte perfeitamente às exigências da demanda aforada, a possibilidade de amoldar o procedimento à especificidade da causa, por meio da prática de atos que melhor se prestem à apuração da verdade e acerto da decisão, prescindindo dos que se revelem inidôneos para o fim do processo" (ALVARO DE OLIVEIRA, Carlos Alberto. Efetividade e processo de conhecimento. In: *Do formalismo no processo civil*. 2ª ed. São Paulo: Saraiva, 2003, p. 254).

390. Nesse sentido, DIDIER JR., Fredie. CABRAL, Antônio do Passo. CUNHA, Leonardo Carneiro. *Por uma nova teoria dos procedimentos especiais*: dos procedimentos às técnicas. Salvador: JusPodivm, 2018.

391. LEONEL, Ricardo de Barros. *Tutela jurisdicional diferenciada*. São Paulo: Revista dos Tribunais, 2010, p. 84.

392. Não por acaso, Jânia Maria Lopes Saldanha utiliza a expressão "ordin(ple)nariedade" (SALDANHA, Jânia Maria Lopes. *Substancialização e efetividade do direito processual civil* – a sumariedade material da jurisdição: proposta de estabilização da tutela antecipada em relação ao projeto do novo CPC. Curitiba: Juruá, 2011, p. 190).

393. O exemplo mais notório disso é a concepção segundo a qual a decisão que concede a tutela antecipada não seria uma decisão acerca do mérito da causa, visível na locução "antecipação dos efeitos da tutela", que pressupõe como sendo a "tutela" a declaração do direito com força de coisa julgada.

394. Em razão da grande importância da fase de saneamento e organização do processo, Araken de Assis considera que "o ponto alto do procedimento comum concentra-se na novel decisão

uma alternativa viável frente à instituição de procedimentos especiais, na medida em que também aqui será possível estabelecer um corte vertical no plano horizontal da cognição, inclusive com a exclusão de certas questões que, porventura, tornem a causa excessivamente complexa e de difícil resolução. Não se pode olvidar que as limitações à plenariedade da cognição, em regra, são instituídas – pelo menos do ponto de vista teórico – em razão da própria natureza do direito material, razão pela qual apenas se está sugerindo uma mudança de perspectiva: de uma limitação abstratamente estabelecida pelo legislador para uma limitação estabelecida em concreto pelas partes, de acordo com a tipologia do direito material e suas peculiaridades diante do caso concreto. Inclusive seria possível cogitar da criação de "processos sumários documentais" pela via dos negócios jurídicos processuais, assim como, previamente, as partes instituírem que, no caso de futuro litígio, certas exceções ficariam "reservadas". Essa ampla flexibilidade permite não somente caminhar para um novo estágio no âmbito da (de)limitação dos poderes do juiz (que abarca também o âmbito das matérias que podem ou não compor o mérito da causa), mas também que se construa um modelo suficientemente capaz de permitir, com prestígio à autonomia das partes, tutelas jurisdicionais diferenciadas.

Em síntese, a tutela da liberdade e da autonomia privada pela via dos negócios jurídicos processuais tem se apresentado com a forma mais adequada (do ponto de vista da relação processo-procedimento; direito constitucional-direito infraconstitucional) para que se estabeleçam flexibilizações procedimentais. Ao contrário das experiências do direito comparado, em que que a adaptação procedimental se dá a partir de alternativas rituais pré-estabelecidas em lei, o legislador brasileiro perdeu uma incrível oportunidade de fornecer avanços no tocante ao tema da chamada "gestão da causa" sem, com isso, solapar direitos e garantias fundamentais. Por isso, qualquer tentativa de adaptação do procedimento sem a ativa participação das partes afigura-se inconstitucional na medida em que contrária à cláusula do devido processo legal.

'do saneamento e organização do processo'" (ASSIS, Araken de. *Processo civil brasileiro*. Volume III: parte especial: procedimento comum: (da demanda à coisa julgada). São Paulo: Revista dos Tribunais, 2015, p. 388).

CONSIDERAÇÕES FINAIS

O modelo democrático-constitucional de processo pressupõe um redimensionamento do velho esquema de divisão de trabalho entre as partes e o juiz no processo civil, o qual se encontra(va) assentado numa pseudo-dignidade normativa atribuída ao chamado "princípio dispositivo" e nas deturpações realizadas pela doutrina italiana que, gradualmente, cuidou de relativizá-lo para permitir a concessão de amplos poderes ao juiz no âmbito da chamada "técnica processual". Nessa perspectiva, o processo, sob a lente constitucional, deve ser encarado como uma *garantia da liberdade individual*, voltada a limitar a atuação do poder jurisdicional, e não a servir-lhe de instrumento. Trata-se, pois, de ver o processo como garantia do indivíduo contra o Estado, resgatando-se aquilo que nos foi legado pela própria história do *devido processo legal*.

Isso não significa, contudo, repristinar a noção de processo como *coisa das partes*, própria do Estado liberal clássico. Do mesmo modo, a alternativa oferecida pelo Estado Social e por modelos totalitários de Estado, de um processo como *coisa do Estado-juiz*, não se afeiçoa ao Estado Democrático de Direito. É necessário buscar um equilíbrio no qual o direito à participação das partes na estruturação do processo não seja sufocado pelos ideais hiperpublicistas que pautaram o modelo social de processo. Por isso, defendeu-se neste livro que o processo é *coisa para as partes*; não é, portanto, das partes, mas serve às partes. Continua sendo de *direito público*, regulador de uma relação entre indivíduo e Estado. É público, mas não é estatal. Não é do Estado, não é do juiz. O processo não está inteiramente à disposição das partes.

A constatação de que o processo é garantia da liberdade individual e, consequentemente, também da autonomia privada, conduz à superação do antigo modelo de divisão de trabalho, no qual às partes era conferida a soberania sobre o direito material e quase nenhuma ingerência no âmbito da chamada "técnica processual". A ênfase conferida à autonomia privada e ao direito à liberdade na construção de um modelo democrático-constitucional de processo permite que se fale num verdadeiro direito das partes à estruturação do procedimento, de modo que o seu espaço de autuação, outrora reduzido à delimitação do objeto litigioso, seja ampliado, de modo que elas possam modificar o próprio caminho procedimental e estruturar seus poderes, direitos, deveres e ônus processuais. O maior sintoma dessa mudança de perspectiva está no tratamento legislativo conferido ao tema dos negócios jurídicos processuais no Código de Processo Civil brasileiro.

Outro ponto que merece ser destacado é o das relações processo-procedimento (direito constitucional-direito infraconstitucional), direito material-procedimento (direito infraconstitucional-direito infraconstitucional) e direito material-tutela jurisdicional (direito infraconstitucional-direito constitucional). Essa perspectiva, muito própria do garantismo processual, oferece soluções muito interessantes no tocante à questão dos limites dos negócios jurídicos processuais e sua própria funcionalidade diante do direito material e do caso concreto. Por outro lado, constitui uma excelente chave de leitura para o problema da flexibilização procedimental, que, conforme se constatou no último capítulo deste livro, carece de uma melhor regulamentação legislativa no direito brasileiro, o que, do ponto de vista doutrinário, tem redundando em confusões doutrinárias entre adaptação do procedimento e concessão de poderes ao juiz (plano da tutela jurisdicional) com base em conceitos jurídicos indeterminados. Ao contrário de algumas experiências do direito comparado, em que a legislação pré-estabelece caminhos procedimentais aos quais o caso concreto pode ser adaptado, no Brasil há um simulacro de fase preparatória, cujo ápice é o saneamento e organização do procedimento. Desse modo, para que se possa falar em flexibilização procedimental, no sistema de direito positivo brasileiro, sem ferir a Constituição, deve-se dar primazia aos negócios jurídicos processuais como forma de flexibilização procedimental e partir do pressuposto de que toda e qualquer forma de flexibilização a partir da fase de saneamento e organização do procedimento depende da ativa participação das partes, e não do protagonismo do órgão jurisdicional. Fora dessas hipóteses, somente com alterações legislativas é que será possível avançar no tema da adaptação do procedimento ao direito material.

REFERÊNCIAS

ABREU, Rafael Sirangelo de. A igualdade e os negócios processuais" (In: *Negócios processuais*. Coordenadores: Antonio do Passo Cabral, Pedro Henrique Nogueira. Salvador: JusPodivm, 2015.

AGUIAR JR., Ruy Rosado de. *Comentários ao novo Código Civil, v.6, tomo 2*. Rio de Janeiro Forense 2011.

ALCALÁ-ZAMORA Y CASTILLO, Niceto. *Proceso, autocomposición y autodefensa*. México: Universidad Nacional Autonoma de México: 2000.

________. Evolución de la doctrina procesal. In: *Estudios de teoría general e historia del proceso (1945-1972)*. t. II. México: Unam, n. 12-13, 1992.

ALDUNATE LIZANA, Eduardo. *Derechos fundamentales*. Santiago: Editorial Legal Publishing, 2008.

ALIX, Luis Lloredo. Rudolf von Jhering (1857) en torno de la jurisprudencia de conceptos: surgimento, auge y declive. *Eunomía*. Revista en Cultura de la Legalidad. nº 4, marzo-agosto 2013.

ALLORIO, Enrico. Significato della storia nello studio del diritto processuale. *Rivista di diritto processuale civile*. Volume XV - Parte I. Anno 1938.

ALMEIDA, Diogo Assumpção Rezende de. *A contratualização do processo: das convenções processuais no processo civil*. São Paulo: LTr, 2015.

________. As convenções processuais na experiência francesa e no Novo CPC. In: *Negócios processuais*. Coordenadores: Antonio do Passo Cabral, Pedro Henrique Nogueira. Salvador: JusPodivm, 2015.

ALVARO DE OLIVEIRA, Carlos Alberto. MITIDIERO, Daniel. Curso de processo civil: volume 1: teoria geral do processo civil e parte geral do direito processual civil. São Paulo: Atlas, 2010.

________. *Teoria e prática de tutela jurisdicional*. Rio de Janeiro: Forense, 2008.

________. *Do formalismo no processo civil*. 2ª ed. São Paulo: Saraiva, 2003.

________. Procedimento e ideologia no direito brasileiro atual. In: TUBENCHLAK, James, 1939- (coord.). *Livro de estudos jurídicos*. v. 4. Rio de Janeiro: Instituto de Estudos Jurídicos, 1991.

AMARAL NETO, Francisco dos Santos. A autonomia privada como princípio fundamental da ordem jurídica: perspectivas estrutural e funcional. *Revista de Informação Legislativa*. Brasília, senado federal, n. 102, p. 207-230, abr/jun, 1989.

ANCHIETA, Natascha. O recurso como garantia do indivíduo e o recurso como instrumento do estado: variações a partir do debate entre garantismo e instrumentalismo processual. *Empório do direito*. Coluna ABDPro, n.º 75. Disponível em https://emporiododireito.com.br/leitura/abdpro-75-o-recurso-como-garantia-do-individuo--e-o-recurso-como-instrumento-do-estado-variacoes-a-partir-do--debate-entre-garantismo-e-instrumentalismo-processual. Acesso em 07.07.2019.

________. *Direito à tutela jurisdicional efetiva, ação e pretensão processual*: uma análise da evolução das relações entre direito material e processo na perspectiva do estado democrático de direito. 2013. 301 f. Dissertação (Mestrado) - Universidade do Vale do Rio dos Sinos, Programa de Pós-graduação em Direito, São Leopoldo, RS, 2013. Disponível em <http://biblioteca.asav.org.br/vinculos/000008/00000890.pdf>. Acesso em: 26 fev. 2014.

ANDRADE, Érico. As novas perspectivas do gerenciamento e da 'contratualização' do processo. *Revista de Processo*, São Paulo, v. 36, n. 193, mar. 2011. São Paulo: Revista dos Tribunais, 2011.

ANDRADE, José Carlos Vieira de. *Os Direitos Fundamentais na Constituição Portuguesa de 1976*. Coimbra: Almedina, 1987.

ANDRADE, Manuel A. Domingues. *Teoria geral da relação jurídica*. Vol. II. 8ª. reimpressão. Coimbra: Livraria Almedina, 1998.

ANDREWS, Neil. *O moderno processo civil*: formas judiciais e alternativas de resolução de conflitos na Inglaterra. Orientação e revisão da tradução Teresa Arruda Alvim Wambier. São Paulo: Revista dos Tribunais, 2009.

ARAÚJO, José Aurélio de. A eficácia epistêmica da fase preparatória do processo bifásico. *Revista de Processo*, v.40, n.241, p. 369-410, mar. 2015. São Paulo: Revista dos Tribunais, 2015.

_______. Procedimento probatório extrajudicial. Capítulo VI do Anteprojeto do grupo de pesquisa "Observatório das reformas processuais" da faculdade de direito da Universidade do Estado do Rio de Janeiro, intitulado "a reforma do direito probatório no processo civil brasileiro", coordenado pelo professor Leonardo Greco. *Revista Eletrônica de Direito Processual - REDP*. Volume XIII. Rio de Janeiro: UERJ, 2014.

AROCA, Juan Motero. Sobre el mito autoritario de la "buena fe processual". *Proceso civil e ideología*: um prefacio, uma sentencia, dos cartas, quince ensayos, moción de valencia y declaración de azul. 2ª ed. Lima: Editorial San Marcos, 2009.

ASCARELLI, Tullio. *Panorama de direito comercial*. São Paulo: Saraiva, 1947.

ASSIS, Araken de. *Processo civil brasileiro*. Volume I: parte geral: fundamentos e distribuição de conflitos. São Paulo: Revista dos Tribunais, 2015.

________. *Processo civil brasileiro*. Volume II: parte geral: institutos fundamentais: Tomo 1. São Paulo: Revista dos Tribunais, 2015.

________. *Processo civil brasileiro*. Volume III: parte especial: procedimento comum: (da demanda à coisa julgada). São Paulo: Revista dos Tribunais, 2015.

AVELÃS NUNES, António José. *As voltas que o mundo dá...reflexões a propósito das aventuras e desventuras do estado social*. Rio de Janeiro: Lumen Juris, 2011.

AZEVEDO, Antônio Junqueira de. *Negócio jurídico*: existência, validade e eficácia. 4ª ed. São Paulo: Saraiva, 2002.

BAHIA, Alexandre Gustav Melo Franco. *Recursos extraordinários no STF e no STJ*: conflito entre interesses público e privado. Curitiba: Juruá, 2009.

BALDUS, Christian. Autonomia privada romana. *Revista dos Tribunais*. v. 904, fev. 2011. São Paulo: Revista dos Tribunais, 2011.

BARACHO, José Alfredo de Oliveira. *Processo Constitucional*. Rio de Janeiro: Forense, 1984.

BARBI, Celso Agrícola. Despacho saneador e julgamento do mérito. *Revista dos tribunais*. v. 391. São Paulo: 1968.

BARBOSA MOREIRA, José Carlos. *O novo processo civil brasileiro (exposição sistemática do procedimento)*. 25. ed. Rio de Janeiro: Forense, 2007.

________. Reformas processuais e poderes do juiz. *Temas de direito processual.* 8ª série. São Paulo: Saraiva, 2004.

________. Vicissitudes da audiência preliminar. *Revista forense.* v. 374. Julho/Agosto de 2004. Rio de Janeiro: Forense, 2004.

________. Uma novidade: o código de processo civil inglês. *Temas de direito processual*: sétima série. São Paulo: Saraiva, 2001.

________. O problema da divisão de trabalho entre juiz e partes: aspectos terminológicos. In: *Temas de direito processual.* 4ª série. São Paulo: Saraiva, 1989.

________. Privatização do processo? *Temas de direito processual.* Sétima Série. 2ª ed. São Paulo: Saraiva, 1988.

________. Saneamento do processo e audiência preliminar. *Revista de Processo.* São. v.10, n.40, out. 1985. São Paulo: Revista dos Tribunais, 1985.

________. Convenções das partes sobre matéria processual. *Temas de direito processual*: terceira série. São Paulo: Saraiva, 1984.

BARBOSA, Ruy. *Comentários à Constituição Federal Brasileira.* Volume V. São Paulo: Saraiva, 1934.

BARROS, Alice Monteiro de. *Curso de direito do trabalho.* 3ª ed. ver. e ampl. São Paulo: LTr, 2007.

BARROZO, Thaís Aranda. O calendário processual no direito francês e no italiano: reflexos no novo cpc brasileiro. In: *I Colóquio Brasil-Itália de Direito Processual Civil.* Coordenadores: Camilo Zufelato, Giovanni Bonato, Heitor Vitor Mendonça Sica e Lia Carolina Batista Cintra. 2014, pp. 18-19. Disponível em <http://www.direitoprocessual.org.br/index.php?novo-cpc-2>. Acesso em 14/06/2015.

BARZOTTO, Luis Fernando. *O positivismo jurídico contemporâneo*: uma introdução a Kelsen, Ross e Hart. São Leopoldo: Editora Unisinos, 2004.

________. Prudência e jurisprudência - uma reflexão epistemológica sobre a *jurisprudentia* romana a partir de Aristóteles. In: *Direito & Justiça (Faculdade de direito da Pontifícia Universidade Católica do Rio Grande do Sul)* v. 23, ano XXIII, 2001/1. Porto alegre, 2001.

BECLAUTE, Oliveira Silva. Verdade como objeto do negócio jurídico processual. In: *Negócios processuais.* Coordenadores: Antonio do Passo Cabral, Pedro Henrique Nogueira. Salvador: JusPodivm, 2015.

BEDAQUE, José Roberto dos Santos. Efetividade do processo e técnica processual. São Paulo: Malheiros, 2006.

________. *Poderes instrutórios do juiz.* 2ª ed. rev. e ampl. São Paulo: Revista dos Tribunais, 1994.

BENEDUZI, Renato. *Introdução ao processo civil alemão.* Salvador: JusPodivm, 2018.

BENEYTO, Juan. *Historia de las doctrinas políticas.* Spain: Aguilar, 1964.

BERALDO, Leonardo de Faria. *Curso de arbitragem*: nos termos da Lei nº 9.307/96. São Paulo: Atlas, 2014.

BERCOVICI, Gilberto. MASSONETTO, Luís Fernando. Breve história da incorporação dos direitos sociais nas constituições democráticas brasileiras. *Revista do departamento de direito do trabalho e da seguridade social.* Faculdade de Direito da USP. V. 2., n. 3, jan./jun. 2007.

________. As possibilidades de uma teoria do estado. *Revista da Faculdade de Direito da UFMG* - Belo Horizonte - nº.49 / Jul. – Dez, 2006.

________. Carl Schmitt e a constituição de weimar. *Revista latino-americana de estudos constitucionais.* n. 2 – jul.dez. 2003. Belo Horizonte: Del Reu, 2003.

________. *Desigualdades regionais, estado e constituição.* São Paulo: Max Limonad, 2003.

BERIZONCE, Roberto O. Fundamentos y confines de las tutelas procesales diferenciadas. *Revista de processo.* Ano 33. n. 165. nov./2008. São Paulo: Revista dos Tribunais, 2008.

BERLIN, Isaiah. Dois conceitos de liberdade. In: *Quatro ensaios sobre a liberdade.* Tradução Wamberto Hudson Ferreira. Brasília: UNB, 1981.

BETTI, Emilio. *Teoria geral do negócio jurídico.* Tomo I. Tradução de Fernando Miranda. Coimbra: Coimbra Editora, 1969.

BIAVATI, Paolo. Flexibilidade, simplificação e gestão do processo civil: a perspectiva italiana. Traduzido por Gabriela Kazuel Ferreira Eberhardt Francisco. In: *I Colóquio Brasil-Itália de Direito Processual Civil.* Coordenadores: Camilo Zufelato, Giovanni Bonato, Heitor Vitor Mendonça Sica e Lia Carolina Batista Cintra. 2014. Disponível em <http://www.direitoprocessual.org.br/index.php?novo-cpc-2>. Acesso em 14/06/2015.

BIONDI, Biondo. *Istituzioni di diritto romano.* 2. ed. Milano: Giuffrè, 1952.

BLOCH, Marc. *A sociedade feudal.* 2ª ed. Tradução de Liz Silva. Lisboa: Edições 70, 1987.

BOBBIO, Norberto. *Teoria geral da política:* a filosofia política e as lições dos clássicos. Organizado por Michelangelo Bovero. Tradução Daniela Beccaccia Versiani. 20ª reimpressão. Rio de Janeiro: Elsevier, 2000.

Böckenförde, Ernst-Wolfgang. *Die methoden der verfassungsinterpretation* - Bestandsaufnahme und Kritik. In: Böckenförde, Ernst-Wolfgang. Staat, Verfassung, Demokratie . Studien zur Verfassungstheorie und zum Verfassungsrecht. Frankfurt am Main: Suhrkamp, 1991.

BODIN, Jean. *Los seis libros de la republica.* Selección, traducción e introducción de Pedro Bravo. Madrid: Aguilar, 1973.

BOMFIM, Daniela Santos. A legitimidade extraordinária de origem negocial. In: *Negócios processuais.* Coordenadores: Antonio do Passo Cabral, Pedro Henrique Nogueira. Salvador: JusPodivm, 2015.

BONATO, Giovani. I poteri i provvedimenti del juge de la mise en état nel processo civile francese alla luce della riforma del 2004-2005. In: CARRATA, Antonio. *La tutela sommaria in europa* – studi. Napoli: Jovene Editore, 2012.

BONAVIDES, Paulo. *Do Estado Liberal ao Estado Social.* 10 ed. São Paulo: Malheiros Editores, 2011.

BOTELHO, Catarina Santos; VAZ, Manuel Afonso. Algumas reflexões sobre o artigo 6.º da Convenção Europeia dos Direitos do Homem: Direito a um processo equitativo e a uma decisão num prazo razoável. e-Pública, Lisboa, v. 3, n. 1, p. 230-242, abr. 2016. Disponível em <http://www.scielo.mec.pt/scielo.php?script=sci_arttext&pid=S2183-184X2016000100013&lng=pt&nrm=iso>. acessos em 22 de maio de 2018.

BRAGA, Paula Sarno. Primeiras reflexões sobre uma teoria do fato jurídico processual: plano de existência. *Revista de Processo.* v. 32, n.148, jun. 2007. São Paulo: Revista dos Tribunais, 2007.

BRIEGLEB, Hans Karl. *Einleitung in die Theorie der Summarischen Processe.* Leipzig: Tauchnitz, 1859.

BUENO, Cassio Scarpinella. Curso sistematizado de direito processual civil. v.1: teoria geral do direito processual civil. 8ª ed. São Paulo: Saraiva, 2013.

BÜLOW, Oskar. *La teoria de las excepciones procesales y los presupuestos procesales.* Buenos Aires: EJEA, 1964.

BUONCRISTIANI, Dino. Il nuovo art. 101, comma 2º, C.P.C. sul *contraddittorio e sui rapporti tra parti e giudice*. Rivista di diritto processuale. Anno LXV (Seconda Serie) – N. 2. Marzo- Aprile 2010. Padova: CEDAM, 2010.

________. *L'allegazione dei fatti nel processo civile*: profili sistematici. Torino: G. Giappichelli Editore, 2001.

CABRAL, Antônio do Passo. *Convenções processuais*. Salvador: JusPodivm, 2016.

________. A resolução nº 18 do Conselho Nacional do Ministério Público e as convenções processuais. In: *Negócios processuais*. Coordenadores: Antonio do Passo Cabral, Pedro Henrique Nogueira. Salvador: JusPodivm, 2015.

________. Despolarização do processo e "zonas de interesse": sobre a migração entre os polos da demanda. *Revista da SJRJ*. n. 26. Rio de Janeiro: SJRJ, 2009.

CABRAL, Trícia Navarro Xavier. Reflexos das convenções em matéria processual nos atos judiciais. In: *Negócios processuais*. Coordenadores: Antonio do Passo Cabral, Pedro Henrique Nogueira. Salvador: JusPodivm, 2015.

CADIET, Loïc. La qualification juridique des accords processuels. In: *Negócios processuais*. Coordenadores: Antonio do Passo Cabral, Pedro Henrique Nogueira. Salvador: JusPodivm, 2015.

________. JEULAND, Emmanuel. *Droit judiciaire privé*. 8a ed. Paris: LexisNexis, 2013.

________. Los acuerdos procesales en derecho francés: situación actual de la contractualización del proceso y de la justicia en Francia. Civil Procedure Review, v.3, n.3: 3-35, aug.-dec., 2012. Disponível em <http://www.civilprocedurereview.com/>. Acesso em 11-06-2015.

________. Complessità e riforme del processo civile francese. DONDI, Angelo. *Elementi per una definizione di complessità processuale*. Milano: Giuffrè Editore, 2011.

________. Case management judiciaire et déformalisation de la procédure. *Revue française d'administration publique*. n. 125, 2011, p. 134. Disponível em <http://www.cairn.info/revue-francaise-d-administration-publique-2008-1-page-133.htm>. Acesso em 14.07.2019.

________. Pour une "théorie générale du procès". *Ritsumeikan Law Review*. n. 28. Kyoto: Ritsumeikan University, 2011.

________. Les conventions relatives au procès en droit français. *Quaderni della rivista trimestrale di diritto e procedura civile.* v.11 – Accordi di parte e processo. Milano: Giuffrè, 2008.

________. Propos introductifs: faire lien. In: CHASSAGNARD-PINET, Sandrine. HIEZ, David. *La contractualisation de la production normative* (Actes du colloque), 2007.

________. Quelle procédure civile pour quelle société civile? Point de vue français. In: RHEE, C.H. van. HERBAUT, D. STORME, Marcel. The French Code of civil procedure (1806) after 200 years. The civil procedure tradition in France and abroad. Mechelen, Belgium: Kluwer, 2008.

________. The new french code of civil procedure (1975). In: RHEE, C.H. van. *European traditions in civil procedure.* Oxford: Intersentia Antwerpen, 2005.

________. Construire ensemble des débats utiles. In: *Mélanges Jean-Buffet – La Procedure en tous ses états.* Paris: Petites Afiches, 2004.

CAENEGEM, R. C. van. *Juízes, legisladores e professores*: capítulos de história jurídica européia: palestras Goodhart 1948-1985. Tradução Luiz Carlos Borges; revisão técnica Carla Henriete Bevilacqua. Rio de Janeiro: Elsevier, 2010.

________. Oráculos da Lei ou Bouche de la Loi. Considerações Históricas sobre o papel dos juízes. *O perfil do juiz na tradição ocidental.* / Seminário Internacional. Lisboa: Almedina, 2007.

CALAMANDREI, Piero. Lineas fundamentales del proceso civil inquisitorio. *Estudios sobre el proceso civil.* Traduccion de Santiago Sentís Melendo. Buenos Aires: Editorial bibliografica argentina, 1945.

________. *El procedimiento monitorio.* Buenos Aires: EJEA, 1954.

________. *Introduzione allo studio sistematico dei provvedimenti cautelari.* PADOVA: CEDAM, 1936.

CALASSO, Francesco. *Gli ordinamenti giuridic del rinascimento medievale.* Milano: Dott. Antonino Giuffrè, 1965.

________. Autonomia (você). In: CALASSO, Francesco; SANTORO PASSARELLI, Francesco (Dir.). *Enciclopedia del diritto.* Volume IV – Atto – Banna. Varese: Giuffrè, 1958-1993.

CAMPOS, Ronaldo Cunha. Processo, procedimento e direito material. *Revista Brasileira de Direito Processual.* v.1. Uberaba, vitoria, 1975.

CANELLA, Maria Giulia. Gli accordi processuali francesi volti alla´regolamentazione colletiva´del processo civile. *Rivista trimestrale di diritto e procedura civile*. Anno LXIV, Fasc. 2, junho 2010, Milano: Giuffrè, 2010.

CAPONI, Remo. Autonomia privata e processo civile: gli accordi processuali. *Quaderni della rivista trimestrale di diritto e procedura civile*. v.11 – Accordi di parte e processo. Milano: Giuffrè, 2008.

CAPPELLETTI, Mauro. GARTH, Bryant. *Acesso à justiça*. Tradução e revisão Ellen Gracie Northfleet. Porto Alegre: Sérgio Antônio Fabris Editor, 1988.

_______. *La oralidad y las pruebas en el proceso civil*. Traducción de Santiago Sentís Melendo. Buenos Aires: Ediciones Juridicas Europa-America, 1972.

_______. *La testimonianza della parte nel sistema dell´oralità*: contributo alla teoria della utilizzazione probatória del sapere delle parti nel processo civile. Parte prima. Milano: Dott. A. Giuffrè Ditore, 1962.

CARCOPINO, Jerome. *La vida cotidiana en Roma*: en el apogeo del Imperio. Buenos Aires: Hachette, 1942.

CARNACINI, Tito. Tutela giurisdizionale e técnica del processo. *Studi in onore di Enrico Redenti*. Nel anno del suo insegnamento. Volume secondo. Milano: Dott. A. Giuffrè Editore, 1951.

CARNELUTTI, Francesco. *La prueba civil*. Traducción de niceto Alcalá-Zamora y Castillo. 2ª ed. Buenos Aires: Ediciones Depalma, 1982.

________. *Istituciones del proceso civil*. Traducción de la quinta edición italiana por Santiago Sentis Melendo. Volumen 1. Buenos Aires: EJEA, 1950.

________. Lineamenti della riforma del processo civile di cognizione. *Rivista di diritto processuale*. Ano 1929, I. Padova: Casa Editrice Dott. Antonio Milani, 1929.

________. *Lezioni di diritto processuale civile*. Volume quarto. Padova: Cedam, 1926.

CARRATA, Antônio. *La "semplificazioni" dei riti e le nuove modifiche del processo civile*. Torino: Giappichelli, 2012.

CARVALHO FILHO, Antônio. Precisamos falar sobre o instrumentalismo processual. *Empório do direito*. Disponível em: <http://emporiododireito.com.br/leitura/abdpro-2-precisamos-falar-sobre-o-instrumentalismo-processual-por-antonio-carvalho-filho>. Acesso em 31-10-2018.

CARVALHO NETTTO, Menelick de. Requisitos pragmáticos da interpretação jurídica sob o paradigma do estado democrático de direito. *Revista de direito comparado*. v.3. Belo Horizonte: Mandamentos, 1999.

CASTANHEIRA NEVES, António. *Digesta. Escritos acerca do direito, do pensamento jurídico, da sua metodologia e outras*. V. 1. Coimbra: Coimbra Editora, 1995.

________. *Digesta*: escritos acerca do direito, do pensamento jurídico, da sua metodologia e outros. Volume 2. Coimbra: Coimbra Editora, 1995.

________. *Curso de introdução ao estudo do direito*. Coimbra: J. Abrantes, 1971-72.

________. *Questão-de-facto – Questão-de-direito ou o Problema metodológico da juridicidade* (ensaio de uma reposição crítica). Coimbra: Livraria Almedina, 1967.

CASTRO Y BRAVO, Federico de. *El negocio jurídico*. Madrid: Editorial Civitas S.A, 1985.

CATALAN, Marcos Jorge. Autonomia privada: o poder jurígeno dos sujeitos de direito. *Scientia Iuris:* Revista do Curso de Mestrado em Direito Negocial da UEL, Londrina, v.5/6, p. 430-463, 2001/2002.

CATTONI DE OLIVEIRA, Marcelo Andrade. *Direito constitucional*. Belo Horizonte: Mandamentos, 2002.

CHATEAUBRIAND FILHO, Hindemburgo. Autonomia privada e tipicidade dos direitos reais. Revista dos Tribunais, São Paulo, v. 745, p. 41-47, nov. 1997.

CHIARLONI, Sergio. Riflessioni microcomparative su ideologie processuali e accertamento della verità. *Rivista trimestrale di diritto e procedura civile*. Anno LXIII. Supplemento al n. 4. Dicembre 2009.

CHIASSONI, Pierlugi. *O enfoque analítico na filosofia do direito* – de Bentham a Kelsen. São Paulo: Contracorrente, 2017.

CHIOVENDA, Giuseppe. Identificazione delle azione. Sulla regola "ne eat iudex ultra petita partium". *Saggi di diritto processuale civile (1894-1937)*. Volume primo. Milano: Giuffrè, 1993.

________. *La acción en el sistema de los derechos*. Bogotá: Temis, 1986.

________. *Instituciones de derecho procesal civil* (istituzioni di diritto processuale civile). Volumen I: conceptos fundamentales la doctrina de la acciones. Traducción del italiano y notas de derecho español por E. Gómez ORbanjea. Madrid: Editorial Revista de Derecho Privado, 1948.

________. *Instituições de direito processual civil.* Volume II. 2ª ed. Tradução de J. Guimarães Menegale. Acompanhada de Notas por Enrico Tullio Liebman. São Paulo: Saraiva, 1943.

________. *Instituciones de derecho procesal civil (istituzioni di diritto processuale civile).* Madrid: Revista de Derecho Privado, 1936-1940.

________. Azioni sommarie: la sentenze di condanna con riserva. In: CHIOVENDA, Giuseppe. *Saggi di diritto processuale civile (1900-1930).* v 2. Roma: Foro Italiano, 1930-1931.

________. Le riforme processuali e le correnti del pensiero moderno. In: *Saagi di diritto processuale civile* (1900-1930). Volume primo. Roma: Società Editrice Foro Italiano, 1930.

________. Lo stato attuale de processo civile in Italia e il progetto Orlando di riforme processuali. In: *Saagi di diritto processuale civile* (1900-1930). Volume primo. Roma: Società Editrice Foro Italiano, 1930.

CIANCI, Mirna. MENGA, Bruno Lopes. Fazenda pública e negócios jurídicos processuais no novo CPC: pontos de partida para o estudo. In: *Negócios processuais.* Coordenadores: Antonio do Passo Cabral, Pedro Henrique Nogueira. Salvador: JusPodivm, 2015.

CIPRIANI, Franco. *Il processo civile nello Stato democratico.* Saggi. Collana biblioteca di diritto processuale. Napoli: Edizioni Scientifiche Italiane, 2006.

________. Nel centenario del regolamento di Klein (Il processo civile tra libertà e autorità). *Rivista di diritto processuale.* Padova: CEDAM, 1995.

CONSTANT, Benjamin. *Princípios de política aplicáveis a todos os governos.* Rio de Janeiro: Topbooks, 2007.

CORBISIER, Roland. Prefácio. In: ELLUL, Jacques. *A técnica e o desafio do século.* Tradução e prefácio de Roland Corbisier. Rio de Janeiro: Paz e Terra, 1968.

COSSIO DÍAZ, José Ramon. *Estado social y derechos de prestacion.* Madrid: Centro de estudios constitucionales, 1989.

COSTA E SILVA, Paula. Pactum de *non petendo:* exclusão convencional do direito de acção e exclusão convencional da pretensão material. In: *Negócios processuais.* Coordenadores: Antonio do Passo Cabral, Pedro Henrique Nogueira. Salvador: JusPodivm, 2015.

________. *A nova face da justiça*: os meios extrajudiciais de resolução de controvérsias. Relatório sobre conteúdo, programa e métodos de ensino. Lisboa: Coimbra Editora, 2009.

________. *Acto e processo*: o dogma da irrelevância da vontade na interpretação e nos vícios do acto postulativo. Coimbra: Coimbra editora, 2003.

COSTA, Eduardo José da Fonseca. *Levando a imparcialidade a sério*: proposta de um modelo interseccional entre direito processual, economia e psicologia. Salvador: JusPodivm, 2018.

________. Algumas considerações sobre as iniciativas judiciais probatórias. *Revista brasileira de direito processual* – RBDPro. Ano 23. N. 90. Abr./jun. de 2015. Belo Horizonte: Editora Fórum, 2015.

________. Los criterios de la legitimación jurisdiccional según los activismos socialista facista y gerencial. *Revista Brasileira de Direito Processual.* Belo Horizonte, n. 82, 2013.

________. Calendarização processual. *Negócios processuais.* Coordenadores Antônio do Passo Cabral, Pedro Henrique Nogueira. Salvador: JusPodivm, 2015.

________. A igualdade processual como probema normativo. *Empório do direito*. Disponível em https://emporiododireito.com.br/leitura/abdpro-34-a-igualdade-processual-como-problema-normativo. Acesso em 12.07.2019.

________. A natureza jurídica do processo. *Empório do direito*. Disponível em https://emporiododireito.com.br/leitura/9-a-natureza-juridica-do--processo. Acesso em 12.07.2019.

________. As garantias arquifundamentais contrajurisdicionais: não--criatividade e imparcialidade. *Empório do Direito*. Disponível em https://emporiododireito.com.br/leitura/as-garantias-arquifundamentais-contrajurisdicionais-nao-criatividade-e-imparcialidade. Acesso em 20/04/2018.

________. Breves meditações sobre o devido processo legal. *Empório do direito.* Disponível em <http://emporiododireito.com.br/leitura/abdpro-15-breves-meditacoes-sobre-o-devido-processo-legal>. Acesso em 15 de janeiro de 2018.

________. Ciência processual, ciência procedimental e ciência jurisdicional. Disponível em <http://emporiododireito.com.br/leitura/abdpro-8-ciencia-processual-ciencia-procedimental-e-ciencia-jurisdicional-por-eduardo-jose-da-fonseca-costa>. Acesso em 28 de novembro de 2017.

________. Garantismo, liberalismo e neoprivatismo. *Empório do direito.* Disponível em https://emporiododireito.com.br/leitura/garantismo--liberalismo-e-neoprivatismo. Acesso em 09.07.2019.

________. O processo como instituição de garantia. Disponível em <http://www.conjur.com.br/2016-nov-16/eduardo-jose-costa-processo-instituicao-garantia>. Acesso em 18 de novembro de 2016.

________. Processo: garantia de liberdade [feedom] e de "liberdade" [liberty]. *Empório do direito*. Disponível em http://emporiododireito.com.br/leitura/processo-garantia-de-liberdade-freedom-e-garantia-de-liberdade-liberty>. Acesso em 21/08/2018.

________. Um reclamo aos processualistas civis, um alerta aos processualistas penais. *Empório do direito*. Disponível em https://emporiododireito.com.br/leitura/abdpro-20-um-reclamo-aos-processualistas-civis-um-alerta-aos-processualistas-penais. Acesso em 18/02/2018.

COSTA, Judith Hofmeister Martins. Mercado e solidariedade social entre cosmos e taxis: a boa-fé nas relações de consumo. In: COSTA, Judith Hofmeister Martins (org.). *A reconstrução do direito privado:* reflexos dos princípios, diretrizes e direitos fundamentais constitucionais no direito privado. São Paulo: Rev. dos Tribunais, 2002.

COSTA, Thais Mendonça Aleluia da. *A contratualização do processo civil francês*: um novo horizonte para a adequação processual. (Dissertação de mestrado). Orientador Fredie Didier. UFBA. Salvador, 2012.

COSTANTINO, Giorgio. Questioni processuali tra poteri del giudice e facoltà delle parti. *Rivista di diritto processauel*. Anno LXV (Seconda Serie) – N. 5. Settembre-Ottobre 2010. Padova: CEDAM, 2010.

COUTINHO, Jacinto Nelson de Miranda; PAULA, Leonardo Costa de; SILVEIRA, Marco Aurélio Nunes da. (Org.). *Mentalidade inquisitória e processo penal no Brasil*: estudos sobre a reforma do CPP no brasil. Volume 4. Curitiba: Observatório da mentalidade inquisitória, 2018.

COUTURE, Eduardo J. *Estudios de derecho procesal civil*. Tomo I. La Constitución y el processo civil. 2ª ed. Buenos Aires: Ediciones Depalma, 1978.

________. El proceso como institucion. *Studi in onore di Enrico Redenti*: nel XL anno del suo insegnamento. Volume Primo. Milano: Giuffrè, 1951.

________. *O princípio da liberdade no sistema do processo civil*. Lisboa: Jornal do fôro, 1948.

CREVELD, Martin van. *Ascensão e declínio do estado*. Tradução Jussara Simões. São Paulo: Martins Fontes, 2004.

CREVELIN, Diego. Do dever de auxílio do juiz com as partes ao dever de auxílio do juiz com o processo: um giro de 360º. *Empório do direito*. Acesso em 17.06.2019.

________. Dever (ou garantia) de (não) provar contra si mesmo?(!) O dilema em torno do art. 379, CPC. Disponível em: <http://emporiododireito.com.br/leitura/abdppro-35-dever-ou-garantia-de-nao-provar-contra-si-mesmo-o-dilema-em-torno-do-art-379-cpc>. Acesso em 30 de maio de 2018.

________. O caráter mítico da cooperação processual. *Empório do direito*. Disponível em https://emporiododireito.com.br/leitura/abdpro-10-o-carater-mitico-da-cooperacao-processual-por-diego-crevelin-de-sousa. Acesso em 06/12/2017.

CRORIE, Benedita Mac. *Os limites da renúncia a direitos fundamentais nas relações entre particulares*. Coimbra: Almedina, 2013.

CRUZ E TUCCI. Sobre a eficácia preclusiva da decisão declaratória de saneamento. *Revista dos tribunais*. v. 640. São Paulo: Revista dos Tribunais, 1989.

CUEVA, Mario de la. *La ideia del estado*. México: Fondo de cultura económica, 1996.

CULLETON, Alfredo. A fundamentação filosófica do direito no pensamento político de Ockham a partir do opus nonaginta dierum. *Veritas*. v. 51. n. 31. Setembro 2006. Porto Alegre: Editora PUCRS, 2006.

CUNHA, Leonardo Carneiro. Negócios jurídicos processuais no processo civil brasileiro. In: *Negócios processuais*. Coordenadores: Antonio do Passo Cabral, Pedro Henrique Nogueira. Salvador: JusPodivm, 2015, p. 44.

DALFINO, Domenico. Acesso alla giustizia, principio di effettività e adeguatezza della tutela giurisdizionale. *Rivista trimestrale di diritto e procedura civile*. Settembre 2014. Anno LXVIII. n. 3. Milano: Giuffré, 2014.

DAMAŠKA, Mirjan. *I volti della gistizia e del potere*: analisi comparatistica del processo. Traduzione di Andrea Giussani (capitoli III, IV e V) e Fabio Rota (capitoli I, II e VI). Bologna: Società editrice il Mulino, 1991.

DAVID, René. *Os grandes sistemas do direito contemporâneo*. São Paulo: Martins Fontes, 1993.

DE CRISTOFARO, Marco. *Case management* e riforma del processo civile, tra effettività della giurisdizione e diritto costituzionale al giusto processo. *Rivista di diritto processuale*. Anno LXV (seconda serie). N. 2. Marzo-Aprile 2010. Padova: CEDAM, 2010.

DEHO, Eugenia Ariano. La tutela cautelar em el cuadro de la tutela jurisdicional de los derechos. *Estudios sobre la tutela cautelar*. Lima: Gaceta Jurídica S.A, 2014.

DELFINO, Lúcio. O processo é um instrumento de justiça? (desvelando o projeto instrumentalista de poder). Disponível em https://emporiododireito.com.br/leitura/10-o-processo-e-um-instrumento-de-justica-desvelando-o-projeto-instrumentalista-de-poder. Acesso em 02-05-2019.

DENSA, Roberta. *Direito do consumidor*. 9. São Paulo: Atlas 2014.

DENTI, Vittorio. Negozio processuale. In: CALASSO, Francesco; SANTORO PASSARELLI, Francesco (Dir.). *Enciclopedia del diritto*. Volume XXVIII (Negozio-Nunzio). Varese: Giuffrè, 1958-1993.

DENTI, Vittorio. *Processo civile e giustizia sociale*. Milano: Comunita, 1971.

DI MAJO, Adolfo. *La tutela civile dei diritti*. Milano: Giuffrè, 1993.

DIDIER JR., Fredie. CABRAL, Antônio do Passo. CUNHA, Leonardo Carneiro. *Por uma nova teoria dos procedimentos especiais*: dos procedimentos às técnicas. Salvador: JusPodivm, 2018.

________. *Curso de direito processual civil*. Introdução ao direito processual civil, parte geral e processo de conhecimento. 18 ed. Vista, ampliada e atualizada. Volume 1. Salvador: JusPodivm, 2016.

________. Princípio do respeito ao autorregramento da vontade no processo civil. Revista Páginas de Direito, Porto Alegre, ano 15, nº 1250, 01 de junho de 2015. Disponível em: <http://www.tex.pro.br/index.php/artigos/306-artigos-jun-2015/7187-principio-do-respeito-ao-autorregramento-da-vontade-no-processo-civil>. Acesso em 01 de junho de 2015.

________. Fonte normativa de legitimação extraordinária no novo Código de Processo Civil: a legitimação extraordinária de origem negocial. *Revista de Processo*, v.39, n.232, jun. 2014.

DIETRICH, William Galle. A advocacia é uma desgraça apenas para o poder arbitrário. *Consultor jurídico*. Disponível em: https://www.conjur.com.br/2019-jun-01/diario-classe-advocacia-desgraca-apenas-poder-arbitrario. Acesso em 14/06/2019.

DÍEZ-PICAZO, Luis María. Notas sobre la renuncia a los derechos fundamentales. *Persona y derecho*. Revista de fundamentación de las

Instituciones Jurídicas y de Derechos Humanos. v. 45. Universidad de Navarra: Servicio de publicaciones, 2001.

DONDI, Angelo. *Elementi per una definizione di complessità processuale.* Milano: Giuffrè Editore, 2011.

DONZELLI, Romulo, La fase preliminare del nuovo processo civile inglese e l´attività di "case management" giudiziale. *Revista da faculdade de direito do sul de Minas.* Pouso Alegre, a. XXIV, n. 24, jan.jun/2007.

DOTTI, Jorge E. Filioque. Uma tenaz apologia de la mediación teológico-política. In: In: *La tiranía de los valores* / con prólogo de Jorge E. Dotti Ia ed. - Buenos Aires: Hydra, 2009.

DWORKIN, Ronald. *Justiça para ouriços.* Tradução: Pedro Elói Duarte. Coimbra: Almedina, 2012.

ENGELMANN, Arthur. *A history of continental civil procedure.* New York: A. M. Kelley, 1969.

ENGELMANN, Wilson. Os avanços nanotecnológicos e a(necessária) revisão da Teoria do Fato Jurídico de Pontes de Miranda: compatibilizando "riscos" com o "direito à informação" por meio do alargamento da noção de "suporte fático". *Constituição, sistemas sociais e hermenêutica*: anuário do programa de Pós-graduação em Direito da UNISINOS: mestrado e doutorado. Orgs. André Luís Callegari, Lenio Luiz Streck, Leonel Severo Rocha. Porto Alegre: Livraria do Advogado; São Leopoldo: UNISINOS, 2011.

ENNECCERUS, Ludwig. *Tratado de derecho civil.* Traducción por Blas Pérez González y José Alguer. Volumen segundo. Primera Parte. Barcelona: Bosch, 1981.

FABRÍCIO, Adroaldo Furtado. *Comentários ao código de processo civil.* v. VIII, tomo III: arts. 890 a 945. Rio de Janeiro: Forense, 2008.

________. Justificação teórica dos procedimentos especiais. In: FABRÍCIO, Adroaldo Furtado. *Ensaios de direito processual,* Rio de Janeiro: Forense, 2003.

FACHIN, Luiz Edson. Autonomia privada e estipulação contratual. In: *Soluções práticas de direito.* v. 1. São Paulo: Revista dos Tribunais, 2012.

FAIREN GUILLEN, Victor. *El juicio ordinario y los plenarios rapidos (los defectos en la recepcion del derecho procesal comun; sus causas y consecuencias en doctrina y legislacion actuales).* Barcelona: Bosch, 1953.

FAYT, Carlos S. *El absolutismo.* Buenos Aires: Bibliografica Omeba, 1967.

FELIZARDO, Joaquim José. *As duas grandes revoluções*: concepções políticas e ideológicas. Porto Alegre: Escola Superior de Teologia São Lourença de Brindes, 1978.

FERRI, Luigi. *La autonomia privada*. Traducción y notas por Luis Sancho Mendizabal. Madrid: Editorial revista de derecho privado, 1969.

FICCARELLI, Beatrice. *Fase preparatoria del processo civile e case management giudiziale*. Napoli: Edizioni Schientifiche Italiane, 2011.

FIUZA, César Augusto de Castro; POLI, Luciana Costa. Autonomia privada e intervenção no estado democrático de direito: a (im) possibilidade de casamento entre homossexuais. *Revista Brasileira de Estudos Políticos*, Belo Horizonte, n.106, p. 95-131, jan./jun. 2013.

FONSECA, Elena Zucconi Galli. Il calendario del processo. *Rivista trimestrale di diritto e procedura Civile*. v. 66. Milano: Giuffré, 2009.

FURET, François. *Ensaios sobre a revolução francesa*. Traduzido do francês por Alfredo Margarido. Lisboa: Editora a regra do jogo, 1978.

GADAMER, Hans-Georg. *Verdade e método*. Tradução de Flávio Paulo Meurer; revisão da tradução de Enio Paulo Giachini. 7ª ed. Petrópolis, RJ: Vozes, Bragança Paulista, SP: Editora Universitária São Francisco, 2005.

GALGANO, Francesco. *El negocio jurídico*. Traducción realizada por Francisco de P. Blasco Gascó y Lorenzo Prats Albentosa. Valencia: Tirant lo Blanch, 1992.

GALIZIA, Mario. *La teoria della sovranità*: dal medio evo alla rivoluzione francese. Milano: Dott. A. Giuffrè, 1951.

GALLO, Max. *Revolução francesa*. Volume1. O povo e o rei (1774-1793). Tradução de Julia da Rosa Simões. Porto Alegre: L&PM, 2009.

GÁLVEZ, Juan Monroy. PALACIOS, Juan José Monroy. Del mito del proceso ordinario a la tutela diferenciada. Apuntes iniciales. In: PALACIOS, Juan José Monroy. *La tutela procesal de los derechos*. Lima: Perú, 2004.

GAMA DE NETO, Fernando. SOARES, Irineu Carvalho de. Princípios procedimentais da mediação no novo código de processo civil. In: *A mediação no novo código de processo civil*. Coordenação Diogo Assumpção Rezende de Almeida, Ferndanda Medina Pantoja, Samantha Pelajo. Rio de Janeiro: Forense, 2015.

GARCEZ NETO, Martinho. *Temas atuais de direito civil.* Rio de Janeiro: Renovar, 2000.

GAZZONI, Francesco. *Equita e autonomia privata.* Milano: Giuffrè, 1970.

GENY, François. *Método de interpretación y fuentes em derecho privado positivo.* Segunda edición. Madrid: Editorial Reus, 1925.

GERALDES, António Santos Abranges. *Temas da reforma do processo civil.* Vol. 1. 2 ed. Coimbra: Almedina, 1999.

GERLIS, Stephen M. LOUGHLIN, Paula. *Civil procedure.* London: Cavendish publishing, 2001.

GILISSEN, John. *Introdução histórica ao direito.* 4ª ed. Lisoba: Fundação Calouste Gulbenkian, 2003.

GILLET, Jean-Louis. La contractualisation de la justice. In: PIGACHE, Christian. *Les évolutions du droit (contractualisation et procéduralisation).* Rouen: Universitè de Rouen, 2004.

GIORDANI, Mário Curtis. *História de Roma.* Petrópolis, RJ: Vozes, 1965.
GUARINELLO, Norberto Luiz. *Imperialismo greco-romano.* 2. ed. São Paulo: Ática, 1991.

GIORGIANTONIO, Cristina. Le riforme del processo civile italiano tra adversarial system e case management. *Questione giustizia.* Fascicolo 1/2010. Roma: Associazione Magistratura Democratica, 2010.

GIULIANI, Alessandro. L´ordo judiciarius medioevale (riflessioni su um modello puro di ordine isonomico). *Rivista di diritto processuale.* v. 43. Parte II, 1988.

GODINHO, Robson Renault. A possibilidade de negócios jurídicos processuais atípicos em matéria probatória. In: *Negócios processuais.* Coordenadores: Antonio do Passo Cabral, Pedro Henrique Nogueira. Salvador: JusPodivm, 2015.

GODLSCHMIDT, Werner. La imparcialidad como principio básico del proceso (la partialidad y la parcialidad). Discurso leído en el Instituto Español de derecho procesal. Disponível em http://www.academiadederecho.org/upload/biblio/contenidos/la_imparcialidad.pdf. Acesso em 04 de março de 2019.

GOGLIANO, Daisy. Autonomia, bioética e direitos de personalidade. *Revista de direito sanitário.* vol. 1. n. 1. Novembro de 2000.

GOMES, Luiz Fábio. *Responsabilidade objetiva e antecipação de tutela* (direito e pós-modernidade). 2ª ed. Porto Alegre: Livraria do Advogado, 2014.

GÓMEZ, Francisco Ruiz. *Introducción a la historia medieval*: epistemologia, metodología y síntesis. Madrid: Editorial Sintesis, 1998.

GONÇALVES, Aroldo Plínio. *Técnica processual e teoria do processo*. 2ª ed. Belo Horizonte: Del Rey, 2012.

GOYTISOLO, Juan Vallet de. ""Ius" y "lex" según las definiciones de los "magni hispani"". Persona y Derecho: Revista de fundamentación de las Instituciones Jurídicas y de Derechos Humanos. v. 37. Universidad de Navarra: Servicio de publicaciones, 1997.

GOZAÍNI, Osvaldo Alfredo. *Los protagonistas del derecho procesal*: desde Chiovenda a nuestros dias. Santa Fe: Rubinzal-Culzoni, 2005.

GRADI, Marco. Il principio del contraddittorio e la nullità dela sentenza dela "terza via". Rivista di diritto processuale. Anno LXV (Seconda Serie) N. 4. Luglio-Agosto 2010. Padova: CEDAM, 2010.

GRAU, Eros Roberto. *A ordem econômica na constituição de 1988*: Interpretação e critica. 2. ed. São Paulo: Revista dos Tribunais, 1991.

GRECO, Leonardo. *Instituições de processo civil*. v. 1. 4ª ed. Rio de Janeiro: Forense, 2013.

________. Novas Perspectivas da Efetividade e do Garantismo Processual. In: *Processo Civil – estudos em homenagem ao Professor Doutor Carlos Alberto Alvaro de Oliveira*, São Paulo: Atlas, 2012.

________. Os atos de disposição de disposição processual – primeiras reflexões. *Revista eletrônica de direito processual* - REDP. Ano I. v. I. Outubro a dezembro de 2007. Rio de Janeiro: UERJ, 2007.

GRONDIN, Jean. *Introdução à hermenêutica filosófica*. Tradução e apresentação de Benno Dischinger. São Leopoldo: Editora Unisinos, 1999.

GROSSI, Paolo. *Dalla società di sicietà alla insularità dello Stato fra medioevo ed età moderna*. *Revista sequência*, n. 55, p. 9-28, dez. 2007.

________. *Mitologias jurídicas da modernidade*. Florianópolis: Fundação Boiteux, 2004.

________. *L´ordine giuridico medievale*. Roma-Bari: Editori Latereza, 2002.

GUASP, Jaime. *Juez y hechos en el proceso civil*: una crítica del derecho de disposición de las partes sobre el material de hecho del proceso. Barcelo: Bosch, 1943.

GUILLÉN, Víctor Fairén. El proyecto de la Ordenanza Procesal Civil Austriaca visto por Franz Klein. In: *Studios de Derecho Procesal*. Madrid: Derecho Privado, 1955.

HABERMAS, Jürgen. *Era das transições*. Rio de Janeiro: Tempo Brasileiro, 2003.

________. *Facticidad y validez*: sobre el derecho y el estado democrático de derecho en términos de teoría del discurso. Traducción Manuel Jiménez Redondo. Madrid: Trotta, 1998.

________. *Facticidad y validez*: sobre el derecho y el estado democrático de derecho en términos de teoría del discurso. Traducción Manuel Jiménez Redondo. Madrid: Trotta, 1998.

HASSEMER, Winfried. Sistema jurídico e codificação: a vinculação do juiz à lei. In: KAUFMANN, Arthur. HESSEMER, Winfried. *Introdução à filosofia do direito e à teoria do direito contemporâneas*. LISBOA: Fundação Calouste Gulbenkian, 2002.

HAZARD JR., Geoffrey C. DONDI, Angelo. Responsibilities of Judges and Advocates in Civil and Common Law: Some Lingering Misconceptions Concerning Civil Lawsuits. *Cornell international law journal*. v. 39. New York: Cornell University, 2006.

HESPANHA, António Manuel. *Cultura jurídica europeia*: síntese de um milênio. Coimbra: Almedina, 2012.

HORNE. Alexander. *The role of Lord Chancellor*. Disponível em <http://researchbriefings.files.parliament.uk/documents/SN02105/SN02105.pdf>. Acesso em 15/06/2015.

JACKSON, Rupert (Lord Justice). *Review of civil litigation*: final reports. United Kingdon: Crown, 2009.

JELLINEK, Georg. *La declaración de los derechos del hombre y del ciudadano*. Traducción Adolfo Posada. México: Universidad nacional autónoma de México, 2000.

JHERING, Rudolf von. *El fin en el derecho*. Traducción de Leonardo Rodríguez. Madrid: Rodríguez Serra Editor, 1911.

JOBIM, Marco Félix; FREITAS, Juarez. Resolução alternativa de disputas: cláusula inovadora do CPC. Revista Brasileira de Direito Processual, Belo Horizonte , v.23, n.91, p. 97-112, jul./set. 2015.

KERN, Christoph A. Procedural contracts in Germany. In: *Negócios processuais*. Coordenadores: Antonio do Passo Cabral, Pedro Henrique Nogueira. Salvador: JusPodivm, 2015.

KERSTENNETZKY, Celia Lessa. *O estado de bem-estar social na idade da razão*: a reinvenção do estado social no mundo contemporâneo. Rio de Janeiro: Elsevier, 2012.

KILCULLEN, John. The Political Writings. In: SPADE, Paul Vicente. *The Cambridge Companion to Ockham*. Cambridge University Press: Cambridge, 1999.

KOMATSU, Roque. *Da invalidade no processo civil.* São Paulo: Revista dos Tribunais, 1991.

KRIELE, Martin. *Introdução à teoria do estado:* os fundamentos históricos da legitimidade do estado constitucional democrático. Tradução Urbano Carvelli. Porto Alegre: Sérgio Fabris, 2009.

LACERDA, Galeno Vellinho de. *Despacho saneador*. 2. ed. Porto Alegre: Fabris, 1985.

________. O Código como Sistema legal de adequação do processo. In: *Revista do Instituto dos Advogados do Rio Grande do Sul* — Comemorativa do Cinqüentenário. Porto Alegre: IARGS, 1976.

LARENZ, Karl. *Metodologia da ciência do direito*. 3ª ed. Tradução de José Lamego. Lisboa: Fundação Calouste Gulbekian.

LE GOFF, Jacques. *O apogeu da cidade medieval.* São Paulo: Martins Fontes, 1992.

LEAL, André Cordeiro. *Instrumentalidade do processo em crise*. Belo Horizonte: Mandamentos, Faculdade de Ciências Humanas/FUMEC, 2008.

LEFEBVRE, Georges. *A revolução francesa*. Tradução de Ely Bloem de Melo Pati. 2ª ed. São Paulo: IBRASA, 1989.

LEGG, Michael. HIGGINGS, Andrew. Responding to cost and delay through overriding objectives – successful innovation? In: PICKER, Colin B. SEIDMAN, Guy I. *The dynamism of civil procedure* – global trends and developments, Ius Gentium: Comparative perspectives on law and justice. Switzerland: Springer International Publishing, 2016.

LEONEL, Ricardo de Barros. *Tutela jurisdicional diferenciada.* São Paulo: Revista dos Tribunais, 2010.

LIEBMAN, Enrico. Tulio. *Manual de Direito Processual Civil.* Vol. 1. 4.ed. Rio de Janeiro: Editora Forense, 1984.

_______. Tullio. Storiografia giuridica "manipolata". *Rivista di diritto processuale.* v. 29. Parte I. 1974.

_______. Fondamento del principio dispositivo. *Problemi del processo civile.* Milano: Morano Editore, 1962.

LÔBO, Paulo Luiz Netto. O princípio do auto regramento da vontade em Pontes de Miranda. Revista da Ordem dos Advogados do Brasil. v.60. Brasilia, conselho federal da oab, 1995.

LOPEZ, Mario Justo. *La soberania.* Buenos Aires: Cooperadora de derecho y ciencias sociales, 1967.

MAC-GREGOR, Eduardo Ferrer. *Direito processual constitucional:* ordem científica (1928-1956). Curitiba: Juruá, 2009.

MACHADO, António Montalvão. O dispositivo e os poderes do tribunal à luz do novo código de processo civil. 2ª ed. Coimbra: Almedina, 2001.

MACHADO, Fábio Cardoso. *Jurisdição, condenação e tutela Jurisdicional.* Rio de Janeiro: Lumen Juris, 2004.

MANCINI, P.S., PISANELLI, G. SCIALOIA, A. *Commentario del codice di procedura civile per gli stati sardi*: com la comparazione degli altri Codici Italiani, e delle principali Legislazioni straniere. Volume secondo. Tornio: Società Editrice, 1855.

MARCATO, Antonio Carlos. *Procedimentos especiais.* 8ª ed. São Paulo: Malheiro, 1998.

MARINONI, Luiz Guilherme. ARENHART, Sérgio. MITIDIERO, Daniel. *Novo curso de processo civil*: tutela dos direitos mediante procedimentos diferenciados. São Paulo: Revista dos Tribunais, 2015.

________. ________. Direito de ação, contraditório e motivação das decisões judiciais. In: *Direitos fundamentais no Supremo Tribunal Federal:* balanço e crítica. Coordenação Daniel Sarmento e Ingo Wolfgang Sarlet. Rio de Janeiro: Lumen Juris, 2011.

MARQUES, Cláudia Lima. *Contratos no Código de Defesa do Consumidor*. São Paulo: Ed. RT, 2002.

MARQUES, Mário Reis. *Codificação e paradigmas da modernidade*. Coimbra: Coimbra, 2003.

________. *História do direito português medieval e moderno*. Coimbra: Almedina, 2002.

MARRAMAO, Giacomo. *Dopo il Leviatano. Individuo e comunità*. Torino: Bollati Boringhieri, 2000.

MARTEL, Letícia de Campos Velho. *Direitos fundamentais indisponíveis* – os limites e os padrões do consentimento para a autolimitação do direito fundamental à vida. Tese (doutoramento). UERJ. Orientador Luís Roberto Barroso. Rio de Janeiro, 2010.

MATTOS, Sérgio Luís Wetzel de. *Da iniciativa probatória do juiz no processo civil*. Rio de Janeiro: Forense, 2001.

MELENDO, Santiago Sentis. *La prueba*: los grandes temas del derecho probatorio. Buenos Aires: EJEA, 1979.

MELLO, Marcos Bernardes de. *Teoria do fato jurídico: plano da existência*. 20ª ed. São Paulo: Saraiva, 2013.

MELLO NETO, Andreotti. *Direito comercial*. São Paulo: Rideel Ltda, s/d.

MENEZES-CORDEIRO, António. Os dilemas da ciência do direito no final do século XX. In: CANARIS, Claus-Wilhem. *Pensamento sistemático e conceito de sistema na ciência do direito*. 2. ed. Lisboa: Fundação Calouste Gulbenkian, 1996.

MENGER, Antonio. *El derecho civil y los pobres*. Buenos Aires: Atalaia, 1947.

MERQUIOR, José Guilherme. *O liberalismo*: antigo e moderno. Rio de Janeiro: nova fronteira, 1991.

MERRYMAN, John Henry; PÉRZ-PERDOMO, Rogelio. *The civil law tradition*: an introduction to the legal system of Europe and Latin America. Standford, California: Standford University Press, 2007.

________. *La tradicion juridica romano-canonica*. Mexico: Fondo de Cultura Económica, 1971.

MESSINEO, Francesco. *Manual de derecho civil y comercial*. Traducción de Santiago Sentis Melendo. Tomo II. Doctrinas generales. Buenos Aires: EJEA, 1971.

MIGNET, F. A. *Historia da revolução franceza*: desde 1789 a 1814. Tomo Primeiro. São Paulo: Empreza Editora de São Paulo, 1899.

MILLAR, Robert. *Los principios formativos del procedimento civil.* Traducción del inglês y notas por la Dra. Catalina Grossmann. Buenos Aires: EDIAR, 1945.

MIRABELLI, Giuseppe. Negózio giuridico. In: CALASSO, Francesco; SANTORO PASSARELLI, Francesco (Dir.). *Enciclopedia del diritto.* Volume XXVIII (Negozio-Nunzio). Varese: Giuffrè, 1958-1993.

MIRAGEM, Bruno Nubens Barbosa. Função social do contrato, boa-fé e bons costumes: nova crise dos contratos e a reconstrução da autonomia negocial pela concretização das cláusulas gerais. In: MARQUES, Claudia Lima (coord.). *A nova crise do contrato:* estudos sobre a nova teoria contratual. São Paulo: Rev. dos Tribunais, 2007.

MIRANDA, Jorge. *Manual de direito constitucional.* v.1, 6. ed. Coimbra: Coimbra Ed., 1997.

MITIDIERO, Daniel Francisco. Colaboração no processo civil como prêt-à-porter? Um convite ao diálogo para Lenio Streck. Revista de Processo, São Paulo, v. 36, n. 194, p. 55-68, abr. 2011.

________. O processualismo e a formação do Código Buzaid. *Revista de Processo*, v. 35, n. 183. São Paulo: Revista dos Tribunais, 2011.

MONTESQUIEU, Barão de. Do espírito das leis. In: *Coleção: Os Pensadores.* São Paulo: Nova Cultura, 1997.

MORAES, Maria Amália Dias de. Autonomia privada e negócio jurídico. *Estudos Jurídicos.* v.20. São Leopoldo: Unisinos, 1977.

MORAES, Paulo Valério Dal Pai. *Código de defesa do consumidor*: o princípio da vulnerabilidade no contrato, na publicidade, nas demais práticas comerciais: interpretação sistemática do direito. 3ª ed. Porto Alegre: Livraria do Advogado, 2009.

MORAIS, José Luis Bolzan de. *As crises do estado e da constituição e a transformação espaço-temporal dos direitos humanos.* 2ª ed. rev. ampl. Porto Alegre: Livraria do Advogado, 2011.

________. A atualidade dos direitos sociais e a sua realização estatal em um contexto complexo e em transformação. In: *Constituição, sistemas sociais e hermenêutica:* programa de pós-graduação em Direito da UNISINOS: mestrado e doutorado / orgs. Lenio Luiz Streck, José Luis Bolzan de Morais; Vicente de Paulo Barreto (et. al.) Porto Alegre: Livraria do Advogado, 2010.

________. Crise do estado, constituição e democracia política: a "realização" da ordem constitucional em países "periféricos". In: *20 Anos de Constituição*: os direitos humanos entre a norma e a política / Organizadores Lenio Luiz Streck, Vicente de Paulo Barretto e Alfredo Santiago Culleton. São Leopoldo: Oikos, 2009.

MORTARA, Lodovico. *Manuale della procedura civile*. 7ª ed. volume primo. Torino: Unione tipografico-editrice torinese, 1913.

________. *Commentario del Codice e delle leggi di procedura civile*. 5 v. t. II (Biblioteca Giuridica Contemporanea). Milão: Vallardi, [19--].

________. *Principii di procedura civile*. Firenze: G. Barbèra, 1890.

MUNCK, Thomas. *La europa del siglo XVII*: 1598-1700: estados, conflictos y orden social en europa. Traducción de Bernardo Josó García García. Madrid: Ediciones Akal, 1994.

NICORA, Attilio. *Il principio di oralità nel diritto processuale civile italiano e nel diritto processuale canonico*. Roma: Università Gregoriana Editrice, 1977.

________. Sobre os acordos de procedimento no processo civil brasileiro. In: *Negócios processuais*. Coordenadores: Antonio do Passo Cabral, Pedro Henrique Nogueira. Salvador: JusPodivm, 2015.

NOGUEIRA, Pedro Henrique Pedrosa. *Negócios jurídicos processuais*: análise dos provimentos judiciais como atos negociais. Tese (doutorado). Universidade Federal da Bahia. Salvador, 2011.

NOVAIS, Jorge Reis. *Contributo para uma teoria do estado de direito*. Reedição. Coimbra: Almedina, 2006.

NUNES, Dierle José Coelho. Novo enfoque para as tutelas diferenciadas no Brasil? Diferenciação procedimental a partir da diversidade de litigiosidades. *Revista de Processo*. v. 35, n. 184, jun. 2010.

OLIVEIRA, Anselmo Carvalho de. As ideias políticas de Guilherme de Ockham no revilóquio sobre o principado tirânico. *Prometeus filosofia em revista*. Viva Vox. DFL. Universidade Federal de Sergipe. Ano 2. n. 4 Julho-Dezembro/2009.

OLVERA, Óscar Rodríguez. *Teoría de los derechos sociales en la constitución abierta*. Granada: Editorial Comares, 1998.

OTEIZA, Eduardo. El debido proceso. Evolución de la garantía y autismo procesal. In: ARAZI, Roland [et. al]. *Debido proceso*. Buenos Aires: Rubinzal - Culzoni Editores, 2003.

PADOA-SCHIOPPA, Antonio. *Il diritto nella storia d´Europa*: Il medioevo. Parte prima. Padova: CEDAM, 1995.

PAINE, Roberto. *Principios de derecho procesal.* Primer tomo. Buenos Aires: Las heras, 1944.

PALLIERI, Giorgio Balladore. *A doutrina do estado.* v. 1. Tradução de Fernando Miranda. Coimbra: Coimbra Editora, 1969.

PANIAGUA, Jose Maria Rodriguez. *Historia del pensamento juridico*: v. I. De heráclito a la revolución francesa. 8a ed. Madrid: Universidad commplutense seccion de publicaciones, 1996.

PECKHAM, Robert. The federal judge as a case manager: the new role in guiding a case from filing to disposition. *California law review.* Volume 69. Issue 3, 1981.

PEREIRA, Mateus Costa. *Teoria geral do processo e seu tripé fundamental:* racionalismo, pensamento sistemático e conceitualismo. Florianópolis: Tirant Lo Blanch, 2018.

________. Processo e ideologia (em sentido amplo e estrito): um novo horizonte à compreensão do fenômeno processual. *Revista brasileira de direito processual – RBDPro.* Ano. 26, n. 103, jul./set. 2018. Belo Horizonte: Fórum, 2018.

PEREZ LUÑO, Antonio Enrique. *Derechos humanos, estado de derecho y constitucion.* 5. ed. Madrid: Tecnos, 1995.

PERLINGIERI, Pietro. *Il diritto civile nella legalita costituzionale.* 2. ed. Napoli: Edizioni Scientifiche Italiane, 2001.

________. *Perfis do direito civil*: introdução ao direito civil constitucional. 3ª ed. Tradução de Maria Cristina De Cicco. Rio de Janeiro: Renovar, 1997.

PERROT, Roger. Il nuovo futuro codice di procedura civile francese. *Rivista di diritto processuale.* v.2. Padova: CEDAM, 1975.

PEYRANO, Jorge W. *El processo civil*: princípios y fundamentos. Buenos Aires: Editorial Astrea de Alfredo y Ricardo Depalma, 1978.

PICARDI, Nicola. *Jurisdição e processo.* Organizador e revisor técnico da tradução Carlos Alberto Alvaro de Oliveira. Rio de Janeiro: Forense, 2008.

________. Le riforme processuali e sociali di Franz Klein. Historia et ius – *Rivista di storia giuridica dell´età medievale e moderna*, n. 2., nov. 2012. Disponível em: <http://www.historiaetius.eu/num-2.html>.

________. GIULIANI, Alessandro. *La responsabilità del giudice*. Milano: Dott. A. Giuffrè, 1995.

PICÓ I JUNOY, Joan. *O juiz e a prova*: estudo da errônea recepção do brocardo iudex iudicare debet secundum allegata et probata, non secundum conscientiam e sua repercussão atual. Tradução Darci Guimarães Ribeiro. Porto Alegre: Livraria do Advogado, 2015.

PICOZZA, Elisa. Il calendario del processo. *Rivista di diritto processuale*. v. 64, n. 6. nov. /dez. 2009. Padova: CEDAM, 2009.

PIEROTH, Bodo; SCHLINK, Bernhard. *Grundrechte. Staatsrecht* II. 28. ed. Heidelberg: Müller, 2012.

PIMENTA, Henrique de Souza. A cooperação no CPC-2015: colaboração, comparticipação ou cooperação para o processo. Dissertação (mestrado em direito processual). Universidade Federal do Espírito Santo, Centro de Ciências Jurídicas e Econômicas. Dissertação defendida em 2018.

PINHO, Humberto Dalla Bernardina de. *Direito processual civil contemporâneo*: teoria geral do processo. v. 1. 5ª ed. São Paulo: Saraiva, 2013.

PINTO, Paulo Cardoso Correia da Mota. *Declaração tácita e comportamento concludente no negócio jurídico*. Coimbra: Livraria Almedina, 1995.

PIRENNE, Henri. *História econômica e social da idade média*. Tradução Lycurgo Gomes da Motta. 4ª Ed. São Paulo: Editora Mestre Jou, 1968.

PIZZORUSSO, Alessandro. *Lecciones de derecho constitucional*. Madrid: Centro de Estudios Constitucionales, 1984.

PODETTI, Ramiro. *Teoria y tecnica del proceso civil y trilogia estructural de la ciência del proceso civil*. Buenos Aires: Ediar, 1963.

PONTES DE MIRANDA, Francisco Cavalcanti. *Tratado das ações*. Tomo I. Campinas: Bookseller, 1998.

________. *Comentários ao código de processo Civil*. Tomo I. Rio de Janeiro: Forense, 1974.

________. *Comentários ao código de processo civil*. Tomo V. Rio de Janeiro: Forense, 1974.

________. *Tratado de direito privado*. Parte Especial. Tomo XXIII. 3ª edição. Rio de Janeiro: Borsoi, 1971.

________. *Tratado de direito privado*. Parte geral. Tomo I. Rio de Janeiro: Borsoi, 1954.

PONTES DE MIRANDA, Francisco Cavalcanti. *Tratado de direito privado*. Parte Geral. Tomo II. Rio de Janeiro: Borsoi, 1954.

________. *Tratado de direito privado*. Parte geral. Tomo III. Rio de Janeiro: Borsoi, 1954.

________. *A acção rescisória contra as sentenças*. Rio de Janeiro: Jacinto, 1934.

PRATA, Ana. A tutela constitucional da autonomia privada. Coimbra: Almedina, 1982.

PRATA, Edson. *História do processo civil e sua projeção no direito moderno*. Rio de Janeiro: Forense, 1987.

PROTO PISANI, Andrea. Dai riti speciali ala differenziazione del rito ordinario. *Il foro italiano*. Roma: Il foro italiano, 2006.

________. Sulla tutela giurisdizionale differenziata. *Rivista di diritto processuale*, n. 4, Padova: Cedam, 1979.

PROVINCIALI, Renzo. *Norme di diritto processuale nella costituzione*. Milano: Dott. A. Giuffrè Editore, 1959.

PUGLIATTI, Salvatore. Autonomia privata (voce). In: CALASSO, Francesco; SANTORO PASSARELLI, Francesco (Dir.). Enciclopedia del diritto. Volume IV – Atto – Banna. Varese: Giuffrè, 1958-1993.

RAATZ, Igor. Processo, liberdade e direitos fundamentais. *Revista de processo*. Ano 44. Vol. 288. Fevereiro de 2019. São Paulo: Revista dos Tribunais, 2019.

________. PINTO, Gerson Neves. DIETRICH, William Galle. Os precedentes vinculantes e o problema da contingência ontológica do Direito. *Novos estudos jurídicos*. v. 24, n. 1. Vale do Itajaí: UNIVALI, 2019.

________. *Tutelas provisórias no processo civil brasileiro*. Porto Alegre: Livraria do Advogado, 2018.

________. ANCHIETA, Natascha. Da capacidade de invenção dos juristas brasileiros e o fenômeno da transformação das ações condenatórias em mandamentais: ou o que Pontes de Miranda e Ovídio Baptista da Silva diriam a respeito das leituras (equivocadas) do art. 139, IV, do Código de Processo Civil brasileiro. *Revista de Processo*. Ano 43. Vol. 276, fevereiro de 2018. São Paulo: Revista dos Tribunais, p. 153-181.

________. ANCHIETA, Natascha. O juiz "arauto da moral" e o fim dos limites políticos da execução. *Consultor jurídico*. Disponível em https://

www.conjur.com.br/2018-abr-10/opiniao-juiz-arauto-moral-limites--politicos-execucao. Acesso em 10 de abril de 2018.

________. ANCHIETA, Natascha. Uma "teoria do processo" sem processo? A breve história de uma ciência processual servil à jurisdição. RBDPro – Revista brasileira de direito processual. Ano 26. n. 103, jul./set. 2018. Belo Horizonte: Fórum, 2018.

________. O juiz defensor da moral, o juiz defensor da verdade e o juiz defensor da lei: instrumentalismo, cooperativismo e garantismo processual. *Empório do direito*. Disponível em https://emporiododireito.com.br/leitura/6-o-juiz-defensor-da-moral-o-juiz-defensor-da-verdade-e-o-juiz-defensor-da-lei-instrumentalismo-cooperativismo-e--garantismo-processual-1. Acesso em 14.07.2019.

________. Da ausência de um estatuto epistemológico dos princípios no direito processual brasileiro e o projeto instrumentalista de recrudescimento do poder jurisdicional. *Empório do direito*. Disponível em https://emporiododireito.com.br/leitura/11-da-ausencia-de-um--estatuto-epistemologico-dos-principios-no-direito-processual-brasileiro-e-o-projeto-instrumentalista-de-recrudescimento-do-poder--jurisdicional.

________. SANTANNA, Gustavo da Silva. Elementos da história do processo civil brasileiro: do código de 1939 ao código de 1973. *Justiça & História*. v.9, n.17/18, Porto Alegre: Tribunal de Justiça do Estado do Rio Grande do Sul, 2009.

RAMOS, Glauco Gumerato. Aspectos semânticos de uma contradição pragmática. O garantismo processual sob o enfoque da filosofia da linguagem. *Revista Brasileira de Direito Processual* – RBDPro. Belo Horizonte, n.82, p. 217–227, abr./ jun. 2013.

________. Ativismo e garantismo no processo civil: apresentação do debate. *MPMG Jurídico*, Belo Horizonte, v.4, n.18, out./dez., 2009.

RANZOLIN, Ricardo Borges. Elementos para compreensão dos fundamentos da autonomia privada. Mens Juris: *Revista de Direito*, Uberlândia, v.1, n.2, p. 25-35, jul. 2004.

RÁO, Vicente. *Ato jurídico*: noção, pressupostos, elementos essenciais e acidentais, o problema do conflito entre os elementos volitivos e a declaração. 3 ed. São Paulo: Saraiva, 1981.

REDONDO, Bruno Garcia. Eficiência da prestação jurisdicional e flexibilização do procedimento pelo juiz e pelas partes. *Revista jurí-*

dica UNIGRAM. v. 15. n. 30. jul./dez. 2013. Dourados: UNIGRAM, 2013.

________. *Flexibilização do procedimento pelo juiz e pelas partes no Direito Processual civil brasileiro*. Dissertação de mestrado. Orientação Teresa Wambier. São Paulo: PUC-SP, 2013.

RESNIK, Judith. Managerial judges. *Harvard law review*, vol. 96, 1982.

RESTAINO, Nicola. *L'esecuzione coattiva in forma specifica*. Roma: Il Nuovo Diritto, 1948.

RHEE, C.H. van. The development of civil procedural law in twentieth century europe: from party autonomy to judicial case management and efficiency. In: RHEE, C.H. van. *Judicial case management and efficiency in civil litigation*. Oxford: Intersentia Antwerpen, 2007.

________., VERKERK, Remme. Civil procedure. In: J.M. Smits (ed.), *Elgar Encyclopedia of Comparative Law*, Cheltenham etc., 2006.

________. Introduction. In: RHEE, C.H. van. *European traditions in civil procedure*. Oxford: Intersentia Antwerpen, 2005.

RIBEIRO, Darci Guimarães. Audiência preliminar e oralidade. In: *Da tutela jurisdicional às formas de tutela*. Porto Alegre: Livraria do Advogado, 2010.

RIDOLA, Paolo. O constitucionalismo: itinerários históricos e percursos conceituais. *Revista da AJURIS*: Associação dos Juízes do Rio Grande do Sul, Porto Alegre, v. 38, n. 121, p. 277-313, mar. 2011.

ROBESPIERRE, Maximilen. *Virtude e terror.* Textos selecionados e comentados por Jean Ducange. Tradução José Maurício Gradel. Rio de Janeiro: Jorge Zahar Editor, 2008.

RODRIGUES JR., Otavio Luiz. Direito civil contemporâneo: estatuto epistemológico, constituição e direitos fundamentais. 1 ed. Rio de Janeiro: Forense Universitária, 2019.

ROPPO, Enzo. *O contrato*. Tradução de Ana Coimbra e M. Januário C. Gomes. Coimbra: Almedina, 2009.

ROSANVALLON, Pierre. *La sociedad de los iguales*. Traducción Maria Pons. Barcelona: RBA Libros, 2012.

________. *La legitimidad democrática*: imparcialidad, reflexividad y proximidad. Traducción de Heber Cardoso. Madrid: Paidós, 2010.

ROSENKRANTZ, Carlos F. Introduccion a la ediciona em castellano. In: ACKERMAN, Brunce. *La justicia social em El estado liberal*. Madrid: Centro de Estudios Constitucionales, 1993.

RUBIN, Alvin B. The managed calendar: some pragmatic suggestions about achieving the just, speedy, and inexpensive determination of civil cases in federal courts. *The Justice System Journal*, vol. 4, no. 2, 1978.

SALDANHA, Jânia Maria Lopes. *Substancialização e efetividade do direito processual civil* – a sumariedade material da jurisdição: proposta de estabilização da tutela antecipada em relação ao projeto do novo CPC. Curitiba: Juruá, 2011.

SANTALUCIA, Bernardo. Processo penale (diritto romano). In: SANTORO-PASSARELLI, Francesco (dir.). *Enciclopedia del diritto*. vol. 36. Milão: Giuffrè, 1987. FRANCISCI, Pietro de. *Síntesis histórica del derecho romano*. Madrid: Editorial Revista de Derecho Privado, 1954.

SANTOS, Boaventura de Sousa. *Pela mão de alice:* o social e o político na pós-modernidade. 14ª ed. São Paulo: Cortez, 2013.

SANTOS, Moacyr Amaral. Novas linhas de direito processual. 2º volume, 23ed., Rio de Janeiro: Forense, 2004.

SANTOS, Tatiana Simões dos. Negócios processuais envolvendo a Fazenda Pública. In: *Negócios processuais*. Coordenadores: Antonio do Passo Cabral, Pedro Henrique Nogueira. Salvador: JusPodivm, 2015.

SARLET, Ingo Wolfgang. RUFINO, André. Direito geral de liberdade. In: CANOTILHO, José Joaquim Gomes (coord.). *Comentários à Constituição do Brasil*. São Paulo: Saraiva, 2014.

_________. *A eficácia dos direitos fundamentais:* uma teoria dos direitos fundamentais na perspectiva constitucional. Porto Alegre: Livraria do Advogado, 2009.

SARMENTO, Daniel. *Direitos Fundamentais e Relações Privadas*. 2. ed. Rio de Janeiro: Lumen Juris, 2006.

_________. Os princípios constitucionais da liberdade e da autonomia privada. *Boletim Científico*: Escola Superior do Ministério Público da União, Brasília, n. 14, p. 167-217, jan/mar, 2005.

SATTA, Salvatore. Il formalismo nel processo. *Rivista trimestrale di diritto e procedura civile*, 1958.

SAVIGNY, Friedrich Carl von. de. *Sistema del derecho romano actual*. Tomo II. Vertido al castellano por Jacinto Mesía y Manuel Poley.

Prólogo de D. Manuel Durán y Bas. 2ª ed. Madrid: Centro Editorial de Góngora, 1879.

SCHMIDT, Denis J. On the Idiom of Truth and the Movement of Life: Some Remarks on the Task of Hermeneutics. *Internationales Jahrbuch für Hermeneutik*. Heidelberg: Mohr Siebeck, 2011.

SCHMITT, Carl. *La tiranía de los valores* / con prólogo de Jorge E. Dotti Ia ed. - Buenos Aires: Hydra, 2009.

________. *Teoría de la Constitución*. Madrid: Alianza Editorial, 1996.

SIECKMANN, Jean-R. El concepto de autonomía. *Doxa cuadernos de filosofía del derecho*. n. 31, 2008.

SILVA, Clóvis do Couto. *A obrigação como processo*. Rio de Janeiro: Editora FGV, 2006.

SILVA, Denis Franco. O princípio da autonomia: da invenção à reconstrução. In: MORAES, Maria Celina Bodin. *Princípios do direito civil contemporâneo*. Rio de Janeiro: Renovar, 2006.

SILVA, João Calvão da. *Cumprimento e sanção pecuniária compulsória*. Coimbra: Almedina, 1987.

SILVA, Manuel Dias da. *Processos civis especiais*. 2ª ed. revista e actualizada pelo professor José Alberto dos Reis. Coimbra: França Amado, 1919.

SILVA, Ovídio A. Baptista da. *Epistemologia das ciências culturais*. Porto Alegre: Verbo Jurídico, 2009.

________. Direito Subjetivo, Pretensão de Direito Material e Ação. In: *Polêmica sobre a ação*. Porto Alegre: Livraria do Advogado, 2006.

________. *Curso de processo civil*. v.1. 7ª ed. Rio de Janeiro: Forense, 2005.

________. *Processo e ideologia*: o paradigma racionalista. Rio de Janeiro: Forense, 2004.

________. A "plenitude de defesa" no processo civil. In: *Da sentença liminar à nulidade da sentença*. Rio de Janeiro: Forense, 2002.

________. *Curso de processo civil*: processo cautelar (tutela de urgência), volume 3. 2a ed. São Paulo: Revista dos Tribunais, 1998.

________. Democracia moderna e processo civil. In: GRINOVER, Ada Pelegrini. WATANABE, Kazuo. DINAMARCO, Cândio Rangel. *Participação e processo*. São Paulo: Revista dos Tribunais, 1998.

________. O contraditório nas ações sumárias. *Revista da Ajuris*. Ano XXVI. n. 80. Porto Alegre: Ajuris, 2000. SILVA, Ovídio A. Baptista da. *Do processo cautelar*. Rio de Janeiro: Forense, 1996.

________. Decisões interlocutórias e sentenças liminares. *AJURIS*: Revista da Associação dos Juízes do Rio Grande do Sul. v.18, n.51. mar. 1991. Porto Alegre: AJURIS, 1991.

________. *Procedimentos especiais*. Rio de Janeiro: Aidê, 1989.

SILVEIRA, Marcelo Pichioli; SOUSA, Diego Crevelin. Entre alma e corpo: o que diz o garantismo processual sobre as competências legislativas dos arts. 22, I, e 24, XI, CRFB. *Empório do direito*. Disponível em https://emporiododireito.com.br/leitura/abdpro-65-entre-alma-e-corpo-o-que-diz-o-garantismo-processual-sobre-as-competencias-legislativas-dos-arts-22-i-e-24-xi-crfb. Acesso em 03/01/2019.

SOUSA, Miguel Teixeira de. *Estudos sobre o novo processo civil*. 2. ed. Lisboa: Lex, 1997, p. 68.

SPENGLER, Fabiana Marion. *Mediação de conflitos*: da teoria à prática. Porto Alegre: Livraria do Advogado, 2016.

SPIGELMAN, James. The 'new public management' and the courts. *Australian law journal*. vol. 75, 2001. Disponível em: <https://papers.ssrn.com/sol3/papers.cfm?abstract_id=1800452>.

SPRUNG, Rainer. Os fundamentos do direito processual civil austríaco. *Revista de Processo*. v.17. São Paulo, rev. dos tribunais, 1980.

STEINMETZ, Wilson Antônio. *A vinculação dos particulares a direitos fundamentais*. São Paulo: Malheiros, 2004.

STOLFI, Giuseppe. *Teoría del negocio jurídico*. Traducción de Jaime Santos Briz. Madrid: Revista de Derecho Privado, 1959.

STRECK, Lenio Luiz; RAATZ, Igor; DIETRICH, William Galle. Sobre um possível diálogo entre a Crítica Hermenêutica do Direito e a teoria dos Standards Probatórios: notas sobre valoração probatória em tempos de intersubjetividade. *Novos Estudos Jurídicos* (Online), v. 22, p. 390-416, 2017.

________. *Verdade e consenso*: constituição, hermenêutica e teorias discursivas. 4ª ed. Porto Alegre: Livraria do Advogado, 2011.

________. MORAIS, José Luis Bolzan. *Ciência política e teoria geral do estado*. Porto Alegre: Livraria do Advogado, 2010.

TARELLO, Giovanni. *Dottrine del processo civile*. Studi storici sulla formazione del diritto processuale civile. Bologna: Il Mulino, 1989.

________. *Storia della cultura giuridica moderna*: assolutismo e codificazione del diritto. Bologna: Società editrice il Mulino, 1976.

TARUFFO, Michele. *A prova*. Tradução João Gabriel Couto. 1. ed. São Paulo: Marcial Pons, 2014.

________. Il concetto di "prova" nel diritto processuale. *Revista de Processo*, São Paulo, v. 39, n. 229, p. 75-87, mar. 2014.

________. Verità negoziata?. *Quaderni della rivista trimestrale di diritto e procedura civile*. v.11 – Accordi di parte e processo. Milano: Giuffrè, 2008.

________. Razionalità e crisi della legge processuale. *Sui confini*: scriti sulla giustizia civile. Bologna: Il Mulino, 2002.

________. *La giustizia civile in Italia dal'700 a oggi*. Bologna: Soc. Editrice il Mulino, 1980.

TESHEINER, José. GAUER, Lessandra. A gênese do direito subjetivo conforme Villey. *Processos coletivos*. Disponível em <http://www.processoscoletivos.net/~pcoletiv/ponto-e-contraponto/834-a-genese-do-direito-subjetivo-conforme-villey>. Acesso em 05-10-2015.

THEODORO JÚNIOR, Humberto. Nunes, Dierle. BAHIA, Alexandre Melo Franco. PEDRON, Flávio Quinaud. *Novo CPC*: fundamentos e sistematização. 2ª ed. Rio de Janeiro: Forense, 2015.

________. Tutela específica das obrigações de fazer e não fazer. *Revista Síntese de Direito Civil e Processual Civil*. n. 15. Porto Alegre, síntese, jan/fev, 2002.

TREVIZAN, Thaita Campos. NETA, Vallêda Bivar Soares Dias. A liberdade sob a perspectiva de Kant: um elemento central da ideia de justiça. *Cadernos EMARF, fenomenologia e direito*. v. 3. n. 1. Rio de Janeiro, abr./set. de 2010.

TROCKER, Nicólo. Poteri del giudice e diritti delle parti nel processo civile: gli insegnamenti di Calamandrei e le riforme processuali in Europa. In: SCARSELLI, Giuliano (*a cura di*). *Poteri del giudice e diritti delle parti nel processo civile*. Collana Quaderni de "Il Giusto processo civile" 4. Napoli: Edizioni Scientifiche Italiane, 2010.

________. *Processo civile e costituzione*: problemi di diritto tedesco e italiano. Milano: Giuffrè, 1974.

TROPER, Michel. *Por una teoría jurídica del estado*. Prólogo de Gregorio Peces-Barba Martínes. Traducción de María Venegas Grau. Dykinson: Instituto de Derechos Humanos "Bartolomé de Las Casas", 2001.

TUCCI, José Rogério Cruz e. Espírito do processo civil moderno na obra de Rudolf von Jhering. *Revista da faculdade de direito*. Universidade de São Paulo. v. 87. São Paulo: USP, 1992.

VAREILLES-SOMMIERES, Gabriel La Broue. Des lois d'ordre public et de la derogation aux lois: etude de philosophie du droit et de droit civil (1899). London: Kessinger Publishing, 2009, p.18.

VELLOSO, Adolfo Alvarado. *El garantismo procesal*. Arequipa: Adrus, 2010.

VILLEY, Michel. *A formação do pensamento jurídico moderno*. Tradução Claudia Berliner. São Paulo: Martins Fontes, 2005.

__________. *Estudios en torno a la noción de derecho subjetivo*. Valparaiso: Universitárias de Valparaíso, 1976.

VON-THUR, Andreas. *Derecho civil*. Teoria general del derecho civil aleman. V. I. Los derechos subjetivos y el patrimonio. Buenos Aires: Editorial Depalma, 1946.

VORASSI, Kenneth M. England´s reform to alleviate the problems of civil process: a comparision of judicial case management in England and the United States. *Journal of legislation*. v. 30: Iss. 2, Article 8. University of Notre Dame, p. 372. Disponível em: <http://scholarship.law.nd.edu/jleg/vol30/iss2/8/?utm_source=scholarship.law.nd.edu%2Fjleg%2Fvol30%2Fiss2%2F8&utm_medium=PDF&utm_campaign=PDFCoverPages>. Acesso em 16/06/2015.

WAMBIER, Luiz Rodrigues; WAMBIER, Teresa Arruda Alvim. Tutela diferenciada. *Revista de Processo*. v.35, n.180, fev. 2010. São Paulo: Revista dos Tribunais, 2010.

__________. A audiência preliminar como fator de otimização do processo: o saneamento 'compartilhado' e a probabilidade de redução da atividade recursal das partes. *Revista de Processo*. n. 118, nov/dez, 2004. São Paulo: Revista dos Tribunais, 2004.

__________. Anotações sobre o princípio do devido processo legal. *Revista dos Tribunais*. Ano 78. Agosto de 1989. Vol. 647. São Paulo: Revista dos Tribunais, 1989.

WATANABE, Kazuo. Da cognição no processo civil. 2. ed. Campinas: Bookseller, 2000.

WIEACKER, Franz. *História do direito privado moderno*. 3a ed. Lisboa: Fundação Calouste Gulbenkian, 1980.

YARSHELL, Flávio Luiz. Convenção das partes em matéria processual: rumo a uma nova era? In: *Negócios processuais*. Coordenadores: Antonio do Passo Cabral, Pedro Henrique Nogueira. Salvador: JusPodivm, 2015.

ZACCARIA, Giuseppe. *Ermeneutica e giurisprudenza: i fondamenti filosofici nella teoria di Hans Georg Gadamer*. Milano: Dott. A. Giuffrè Editore, 1984.

ZENI, Alfredo. *L´influenza della causa nei titolo circolanti*. 2ª edizione. Torino: Fratelli Bocca, 1921.

ZIZEK, Slavoj. Apresentação da obra Virtude e Terror. In: ROBESPIERRE, Maximilen. *Virtude e terror*. Textos selecionados e comentados por Jean Ducange. Tradução José Maurício Gradel. Rio de Janeiro: Jorge Zahar Editor, 2008.

ZOLO, Danilo. Teoria e crítica do Estado de Direito. In: ______. COSTA, Pietro. *Estado de direito:* História, teoria e crítica. Tradução de C.A Dastoli. São Paulo: Martins Fontes, 2006.

ZUCKERMAN, Adrian. Lord Woolf´s access to justice: plus a change... *The modern law review*. v. 59. n. 6. November 1996. Oxford: Blackwell Publishers, 1996.

ZUFELATO, Camilo. Flexibilização procedimental e gestão processual no direito brasileiro atual e projetado. In: I Colóquio Brasil-Itália de Direito Processual Civil. Coordenadores: Camilo Zufelato, Giovanni Bonato, Heitor Vitor Mendonça Sica e Lia Carolina Batista Cintra. 2014. Disponível em <http://www.direitoprocessual.org.br/index.php?novo-cpc-2>. Acesso em 14/06/2015.

EDITORA
JusPODIVM
www.editorajuspodivm.com.br